사랑도 결혼생활도
행복하고 똑소리 나게 하는 방법

사랑도
결혼생활도

문석호 지음

부부가
식을 줄 모르는
사랑을 하면
사랑의 선순환이
끊임없이 이뤄진다.

행복하고
똑소리 나게
하는 방법

태양미디어

사랑은 따뜻하고 달콤한 수프와 같다고 한다. 사랑하는 사람은 서로 사랑의
수프가 식지 않도록 "아름다운 사랑의 조각가가 되어야 하고, 심미안과 혜안을
가진 사랑의 설계사가 되어야 하며, 지치지 않고 사랑을 선순환시키는 사랑의
조련사"가 되어야 하고, 유머와 해학이 넘치는 용인술(容認術)로 애정 어린 대화를
할 줄 아는 사랑의 웅변가가 되어야 하며, 사랑의 조미료, 사랑의 양념과 사랑의
재료로 사랑을 요리하는 사랑의 요리사가 되어야 하고, 사랑의 아름다움을 예술
로 표현하여 사랑이 아름답고 높은 경지에 이르도록 사랑의 예술가가 되어야 한
다. 그래야, 사랑이 평생 식을 줄을 모르고, 따뜻하고 달콤한 수프와 같이 된다.
부부가 식을 줄 모르는 사랑을 하면 선종할 때까지 사랑의 선순환(善循環 Virtuous
circle of love)이 끊임없이 이뤄진다. 부부 사랑의 선순환이 지속되면 사랑은 동맥
경화를 일으킬 줄 모르고, 사랑은 지치지도 않고 권태기도 모른다. 오로지, 사랑
하는 부부나 청춘 남녀가 영원한 사랑, 완전한 사랑만을 하게 된다.

미소는 사랑하는 사람에게 사랑의 시작이자 출발점이라고 하였다. 재치 있는
유머와 미소는 사랑의 전기, 사랑의 윤활유, 사랑의 조미료, 사랑의 양념, 사랑의
레시피, 사랑의 보약, 사랑의 묘약이 된다. 사랑의 묘약을 꾸준히 복용하면 사랑
의 선순환이 원활해지고 사랑의 신진대사가 활발해진다. 건강에 필수적인 요소
도 된다. 재치 있는 유머와 미소라는 사랑의 비타민 주사는 사랑의 결속을 도와

주며 이혼 등 가정의 갈등과 불화를 미연에 예방해 주고 부부 관계에 활력을 부어 준다.

우리 사회 전체가 사랑의 선순환이 잘 이뤄져야 가정도 사회도 사랑과 행복이 넘쳐나고 평화롭다. 사랑을 선순환시키는 요소는 "극기, 절제, 정화, 성숙"이라는 사랑의 과정이다. 인내하고, 예쁜 말, 고운 말을 사용하고 항상 서로 배려하고, 존경하고, 존중하고, 경청하고, 양보하고, 순종하고, 한눈팔지 않고, 겸손하며 이해하는 삶이 되어야 한다. 사랑의 선순환을 방해하는 불순한 마음, 교만한 마음, 이기심, 분노, 탐욕, 육체적 욕망 등 악습을 일으키는 악행에 빠지지 않도록 극기하고 절제하며 자신을 정화하여 성숙한 사랑이 되도록 헌신하는 노력도 지속적으로 해야 한다. 연애와 사랑을 사이다 맛처럼 하는 방법, 사랑을 행복하게 하는 방법, 혼전 순결을 지키고, 결혼생활을 행복하고 똑소리 나게 하는 방법 등을 배워야 저절로 사랑의 선순환이 이뤄진다. 가정에서 그리고 초등학교에서부터 행복하게 사랑하는 방법을 교육시킨 다음에 성교육을 통해 인격적 차원의 성생활을 배울 수 있게 하고, 행복한 결혼생활과 품위 있는 인격 형성을 돕는 종합 교육도 사랑의 순환에 윤활유가 된다.

사랑의 의의와 정의, 사랑의 종류 등도 잘 알아야 사랑도 잘할 수 있다. 그런데, 우리 사회가 사랑과 결혼생활을 행복하고 똑소리 나게 하는 방법에 관한 교육이나, 성교육이 아직도 너무 부족한 실정이다. 우리 사회의 전통과 동떨어진 교육이 많다 보니, 올바른 사랑과 행복한 결혼생활을 못 하는 원인의 일부가 되고 있다. 가정에서 사랑을 받지 못하고 성장한 일부 청소년들은 올바른 성교육을 받기도 전에 포르노, 성 폭력물 등 유해물질에 노출되어 정신장애를 가져오기도 하고 성폭력 등 비행을 저지르기도 한다. 이제부터라도 우리 청소년들이나 성인 등 모든 사람이 사랑도 잘하고, 결혼생활도 행복하게 한다면, 우리 사회는 사회악이 없는 이상향(理想鄕, utopia)이 될 것이다. 여성가족부가 지난해 하반기에 배포한 초등학생용 성교육 교재 "아기는 어떻게 태어날까"라는 초등학교를 대상으로 펼치고 있는 나다움 어린이 책 사업의 일환으로 배포된 것인데, 조기 성애화 우려까지 있는 노골적 표현이 있고, 일선 학교의 교사가 보기에도 그림이 보기 민망할 정도로 적나라한 것이어서 회수한 바 있다.

성교육이나 올바로 사랑을 하는 방법에 관한 교육을 제대로 받지 못한 남녀가 사랑이라는 첫 단추를 잘못 끼우다 보니까, 결혼생활도 파탄 나기 쉽고, 그로 인해 낙태, 이혼, 장애아 출산, 저출산, 성폭력, 아동 학대 등 사회의 악순환도 반복되고 있다. 제2의 물결인 산업화로 촉발된 가정 파괴, 전통적 사회 가치관의 붕괴 등으로 낙태를 죄로 처벌하는 법이 있었어도, 지금까지 전 세계에서 수억 명의 태아가 세상의 빛도 보지 못하고 살해되었을 것으로 가늠하여 본다. 낙태는 너무 잔인한 살인행위이다. 사실, 낙태는 하늘도 놀라고 산천초목이 다 두려워하는 극악무도한 살인행위이다. 우리 국민 모두가 컨센서스를 이루고 모든 임신된 아이는 반드시 전부 태어나도록 가정, 종교단체, 사회, 정부가 합심하여 해결해야 한다. 우리 사회가 건전하고 안전하도록 사회 안전망을 촘촘히 치는 것이 해결 방안의 디딤돌이다.

모든 아이는 임신되는 순간부터 당연히 태어날 권리가 있는데도, 지금까지 그 권리를 가로막은 것은 우리 사회 모두의 책임이었다. 임신된 아기가 한 명도 태중에서 살해되는 일 없이 모두 태어나게 하기 위해서는, 우리 모두 긍정적인 사고를 하고, 적극적인 정책을 펴서, 반드시 임신된 모든 태아는 태어날 수밖에 없는 여건을 우리 모두가 만들어 주어야 한다. 그 여건 마련을 위해 제도를 고치고, 우리 사회가 더 많은 관심을 가지고, 희생하는 방안을 마련해야 한다. 우리 사회에서 사회악의 고리를 끊어내고 사회 안전망이 촘촘히 쳐지면, 모든 가정에 사랑, 행복, 웃음이 넘쳐나게 되고, 낙태, 이혼, 청소년 범죄 등 사회의 악순환은 자연히 저절로 사라지게 될 것이다.

악순환이 반복되는 사회를 사랑이 선순환되는 사회로 만들어야 한다. 사랑이 선순환되는 사회를 만들기 위해서는 청춘 남녀가 사이다 맛처럼 상큼하게 사랑하는 방법을 배우고, 부부가 똑소리나게 행복한 결혼생활을 하는 방법을 배우고 서로 보물창고가 되어주는 것이 그 첫걸음이다. 부부는 지치지 않고 보물창고에서 사랑의 보물을 내어주어야 하고, 평생 사랑의 전기를 흘려보내야 한다. 단전되는 것을 모르는 사랑의 전기, 권태를 모르는 사랑의 전기를 흘려보내야 한다. 그래야 사랑이 식을 줄 모르고 영원히 지속된다. 사랑의 전기가 순환되지 않고 단전되는 것을 다른 말로 표현하면 이혼이 되고 졸혼이 된다. 사랑의 전기가 잘 순환되고, 창조 질서대로 행하는 영원한 사랑만이 세상을 올바로 움직일 수 있다. 사랑만이 우리가 살아갈 수 있는 힘의 원동력이며 사회악을 치유할 수 있는 명약이요 묘약이기 때문이다.

자라나는 청소년들이 사랑하는 방법을 올바로 배우고, 부부가 행복한 결혼생활을 해서 우리 사회가 사랑이 넘쳐나고, 사랑의 선순환이 이뤄지는 건강한 가정, 건강한 사회, 아름다운 사회가 되기를 희망해 본다.

지금까지 제가 가장 잘한 것은 예수님을 조금씩 알아가는 것이고 그 다음으로 잘한 것은 아내 전숙자 미카엘라를 만난 것이다.

2021. 1. 20
문 석 호

차

례

제3장 사랑의 분류

제
1
장

결 혼

링컨 대통령은 "결혼은 천국도 지옥도 아니고, 간단히 요약하면 죽은 사람이
천국으로 들어가기 전에, 세상에서 용서받지 못한 죄를 하느님이 내리는 벌의
고통으로 견뎌냄으로써 죄를 완전히 정화(淨化) 받는 연옥"이라고 하였고,
프랑스의 철학자이자 사상가인 미셸 드 몽테뉴는 "결혼은 새장과 같다.
결혼은 새장 밖의 새들은 안으로 들어오려고 애쓰며 새장 안의 새들은 밖으로
나가려고 발버둥 치는 것을 보는 것이다."라고 하였다.

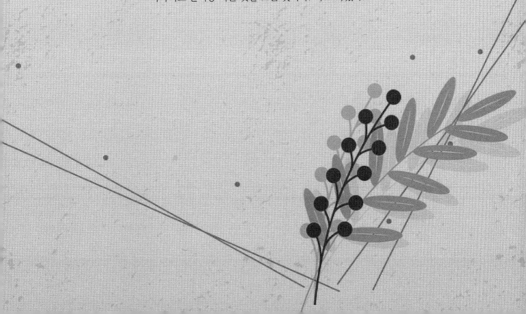

제1장 결혼

1) 결혼의 의미

"결혼하다(Marry 매리)."라는 영어 단어가(중세 영어 Marien) 처음으로 역사에 기록되고 사용한 시기는 대략 AD 1250~1300년으로 추정하고 있다. "공식적이며 의례를 갖춘 정중한 결혼 또는 결혼하다."의 의미가 있는 '웨드(Wed, Middle English wedde, Old English weddian, 명사 wedding)'는 이보다 더 훨씬 이전인, AD 900년경에 처음 사용하였다.

한편, "결혼하다(Marry 매리)."라는 영어 단어는 '환희, 기쁨, 쾌활함(Merry), 많음(Abundance), 존경(Respect), 책임(Responsibility), 양보(Yield)'의 다섯 단어로 결합되어 있다. 다섯 단어의 첫 글자를 합성한 단어이다.

첫째 단어 즐거움, 환희, 기쁨, 쾌활함 등을 나타내는 메리(Merry)는 결혼생활은 환희, 기쁨 그리고 생기발랄함을 주는 쾌활함, 행복이 가득 차야 한다는 것을 의미한다. 무엇보다 '결혼 행진곡'과 같이 "경쾌하고 환희와 기쁨, 쾌활함이 충만한 결혼생활을 하여야 한다."는 뜻이다.

'결혼 행진곡'은 극음악(한여름 밤의 꿈 Op. 21; 셰익스피어의 대표적인 낭만 희극으로 연인들의 사랑의 마찰과 갈등이 해결되는 꿈같은 희극)이다. 한여름 밤의 꿈의 부수음악으로 멘델스존이 작곡하였다. 멘델스존은 독일계 유태인 할아버지의 가정에서 태어났다. 그런데, 멘델스존의 아버지 아브라함 멘델스존은 아들 멘델스존(Jakob Felix Mendelssohn 1809~1847)이 태어나기 전에 기독교로 개종했다. 은행가 아버지 덕분에 멘델스존은 아주 유복하고 행복한 어린 시절을 보냈다.

1826년 17세 때부터 1843년 33세 때까지 17년에 걸쳐 작곡했다. 전체 열셋의 곡 중 제9곡으로 극 중 제5막에 두 쌍의 애인들이 비인간적인 사건에 휘말려 갈등과 혼란을 당한다. 그런데 그들의 갈등이 잘 해결되자 무척 기뻐한 아테네의 영웅 테세우스는 자기의 결혼식 날에 두 쌍의 연인들을 초청한다. 새로 맺어진 커플들의 결혼을 축하하는 퍼레이드와 무도회가 벌어진다. 결혼 행진곡은 바로 이 화려한 결혼식을 위한 음악이다. 결혼식을 마치고 이 세상을 향해 행진하는 신랑, 신부를 위한 축복의 음악은 환희에 넘친 축복의 행진곡이다. 결혼 행진곡은 이 세상의 모든 미혼 처녀들이 가장 듣고 싶어 하고 듣기를 희망하는 행진곡이다. 환희와 축복이 넘친 결혼 행진곡과 같이 부부는 기쁨, 환희, 미소, 칭찬, 축복이 가득한 결혼생활로 100년을 해로할 의무가 있다. 동시에 하늘에서 내려오는 행복을 만끽할 축복의 축제가 늘 펼쳐져 있다. 그 축복을 받아 누릴 것인가? 또는 축복을 걷어찰 것인가? 하는 과제는 오로지 부부들이 결정할 몫이다.

두 번째 단어 많음, 풍부함을 의미하는 어번던스(Abundance)의 의미는 사랑, 애정, 인내, 친절, 용서, 포용, 믿음, 지혜 등이 가득 차고 넘치는 결혼생활이 지속되어야 한다는 의미이다. 이와 같은 결혼생활을 하면 부부 사이에 교만, 시기, 뽐냄 등도 끼어들 틈이 없고, 화나 성을 내지도 않으며 예의를 갖춘 사랑을 하게 되어 행복한 결혼생활을 하도록 도와주기 때문이다.

세 번째 단어 존경(Respect)의 의미는 결혼생활이 서로 순종하고, 존중해 주며, 예의를 갖춰, 서로의 자존감을 높여 주는 생활로 이뤄져야 한다는 의미이다. 부부는 서로 존경하고 순종해야 한다. 결혼 관계는 수평적인 관계에서 서로 섬겨야 한다. 그것이 존경이고 순종이다. 결혼생활은 남편이 가족에 대한 지배력을 행사하거나 과거의 낡은 지배 형태인 가부장제(家父長制) 하의 상명하달(上命下達) 관계가 아니다. 가사분담을 하되 다소 귀찮은 일, 예를 들면, 화장실 청소 같은 일은 남편이 솔선수범해서 전담하는 등 서로 존경하고, 순종하고, 존중하여 예의를 갖춘 결혼생활이 되어야 행복하다는 뜻이다.

네 번째 단어 책임(Responsibility)의 의미는 부부는 서로 합의하에 의사 결정을 하되 자기가 한 돌출 행동이나 말에 대해서는 책임을 질 줄 알아야 한다는 뜻이다. 사랑에도 책임이 있어야 하기 때문이다. 책임이란 부부가 삶의 성공과 행복은 서로 나누고 실패는 당사자가 혼자 스스로 끌어안는 것이다. 책임(responsibility)이란 '응답할 수 있다, 책임질 수 있다(responsible)'는 형용사와 능력(ability)의 합성어로 "언제나 배우자의 요청에 즉시 응답할 줄 알아야 하며, 스스로 결정한 행동과 말에 대해서는 책임질 수 있는 능력을 의미한다." 부부는 자신의 몸, 생명, 성을 하느님 뜻대로 활용해야 한다. 그리고, 사랑 실천에 있어서 무엇이 선한 것인지? 어떻게 선한 것에 응답하며 책임지고 결혼생활을 하며 살아가야 할지? 서로 항상 상의하고 협조하며 살아가야 한다. 연령대별로 생각할 수 있는 책임감의 단계가 다르므로 부부가 긴밀히 협조하고 전문가의 조언을 받는 것도 좋을 것이다. 노벨 문학상 수상자인 알베르 카뮈도 "나는 단 한 가지 책임과 의무만 아는데, 그것은 사랑하는 것이다."라고 하였다. 20세기 초 전 세계에서 가장 거대한 재벌기업가였던 록펠러(John D. Rockefeller)도 모든 권리에는 책임이, 모든 기회엔 의무가, 모든 재물의 소유에도 의무가 따른다고 말하였다. 마틴 루터(Martin Luther)는 당신이 한 말에 대해서도 책임을 져야 하지만, 당신이 하지 않은 말에 대해서도 책임을 져야 한다고 말하였다.[1] 모두 삶에 있어서 특히 사

---

1) You are not only responsible for what you say, but also for what you do not say.

랑에 있어서 막중한 책임의 중요성을 강조한 것이다. 결혼생활에 있어서도 말과 행동, 권리 주장을 할 때에는 반드시 책임이 수반된다는 것을 항상 인식하고 생활해야 행복하다는 것을 말해 주고 있다.

다섯 번째 단어 양보(Yield)의 의미는 부부는 항상 상대방을 존중하고, 자존감을 높여 주고, 서로 양보하여야 한다는 뜻이다. 서로 존중하고 양보하기 위해서는 매사 다툼이 일어나기 전에 서로 한발 물러서고 양보하는 미덕을 발휘해야 한다는 뜻이다. 동서양을 막론하고 '양보'는 한 걸음 뒤로 물러서는 것을 의미하고 있다. 그래서, 양보하는 사람들 사이에는 불화나 다툼이란 존재하지 않는다.

영국의 소설가 밀른(Alan Alexander Milne)도 "사랑은 몇 발자국 아니 더 많이 뒤로 물러서서 양보하는 거야. 양보는 네가 사랑하는 사람이 행복하도록 져주는 것이란다."라고 하였다.[2] 양보(讓步)의 한자어도 흥미롭다. 걸음걸이를 사양한다는 뜻으로 구성되어 있다. 부부는 서로 겸손하게 자기의 위치를 한 걸음 뒤로 물러서서 배우자에게 윗자리를 내어주는 생활 자세를 보이면 오로지 사랑만이 가득할 것이고 다툼, 시기, 증오 등이 부부의 사랑을 넘보지 못할 것이다.

성경에서 "결혼하다(Marry)"라는 말이 처음 표현된 곳은 창세기이다. 그 내용은 다음과 같다. 고대 이스라엘 사람들은 수혼법이라는 관습에 따라 맏아들이 결혼하였는데 자식이 없이 죽으면 둘째 아들이 과부가 된 형수와 결혼하게 되어 있었다. 그래서 '유다' 집안의 첫째 아들 에르가 결혼 후에 자식도 얻지 못하고 죽자 둘째 아들 '오난'에게 가문의 대를 잇기 위하여 수혼법을 지키도록 명령하였다. 아버지 유다는 총각인 둘째 아들 오난에게 이스라엘 율법 규정에 따라 형수 타마르와 '결혼하여' 대를 잇도록 명령한 것이다. 형수에게 '장가들어' 시동생

---

2) Love is taking a few steps backward, maybe even more⋯to yield(or give way) to the happiness of the person you love.

으로서의 의무를 다하여 형의 후손을 남기라고 명령한 것이다(창세기 38, 6-8).[3]

그래서, 둘째 아들 '오난'이 형수 타마르와 결혼을 하였다는 내용이다. 한편, 민수기 12장에서도 모세가 아내를 맞아들인 내용을 "결혼하다(Marry)"라는 말로 표기하였다. "모세가 에티오피아 여자를 아내로 맞아들였는데, 미르얌과 아론은 모세가 아내로 맞아들인 그 에티오피아 여자 때문에 모세를 비방하였다"(민수기 12, 1).[4]

우리의 전통 결혼에서는 결혼을 '혼례(婚禮)' 또는 '혼인(婚姻, 혼인 인 또는 시집갈 인)'이라고 하였다. 해가 저무는 시간에 올리는 예(禮)라는 뜻이다. '인(姻)'은 여자가 자기 집에서 신랑과 결혼식을 올리고 신랑집으로 가는 것을 의미한다. 혼인할 혼(婚)자는 뜻을 나타내는 계집 녀(女 여자를 의미)와 음(音)을 나타내는 昏(어두울 혼)자가 결합된 글자이다. 양을 나타내는 낮과 음인 밤이 교차하는 시간, 즉 해가 저무는 때가 결혼식을 올리는 가장 좋은 시간이라는 전통 유교 규정을 따르기 위한 것이다. 혼인과 저녁의 관계는 그 역사가 중국 주(周)나라에서 시작되었다. 당시의 혼례형식은 남자가 해가 서산으로 넘어간 후 어두울 때, 여자 집에 가서 예를 올렸는데, 그 뜻은 양(陽)과 음(陰)이 만나는 시간 즉, 양인 낮과 음인 밤이 교차하는 시간, 해가 저무는 때가 예를 올리는데 가장 합당하다는 취지이다. 이는 혼례(婚禮)가 우주의 섭리에 맞추어 남자와 여자의 만남, 즉 음양이 합하여 하나가 되는 의식임을 의미한다. 혼례를 마치고 당일로 신랑집으로 가는 경우도 있

---

3) English Bible King James Version 1611, KJ 053-C Series. ABS, American Bible Society New York 1979-15,000-50,000-R-1. And Judah said unto Onan, go in unto thy brother's wife, and marry her, and raise up seed to thy brother.

4) Miriam and Aaron spoke against Moses on the pretext of the Cushite woman he had married.

으나, 대개는 신붓집에서 하룻밤 또는 3일을 머물다가 신랑과 신부가 함께 시댁으로 가서 폐백을 드리고 신혼 생활을 하는 것이 관례이다. 결혼은 한 쌍의 남녀가 혼인(婚姻)을 함으로써 개인 간의 결합과 양가(兩家)가 인연을 맺어 젊은 남녀가 부부가 되고 육체관계를 갖도록 허락받는 예절 절차이다. 신부가 귀밑머리 풀어 얹고 신랑과 부부가 되는 것이다.

그러므로, 결혼은 오로지 부부 사이에만 성적인 관계를 맺어야 한다는 순수성을 요구한다. 우리나라 민법에도 "부부는 동거하며 서로 부양하여야 한다"라고 규정하고 있다. 한 지붕 아래에서 한솥밥을 먹고 한 이불을 덮고 사랑하며 자녀를 낳고 살라는 의미이다. 전통혼례에 의하면 "혼인이란 남녀가 몸을 합하는 데에 참뜻이 있는데, 남녀가 몸을 합쳐 부부가 되면 남편이 높으면 아내도 높고 남편이 낮으면 아내도 낮다"고 해서 부부가 완전히 평등임을 규정하고 있다. 그러므로 부부는 서로 존중해 공경하는 말씨로 대화하며, 남편이 출세하면 아내도 함께 작위(爵位)가 올라갔다.[5]

2) 결혼생활의 어려움

지혜의 해부(Euphues, or the Anatomy of Wit in 1578)로 유명한 영국의 시인이자 작가인 존 릴리는 "결혼은 하늘에서 맺어지고 땅에서 완성된다."고 하였다.[6] 결혼은 천생연분임을 말해 주는 내용이다. 하느님께서는 인간 모두에게 가장 성실한 짝을 하나씩 보내 주시고 부부의 인연을 맺도록 기회를 허락하여 주신다. 결

---

5) 한국 컨텐츠 진흥원. 전통혼례와 혼례음식, 혼례의 정신.
6) Marriages are made in heaven and consummated on earth.

혼은 하느님의 선물이요 축복이다. 하느님께서 가장 가까운 짝이자 동료로 선택해 주신 사람들이 바로 남편과 아내이다. 그러므로 남편과 아내는 하느님을 경외하고, 하느님께 기도드리고, 하느님의 뜻에 따라 살아야 한다. 하느님의 뜻에 따라 살면, 하느님께서는 흔쾌히 부부의 결혼생활에 많은 축복을 허락해 주신다. 부부 둘만의 배타적인 사랑, 일심동체가 되는 사랑에 토대를 둔 결혼은 하느님과 하느님 백성의 관계를 나타내는 극명한 표상이 된다. 부부에게 있어서 결혼은 육체적 결합과 인생의 동반자로서의 협력자의 표상도 된다. 여기서 우리가 주목해야 할 것은 하느님과 하느님 백성의 관계는 그 누구도 떼어낼 수 없는 영원한 관계이다. 그렇기 때문에 결혼은 하느님께서 허락하신 산물이요 선물이라고 하는 것이다.[7] 또, 하느님의 뜻은 이혼을 하지 말고 서로 용서하고 화해하며 결혼생활을 하라는 의미이다. 하느님께서 떼려야 뗄 수 없는 부부의 인연으로 맺어 주셨기 때문이다.

그럼에도 불구하고 링컨 대통령은 "결혼은 천국도 지옥도 아니고, 간단히 요약하면 죽은 사람이 천국으로 들어가기 전에, 세상에서 용서받지 못한 죄를 하느님이 내리는 벌의 고통으로 견뎌냄으로써 죄를 완전히 정화(淨化) 받는 연옥"이라고 하였고, 프랑스의 철학자이자 사상가인 미셸 드 몽테뉴는 "결혼은 새장과 같다. 결혼은 새장 밖의 새들은 안으로 들어오려고 애쓰며 새장 안의 새들은 밖으로 나가려고 발버둥 치는 것을 보는 것이다."라고 하였다.[8] 키에르케고르 (Søren Aabye Kierkegaard)도 "결혼은 해도 후회, 안 해도 후회한다."고 하였으며,[9]

---

7) Marriage is from God and a gift of God.

8) Marriage is like a cage; one sees the birds outside desperate to get in, and those inside equally desperate to get out.

9) "If you marry, you will regret it; if you do not marry, you will also regret it; if you marry or do not marry, you will regret both.

소크라테스도 양비론적(兩非論的)으로 말하기를 "결혼은 하지 않아도 불행하고 결혼하여도 불행할 것이다"라고 하였다. 죽음을 앞두고 소크라테스는 "그리스 내의 모든 책을 다 읽었지만, 아내의 마음은 읽지를 못했다"고 고백하였다. 소크라테스가 그의 결혼생활의 어려움을 고백하는 내용이다. 결혼생활에는 많은 암초와 지뢰밭과 태풍과 폭풍우, 그리고 역경이 도처에 널려있음을 암시하는 내용이다. 사람이 스트레스를 가장 많이 받을 때는 (a) 자기가 원하는 것을 하지 못하거나 (b) 갖지 못할 때와 (c) 자기가 가장 싫어하는 것을 계속할 때라고 한다. 결혼생활이 지옥과 같다고 한다면 삶이 스트레스의 연속이 될 것이다.

1960년대까지만 해도 우리나라의 대부분의 청춘 남녀들은 결혼식 당일에 부부의 얼굴을 아는 것이 고작이었다. 그렇게 결혼하고 가난하긴 했어도 행복하게 살았다. 이혼은 아예 꿈도 꾸지 못했던 시절이었다. 그런데, 세태가 변해 요즈음은 결혼 중개업체를 통해 결혼을 하는 것도 아주 흔히 있는 일이다. 우리나라를 비롯해서 대다수 국가에서의 결혼은 여성과 남성이 만나서 사랑에 빠지고 약혼하고 결혼하는 낭만적인 사랑을 따르는 연애결혼이다. 연애결혼은 설렘, 행복과 사랑에 대한 기대와 함께 갈등, 고뇌, 두려움도 가져다주는 가장 뜨거운 인생의 관심사다. 힌두교와 회교를 믿는 사람들의 결혼은 대부분 중매결혼이다. 부모의 결정과 주도로 결혼이 성사된다. 그들의 결혼 관습이 개인의 관계라기보다는 집안 사이의 관계이기 때문이다. 그러나 이것이 결혼하는 신혼부부의 사랑을 배제하는 것은 아니다.

힌두교와 중동 이슬람의 젊은 남녀는 결혼을 함으로써 사랑에 빠진다. 이슬람의 젊은 남녀는 4촌 간의 결혼을 아주 좋아하고 선호한다. 결혼 당사자들 간의 친척과의 친숙의 정도, 중매 과정에서의 개입의 수준, 부모의 선택 등 여러 요소가 강하게 결혼생활에 영향을 미친다. 대부분의 결혼은 남편이 부인보다 나이가 많은 연상혼(年上婚)이나 부인이 나이가 많은 경우도 늘어나는 추세이다. 영국, 미국, 서구에서는 동거, 내연관계 등의 관습 혼이 점점 사회 관행으로서 받아들여지고 있다. 대부분의 동거는 시험 결혼(Trial Marriage)이지만 대부분 정식 결혼으로 발전된다.

그런데, 우리나라도 서구처럼 결혼과 이혼에 대해 자유로운 인식이 매년 크게 확산되고 있어 저출산 등 우리나라의 경제, 사회 분야 등에서 큰 문제를 야기하고 있다. 결혼을 못 하기도 하고, 의도적으로 결혼을 안 하는 '비혼(非婚)'은 이제 거스를 수 없는 하나의 사회 현상이 되고 있다. 부부가 법적으로 이혼하지 않으면서 각자의 삶을 즐기며 자유롭게 살아가는 '졸혼(卒婚)'도 매년 늘고 있다. 일본의 졸혼 문화가 우리 사회에 또 다른 사회 문제로 침투하였기 때문이다.

우리 사회의 또 다른 먹구름은 2018년 통계청의 사회조사 통계를 보면 알 수 있다. 결혼을 "해야 한다"고 생각하는 사람의 비율이 2010년 64.7%였는데, 2018년에는 48.1%로 크게 줄었다. 성별로 보면, 여자(43.5%)가 남자(52.8%)보다 결혼의 필요성을 느끼지 않고 있다. 한편, 이혼을 "해도 좋다"고 생각하는 비율은 58.6%로 2008년의 33.2%에 비해 크게 증가하였다. 이혼 증가를 가늠하는 또 다른 불길한 징후이다. 이혼 증가가 우리 사회의 뇌관으로 크게 부상하고 있다. 그러므로, 더 늦기 전에 정부, 종교단체, 사회단체, 개인 등 모두가 합심하여 건전한 사회 안전망을 구축하는 것이 더욱 절실히 필요하다.

프랑스의 사상가이자 경제학자며 미래학자인 자크 아탈리는 2030년에 프랑스 젊은 부부의 90%가 동거 부부가 될 것이라고 이미 예측한 바 있다. 프랑스에서는 정식 결혼에 의한 합법적 부부, 단순 동거 부부, 팍스(PACS: Pacte Civil de Solidarite 시민연대협약) 커플 등 3가지 종류의 부부가 있다. 팍스 커플은 이성, 혹은 동성 커플이 계약을 통해 배우자 관계를 법적으로 인정받을 수 있는 대안적인 결혼 제도인데 결혼한 부부와 동등한 수준의 사회 보장 제도와 복지 혜택을 누릴 수 있다. 프랑스를 비롯한 서구 각국이 동성 커플의 결혼과 동거를 법적으로 결혼에 준하는 대우를 하고 있어 이런 사회 풍조가 우리나라에도 전염이 되면 또 다른 심각한 사회 문제가 될 수 있다.

5G 시대에 살고 있는 우리나라의 일부 대학생이나 청년들도 결혼은 특별히 사랑하는 법을 배우지 않아도 할 수 있다고 너무 낙관적인 고정 관념에 포로가되어 있거나 마치 양복 한 벌을 사거나 삼계탕 한 그릇 사 먹듯이 아주 쉽게 결혼하고 이혼하는 경향도 일부 있다. 그러나 결혼이 이혼으로 연결되지 않고 행복한 결혼생활을 하기 위해서는 (a) 청량음료 사이다를 마실 때의 그 상큼함처럼 상큼하게 사랑하는 방법 (b) 사랑의 가치 (c) 연애의 방법과 단계 등은 최소한배워야 한다.

좋은 아내나 좋은 남편이 되기를 원한다면 (a) 결혼생활을 행복하고 똑소리 나게 하는 방법 (b) 좋은 부부가 되기 위한 방법 등을 배워야 한다. 그래야 행복하고 성공적인 결혼생활을 할 수 있다. 더구나, 청소년들이 좋은 남편이나 아내가되기를 원한다면 충분한 사전 지식으로 무장을 해야 한다. 나무에 물과 비료를주듯 멘토로부터 또는 부모로부터 좋은 남편과 좋은 아내가 되는 방법을 정성껏배워야 한다. 그리고 결혼생활의 롤 모델을 미리 정해 두는 것도 좋은 방안이다.

더구나, 결혼과 자녀 출산을 의무로 여기지 아니하고, 해도 그만, 안 해도 그만이라고 주장하면서 자기들의 단순한 선택으로 간주하는 대학생이나 청년들은사랑과 결혼에 대한 현실을 직시하고 결혼의 중요성을 배워야 한다. 사랑과 결혼에 대해 단순히 환상을 갖고 확고한 목적 없이 결혼하는 것보다 "결혼을 왜 해야 하는지" 진지하게 고민해야 한다. 이미 결혼하여 행복한 결혼생활을 하고 있는 부부도 결혼생활의 의미를 다시금 성찰하고 행복한 결혼생활의 후반기를 잘 설계하는 것이 좋다. 미국의 소설가, 어슐러 르 귄(Ursula K. Le Guin)은 "사랑은 돌처럼 한번 놓인 자리에 그냥 있는 게 아니다. 사랑은 빵처럼 만들어져야 한다. 사랑도 결혼생활도 맛있는 빵과 같이 항상 새롭고 맛있게 구워지고 구수하게 만들어야 한다. 부부가 서로 합심하여 결혼생활의 새로운 활력을 계속 만들어야 한다."는 뜻이다.[10]

100세 시대에 있어 부부가 백년해로하기 위해서는 결혼생활은 (a) 부부가 합심해서 사랑하고 항상 새로운 마음으로 매일 빵을 맛있게 새롭게 구워 먹듯이, (b) 사과나무를 심고 물주고 비료 주고 사과나무에 너 어제 잘 잤니? 태풍에 네가 견뎌줘서 고마워하며 대화하듯이 (c) 평생 꾸준히 애정의 대화로 소통하며 사랑을 일궈내는 백년해로의 아름답고 긴 여정이라는 의미이다.

---

10) 소설 『The Lathe of Heaven』 Love doesn't just sit there, like a stone, it has to be made, like bread; remade all the time, made new."

제
2
장

결혼생활을 행복하고
똑소리 나게 하는 방법

결혼을 앞둔 신랑과 신부에게 가장 중요한 것 중의 하나가
"부부가 될 사람이 결혼 전은 물론 결혼 후에 늘 함께 기도하는 것이다."
부부에게 있어서 기도는 행복의 밑반찬이며
자녀들과 함께 기도하는 것은 가정의 축복이기 때문이다.

제2장 결혼생활을 행복하고 똑소리 나게 하는 방법

1) 결혼 전 예비 신랑과 신부는 기도가 절실히 필요하다

전쟁에 나갈 때는 한번 기도하라, 바다에 나갈 때는 두 번 기도하라, 그리고 결혼 전에는 세 번 기도하라는 격언이 있다. 결혼의 중요성을 가르쳐 주고 있는 좋은 격언이다.[11]

미국의 카터 대통령은 조지아 주지사 시절, 손자 잭의 결혼식에서 가족을 대표하여 다음과 같은 은혜로운 기도를 하느님께 봉헌하였다. "주님, 저와 아내는 공식, 비공식 각종 행사 모임에서 지금까지 맛있고 품위 있는 멋진 식사를 아주 많이 하였습니다. 식탁에 앉을 때마다 기도하고, 참으로 즐거운 시간을 가졌습니다. 식사할 때마다 언제나 주님께 감사 기도를 드릴 수 있도록 허락해 주신 것도 모두 하느님의 축복이었고 은총이었습니다. 돌이켜 보면 지금까지 저의 모든 삶이 하느님께서 허락해 주신 축복과 은총의 연속이었습니다. 충심으로 감사드립니다. 이제 저희는 잭과 주디도 결혼 후 식사할 때마다 언제나 하느님께 감사를 드릴 수 있도록 허락하여 주시기를 기도드립니다." 카터 대통령은 손자 부부

---

11) Before going to war pray once; before going to sea, pray twice; and before getting married pray three times.

가 항상 기도하고 결혼생활을 행복하게 하기를 소망한 것이다. 결혼생활을 하면서 부부에게 닥치는 많은 역경과 언제 어디서 터질지 모르는 난제와 장애를 제거하기 위해서는 기도만큼 좋은 무기가 없다. 부부가 기도 통장을 만들고 서로를 위해 꾸준히 기도하면 성령님도 기쁘게 도와주신다.

특히, 결혼을 앞둔 신랑과 신부에게 가장 중요한 것 중의 하나가 "부부가 될 사람이 결혼 전은 물론 결혼 후에 늘 함께 기도하는 것이다." 부부에게 있어서 기도는 행복의 밑반찬이며 자녀들과 함께 기도하는 것은 가정의 축복이기 때문이다. 결혼 전 부부가 될 사람이 함께 기도하는 것이 얼마나 중요한지 '토빗기에 나오는 토비야' 이야기를 통해 좀 더 자세히 알아보겠다.

북이스라엘의 납탈리 지파에 속한 토비야의 아버지 토빗은 고향에서 가족과 단란하게 살고 있었다. 그런데, 기원전 737~722년에 걸쳐, 아시리아의 티글랏 필에세르 3세 왕에 의해 북이스라엘 왕국이 아시리아에 점령당하고 식민지가 되었다. 토비야의 가족도 포로가 되어 아시리아로 잡혀 왔다. 포로가 되어 끌려와 보니, 포로가 된 친척과 이스라엘 사람들은 하느님께서 금지시키신 이민족(異民族), 아시리아 사람들의 음식을 먹고 있었다. 그러나 토비야의 아버지 토빗은 스스로 조심하여 아시리아 사람들의 음식을 먹지 않기로 단단히 결심하였다. 죽음을 각오하고 정성과 마음을 다하여 하느님을 배반하지 않고 하느님을 숭배하고 경배하고 지극 정성으로 섬겼다. 그러자, 지극히 높으신 하느님께서는 아시리아 임금, 살만에세르 5세로부터 토빗이 호의와 귀염을 받도록 허락해 주셨다. 그래서 토빗은 임금의 대궐에서 필요한 모든 물품을 사들이는 중책을 맡게 되었다. 임금이 죽을 때까지 대궐에서 필요한 물품을 구입하였다. 그러면서, 임금에게서 하사받은 돈 자루를 메디아 지방에 사는 친척 가바엘에게 맡겨 두었다. 그런데 임금이 죽고 그의 아들 산헤립이 뒤를 이어 임금이 되자 메디아 지방으로 가는 길들이 가로막혀, 나는 더 이상 메디아로 갈 수가 없었다. 새롭게 임금이 된 폭군 '산헤립 임금'이 분노를 터뜨리며 이스라엘 자손들 가운데에서 많은 사람을 죽이곤 성 밖에 내 던졌다. 내가 시체를 발견하면 주검을 훔쳐내어 묻어 주었다. 그래서 그 주검들을 산헤립 임금이 찾았지만 찾아내지 못하였다. 그때에 니네 베 주민들 가운데 한 사람이 임금에게 가서 내가 죽은 이들을 묻고 있다고 고자 질을 하였다. 그래서 나는 몸을 숨겼다. 임금이 내 일을 알뿐더러 나를 죽이려고 찾는다는 사실을 알아차리고 두려운 나머지 달아난 것이다. 그러자 임금이 나의 모든 재산을 몰수하였다. 내 아내 안나와 아들 토비야 외에는 하나도 남지 않고 모조리 임금에게 빼앗겼다. 그런데, 하느님께서는 폭군 산헤립 임금이 임금의 두 아들에 의해 죽게 하셨다. 기원전 680년 임금의 다른 아들 하똔이 뒤를 이어 임금이 되었다. 하똔 임금은 나의 조카 아키카르에게 나라의 모든 재정을 맡겼다. 그래서 아키카르가 모든 행정에 관한 권한을 쥐게 되었다. 그러자 아키카르가 하똔 임금에게 나를 위하여 간청을 드려 나는 니네베 지방으로 다시 돌아올 수가 있었다. 사실 아키카르는 아시리아인들의 산헤립 임금 치세 때에 헌작 시종장이고 옥새 책임관이었다. 하똔 임금이 아키카르를 다시 신임하고 임명한 것이다. 니네베 지방의 집으로 돌아와 내 아내 안나와 아들 토비야도 되찾게 되어 같이 살게 되었다. 그런데, 이스라엘의 축제인 오순절에 나를 위하여 잔치가 벌어져, 나는 음식을 먹으려고 자리에 앉았다. 내 앞에 음식상이 놓이고 요리가 풍성하게 차려졌다. 그때에 내가 아들 토비야에게 말하였다. 얘야, 나가서 니네 베로 끌려온 우리 동포들 가운데에서 하느님을 잊지 않고 정성껏 섬기는 착하고 가난한 이들을 보는 대로 데려오너라. 내가 그들과 함께 음식을 먹으려고 그런 다. 네가 돌아올 때까지 기다리마. 그래서 아들 토비야가 가난한 사람들을 찾으러 나갔다. 돌아와서 "아버지!" 하고 불렀다. "아들아, 나 여기 있어." 하고 대답하자, 말하였다. 아버지, 누가 우리 백성 가운데 한 사람을 살해하여 장터에 던져 버렸습니다. 목 졸려 죽은 채 지금도 그대로 있습니다. 나는 잔치 음식을 맛보지도 않고 그대로 둔 채 벌떡 일어나 그 주검을 광장에서 날라다가, 해가 진 다음에 묻으려고 어떤 방에 놓아두었다. 그런 다음 집에 돌아와서 몸을 씻고 슬픔에 싸인 채 음식을 먹었다. 그때에 옛날 우리 조상 아모스 예언자가 한 말씀이 생각났다. "너희의 축제들은 슬픔으로, 너희의 모든 노래는 애가로 바뀌리라." 나는 울었다. 그리고 해가 진 다음에 나가서 땅을 파고 그를 묻어 주었다. 이웃 사람들은 나를 비웃으며 이렇게 말하였다. "저 사람이 이제는 두렵지가 않은 모양이지? 전에도 저런 일 때문에 사형감으로 수배되어 달아난 적이 있는데, 또 저렇게 죽은 이들을 묻는구먼." 그날 밤 나는 몸을 씻고 내 집 마당에 들어가 담 옆에서 잠을 잤는데, 무더워서 얼굴을 가리지 않았다. 내 머리 위 담장에 참새들이 있다는 것도 알지 못하였다. 그때에 뜨거운 참새 똥이 내 두 눈에 떨어지더니 하얀 막이 생기는 것이었다. 그래서 치료를 받으려고 여러 의사에게 가 보았지만, 의사들이 약을 바르면 바를수록 그 하얀 막 때문에 눈이 더 멀어졌다. 그러더니 마침내는 아주 멀어 버렸다. 나는 네 해 동안 시력을 잃은 채 지냈다. 내 친척들이 모두 나 때문에 슬퍼하고, 임금의 재정 책임자인 조카 아키카르는 엘리마이스로 갈 때까지 나를 두 해 동안 돌보아 주었다. 그때에 입에 풀칠을 하려고 내 아내 안나는 여자들이 하는 일에 품을 팔았다. 아내가 물건을 만들어 주인들에게 보내면 주인들이 품삯을 주곤 하였다. 어느 날, 아내는 자기가 짜던 옷감을 잘라서 주인들에게 보냈다. 그러자 그들은 품삯을 다 줄 뿐만 아니라 집에서 쓰라고 새끼 염소 한 마리도 주었다. 내가 있는 곳으로 아내가 들어올 때에 그 새끼 염소가 울기 시작하였다. 그래서 내가 아내를 불러 말하였다. 그 새끼 염소는 어디서 난

거요? 혹시 훔친 것 아니오? 주인들한테 돌려주시오. 우리에게는 훔친 것을 먹을 권리가 없소. 아내가 나에게 "이것은 품삯 외에 선물로 받은 것이에요." 하고 말하였지만, 나는 아내를 믿지 못하여 그 새끼 염소를 주인에게 돌려주라고 다시 말하면서, 그 일로 아내에게 얼굴을 붉혔다. 그러자 아내가 말하였다. "당신이 베푼 자선으로 얻은 게 뭐죠? 당신의 그 선행들로 얻은 게 뭐예요? 그것으로 당신이 무엇을 얻었는지 다들 알고 있어요." 나는 마음이 몹시 괴로워 탄식하며 울었다. 그리고 탄식 속에서 기도하기 시작하였다. "주님, 당신께서는 의로우십니다. 당신께서 하신 일은 모두 의롭고 당신의 길은 다 자비와 진리와 사랑입니다. 당신은 이 세상을 심판하시는 분이십니다.

이제 하느님, 저를 기억하시고 저를 살펴보아 주세요. 저와 제 조상들이 저지른 잘못으로 저를 벌하지 마시기를 기도드립니다. 저희는 하느님께 죄를 짓고 계명들을 따르지 않았습니다. 그래서 하느님께서는 저희를 약탈과 유배와 죽음에 넘기시고, 포로로 잡아 온 아시리아 민족의 이야깃거리와 조롱거리와 우셋거리로 만드셨습니다. 죄에 따라 저희를 다루실 적에 내리신 그 많은 판결은 다 참되십니다. 저희는 계명들을 지키지 않았고 하느님 앞에서 참되게 살지 않았습니다. 이제 명령을 내리시어 제 목숨을 앗아가게 하소서. 그리하여 제가 죽어 흙이 되게 하소서. 저는 사는 것보다 죽는 것이 낫습니다. 제가 당치 않은 모욕의 말을 들어야 하고 슬픔이 너무나 크기 때문입니다. 주님, 명령을 내리시어 제가 이 곤궁에서 벗어나게 하소서. 제가 이곳에서 벗어나 영원한 곳으로 들게 하소서. 저에게서 주님의 얼굴을 돌리지 마소서. 살아서 많은 곤궁을 겪고 모욕의 말을 듣는 것보다 죽는 것이 저에게는 더 낫습니다."

바로 그날, 엑바타나 지방에 사는 토빗의 친척 '라구엘'의 딸 사라도 아버지의 여종들 가운데 한 사람이 자기를 모욕하는 말을 우연히 듣게 되었다. 사라는 미모가 너무 아름다워 장미도 수선화는 물론 모든 꽃이 그 아름다움을 시샘하였고 달님도 해님도 별들도 그 미모에 혀를 내 두를 정도였다고 한다. 그러자, 마귀까지도 라구엘의 딸 사라를 괴롭혔다. 사라가 혼기가 차서 가까운 친척 일곱 남자에게 일곱 번 시집을 갔다. 하지만, 일곱 신랑이 결혼식을 마치고 신혼 방에 들어가 사라와 첫날밤을 치르기도 전에, 신랑이 신부의 손을 잡으려는 순간에, 마귀가 시샘하여 신랑들을 모두 죽여 버렸다.

그런 까닭을 모르는 다른 여종이 어느 날 사라에게 이렇게 말하였다. "신랑들을 죽인 사람은 당신입니다. 당신은 이미 일곱 남자에게 시집을 갔지만, 그들은 전부 죽었어요. 그런데 당신 남편될 사람들이 죽었으면 죽었지 우리에게 가끔 왜 분풀이를 하세요? 남편들이나 따라가 죽어야지. 그날 사라는 마음에 슬픔이 가득하여 울면서, 집의 위층 방으로 올라가 목을 매려고 하였다. 그러나 생각을 다시 바꾸고서는 이렇게 혼잣말을 하였다. "사람들이 당신에게는 사랑하는 외동딸밖에 없었는데 그 애가 불행을 못 이겨 목을 매고 말았구려." 하면서, 내 아버지를 모욕하는 일이 있어서는 안 되지. 만일 그렇게 되면 늙으신 아버지께서 나 때문에 슬퍼하시며 저승으로 내려가시게 되겠지. "목을 매는 것보다는, 평생 모욕하는 말을 듣지 않도록 죽게 해주세요." 하고 주님께 기도드리는 것이 낫겠다. 그러면서 사라는 창가에서 양팔을 벌리고 기도하였다. "자비하신 하느님, 찬미 받으소서. 주님의 이름은 영원히 찬미 받으소서. 주님께서 하신 모든 일이 주님을 영원히 찬미하게 하소서. 분부를 내리시어 제가 이 땅에서 벗어나 다시는 모욕하는 말을 듣지 않게 하소서. 주님께서는 아십니다. 제가 일곱 남자에게 조금도 더럽혀지지 않고 깨끗하고 정결한 처녀임을, 제가 이 유배의 땅에서 제 이름이나 제 아버지의 이름을 더럽힌 적이 없음을. 저는 제 아버지에게 하나뿐인 자식입니다. 제 아버지에게는 대를 이을 다른 자손이 없습니다. 저는 이미 남편을 일곱이나 잃었습니다. 제가 더 살 이유가 어디 있겠습니까? 하느님, 제 목숨을 거두는 것이 하느님의 뜻이 아니라면 저를 모욕하는 저 말이라도 들어 보소서." 하며 사라는 간절히 기도하였다. 바로 그때에 그 두 사람, 토빗과 라구엘의 딸 사라의 기도가 영광스러운 하느님 앞에 다다랐고 하느님께서 그들의 기도를 들어 주셨다. 그래서 하느님께서는 라파엘 대천사가 두 사람을 도와주도록 파견하셨던 것이었다. 곧 토빗의 눈에서 하얀 막을 벗겨주시고 그 눈으로 하느님의 빛을 보게 해주는 것이고, 라구엘의 딸 사라에게는 토빗의 아들 토비야의 아내가 되게 해주고 또 마귀를 내쫓아 주는 것이었다. 사라의 신랑이 되고, 남편이 될 자격을 갖춘 사람은 토빗의 아들 토비야 뿐이었던 것이다. 그날 토빗은 전에 라게스 지방에 사는 가바엘에게 은 열 달란트를 맡겨 둔 돈이 생각나서, "자, 내가 하느님께 죽음을 간청하고 죽기로 하였으니, 죽기 전에 내 아들 토비야를 불러 이 돈 이야기를 어찌하지 않을 수 있으랴?" 하고 마음속으로 말하였다. 그리하여 자기 아들 토비야를 불러서 "아들, 내가 죽으면 나를 잘 묻어다오. 그리고 네 어머니를 공경하고 어머니가 살아 있는 동안 내내 저버리는 일이 없도록 하여라. 네 어머니가 좋아하는 일을 해 드리고 무슨 일로든 어머니 마음을 슬프게 하지 마라. 얘야, 네가 배 속에 있을 때에 네 어머니가 너 때문에 겪은 그 많은 위험을 생각해 보아라. 그리고 네 어머니가 죽거든 나와 나란히 같은 무덤에 묻어다오. 얘야, 평생토록 늘 주님을 생각하고, 죄를 짓거나 주님의 계명을 어기려는 뜻을 품지 마라. 평생토록 선행을 하고 불의한 길은 걷지 마라. 진리를 실천하는 이는 무슨 일을 하든지 성공을 거둔다. 의로운 일을 하는 모든 이에게 네가 가진 것에서 자선을 베풀어라. 그리고 자선을 베풀 때에는 아까워하지 마라. 누구든 가난한 이에게서 얼굴을 돌리지 마라. 그래야 하느님께서도 너에게서 얼굴을 돌리지 않으실 것이다. 네가 가진 만큼, 많으면 많은 대로 자선을 베풀어라. 네가 가진 것이 적으면 적은 대로 자선을 베풀기를 두려워하지 마라. 네가 곤궁에 빠지게 되는 날을 위하여 좋은 보물을 쌓아 두는 것이다. 자선은 사람을 죽음에서 구해 주고 암흑에 빠져들지 않게 해준다. 사실 자선을 베푸는 모든 이에게는 그 자선이 지극히 높으신 하느님 앞에 바치는 훌륭한 예물이 된다. 얘야, 어떠한 간음도 저지르지 않도록 조심하여라. 무엇보다 먼저 네 조상의 후손들 가운데에서 아내를 맞아들이고, 네 아버지 부족 밖의 낯선 여자를 아내로 맞아들이는 일이 없도록 하여라. 우리는 이스라엘의 자손이다. 얘야, 우리의 옛 조상 아브라함, 이사악, 야곱, 노아를 생각해 보아라. 그분들은 모두 자기 친족 가운데에서 부인을 맞아들여, 복을 받으셨다. 이제 그 후손들이 땅을 차지할 것이다. 그러니 아들아, 네 동포를 사랑하여라. 그리고 네 동포에 대하여, 마음속으로 교만한 생각을 품고서, 그들 가운데에서 네 아내를 맞아들이지 않는 일이 없도록 하여라. 교만은 파멸과 큰 혼란을 가져온다. 또 나태는 손실과 큰 곤궁을 가져온다. 나태는 굶주림의 어머니다. 누가 네 일을 해주었으면 그의 품삯을 다음 날까지 쥐고 있지 말고 바로 내주어라. 네가 하느님을 섬기면 보상을 받는다. 얘야, 무슨 일이든 조심해서 하고, 어떠한 행동이든 교육을 받은 사람답게 하여라. 네가 싫어하는 일은 아무에게도 하지 마라. 술은 취하도록 마시지 말고, 취한 채 너의 길을 걷는 일이 없도록 하여라. 배고픈 이에게 먹을 것을 나누어 주고, 헐벗은 이들에게 입을 것을 나누어 주어라. 너에게 여유가 있는 것은 다 자선으로 베풀고, 자선을 베풀 때에는 아까워하지 마라. 의인들의 무덤에는 빵을 풍성하게 내놓되 죄인들에게는 주지 마라. 현명한 사람이면 누구에게나 조언을 구하고, 유익한 것이면 무슨 조언이든지 소홀히 여기지 마라. 언제나 주 너의 하느님을 찬미하여라. 그리고 너의 길을 올바르게 해주십사 하고, 너의 길과 뜻이 성공을 거두게 해주십사 하고 그분께 간청하여라. 어떠한 민족도 스스로 제 뜻을 이루지는 못한다. 모든 좋은 것을 주시는 분은 오로지 하느님뿐이시다. 그러니 아들아, 내 분부를 늘 기억하고 네 마음에서 지워지지 않도록 하여라. 아들아, 이제 내가 전에 라게스 지방에 사는 가바엘에게 은 열 달란트를 맡겨 둔 일이 있음을 너에게 알려 준다. 그러니, 우리가 가난하게 되었다고 해서 두려운 생각을 품지 마라. 네가 하느님을 경외하고 모든 죄악을 피하며 주 너의 하느님께서 보시기에 좋은 일을 하면, 큰 재산을 얻을 것이다." 그러자 토비야가 아버지 토빗에게 대답하였다. "아버지, 아버지께서 분부하신 대로 다 하겠습니다. 그렇지만 그분이 저를 모르고 저도 그분을 모르는데, 제가 어떻게 그분에게서 돈을 받을 수 있겠습니까? 그분이 저를 알아보고 저를 믿고서는 그 돈을 저에게 줄 수 있게, 제가 무슨 증표라도 그분에게 내놓아야 하지 않겠습니까? 게다가 라게스로 가려면 어떤 길로 가야 하는지도 저는 모릅니다." 토빗이 자기 아들 토비야에게 말하였다. "우리는 각각 증서에 서명을 하고, 그 증서를 둘로 나누어 하나는 내가 갖고, 하나는 내가 돈과 함께 두었다. 내가 그 돈을 맡겨 둔 지가 벌써 스무 해나 되었다. 그러니 아들아, 믿을 만한 사람을 하나 구해서 같이 가거라. 품삯은 네가 돌아올 때에 주도록 하자. 가서 그에게 돈을 받아 오너라." 그리하여 토비야는 자기와 함께 라게스 지방으로 갈 사람, 길을 익히 잘 아는 사람을 구하러 밖으로 나갔다.

집 밖으로 나가자마자 아들 토비야는 바로 자기 집 대문 앞에 서 있는 라파엘 대천사를 발견하였다. 라파엘 대천사는 자기 신분을 '대천사'라고 밝히지 않고 일반 사람으로 위장하고 서 있었다. 그래서 아들 토비야는 그가 하느님께서 파견하신 대천사인 줄은 알지 못하였다. 토비야가 "젊은이, 처음 보는 분인데 어디에서 오셨소?" 하고 묻자, 라파엘 대천사가 "나는 당신의 동포, 이스라엘 자손인데 여기에서 일하러 왔다오." 하고 대답하였다. 일하러 왔다고 하자, 토비야가 다시 "라게스 지방으로 가는 길을 잘 아시오?" 하고 물었다. 그러자, 대천사가 대답하였다. "나는 라게스 지방에 많이 가 보았소. 그래서 그곳 현지 상황도 잘 알고 그곳으로 가는 길도 익히 잘 알고 있다오. 갈 때마다 라게스 지방에 사는 우리 동포 가바엘의 집에서 묵곤 하였소. 여기에서 라게스 지방까지는 꼬박 이틀 길이라오. 라게스 지방은 산악 지역에 있고 엑바타나는 평야 지대 한가운데에 있기 때문이오." 토비야가 라파엘 대천사에게 말하였다. "젊은이, 내가 집으로 들어가서 아버지에게 사정 이야기를 할 때까지 기다려 주시오. 내가 그곳으로 갈 일이 있어서 같이 갈 사람을 찾고 있는 중이니, 꼭 나와 함께 가 주시오. 물론 품삯을 넉넉히 드리겠소." 라파엘 대천사는 "좋소. 기다리지요. 오래 걸리지만 마시오." 하고 말하였다. 토비야는 집으로 들어가서 아버지에게, "우리의 동포, 이스라엘 자손 한 사람을 발견하였다."고 사정 이야기를 하였다. 그러자 아버지가 말하였다. "애야, 그 사람을 불러오너라. 그의 집안이 어떠하고 그가 무슨 지파 출신이며, 너와 함께 갈 만큼 믿을 수 있는 사람인지 알아보아야겠다." 아들은 밖으로 나가 라파엘 대천사를 불러, "젊은이, 아버지께서 당신을 뵙자고 합니다." 하고 말하였다. 그리하여 라파엘 대천사가 아버지 토빗이 있는 곳으로 함께 들어가서 아버지에게 먼저 인사하였다. 그러자 아버지가 라파엘 대천사에게 말하였다. "나에게 무슨 기뻐할 일이 남아 있겠소? 나는 두 눈이 먼 사람으로 하늘의 빛을 볼 수도 없다오. 더 이상 빛을 바라보지 못하는 죽은 이들처럼 암흑에 잠겨 있을 뿐이오. 살아 있으면서도 죽은 이들 사이에 있는 것이라오. 사람들의 소리는 듣지만, 그들을 보지는 못한다오." 라파엘 대천사가 말하였다. "용기를 내십시오. 머지않아 하느님께서 고쳐 주실 것입니다." 토빗이 라파엘 대천사에게 "내 아들 토비야가 라게스 지방으로 가려고 하는데, 그를 인도해 줄 수 있겠소? 품삯은 물론 많이 주겠소." 하자, 라파엘 대천사가 대답하였다. "함께 가겠습니다. 저는 길도 그곳 실정도 모두 잘 압니다. 라게스 지방에 많이 가 보았기 때문에 그곳의 산악 지방과 길도 다 알고 있습니다." 토빗이 "형제여, 그대는 어느 가문에 속하오? 어느 지파 출신이오? 나에게 말해 보시오." 하자, 라파엘 대천사가 "지파는 알아서 무엇 하시겠습니까?" 하고 대답하였다. 토빗이 다시 "형제여, 나는 그대가 누구의 아들이고 그대의 이름이 무엇인지 정말 알고 싶다오." 하니, 라파엘 대천사가 "저는 어르신의 동포로서 하난야의 아들 아자르야입니다." 하고 이름을 둘러대었다. 이에 토빗이 말하였다. "잘 오셨소. 형제여, 하느님의 구원을 받기 바라오. 그리고 형제여, 내가 그대의 가문에 관하여 사실대로 알고 싶어 하였다고 해서 섭섭하게 생각하지 마시오. 알고 보니 그대는 동포일 뿐만 아니라 훌륭하고 좋은 집안 출신이구려. 나는 대세멜리아의 두 아들 하난야와 나탄을 전부터 알고 있소. 그들은 나와 같이 예루살렘에 가서 함께 예배를 드리곤 하였소. 그들은 빗나간 적이 없는 이들이었소. 그대의 친족들은 좋은 사람들이고 그대는 근본이 좋은 사람이오. 잘 오셨소. 품삯에다 더 얹어 주겠소." 그러자 라파엘 대천사가 대답하였다. "아드님과 함께 가겠습니다. 건강한 몸으로 떠나갔다가 건강한 몸으로 돌아올 터이니 염려하지 마십시오. 여행길은 안전합니다." 토빗은 라파엘 대천사에게 "형제여, 복을 받으시오." 하고 축복한 다음, 아들을 불러 말하였다. "애야, 길 떠날 채비를 하고 너의 동포인 이 사람과 함께 가거라. 하늘에 계신 하느님께서 너희를 그곳까지 무사히 인도하시고, 너희를 건강한 몸으로 나에게 데려다주시기를 빈다. 애야, 또 그분의 천사께서 너희가 안전하도록 동행해 주시기를 빈다." 아들 토비야는 길을 떠나려고 집을 나서면서 아버지와 어머니에게 입을 맞추었다. 토빗은 그에게 "건강한 몸으로 다녀오너라." 하고 말하였다. 그때에 그의 어머니가 울면서 토빗에게 말하였다. "어쩌자고 내 아들을 보내십니까? 우리 아들은 우리 손에 들린 지팡이나 마찬가지 아닙니까? 여보, 너무 돈, 돈하고 돈 타령하지 마십시오. 맡겨 둔 돈일랑 우리 아이의 몸값으로 여겨 버립시다. 주님께서 우리에게 허락하신 살림, 우리에게는 그것으로 충분합니다." 그러자 토빗이 대답하였다. "걱정하지 말아요. 우리 아들은 건강한 몸으로 갔다가 건강한 몸으로 우리에게 돌아올 것이오. 아들이 건강한 몸으로 당신에게 돌아오는 날을 당신 눈으로 볼 것이오. 그러니 여보, 걱정하지 말고 염려도 하지 마시오. 선하신 분께서 토비야와 함께 가실 터이니, 우리 아들은 여행을 잘 마치고 건강한 몸으로 돌아올 것이오." 그러자 토빗의 아내는 울음을 그쳤다. 그리하여 토비야는 라파엘 대천사와 함께 집을 나섰다. 그 집 개도 아들을 따라 집을 나서서 그들과 함께 떠났다. 그 두 사람은 길을 가다가 첫째 날 밤이 되자, 티그리스강 가에서 야영하기로 하였다. 아들, 토비야는 발을 씻으려고 티그리스강으로 내려갔다. 그때에 커다란 물고기가 물에서 뛰어올라 토비야의 발을 삼키려고 하였다. 그가 소리를 지르자, 라파엘 대천사가 "그 물고기를 붙잡고 놓치지 마시오." 하고 말하였다. 토비야는 물고기를 붙들어 뭍으로 가지고 올라왔다. 그러자 대천사가 말하였다. "물고기의 배를 갈라 쓸개와 염통과 간을 빼내어 잘 간수하고 내장은 버리시오. 그 쓸개와 염통과 간은 효험이 좋은 약이라오." 토비야는 물고기의 배를 갈라 쓸개와 염통과 간을 따로 모아 놓고 나서, 고기의 일부는 구워 먹고 나머지는 소금에 절여 두었다. 그 두 사람은 함께 길을 걸어 마침내 엑바타나 지역에 가까이 이르렀다. 그때에 토비야가 "아자르야 형제(아직도 라파엘 대천사는 자기 신분을 밝히지 않고 이름을 '아자르야'고 한다.) 그 물고기의 염통과 간, 그리고 쓸개가 도대체 무슨 약이 된다는 말이오?" 하고 묻자, 이렇게 대답하였다. "그 물고기의 염통과 간은 마귀나 악령에 시달리는 남자나 여자 앞에서 태워 연기를 피우면, 마귀나 악령이 쫓겨나고 악령의 시달림이 깨끗이 사라져서 더 이상 남아 있지 않게 된다오. 쓸개는 하얀 막이 생긴 사람 눈에 바르고 그 눈 위로, 하얀 막 위로 입김을 불면 눈이 좋아진다오." 라게스 지방에 가다가 중간 지점인 엑바타나 지방 가까이 이르렀을 때, 라파엘 대천사가 "토비야 형제!" 하고 부르자 그가 "왜 그러시오?" 하고 대답하였다. 라파엘 대천사가 말하였다. "우리가 오늘 밤을 라구엘의 집에서 묵어야 하는데, 그 사람은 그대의 친족이고 그에게는 '사라'라는 딸이 있소. '사라' 말고는 그에게 아들도 없고 딸도 없소. 그대는 사라의 가장 가까운 친척이니 다른 모든 사람에 앞서 그 여자의 남편이 될 자격이 있고, 그 아버지의 재산도 물려받을 권리가 있소. 그 처녀는 현명하고 정숙하고, 용감하며 지혜롭고, 대단히 아름답다고 소문이 자자하오. '사라' 아버지도 훌륭한 분이오." 라파엘 대천사가 계속 말하였다. "그대는 사라를 아내로 맞아들일 권리가 있소. 그러니, 내 말을 잘 들으시오. 사라를 그대의 신부로 맞아들일 수 있도록, 내가 오늘 밤에 그 처녀와의 혼사를 사라 아버지와 상의하겠소. 우리가 라게스 지방에서 돌아오는 대로 결혼식을 올립시다. 사라 아버지가 사라를 그대에게 주기를 마다하거나 결코 다른 남자와 약혼시킬 수 없다는 사실을 나는 잘 알고 있소. 만일 그러했다가는 모세의 책에 있는 율법 법령에 따라 사형을 당할 것이오. 사라 아버지도 그대가 다른 모든 사람에 앞서 자기 딸을 아내로 맞아들일 권리가 있다는 것을 알고 있소. 그러니 이제 내 말을 들으시오. 오늘 밤에 그 처녀의 혼사를 상의하여 그대와 그 처녀의 약혼식을 올리도록 합시다. 그리고 우리가 라게스 지방에서 돌아오면, 그 여자를 그대의 집으로 데려갑시다."

그때에 토비야가 라파엘 대천사에게 대답하였다. "내가 듣기로 그 여자는 이미 일곱 남자와 혼인하였는데 일곱 명의 신랑이 첫날 밤도 치르기 전에 전부 신부 방에서 죽었다고 들었소. 일곱 남자 모두, 그 여자 방으로 들어가기만 하면 그날 밤으로 죽었다고 합디다. 마귀가 일곱 남자 모두를 죽였다는 말도 들었소. 마귀가 그 여자는 해치지 않고 그에게 다가가려는 남자들만 죽였대요. 그러니 저의 아버지께는 자식이 나밖에 없는데 내가 죽으면, 아버지와 어머니가 나 때문에 괴로워하며 무덤으로 내려가시게 되지나 않을까 두렵소. 게다가 저의 부모님을 묻어 드릴 다른 아들도 없지 않소. 그러자 라파엘 대천사는 이렇게 말하였다. 그대의 아버지께서 당신의 집안에서 아내를 맞아들이라고 분부하신 것을 기억하고 있지 않소? 그러니 이제 내 말을 들으시오. 마귀는 걱정하지 말고 그 여자를 아내로 맞아들이시오. 나는 그 여자가 오늘 밤으로 그대의 아내가 되리라는 것을 알고 있소. 만약, 당신이 신부 방에 들어가면 그 물고기의 간과 염통을 조금 꺼내어 향의 잿불에다가 올려놓으시오. 그러면 냄새가 퍼질 것이오. 마귀는 그 냄새를 맡고 달아나서 다시는 결코 그 여자 곁에 나타나지 못할 것이오.

　그리고 그대는 그 여자와 첫날 밤 동침을 하기 전에, 먼저 둘이서 함께 하느님께 기도하며 '저희에게 자비와 구원을 베풀어 주십사.' 하고 간청하시오. 절대 두려워하지 마시오. 그 여자는 세상이 생기기 전부터 그대의 아내로 정해졌기 때문이오. 그대가 이렇게 그 여자를 구해 내면 그 여자는 그대를 따라나설 것이오. 그대가 사라에게서 자녀들을 얻고 평생 대대로 행복하게 살 것이라고 나는 생각하오. 그러니 걱정하지 마시오." 토비야는 라파엘 대천사의 말을 듣고 사라가 자기 아버지 가문의 후손으로 자기에게 친족 누이가 된다는 것도 알자, 그 여자를 매우 연모하게 되고 그 여자에게 마음이 끌리게 되었다. 엑바타나 지방에 들어서자 토비야가 라파엘 대천사에게 "나를 곧장 우리 친족 라구엘에게 데려다주시오." 하고 말하였다. 그래서 그는 토비야를 라구엘의 집으로 데려갔다. 그들은 마당 문 앞에 앉아 있는 라구엘을 보고 먼저 인사하였다. 라구엘은 "형제들, 기쁨이 충만하기를 비오! 건강하게 잘 오셨소." 하고 답례한 다음, 그들을 집 안으로 데리고 들어갔다. 그리고 자기 아내에게 "저 토비야가 어쩌면 저렇게 내 친족 토빗과 쏙 닮았을까?" 하고 말하였다. 그래서 아내가 그들에게 "형제들, 어디에서 오셨지요?" 하고 묻자, "저희는 니네베로 유배 온 납탈리 자손으로 니네베에서 오는 길입니다. 그러자 아내가 다시 "그러면 우리 친족 토빗과 그 부인을 아세요?" 하고 물으니, 그분들은 "건강히 잘 계십니다." 하고 대답하였다. 이어서 토비야가 "그분은 제 아버지십니다." 하자, 라구엘이 벌떡 일어나 토비야에게 입을 맞추고 울었다. 그러면서 토비야에게 말하였다. "얘야, 너에게 복이 내리기를 빈다. 네 아버지는 훌륭하고 정말 선하시고 하느님만을 지극 정성을 다해 섬기시는 분이시다. 그렇게 의롭고 자선을 많이 하는 분이 눈이 멀다니, 정말 끔찍한 불행이로구나!" 그리고 나서 자기 친족 토비야의 목을 껴안고 울었다. 라구엘의 아내도 토빗을 생각하며 울고 그들의 딸 사라도 울었다.

라구엘은 양 떼 가운데에서 살진 숫양 한 마리를 잡고, 그들을 따뜻이 맞아들였다. 그들이 몸과 손을 씻고 저녁을 먹으러 식탁에 앉았을 때에 토비야가 라파엘 대천사에게, "내 친족 누이 사라를 나에게 주라고 라구엘에게 말씀드리지요." 하고 말하였다. 라구엘이 우연히 이 말을 듣고 토비야에게 말하였다. 오늘 밤은 먹고 마시며 즐겁게 지내게. 내 딸 사라를 아내로 맞아들일 자격이 있는 사람은 자네밖에 없다네. 사라를 자네 말고 다른 남자에게 줄 권리가 없다네. 자네가 나에게 가장 가까운 친척이기 때문이야. 그런데, 솔직하게 자네에게 사실을 하나 털어놓아야겠어. 나는 벌써 나의 딸 사라를 우리 동포 일곱 명이나 되는 총각에게 차례로 주었지만, 딸이 있는 방에 들어가기만 하면 그 밤으로 다 죽어 버렸어. 그러니 토비야야, 지금은 그냥 먹고 마셔. 하느님께서 너를 돌보아 주실 것이야. 그러나 토비야는 말하였다. 제 일을 결정지어 주시기 전에는 먹지도 않고 마시지도 않겠습니다. 그러자 라구엘이 말하였다. 그렇게 하마. 모세의 책에 있는 율법규정에 따라 내 딸 사라는 네 사람이다. 하늘에서도 사라는 네 사람이라고 이미 판결이 내려졌다. 너의 친족 누이, 내 딸 사라를 아내로 맞이하여라. 이제부터 너는 사라의 오라비고 사라는 너의 아내다. 오늘부터 사라는 영원히 네 아내이다. 그리고 얘야, 오늘 밤에 하느님께서 너희를 잘 보살피시고, 너희에게 자비와 평화와 은총을 베풀어 주시기를 빈다.

그러고 나서 라구엘은 자기 딸 사라를 불렀다. 사라가 오자 라구엘은 딸의 손을 잡고 토비야에게 넘겨주며 말하였다. "율법에 따라 사라를 아내로 맞이하여라. 모세의 책에 쓰인 규정에 따라 사라는 네 아내다. 그러니 네가 맡아서 네 아버지께 잘 데려가거라. 하늘의 하느님께서 너희에게 번영과 평화를 베풀어 주시기를 빈다." 라구엘은 다시 사라의 어머니를 불러서 붓을 가져오라고 하였다. 그리고 모세 율법의 규정에 따라 사라를 토비야에게 아내로 준다는 혼인 계약서를 썼다. 그러고 나서 그들은 먹고 마시기 시작하였다. 라구엘은 아내를 불러, 여보, 첫날밤을 치를 신방을 준비해서 사라를 그리로 데려가시오. 그러자, 아내는 남편이 말한 대로 새로운 방에 신혼 잠자리를 차려 놓은 다음, 사라를 그리로 데려갔다. 그리고 사라 때문에 울다가 눈물을 닦고 딸에게 말하였다. 딸아, 용기를 내어라. 하늘의 주님께서 너의 그 슬픔 대신에 이제는 기쁨을 주실 것이다. 얘야, 용기를 내어라. 그러고 나서 사라의 어머니는 방을 나갔다.

그들이 다 먹고 마시고 나자, 토비야가 신혼 방으로 가서 신부 '사라'와 잠자리에 들려고 하였다. 그래서 부모가 토비야를 데리고 가서 신혼 방으로 들여보냈다. 그때에 토비야는 라파엘 대천사의 말을 기억하고, 자기가 가지고 다니는 자루에서 물고기의 간과 염통을 꺼내어 향의 잿불에 올려놓았다. 그러자 물고기 냄새가 얼마나 지독하였던지 마귀는 수천 리 멀리 이집트 끝 지방까지 도망쳐 갔다. 그러나 라파엘 대천사는 쫓아가서 곧바로 마귀의 손과 발을 묶어 버렸다.

마귀가 도망친 것을 알게 된 토비야는 침상에서 일어나 사라에게 말하였다. "여보, 일어나구려. 우리 함께 하느님께 기도하며 우리에게 자비와 구원을 베풀어 주십사" 하고 간청합시다. 사라가 일어나자 그들은 함께 정성껏 기도하며 자기들에게 구원이 이루어지기를 간청하였다. 토비야와 사라는 이렇게 함께 기도하기 시작하였다. "저희 조상들의 하느님, 찬미 받으소서. 하느님의 이름은 대대로 영원히 찬미 받으소서. 하늘과 당신의 모든 피조물이 하느님을 영원히 찬미하게 하소서. 하느님께서는 아담을 만드시고 그의 협력자며 협조자로 아내 하와도 만들어 주셨습니다. 그 둘에게서 인류가 나왔습니다. 하느님께서는 '사람이 혼자 있는 것이 좋지 않으니 그와 닮은 협력자를 우리가 만들어 주자.' 하셨습니다. 이제 저는 욕정이 아니라 진실한 마음으로 저의 친족 누이 사라를 아내로 맞아들입니다. 저와 아내가 자비를 얻어 함께 해로하도록 허락해 주십시오." 그들은 "아멘, 아멘." 하고 함께 말하였다. 그리고 나서 첫날 밤을 잤다. 라구엘은 밤중에 일어나 하인들을 불러 함께 나가서 무덤을 팠다. "신랑, 토비야는 죽고 우리는 또 비웃음거리와 우셋거리가 되겠지." 하고 미리 걱정하였던 것이다. 무덤을 다 파고 나서 집으로 돌아온 라구엘은 자기 아내를 불러 이렇게 말하였다. "하녀 하나를 들여보내어 신랑이 살아 있는지 보라고 하구려. 그가 죽었으면 아무도 모르게 그를 묻어 버립시다." 하녀가 등불을 켜고 방문을 열었다. 하녀가 들어가 보니 둘은 함께 깊이 잠들어 있었다. 하녀는 밖으로 나와서 "신랑과 신부가 곤하게 잠자고 있고, 살아 있다."고 그들에게 말하였다.

그러자 그들은 하느님을 찬미하며 말하였다. "하느님, 온갖 순수한 찬미로 찬미 받으소서. 하늘과 땅의 모든 피조물이 하느님을 영원히 찬미하게 하소서. 저희를 기쁘게 해 주셨으니 찬미 받으소서. 염려하던 일이 벌어지지 않았습니다. 크나큰 자비를 저희에게 베풀어 주신 것입니다. 토비야와 사라를 가엾이 여기셨으니 찬미 받으소서. 주님, 저들에게 계속 자비와 구원을 베푸시고 저들이 기쁨과 자비를 누리며 행복하게 일생을 마치게 해주소서."

하느님의 은총으로 라구엘의 딸 사라와 토빗의 아들 토비야는 결혼하여 백년 해로하며 행복하게 살았다. 하느님께서는 토비야의 아버지 토빗에게는 그의 눈에서 하얀 막을 벗겨주셨다. 장님이 되었던 시력을 완전히 회복시켜 주셨다. 토빗도 아내, 안나와 함께 하느님의 은총 가운데 행복하게 살았다.[12]

결혼한 부부가 배우자를 위하고 사랑하는 가장 좋은 방법은 서로 매일 기도해주는 일이다. 우리는 배우자를 크게 변화시킬 수도 없고, 배우자를 크게 변화하도록 조작할 수도 없다. 오직 하느님만이 배우자를 변화시킬 수 있다. 이런 이유 때문에, 부부가 서로 결혼생활의 좋은 반려자요 협력자가 되고, 서로 존경하고, 존중해 주고, 순종하며 배우자가 옳은 방향으로 변화하도록 끈기 있게 하느님께 함께 기도드려야 한다. 1946년 노벨문학상을 받은 독일계 스위스인 소설가이자 시인인 헤르만 헤세(Hermann Hesse)도 "사랑하는 사람을 위해 기도할 각오 없이 사랑하는 것은 처음부터 잘못된 일이다."라고 말하면서 사랑하는 사람들은 서로 기도해 줄 것을 강조하였다.

그렇다면, 부부가 어떻게 기도해야 하는지 기도에 관해 살펴보겠다. '기도 (Prayer)'라는 말이 성경에 처음 표기된 곳은 창세기 20장 7절인데 기도의 중요성을 다음과 같이 이야기 해주고 있다.

하느님께서 꿈에 이방인으로서, 그라르 지방 임금인 아비멜렉에게 "네가 나에게 죽을죄를 지었지만, 아브라함이 너를 위해 기도하면 살 것이다." 하고 말씀하신 내용이다. 아브라함이 고향을 떠나 그라르 지방에서 나그네 삶을 살고 있었을 때의 이야기이다. 아브라함의 아내, '사라'가 너무 예뻐서 뭇 남성들이 음흉한 마음을 품곤 하였다. 아브라함은 아내, 사라의 미모에 반한 사람들이 자신을 죽이고 사라를 아내로 가로챌지 모른다고 너무 걱정하였다. 그런 나머지, 아브라

---

12) 토빗기를 일부 가필하였음.

함은 주위 사람들에게 사라를 누이라고 하였다. 그 소문을 들은 그라르 임금 아비멜렉이 아브라함의 아내 사라를 처녀로 생각하고 자기의 아내로 가로채려고 데려갔다. 그러자, 꿈에 하느님께서 아비멜렉에게 나타나시어 사라는 이미 남편이 있으니 사라를 다시 아브라함에게 돌려보내라고 하셨다. 그렇지 않으면 사라 때문에 죽을 것이라고 하였다. 그리고 아비멜렉 집안에 벌을 내리시어 아비멜렉 집안의 모든 여자의 태를 닫아버리셨다. 꿈에 하느님께서 말씀하신 대로 아비멜렉 임금은 덜컥 겁이 나서 아브라함의 아내 사라를 손도 대지 않고, 건드리지도 않고 돌려보냈다. 그러자, 아브라함이 아비멜렉 임금을 위해 하느님께 기도드렸다. 그 결과, 하느님은 아비멜렉 집안의 모든 여자의 태를 열어주시고 아비멜렉과 그의 집안의 모든 사람의 병도 전부 고쳐 주셨다.

그러면, 기도가 무엇인지? 그 정의를 살펴보겠다. 아기 예수의 성녀 소화 데레사는 기도를 다음과 같이 정의하였다 "기도를 하면, 저에게는 기도가 저의 마음을 은총으로 휘감아 줍니다. 또, 기도는 하느님을 향해 바라보는 단순한 눈길이고, 감사를 드리고 하느님을 알아채는 저의 말이며, 시련과 기쁨 모두를 받아들이는 은총입니다."[13]

가톨릭교회 교리서는 다마스쿠스의 성 요한의 가르침을 인용하여 기도의 정의를 "기도는 하느님을 향하여 마음을 들어 높이는 것이며, 하느님께 은혜를 청하는 것이다"(가톨릭 교리서 2559항)라고 설명하고 있다. "가정은 기도를 가르치는 첫째 장소이다. 혼인성사 위에 세워진 그리스도인의 가정은 교회이다. '가정 교회'라고 할 수 있다. 바로 가정에서 하느님의 자녀들은 '교회로서' 끊임없이 기도하는 법을 배운다. 특히 어린 자녀들에게는 가정에서 날마다 바치는 기도가 성령님께서 끊임없이 일깨워 주시는 교회의 살아 있는 기억을 처음으로 증언해 주

---

13) 영어기도서 pp. 10, 2017. 출판사: 보성인쇄기획사.

는 은총이 된다(2685항)."라고 규정하여 가정에서의 기도가 매우 중요함을 말해 주고 있다. 하느님은 인간과 항상 가까이 같이 있고 싶어 하신다. 마치 동물들이 목말랐을 때에 흐르는 시냇가나 강가 또는 샘물에서 물을 마시고 싶어 하듯 하느님은 인간을 보고 싶고 가까이하고 싶어 목말라 하신다. 그래서 언제나 우리를 초대하시고 만나시고자 하신다. 우리가 알든 모르든, 기도는 하느님의 목마름과 우리 인간이 일상의 삶에서 느끼는 영적, 물적 인간의 갈증, 두 목마름의 만남이다. 그래서, 하느님께서는 우리가 당신을 목말라하기를 갈망하신다.(2560항) 성 예로니모와 성 아우구스티노는 기도를 '하느님과의 대화'라고 하였다. 기도란, 하느님과의 대화로 들어갈 수 있는 열쇠이기 때문이다. 하느님과 대화하기 위해서는 하느님의 목소리를 들어야 하는데 목소리를 듣기 가장 좋은 방법은 조용한 곳에서 침묵 가운데 성경을 읽는 것이다. 성경을 읽을 때마다 우리는 우리에게 말을 건네시는 하느님과 예수님 목소리를 듣는다. 그 말씀을 듣고 대답하는 것, 바로 이것이 기도이다. 우리 마음은 기도할 때 변화된다. 우리는 많은 일을 할 수 있지만, 기도 없이는 일이 제대로 되지 않기 때문이다. 이상과 같이 간단히 살펴보았지만 기도를 명쾌하게 설명하거나 정의하기는 쉽지 않다.

그렇지만, 기도는 '사랑의 행위요, 각종 꽃향기가 충만한 사랑의 화단, 사랑의 전기를 공급하는 발전소'라고 쉽게 설명할 수 있다. 하느님께 찬미의 기도를 드리면 하느님께 사랑의 향기를 드리는 것이고, 남편과 아내가 서로를 위해 그리고 자녀를 위해 청원 기도를 하면, 가족을 사랑한다는 사랑의 행위이며 사랑의 전기를 흘려보내 주는 것이다. 그러므로, 가정에서 부부가 서로 기도해 주고, 가족 모두가 함께 기도하는 것, 위기에 처했을 때 가족을 위해 끊임없이 기도하며 서로 강복을 주는 것은 생명을 보호하고 지켜주는 것도 된다. 부부는 기도의 중요성을 아무리 강조해도 지나치지 않다.

그런데, 성경에 나오는 기도의 자세를 보면 "밤낮으로 사십 일을 주님 앞에 엎드려 기도하였다. 마음이 쓰라려 흐느껴 울면서 기도하였다. 성전을 떠나는 일 없이 단식하고 기도하며 밤낮으로 하느님을 섬겼다. 그 무렵에 예수님께서는 기도하시려고 산으로 나가시어, 밤을 새우시며 기도하셨다. 끊임없이 기도해야 한다. 사람의 아들 앞에 설 수 있는 힘을 지니도록 늘 깨어 기도하여라. 한마음으로 기도에 전념하였다. 기쁜 마음으로 기도를 드립니다. 어떠한 경우에든 감사하는 마음으로 기도하고 간구하며 여러분의 소원을 하느님께 아뢰십시오. 기도에 전념하십시오. 감사하는 마음으로 기도하면서 깨어 있으십시오. 서로 남을 위하여 기도하십시오. 마음을 가다듬고 정신을 차려 기도하십시오." 등이다.

부부는 성경 등에 열거된 기도하는 자세의 사례를 많이 본받고 기도를 조금씩 배워 나가야 하고 일상생활에서 서로를 위해 꾸준히 기도해야 한다.

2) 결혼식 당일의 남편 또는 아내의 점수를 61점이라고 생각하고 결혼생활을 시작해야 한다

결혼생활은 줄곧 계속해서 기도하는 과정이며, 부부가 서로 존경하고 순종하고 돕는 관계이다. 행복한 결혼생활을 위해서 남편은 아내를 사랑하고 모질게 대해서는 안 되며, 아내의 충고에 귀 기울이고 아내에게 순종하고 아내를 존경해야 한다. 아내 마음의 아름다움은 금보다 뛰어나기 때문이다. 또한, 결혼생활에서 남편은 자녀들을 들볶지 말아야 한다. 자녀들의 기를 꺾어서는 안 되기 때문이다. 딸들에게 예의 법도를 잘 가르쳐야 하고, 너무 너그럽게 대하지 말아야 하며, 지각 있는 남자에게 딸을 시집 보내야 한다. 자녀도 항상 부모에게 순종하여야 한다. 자녀들이 부모님 사랑에 대한 확신을 갖도록 부부가 자녀들을 도와주어야 한다. 자녀들이 부모님 사랑에 대한 확신을 갖게 하기 위해서는 먼저 자녀들이 부모님을 알려고 노력하는 것에서 시작된다. 가난한 집에서 태어난 '고경훈' 학생은 우연히 중학교 2학년 시절에 시장에서 날품팔이 막노동을 하는 잠든 아버지의 거칠어진 손과 휘어진 발과 발가락을 보고, 부모에게 감사하는 마음을 갖고 공부에 매진하였다. 사람은 누구나 보려고 노력해야 보인다. 보려 하지 않으면 보이지 않고 묵상하지 않으면 이해하지 못한다. 부모님에 대한 사랑도 이런 과정을 통하여 알게 되듯, 자녀도 부모의 사랑을 알려고 하는 노력이 절대적으로 필요하다.

결혼생활은 부부가 평생 줄곧 계속해서 서로 사랑하는 과정이다. 부부가 서로의 장점은 살려주고 단점은 장점으로 고쳐주는 마라톤과 같은 긴 여정이다. 배우자를 강제로 억압해서 나의 생각과 같이 만들겠다는 생각은 매우 위험하다. 그렇지만 강요가 아니라 부부가 서로 함께 노력해서 만들어간다면 사랑으로 충만한 결혼생활을 할 수 있다. 부부는 효과적인 동기와 보상을 제공해 주면 기대한 만큼 행복한 결혼생활을 할 수 있다. 부부는 기대한 만큼 충족된다는 '피그말리온 효과(Pygmalion effect)'에 따라 우리 남편이나 아내를 완벽한 배우자로 만들 수 있다고 믿고 서로 칭찬하고, 사랑하고, 격려하고 배려해서 아름다운 사랑을 계속 하는 것이다.

그런데, 부부가 결혼식을 올린, 결혼식 당일의 남편 또는 아내의 점수를 100점이라고 평가하고 완벽한 배우자라고 생각한다면 큰 착각이고 오산이다. 결혼식 날에, 아내가 남편이 매력, 재력, 사랑, 친절함, 이해력, 관용 등을 다 갖춘 완벽한 남편(Prince Charming)이라고 생각하고, 남편도 아내를 신데렐라(Cinderella)로 착각하고, 100점짜리 아내를 얻었다고 시작하는 결혼 생활은 위험 천만하다.

자칫하면 그런 잘못된 생각은 파경과 이혼으로 이어질 수도 있다. 결혼식을 올린 날의 남편 또는 아내의 점수를 과락을 면한 61점이라고 생각하고 결혼 생활을 시작해야 한다. 결혼 생활은 모든 인간 관계에서 가장 복잡하다. 복잡한 삶을 서로에게 맞춰가고 같이 호흡하는 기나긴 인생의 여정이 결혼생활이다.

결혼 생활은 부부가 합심하여 평생 노력해서 61점에 불과한 남편 또는 아내의 점수를 100점이 되도록 서로 돕는 장거리 마라톤 코스이다. 평생을 부부가 헌신하고 사랑해서 서로가 100점이 되도록 60여 년간 노력하는 기나긴 여정이다. 그래야, 결혼 60주년 회혼식과 결혼 70 주년을 행복하게 사랑으로 일궈내 백년해로 할 수 있다. 결혼 60주년 회혼식과 결혼 70 주년에 남편 또는 아내의 점수가 결혼 당일의 61점에서 100점이 되도록 부부가 서로 참고 부단하게 노력하는 것이 아름다운 결혼생활이다. 미국의 저명한 철학과 교수이자 작가인 삼 킨(Sam Keen) 교수도 사랑은 완벽한 사람을 찾는 것이 아니고, 불완전한 사람이 완벽한 사람으로 되어가는 것을 보는 과정이라고 하였다.[14]

신혼 여행에서 돌아와 신혼생활(新婚生活)을 하다 보면 부부 사이의 단점이 자연스럽게 하나 둘 노출되어서 실망하곤 한다. 결혼 전의 단점과 그 행실은 쉽게 바뀌지 않기 때문이다. 우선 서로의 가정 문화가 매우 다를 수 있다. 그런데, 배우자를 강압에 의해 변화하도록 시도한다면 가정 불화만 야기한다. 그러므로, 부부가 서로 효과적인 동기를 부여해주고, 배려하고, 협력하고 이해하는 삶이 되어야 한다. 일상의 작지만 성취하기 쉬운 소소한 행복을 추구하는 삶, 소확행을 맛보고 '대확행'의 삶을 살도록 노력한다면 케케묵은 단점과 행동도 서서히 고쳐나갈 수 있다.

그 단점을 고쳐주고, 정성껏 충고해 주고, 장점으로 바꿔주는 노력을 하고, 꾹

---

14) Love isn't finding a perfect person. It's seeing an imperfect person perfectly.

참고 인내하며 지속적으로 평생 동안 계속하는 것이 결혼 생활이다. 결혼하고 살다 보면, 사랑 싸움, 성격차이의 노출, 자녀교육에서의 대립, 시부모와의 갈등, 흔히 성격차이라고 하는 소통의 불통 등 여러 문제점과 불확실한 미래에 대한 두려움과 불확실성으로 고민하게 된다. 이와 같은 두려움과 불확실성을 해독할 수 있는 것이 사랑이다. 사랑은 믿음, 희망, 안정, 자신감의 근간이기 때문이다.

남편은 아내에게 "여보, 당신은 나의 삶에서 내가 본 사람 중에 최고야. 사랑해." 이런 찬사를 자주 해주어야 한다.[15] 아내도 남편에게 "여보, 당신이 항상 곁에 있어서 든든 해. 항상 배려해주고 가족을 최 우선으로 생각하고 사랑해줘서 고마워."라는 말을 하고 출 퇴근시는 물론 수시로 상냥한 인사를 해 주고, 사랑의 조미료를 뿌려주는 것 등으로 남편의 사기를 높여 주어야 한다.

다음 글은 결혼생활에 참고해 볼만한 좋은 이야기이다. 특히, 신혼 부부에게 유익한 내용이다.

세상이 다 변해도 그는 예외일 줄 알았다. 결혼 후 부부가 가장 많이 하는 소리가 "결혼하더니 사람이 변했다"거나 "본색이 드러났다"고 할지라도 나의 남편만은 절대 아니라고 생각했다. 남편은 너무나 자상한 사람이었다. 같이 커피를 마시다가 눈길만 돌려도 어느새 휴지를 건네주었고, 때로는 물 컵을 슬며시 내 쪽으로 밀어주었다. 길을 걸을 땐 자연스럽게 나를 인도 쪽으로 세우고 누군가와 부딪칠만하면 재빨리 나를 자신의 품 안으로 끌어당겼다. 보고 싶어할 만한 책이나 영화를 먼저 알아오는 것은 다반사였다. 내가 피곤해하거나 불편해하는 것은 바로 알아차리고 반응해주고 도와주었다. 그와 있으면 나는 공주가 되고 왕비도 되었다. 점차 모든 것들이 당연해졌다. 그 사람의 온 신경이 나에게 쏟아지

---

15) Honey, you're the best I've ever seen at my life. I love you" Do this often.

던 최고의 행복한 시간이었다. 말하지 않아도 알 수 있는 것은 사랑하는 사람들만의 특권이요, 의무라고 자연스럽게 믿던 시절이었다.

그런데, 결혼 후 무언가 톡톡 나를 건드렸다. 분명 뭔가가 달라졌는데 그게 뭘까? 그는 여전히 자상했고 다정했다. 그런데도 나는 흐릿한 아쉬움을 계속 느꼈다. 처음엔 그 이유를 알지 못했다. 내가 막연하게나마 이유를 짐작할 수 있었던 것은 시간이 꽤 지나서였다. 그 사람은 이미 구애 모드가 아닌 생활 모드로 스스로를 변신시킨 것이다. 나는 여전히 사랑 받는 사람이었지만, 애인이 아닌 아내였다. 상대적으로 난 그 달콤한 시절을 끝낼 준비가 되어 있지 않았다. 아, 이게 정도가 심하면 보통 말하는 '잡아놓은 물고기'라는 거구나. 가장 큰 차이는 나를 향해 있던 온몸의 촉수가 꺼진 것이다. 더 정확하게는 남편의 관심을 다른 경쟁자들과 나누어 가져야 했던 것이다. 구애 기간 동안 그가 보여준 거의 완벽한 배려를 진짜 사랑이라고 느꼈던 나는 실망했다. 사랑이 변했나? 하고 의심도 들었다. 결혼에 대해 배워가면서 이런 의심이 잘못된 전제에서 시작되었다는 것을 알 수 있었다.

사랑에 빠진다는 것은 자연이 준 본능, 즉 무차별적 성적 욕망을 넘어 특정한 한 사람에게 집중되는 불 같은 사랑의 감정을 말한다. 이런 폭발적인 사랑의 감정은 인간의 제1두뇌인 파충류 뇌에 도파민, 노르에피네프린, 세르토닌 같은 자연의 흥분제가 작용하면서 일어난다. 호르몬은 마치 마약처럼 우리 몸과 마음에 작용한다. 흥분 상태가 지속되는 것은 물론이고 에너지가 강해지고 신경이 과민해지며 불면과 식욕상실, 떨림, 가슴 두근거림, 두려움 등 여러 기분이 마구 혼합되어 솟구치며 불안정해진다. 정상적인 사람에게 일어나는 비정상적인 상태이다.

사랑에 빠지게 되면 누구나 자신을 속이기 시작한다. '핑크 렌즈 효과'라고도 불리는 이 현상은 무의식적인 작용이다. 만약 이 렌즈를 끼지 않는다면 결혼에 성공하는 사람은 없을지도 모른다. 사랑에 빠진 순간, "나는 그의 머리부터 발끝까지, 모든 것을 사랑한다"는 진실이 된다. 우리는 사랑을 위해 기꺼이 인생의 우선순위를 바꾸고 심지어 목숨도 건다. 불 같은 사랑의 열정은 문학과 예술의 토양이 되어온 삶의 축복이자 가장 황홀한 경험이다. 누군가를 만나 사랑에 빠지고 자연스레 결혼을 생각하게 되는 과정은 현재 우리 문화에서는 자연스러운 일이다. 다른 종류의 결혼도 물론 있겠지만 사랑이 결혼으로 이어지는 모습이 많은 이들이 꿈꾸는 이상적인 과정임에는 틀림없다. 사랑의 감정이 넘쳐흘러 늘 함께 있고 싶고 헤어지는 시간이 아쉬워서 참을 수 없어지고, 덧붙여 주변 상황들이 어느 정도 맞아떨어지면 우리는 사랑하는 사람과의 행복한 결혼생활을 꿈꾸게 된다.

문제는 열정적인 사랑의 감정이 유효기간이 있다는 사실이다. 코 푸는 것도 멋져 보이던 짧은 시간이 지나가고 눈에서 콩깍지가 떨어져 나가고 나면 가슴 속의 불꽃은 점차 시들어간다. 로미오와 줄리엣의 사랑처럼 물리적이나 사회적 장벽을 만나서 조금 더 오래 타오르는 경우도 있지만 보통의 경우 상대방이 가까이 있게 되고 일상적인 즐거움으로 정착하게 되면 처음의 불꽃같던 열정과 집착은 점차 시들게 된다. 신경과학자들의 연구에 따르면 이런 낭만적인 사랑은 보통 12개월 내지 18개월간 지속된다고 한다.

다행히도 처음의 사랑은 그대로 시들어 없어지진 않는다. 많은 경우 지속적인 사랑의 감정인 애착의 모습으로 변화하며 발전한다. 사랑하는 사람과 결합하기 위해 타오르던 열정이 함께 만든 새 생명을 보호하며 키우기 위해 평화와 안락함의 모습으로 변신하는 것이다. 자연은 자신의 유전자를 후대에 전달하고자 하는 최고의 목표를 위해 기가 막힌 단계별 시나리오를 준비했다. 결실을 맺기 위해 집중이 필요했던 1단계에서, 환경과 어울려 생활을 해야 하는 2단계로 돌입한다. 한 사람을 향했던 집중력과 에너지가 주변의 상황, 타인, 맡고 있는 역할 등으로 자연스럽게 분산되면서 나 밖에 모르던 연인은 무덤덤한 생활인이 되어간다. 사랑의 열정에 눈멀기 전의 평상시 모습으로 돌아가는 것이다.

연애가 시작될 때 많은 사람들은 서로의 차이점이 아니라 공통점에만 집중한다. 이런 감정은 "너는 나를 위해 준비된 반쪽"이라는 고백에서 정점에 달한다. 서로 다른 차이점들은 그다지 중요하지 않다고 무시되고 최소화되어 인식된다. 사랑에 눈이 먼다. 반대로 서로 다른 차이점이 강렬한 매력으로 작용하여 상대를 끌어당기는 경우도 물론 있다. 자신에게 없는 것, 자신에게 부족한 것에 매력을 느끼며 신선한 충격을 받는다. 차이점이 서로의 시야와 경험을 넓혀주고 대화와 사고의 폭을 확장해주는 장점으로 받아들여진다.

그러나 낭만적인 열정이 사그라지고 저 멀리 사라졌던 일상이 다시 현실이 되면, 별 것 아닌 것으로 여겨지거나 오히려 긍정적으로 받아들여졌던 차이점이 점차 크게 느껴지고 부담스러워진다. 스스로를 속이며 문제가 없다고 생각했던 것들이 어느 순간 거슬리고 심각한 단점이 된다. 때로는 좋아했던 이유가 바로 다툼의 원인이 되고 서로에게 실망하는 원인이 되기도 한다. 서로의 차이를 이겨낼 수 없다고 여겨져 파국으로 끝이 나기도 한다.

만약 내가 꿈꾸는 모든 요소를 짜 맞춰 만든 이상형으로서 상대방을 바라봤다면 문제는 더욱 심각하다. 자신의 꿈과 바람을 잔뜩 투사해서 만들어진 가상의 모습을 사랑했다면, 그건 상대를 사랑한 것이 아니라 내 꿈을 사랑한 것에 지나지 않는다. 그가 변한 것이 아니라, 내가 눈을 감고 보지 않았던 그의 진짜 모습이 점차 들어오는 것이다. 그러므로 있는 그대로의 상대를 정면으로 바라보는 노력이 순간의 열정을 뛰어넘는 진짜 사랑의 출발이 된다.

연애는 전혀 다른 공간에 있던 두 남녀가 서로의 이끌림을 따라 마주보고 서로만을 쳐다보면서 한 걸음씩 다가가는 것이다. 둘 사이의 공간이 좁혀지고 좁혀진 끝에 두 손을 내밀고 맞잡게 되는 것이 연애의 절정, 결혼이다. 결혼이라는 안정된 매듭으로 서로의 몸과 마음을 묶고 나면 꽉 잡았던 두 손은 자연스럽게 풀어진다. 그리고 둘만을 바라보던 서로의 몸과 눈은 자연스럽게 주위를 인식하고 둘러본다. 그러면서 나란히 옆에 서서 팔짱을 끼고 같은 방향으로 천천히 걸어간다. 그것이 바로 결혼생활이다.

많은 커플들이 현실 속에서 천천히 서로의 기대를 재조정하는 험난한 과정을 거친다. 이것은 연애의 과정이든, 아니면 결혼을 한 이후든지 누구도 피해갈 수 없는 필수코스이다. 근본적으로 상대는 내가 사랑에 빠졌던 때의 그 사람과 똑같다. 변한 것은 나의 인식과 평가이다.

신기한 것은 내가 좋아했던 그의 장점은 변한 것 같은데 별로 마음에 들지 않았던 단점은 절대 변하지 않는다는 것이다. 자상하고 다정해서 좋아했던 그의 모습은 점점 너무도 당연해지고 나의 기대치는 점차 높아진다. 조금만 못 미쳐도 마음이 변했나 싶어 서운하고 섭섭하다. 그에 비해 잘 보이지도 않거나 또는 보이긴 해도 대단치 않게 생각했던 단점은, 점차 생활의 벽으로 크게 다가온다. 이 남자가 이렇게 고집이 셌나 깜짝 놀란다. 처음에는 남자의 주관이자 심지라고 좋아했던 부분이었다. "이 정도 고집도 없는 사람은 매력 없어."라고도 생각했다. 그 굳은 심지와 매일 부딪치는 일이 생기자 이런 똥고집이 따로 없다. 애교도 안 통하고 싸움도 먹히지 않는다. "꼼꼼하다, 성실하다." 하며 좋아했던 부분이 때론 답답해지고 융통성 없게 느껴진다. 좋은 점, 믿음직한 점만 열심히 찾아보던 터라 충격은 더 크다. 어느 순간 완벽한 내 짝이란 기대가 와르르 무너져 내린다. 물론 상대에게만 해당되는 이야기가 아니다. 나 또한 그렇다. 연애할 때

애써 숨기고 덮었던 나의 단점 또한 더 이상 숨길 수 없다. 잘 보이고 싶어서 잔뜩 긴장하던 모습이 사라지면서 그냥 내가 드러난다. 수시로 늦고, 잊어버린다. 내 기분에 따라 하늘과 땅을 오르내리며 신랄해진다. 빈정거리기도 잘 한다. 마음대로 안 되는 일 앞에서는 잔뜩 날카로워져서 스스로를 달달 볶고 그 다음 가장 가까운 사람을 괴롭힌다. 차갑기는 얼음 뺨 친다. 한계상황에 처하고 때로는 극한에 달하면서 엄마조차 혀를 차던 단점이 마구 터져 나온다. 그 또한 분명 실망했을 것이다. 마구 확장되었던 상냥하고 애교 많고 다정한 나의 부분은 원래의 크기로 줄어들고 한구석에 쪼그라져 있던 까탈스럽고 예민한 부분이 제 모습을 찾았기 때문이다.

그의 똥고집에 맞서 따지거나 다투지 않고 아이구, 한씨 고집~ 피식 웃어버리기까지 상당한 시간이 걸렸다. 심호흡 한 번을 한 후에 그의 고집 또한 '그이라는' 것을 애써 떠올리는 것이다. 쓴웃음 한 번에 팽팽하던 긴장감은 순식간에 사라지고 살짝 윤기가 돈다. 딱딱하게 굳어졌던 그의 얼굴도 살짝 풀리며, 어색함과 민망함이 깃든다. 내가 고슴도치가 되었을 때, 내 가시에 찔리기보다 피할 줄 아는 현명함을 익힐 때까지 그에게도 시간이 필요했을 것이다.

사람은 변하기도 하고 변하지 않기도 하는 존재다. 세상이 변하고 우리를 둘러싼 환경이 변해감에 따라 우리의 생활과 생각도 분명히 변한다. 앞으로도 이것들은 계속 변할 것이다. 사실 매년 한 살씩 나이가 들어가는 것만 해도 얼마나 큰 변화인가. 그러나 나는 아직도 그가 변하지 않는다는 것을 믿고 있다. 그의 존재의 핵심, 삶과 사람에 대한 그의 기본적인 태도는 결혼할 때나 지금이나 변하지 않았다. 분명히 십 년 후에도 변하지 않을 것이다. 아니, 그것은 죽을 때까지 변할 수가 없는 것이다. 나라는 사람의 핵심이 변하지 않는 것처럼 말이다. 이것이 십 년이 넘는 시간이 흘렀음에도 내가 여전히 그를 믿고 사랑할 수 있는 진짜

이유이다.[16]

3) 아내와 남편은 가장 성실한 평생의 반려자이며 배우자요, 짝이며, 인생의 협력자다

부부는 서로 반려자로, 동반자 관계로, 협력하여 살아감으로써 서로에게 성실한 짝이 되어 주어야 한다. 서로를 든든한 피난처요 보물, 그리고 자기의 반쪽으로 여겨야 한다. 그 반쪽이 없으면 완전할 수 없기 때문이다. 반쪽은 없어서는 안 된다. 자동차에 기름이 없으면 시동이 안 되는 것과 같이 반드시 필요한 존재이기 때문이다.

브랜드 개발 전략 전문가인 파우힌미(Olaotan 'Onigegeara' Fawehinmi)는 "더 좋은 것이 있다면, 가장 좋은 것이 있고, 반쪽이 있다면, 완전한 것이 있다"고 하였다. 그러면서, 반쪽이 되는 것보다 훨씬 좋은 것은 '가장 완전한 것이 되는 것'이라고 하였다.[17] 부부란 둘이 서로 반쪽이 되는 것이 아니라 반쪽이 합쳐서 일심동체가 되어 하나로써 '가장 완전한 것'이 되어야 한다고 강조한 것이다.

우리가 better half를 나의 반쪽, 반려자, 절반의 사람, 아내나 남편, 배우자, 애인, 연인 등으로 지칭한다. 원래 로마 시인 호러스(Horace, 라틴어 호라티우스)가 친한 친구인 시인 푸블리우스 베르길리우스 마로를 가리켜 부른 말이다.[18] AD 1590

---

16) 구본형 변화 경영연구소, 이선형 연구원의 글. 2012. 09. 02.

17) "If there is 'better', then there is a 'best'. If there is 'half', then there is a 'complete'. Far more than being a 'better half', you can be a 'best complete.'"

18) This term wasn't originally restricted to referring to one's spouse as we use it now, but to a dear friend. It was used that way by the Roman poet Horace and later by Statius. The allusion then was to a friend so dear that he/she was more than half

년 영국 시인 필립 시드니 경(Sir Philip Sidney, 1554~1586)의 저서 『펨브로크의 아르카디아 백작 부인(The Countess of Pembroke's Arcadia)』에 다음과 같이 최초로 인쇄하여 사용하였다. "나는 배우자와 의논하기 전에는 결정을 내리지 못한다."[19]

배우자를 '나의 반쪽, 절반의 사람'이라고 지칭한 것은 한자 '짝 반(伴)'자와 그 의미가 같다. '반(伴)'자는 사람 인(人)자와 반 반(半)자가 결합한 모습이다. 반 반(半)자는 절반(折半 50%)을 의미한다. 반 반(半)자가 합치면 '함께 갈 반(枠)'자가 된다. 둘이 함께 손을 맞잡고 걸어가는 모습이다. 배우자는 평생을 둘이 다정하게 손잡고 인생의 여행길을 걸어가는 순례자이다. 부부란 둘이 서로 반씩 되는 것이 아니라 하나로써 전체가 되는 것이다.

결혼생활을 하면서 집과 재산은 조상에게서 물려받거나 부부가 장만하지만 사려 깊은 아내는 주님에게서 온다(잠언 19, 14). 창세기의 창조 이야기는 첫 사람인 아담이 혼자여서 하느님께서 그에게 협력자를 주시기로 결정하셨다. 나무, 풀, 각종 새, 동물 등 다른 모든 피조물 가운데에서 아담이 필요로 하는 협력자가 될 수 있는 것은 아무것도 없었다. 아담이 온갖 짐승과 새들에게 이름을 붙여주고 그들을 온전히 아담 자신의 삶의 일부로 만들었어도 협력자는 없었다. 그리하여 하느님께서는 아담의 갈빗대로 여자를 만드셨다. 그래서 아담은 자신이 필요로 하였던 협력자를 얻게 되었다. "이야말로 내 뼈에서 나온 뼈요 내 살에서 나온 살이로구나! 남자에게서 나왔으니 여자라 불리리라"(창세기 2, 23).

---

of a person's being. That meaning persists, although these days, if the term is used seriously rather than sarcastically, it is generally considered to mean 'the superior half of a married couple.' That is, better in quality rather than in quantity. Sir Philip Sidney was the first to put into print the use of this phrase to mean spouse, in The Countesse of Pembrokes Arcadia, 1580: "My deare, my better halfe (sayd hee) I find I must now leaue thee." https://www.phrases.org.uk /meanings /my-better-half.html.

19) I'm not making a decision until I check with my better half.

우리는 플라톤이 언급한 신화에서도 남자와 여자의 탄생을 알 수 있다. 플라톤에 따르면, 인간은 그 자체로서 완전하고 자족할 수 있었기 때문에 본래는 둥근 모양이었다. 그러나 인간의 교만, 욕심, 과도한 욕망, 자만심 등에 대한 벌로, 제우스신은 인간을 둘로 나누어 버렸다. 그래서 인간은 본능적으로 자신의 다른 반쪽(my better half or my other half 아내나 남편)을 갈망하고, 자신의 온 존재로 그 반쪽을 소유하려고 갈망하였다. 그럼으로써 인간 자신의 완전성을 다시 회복하려 애쓴다는 것이다.

그런데, 창세기의 이야기는 인간은 다소 불완전하며, 본능적으로 자신을 완전하게 만들어 줄 수 있는 협력자를 다른 사람에게서 찾으려 한다는 생각을 분명히 나타내고 있다. 하지만, 그것은 오로지 배우자와 일치와 결합을 이룰 때에만 인간은 완전해질 수 있다는 생각이다. "그러므로 남자는 아버지와 어머니를 떠나 아내와 결합하여, 둘이 한 몸이 된다."(창세 2, 24)[20]

아담은 이브를 찾아 '아버지와 어머니를 떠나서', 아내를 찾는 사람이 되었다. 인생의 동반자요, 협력자를 찾은 것이다. 남녀가 함께 있어야만 둘은 완전한 인간성을 드러내며 한 몸이 되고 서로 협력자가 된다. 그리고, 또 다른 창조의 관점에서 볼 때, 사람은 혼인을 통해서 유일하고 결정적인 일심동체라는 육체적 결합을 하게 된다. 그렇게 하여, 또 그렇게 할 때에 비로소 하느님께서 허락하신 그 가장 심오한 목적 가운데 하나인 협력자 관계를 달성할 수 있다. 한 분이신 하느님께서 의도하신 목적에 부합하는 것이 일부일처제 혼인이다.

부부가 서로 인생의 협력자로 살아가기 위해서는 다음 사항들을 실천해야 한다. 가사 분담을 하되 서로 도와야 한다. 먼저 화장실 청소, 설거지 등 가사 업무

---

20) That is why a man leaves his father and mother and clings to his wife, and the two of them become one body.

는 남편이 자발적으로 분담하려고 노력하되, 내가 분담하여 한 일을 배우자가 알아주기를 바라거나 인정 받으려고 해서는 안 된다. 오히려, 내가 먼저 솔선 수범해서 배우자가 한 일을 알아주고, 알아주려고 노력하고, 인정해주고, 고맙다고 해야 한다. 그래야 따가운 가을햇볕에 발갛게 대추가 익어가듯이 부부의 사랑도 익어간다. 부부는 항상 서로 존경해야 한다. 특히, 사교 모임, 교회 모임, 동창회 등 외부 부부 모임에 함께 참석한 경우에는 더욱 서로 존경하고 존중해야 하며 격려하고 칭찬해야 한다. 그리고 배우자에게 도움이 필요한 것을 수시로 이야기 해야 한다. 등이 가려우면 등을 긁어 주어야 한다. 아내가 등이 가렵다고 하는데 발목을 긁어주어서는 안 된다. 왜냐하면, 남편과 아내는 각각 상대방의 요구를 알고 있어야 한다. 배우자는 상호 서로의 진가를 인정하고 고마워해야 한다. 그래야, 통상 하던 일도 기쁘게 계속할 수 있다. 배우자가 화장실 청소를 한 경우, 항상 당신이 화장실을 청결하게 하니까 바닥이 윤기가 나고 악취가 전혀 없다고 구체적으로 자세히 인정하고 고맙다고 해야 한다. 자녀 교육은 남편 또는 아내로서의 개성을 살리되 항상 상호 보완하고 협조해야 한다.[21]

남편 또는 아내가 맞벌이 직장 생활로 낮에 굳이 같이 있지 않아도 상대의 얼굴만 잠시 떠올려도 입가에 기쁨과 사랑의 빛처럼 미소가 떠오르고, 언제나 사랑스럽고 마냥 좋은 동반자 관계를 유지하는 부부가 평생의 반려자, 배우자, 나의 반쪽, 절반의 사람이며, 인생의 협력자다. 나의 반쪽(Better half)인 배우자는 굳이 말하거나 구체적으로 설명하지 않아도, 단지 서로의 뒷모습만 봐도, 코 고는 소리와 한숨만 들어도 나의 반쪽(Better half)의 마음을 다 알 수 있다. 위기나 역경에 처했을 때, 축 처진 어깨 풀어 주고 위로해주는 나의 반쪽은 진정 인생의 협

---

21) Trust the way he or she parents. And the husband and wife should cooperate closely each other.

력자이다.

협력자로서의 결혼 생활을 완벽하게 소화해 낸 부부는 미국의 제32대 대통령 프랭클린 D. 루스벨트(Franklin Delano Roosevelt)와 그의 부인 안나 엘리너 루스벨트(Anna Eleanor Roosevelt) 영부인(First lady)을 꼽을 수 있다.

미국 사람들은 프랭클린 딜라노 루스벨트 대통령의 부인인 안나 엘리너 루스벨트 여사를 미국 역사상 최고로 훌륭한 퍼스트 레이디로 꼽고 있다. 매년 미국 의회방송(CSPAN)이 역사 및 정치학자를 대상으로 설문 조사한 결과 이와 같이 나타났다. 루스벨트 여사는 지난 여러 해 동안 이 조사에서 줄곧 1위를 지켰다. 2~4위는 애비게일 애덤스(존 애덤스 대통령의 부인), 재클린 케네디, 돌리 매디슨(제임스 매디슨 대통령의 부인) 순이었다. 미셸 오바마 여사는 모범적으로 가정을 잘 지킨 영부인 1위에 올랐다.

엘리너 루스벨트 여사는 루스벨트 대통령이 1945년 선종한 이후에도 왕성한 사회활동을 했다. 1946년에 유엔 인권위원회의 초대 의장에 취임하여 미국과 미국 이외 지역에서의 인권 신장과 더불어 여성 인권 활동을 크게 펼친 훌륭한 미국의 퍼스트 레이디로 꼽혀 왔다.

안나 엘리너 루스벨트(Anna Eleanor Roosevelt, 1884~1962)는 1905년에 결혼해서 6명의 자녀를 두었다. 26대 대통령이었던 시어도어 루스벨트 전임 대통령이 안나의 결혼식 하객으로 결혼식장 맨 앞 좌석에 참석한 것이 뉴욕 타임스 신문의 전면을 장식하여 화제가 된 바 있었다. 안나는 미국의 26대 대통령이었던 시어도어 루스벨트의 조카다. 그녀의 아버지(Elliott Roosevelt)는 26대 대통령이었던 시어도어 루스벨트의 친 동생이었다. 남편이자 미국의 제32대 대통령인 프랭클린 D. 루스벨트는 아내인 안나 엘리너 루스벨트의 7촌 아저씨 촌수 관계(Her fifth cousin)로 아주 가까운 집안 관계였다. 미국은 50개 주(State) 중에서 상당수의 주 정부가 4촌간 결혼을 허용하고 있다. 그러므로 7촌간의 결혼은 전혀 문제가 되지 않는다. 프랑스 등 유럽의 대부분 나라와 이슬람 국가들, 일본도 4촌간 결혼을 선호한다. 다만, 중국, 우리나라, 북한 등 유교권에서는 4촌간 결혼을 금하고 있다. 그런데, 부연해서 설명하면 우리나라는 원천적으로 8촌 이내의 결혼은 금하고 있다. 고려 말에 동성동본 불혼 제도(同姓同本不婚制度)가 도입된 것이 그 유래다. 그렇다 하더라도 우리나라에서 4촌간에 결혼을 해도 형사 처벌의 대상은 아니다. 결혼이 무효가 될 뿐이다. 이스라엘 사람들은 아브라함을 "가장 위대한 신앙의 조상으로 떠받들고 있는데 아브라함의 아내 '사라'는 아브라함과 아버지는 같지만 어머니는 다른 이복 누이동생이었다. 후대에서 이스라엘은 이복 형제와 자매 간의 결혼을 금지시켰다.

안나 엘리너 루스벨트(Anna Eleanor Roosevelt) 부인은 남편, 프랭클린 D. 루스벨트와 신혼 여행을 유럽으로 가서 3개월간 유럽의 문물을 보고 즐겼다. 6번째 아들, 잔을 1916년에 낳았다. 그런데, 1918년 어느 날 여름 삼복 더위에 남편, 프랭클린 D. 루스벨트가 아내 안나 엘리너에게 자기 집무실과 비품 등을 정리해 달라는 부탁을 받고 서류 정리를 도와주고 있었다. 남편의 여행 가방 등을 옮기고 있는데 가장 낡은 대형 여행용 가방 하나가 스스로 문이 열리면서 가방에서 많은 편지가 쏟아져 나왔다. 웬 편지가 이렇게 많지? 하고 편지의 내용을 살펴보니까, 안나 엘리너의 사교 활동 담당 비서(Social secretary), 루시 머서(Lucy Mercer)가 자신을 감쪽같이 속이고 남편과 4년간 혼외 정사를 하면서 주고 받은 편지임을 알게 되었다.

그런데도, 남편, 프랭클린 D. 루스벨트는 자기의 불륜 사실을 뉘우치지 않고 아내, 안나 엘리너 루스벨트와 이혼을 준비하고 있었다. 그러나, 남편, 프랭클린 D. 루스벨트의 모친, 사라(Sara Ann Delano)와 그의 정치 참모, 루이 하우(Louis

Howe)가 이혼에 대해 격렬하게 반대하고 있었다. 왜냐하면, 이혼은 앞으로의 그의 정치 일정에 큰 타격을 줄 것이라고 생각하였다. 혼외 정사의 당사자인 루시 머서 비서도 프랭클린 딜라노 루스벨트와 결혼해서 그와 안나 엘리너가 낳은 많은 자녀를 키울 수 없다고 선언하였다. 그래서 남편 프랭클린 딜라노 루스벨트는 루시 머서 비서를 더 이상 만나지 않겠다고 아내, 안나 엘리너 루스벨트에게 서약서를 쓰고 결혼 생활을 지속하였다. 아내, 안나 엘리너도 자녀와 가정을 지키기 위해 남편을 용서한 것이다.

그러다가, 1921년 8월 9일 여름 뉴욕에서 변호사 개업을 하고 있던 루스벨트 대통령은 아내, 자녀 등 가족 모두와 함께 캐나다의 캄포벨로 섬(Campobello Island, New Brunswick)으로 여름 휴가를 갔다. 그 해 여름은 유난히 더웠다. 루스벨트 대통령은 펀디 만에서(Bay of Fundy) 찬물에 잠수하면서 수영을 하였다. 다음날 오전만해도 즐겁게 휴가를 보냈는데 오후 들어 몸에 차가운 한기를 느끼면서 심한 메스꺼움을 느꼈다. 그래서 아내와 자녀들에게 저녁식사를 먼저 하라고 하고 자기는 호텔 침대로 돌아 왔다. 그런데, 등 뒤와 하반신에서 통증이 계속되었다. 밤새도록 한잠도 잘 수가 없었다. 8월 11일 다리 하나가 힘이 빠지더니 통증이 계속 심해지고 다른 다리도 힘이 쑥 빠져나갔다. 열도 심했다. 할 수 없이 오래 전부터 알고 지낸 그곳 시골의 의사를 불러 진찰했는데 여름 감기라고 오진을 하였다. 8월 12일 두 다리가 마비되기 시작하였다. 열도 39도까지 치솟았다. 의식도 혼미해져 갔다. 식사도 제대로 못했고 대소변 보는 것이 너무 고통스러웠다. 아내 안나 엘리너는 대소변을 받아냈다. 그곳 시골 의사들이 죽을지도 모른다고 했다. 그렇지만, 아내 안나 엘리너 루스벨트는 열심히 기도하면서 남편의 병수발에 최선을 다했다. 대변을 볼 수 없어 관장을 시켜 주고 마비된 남편의 몸을 안마해서 마사지로 풀어내고 목욕을 시켜주는 등 고생이 이만 저만이 아니었다. 한 숨도 못 자는 날이 많았다. 남편의 고통과 통증이 너무 심했기 때문이다. 병 상태가 너무 안 좋고, 뉴욕으로의 교통편도 불편해서 9월 14일이 되어서야 겨우 기차와 보트를 번갈아 타고 뉴욕 병원에 입원하였다. 최종적으로 뉴욕 병원에서 루스벨트 대통령은 소아마비 판정을 받았다. 판정 결과 그의 좌절감은 극도에 달했다. 무엇보다 "정치 생명이 끝나겠구나" 하는 예감마저 들었다.

장애인이 되자 정치적 야망과 인생의 희망이 산산이 조각나는 것 같은 좌절감을 느끼고 있었다. 루스벨트 대통령은 소아마비로 휠체어 인생이 됐을 때, 과거 루시 머서(Lucy Mercer) 비서와의 불륜 관계로 아내에게 잘못한 점이 많아 병 수발하는 아내에게 더 미안한 마음이 들었다. 그래서, "여보, 내가 소아마비 불구가 되었는데 나를 아직도 사랑하오?" 하고 묻자, 아내 안나 엘리너는 웃으며 말했다. "내가 언제 당신의 두 다리만 사랑했나요?" 이 말에 루스벨트 대통령은 매사 자신감과 용기를 얻고 정치에 다시 매진할 수 있었다고 한다. 1923년 10월 3일에는 재활치료를 위해 조지아 주 웜스프링스로 가서 재활에 전념하였다. 약 5년간 재활치료를 한 후, 1928년에 정계에 복귀하였다. 그리고 1929년에 뉴욕 주지사에 당선되어 많은 업적을 남겼으며 1932년 미국 제32대 대통령에 당선되어 4선의 대통령 직을 수행하였다(1933~1945). 루스벨트 대통령 영부인, 안나 엘리너 루스벨트 여사는 루스벨트 대통령이 하반신 마비가 되었을 때 병수발을 하느냐고 온갖 고생을 다하였다. 재활 치료에도 헌신적인 사랑을 보여 주었다. 특히, 남편 프랭클린 딜라노 루스벨트의 뉴욕 주지사 시절은 물론, 미국의 대통령 재임기간, 휠체어에 의지하여 대외 활동이 정상인에 비해 부자연스러운 남편 루스벨트 대통령을 대신하여 국내외 주요 지역과 국가를 방문하면서 대통령의 귀와 입과 대통령의 몸이 되어 주었다. 루스벨트 대통령도 최초 소아마비로 고통받을 때, 그리고 재활 치료를 받을 때, 인간의 고통과 고뇌, 인생에 관해 아내로부터 많은 것을 배웠다고 아내에게 술회하였다. 부부는 미울 때도 있고 원수같이 생각될 때도 있지만 루스벨트 대통령 부인과 같이 인생의 가장 성실한 짝이요 인생의 협력자로 살아가야 한다.

4) 부부는 가정을 천국으로 만들 수 있다

이시도어 스트라우스(Isidor Straus 1845~1912)는 1845년 독일 오터버그(Otterberg)의 유태인 가정에서 태어났다. 그가 9살 되던 해에 가족과 함께 미국 조지아 주로 이민 가서 살았다. 그러다가 남북전쟁이 끝나자 뉴욕에 정착하였다. 이시도어는 동생 네이선(Nathan Straus)과 함께 1896년에 뉴욕 맨하탄의 메이시(Macy) 백화점의 지분을 100% 인수하여 경영을 책임지고 있었다. 매년 백화점 경영 실적이 크게 좋아지고 성공적이어서 그는 뉴욕의 갑부로 아주 좋은 평판을 얻었다.

이시도어 스트라우스는 1871년에 역시 독일에서 미국으로 이민 온 로잘리 아이다(Rosalie Ida Straus 1849~1912)와 결혼하여 자녀 7남매를 두었다. 4살 차이의 스트라우스 부부는 공교롭게도 생일이 2월 6일 같은 날이었고 타이타닉호의 침몰로 하늘나라에 같이 간 것도 같은 날이어서 천생연분 운명이 타고난 것 같다는 생각이 든다. 주변의 칭찬이 자자하고 잉꼬부부로 정평이 나 있었으며, 행복한 결혼생활을 하던 스트라우스 부부는1912년 초 프랑스 남부 도시 마틴 갑(岬, Cape Martin)에 겨울 휴가를 갔다가 귀국하는 길에 그 유명한 타이태닉호를 승선하고 있었다. 뉴욕의 갑부라는 명성에 맞게 부부는 최우등 VIP석에 승선하였다.

스트라우스 부부는 항상 서로 몸과 마음이 완전히 일치하는 일심동체 사랑을 나누는 잉꼬부부였다. 부부의 생일도 같은 날이므로 생일잔치도 가족 모두가 다 함께 모여 축하하는 축제 날이 되곤 하였다. 미국 의회의 하원 국회의원으로 일할 때에도, 남편 스트라우스가 워싱턴에 출장 가서 머무는 경우에는 부부가 매일 편지를 주고받을 정도로 사랑이 두터웠다. 깊은 애정, 도타운 정이 넘치고 헌신적인 부부 사랑이 타인의 존경을 받고 모범이 되었다. 자녀 사랑도 남달랐고 자녀들의 효성도 지극하였다. 자녀들은 "가정생활이 마치 하늘나라에서의 삶과 같았다."고 하였다. 집에서 일하는 도우미는 물론 운전기사도 가족같이 사랑해 주었다.

스트라우스 부부는 가난하고 소외된 사람들에게 착한 사마리아 사람의 사랑을 몸소 실천하였다.

타이타닉호에서 사고가 났다는 선내(船內) 방송을 듣고 남편 스트라우스는 아내 로잘리를 조용히 깨워 안심시킨 다음에 구명정이 있는 곳으로 달려갔다. 당시의 관행에도 사고가 나면 아이들, 여자들, 고령자들의 순으로 우선적으로 구명정에 탑승하게 되어있었다. 그리고 자리가 남으면 남자들이 탑승하게 되어있었다. 남편 스트라우스는 아내와 구명정에 가보니 자기도 거의 최고령자라서 구명정에 승선할 자격이 최우선적으로 있었지만, 아직도 타이타닉호의 2등석, 3등석에 탄 가난한 부녀자들과 어린아이들이 탈 자리가 충분하지 않음을 알게 되었다. 그래서 아내 로잘리만 먼저 구명정에 태워 놓고 자발적으로 내려왔다. 나는 이제 살 만큼 살았고 부와 행복도 누렸으니 내가 구명정에 탄다는 것은 하느님께 너무 죄송하다는 마음이 들었던 것이다. 남편이 구명정에서 내려오자, 구명정에 탔던 아내 로잘리 여사도 남편에게 "여보, 당신이 구명정에 안 타는데 어떻게 내가 혼자 구명정을 타고 혼자 살아남을 수 있느냐고" 하면서 구명보트에서 나왔다. 생사의 긴박한 갈림길에서 선원들은 시간이 없어 지체할 수 없다고 아내를 강제로 구명보트에 두 번이나 밀어 넣었지만, 아내 로잘리는 구명정에

타라는 권유를 모두 뿌리치고 남편과 마지막 순간을 같이하고 죽음을 맞이하였다. 아내 로잘리는 남편에게, 여보, 우리는 41년이나 함께 정말 행복하게 살았어요. 그런데, 어떻게 당신만 남겨놓고 내가 가겠어요. 당신도 고령자이니 당당히 구명정에 탈 수 있어요. 자녀들을 위해 우리 같이 타요. 그렇지만, 당신이 어디를 가든 나는 당신 곁에서 당신을 지켜줄래요. 당신과 영원히 함께 있을 거예요. 여보, 당신이 어디를 가든, 전 따라갈 거에요.(Honey, wherever you go, I go.) 아내의 간절한 호소를 듣고도 남편 이시도어는 살신성인을 해야겠다는 생각에 변함이 없었다. 내가 아직도 승선하지 못한 어린아이들, 가난한 부녀자들을 내팽개치고 살아남는다면 어떻게 주님 얼굴을 볼 수 있겠는가? 하고 부끄러워하였다. 그러자, 아내 로잘리는 휴가를 같이 간 가사도우미 엘런 버드를 구명정에 태우고 자기가 입고 있던 값 비싼 고급 밍크코트도 엘런에게 주었다. 엘런, 밤바다가 추우니 이걸 입어라. 나는 더 이상 밍크코트가 필요 없을 것 같구나. 엘런 버드는 밍크코트를 스트라우스 부인, 로잘리에게 다시 주려고 하였지만, 구명정이 서서히 움직이기 시작하였다. 엘런 버드는 너무 감동한 나머지 울음을 터트렸다. 당시에 생존한 주변 사람들은 "당시 최고령인 67세의 남편과 스트라우스 부인이 마지막으로 포옹하는 장면을 보았다."고 증언하였다. 스트라우스 부부의 헌신적인 희생과 사랑 이야기는 그들 부부의 자녀들에게 전달되었다. 자녀들은 부모님의 결정을 너무 자연스러운 것으로 받아들였다. 평소, 부모님이 이웃사랑과 하느님 사랑을 실천하는 모범적인 삶을 살아왔고, 그 삶을 자녀들에게 보여주었기 때문이다. 스트라우스 부부가 함께 목숨을 내어놓은 희생적인 순애보 이야기는 그들 부부가 평소 어떤 삶으로서 가정을 천국으로 만들어 가고 있었는지를 우리에게 보여주고 있다.

뉴욕 브롱크스에 있는 그들 부부의 능(陵, Mausoleum)에는 아가 8장 7절을 인용하여 "깊은 물도 사랑의 불을 끌 수 없고 강물도 사랑을 휩쓸어 가지 못한답니다. 누가 사랑을 돈으로 사려고 온 재산을 내놓는다 해도 사람들이 그를 완전히 경멸할 것입니다."(아가8, 7)[22]

또, 그들 부부의 비석에는 "많은 물도 사랑을 끌 수 없고 홍수마저도 사랑을 익사시키지는 못한다."는 아름다운 비문이 새겨져 있다.[23]

하느님께서는 모든 사람이 죽기 전에 하늘나라의 삶을 미리 살아보도록 기회를 허락하여 주셨다. 미리 하늘나라의 삶을 살아가도록 허락하신 하느님의 신비는 참으로 놀랍기만 하다. 하느님께서 모든 부부에게 허락해 주신 행복은 부부에게서 멀리 있지 않고 가까이 있다. 부부에게 있어 천국도 멀리 있는 것이 아니라 아주 가까이에 있다. 결혼생활의 천국은 누가 만들어주는 것이 아니고 부부가 만들어 가는 것이다. 남편도 아내도 가정에서 먼저 자신을 온전히 죽이고, 서로를 진정으로 사랑하고, 자신의 목숨까지도 배우자를 위해 내어놓는 사랑을 하고, 하느님 뜻에 따라 자녀를 보살피고 사랑할 때, 가정은 천국이 되는 것이다. 그때는 부부의 얼굴은 물론 온 가족의 얼굴이 행복으로, 그리고 웃음과 미소로 환하게 빛날 것이기 때문이다. 부부가 자녀와 가족과 함께, 가난한 이웃 사람들을 사랑하고 하느님의 뜻에 따라 사는 것이 하늘나라에 사는 것이기 때문이다. 부부는 가정을 천국으로 만들 수 있다. 부부는 언제나 "가정은 천국이다."라고 자신 있게 함께 말할 수 있어야 하고 천국으로 만들어 가는 순례의 삶을 살아야 한다.

그런데, 자신들의 가정이 지옥과 같다고 생각하는 불행한 부부도 많을 것이다. 불행의 원인이 자신의 탓이 아니라 남편의 탓, 아내의 탓, 자녀의 탓이라고 책임을 전가하기 때문이다. 그러나, 남편은 아내를, 아내도 남편을 있는 그대로 받아

---

22) Deep waters cannot quench love, nor rivers sweep it away. Were one to offer all the wealth of his house for love, he would be utterly despised. (아가 8, 7)
23) Many waters cannot quench love-neither can the floods drown it.

들이고 사랑하고, 상대방의 잘못을 너그럽게 용서하는 부부로 살아간다면 그 가정은 천국이 되는 것이다.

남편이 오로지 자신만을 위해, 아내도 자신만을 먼저 생각하고 자신의 주장과 생각만 고집한다면 그 가정은 항상 지옥과 같은 생활일 것이다. 아내가 "나는 속아서 결혼했어요."라고 말하거나 "남편이 이런 사람인 줄 몰랐어요." 하고 말한다면, 그것은 자기 자신의 얼굴에 침을 뱉는 것이다. 그럼에도 불구하고 아내는 남편의 회심을 위해 항구하게 기도해 주어야 한다. 그런 가정의 가족들의 표정은 항상 어둡고 우울하고 불행할 것이다. 남편과 아내 그리고 자녀들의 표정에서 그 가정의 행복지수가 드러나게 되어있다.

부부가 진심으로 서로 사랑하고자 하는 마음을 항상 지닐 때 부부의 내면은 환하게 예쁜 빛을 낼 것이고, 그 내면의 빛이 그들 부부는 물론 가족 전체의 얼굴을 밝게 빛나게 할 것이며 그 빛이 주변의 이웃 형제자매들에게 아름다움으로 보일 것이다. 그리고 부부가 서로 참사랑을 구체적으로 실천할 때 그들의 얼굴은 더욱 아름답게 빛나고 행복한 결혼생활을 하게 될 것이다. 그래서 사랑하는 부부는 이웃이 보기에 언제나 아름다운 것이다. 부부가 길이요, 진리요, 생명이신 주님을 따라 걷는다는 것은 부부가 서로 구체적으로 사랑을 실천하는 것이다. 부부가 구체적으로 사랑을 실천할 때, 이 세상에서부터 이미 천국의 행복을 맛보고 누릴 수가 있는 것이다.

5) 아내와 남편은 서로의 면류관(Royal crown 또는 Crown)이 되어야 한다

잠언을 보면, 훌륭한 아내는 남편의 면류관이지만 수치스러운 여자는 남편 뼈에 생긴 염증과 같다(잠언 12, 4)고 하였다. 면류관이란 무엇인가? 면류관은 하느님께서 주시는 상급, 영광과 존귀, 권위와 승리, 영예 등을 상징한다(고전 또는 1코린 9, 25; 필리 또는 빌 4, 1; 1 테살 또는 살전 2, 19; 벧전 또는 1베드 5, 4; 계 또는 묵시 2:10). 면류관을 받는 사람에게는 자신에게는 물론 가정에도 더 없이 귀한 영광이요, 영예이며 명예로운 일이다. 오늘날 상당수의 아내나 남편은 서로에게 적극적인 지지자나 치어리더가 되지 못해 면류관이 되어주지 못하고 있다.

예를 들면, 많은 아내가 면류관을 남편에게 씌워주는 대신에 학교에서 공부를 못하거나 게으른 학생에게 벌로 씌우던 원추형 종이 모자인 바보 모자를 남편에게 씌워주고 있어 남편에게 망신을 주고 있는 실정이다.

옛날, 로마 제국 등 대다수의 왕정 체제에서 로마 제국의 왕이 다른 이웃 나라를 점령하고 속국으로 만들었을 경우에는 속국의 왕을 포로로 잡아들이고 그의 왕관을 쓰고, 점령국의 왕도 겸한다는 것을 널리 알렸다. 그런데, 속국의 왕이 쓰던 왕관이 머리에 맞지 않는 경우, 부하에게 시켜 왕관을 자기 머리에 맞게 조정하고 디자인도 좀 바꾸고 보석도 자기가 싫어하는 것은 떼어 버리고, 다시 입히도록 하는 것이 당시의 관례였다. 왕권의 권위와 위엄을 차리기 위한 방편으로 셀프 면류관을 쓰곤 하였다. 배우자에게 면류관을 씌워주는 것은 겨우내 엄동설한에 새하얀 눈 속에 잠자고 있는 민들레를 곱고 아름다운 일편단심 노란색 꽃으로 피워내는 일과 같다. 부부가 겨우내 눈 더미 속에 꽁꽁 감춰왔던 마음을 활짝 열어젖히고 서로 볼 수 있게 마음을 보여주고 소통하는 것이다. 함박눈이 오면 부부가 눈보라를 타고 날아 눈 속에 잠자고 있는 민들레, 배우자를 포용해 주고 서로 사랑의 눈으로 바라볼 수 있어야 한다. 오로지 일편단심으로 배우자만 바라보아야 한다. 오직 사랑의 눈으로 바라보기만 해도, 그 바라보는 사랑의 열기로 민들레는 눈 속에서 아름답게 피어날 것이기 때문이다. 부부가 사랑의 온기가 담긴 눈빛으로 바라만 보아도 아름다운 민들레는 피어날 것이고 그 민들레는 서로에게 면류관이 될 것이기 때문이다.

장편 소설 『주홍글씨』의 저자 너대니엘 호손(Nathaniel Hawthorne)은 1842년 7월 9일 아내 소피아(Sophia Peabody)와 결혼하여 매사추세츠 주 콩코드에 있는 에머슨 소유의 낡은 목사 사택에서 가난에 쪼들린 신혼 생활을 시작하였다. 그렇지만 두 사람에게 있어서는 더할 나위 없이 행복한 결혼생활이었다. 아내 소피아는 남편 너대니엘 호손에게 격려와 비판, 따뜻하고 사랑이 가득한 말을 아끼지 않는 내조 형의 아내로서 항상 남편에게 면류관이 되어주었다. 아내 소피아와 남편 너대니엘 부부의 신혼 생활이 얼마나 행복했는지 말해주는 사례가 있다.

너대니얼 호손이 1846년 4월 살렘과 비버리 지역 항구 세관에서 연봉 1,200달러를 받고 정부 공무원으로 근무하고 있었다. 그런데, 1848년 민주당 정부가 대통령 선거에서 패배하는 바람에 민주당 당원이었던 호손도 해고되어 직장을 잃게 되었다.[24]

해고로 잔뜩 풀이 죽어 가지고 귀가한 너대니엘이 아내에게 해고된 사실을 알리자, 보통의 아내 같으면 함께 풀이 죽거나 어떻게 해서 해고되었느냐고 따지겠지만, 아내 소피아는 남편에게 "여보, 나는 오히려 당신이 이제 글쓰기에만 몰두하게 되어 정말 기뻐요."라며 남편이 창작에 전념하도록 격려하였다. 그 말을 들은 호손이 "돈벌이를 할 수 없는데, 어떻게 가정 살림을 꾸리고 창작 활동을 할지 걱정이라고 크게 한숨 쉬며 한탄하고" 말하자, 아내 소피아는 남편이 가져온 월급에서 거의 쓰지 않고 은행에 저축한 예금통장을 내밀며 이 돈으로 당

---

24) In April 1846, Hawthorne was officially appointed the Surveyor for the District of Salem and Beverly and Inspector of the Revenue for the Port of Salem at an annual salary of $1,200.

신을 뒷바라지하겠다고 남편에게 힘을 실어주었다. 아내로부터 크게 감동받은 호손은 열심히 창작 활동을 해서 첫 번째 작품을 발표했는데, 그 작품이 바로 1850년 3월에 출판한 장편 소설 『주홍글씨』이다. 10일 만에 2,500부가 매진되었다. 미국 역사상 대량 판매된 소설의 시금석이 되었다. 영국에서도 해적판이 팔려나갔다. 역사적인 베스트 셀러가 된 것이다. 호손 부부는 그 당시가 그들의 인생에서 재정적으로도 가장 행복하고 부유한 시기였다. 아내의 따뜻한 격려와 배려로 배우자에게 면류관을 씌워 준 좋은 사례이다.

　부부는 서로 무엇을 해주고, 격려해주고 배려해 줄 것인가? 아내는 남편이, 또는 남편은 아내가 오늘 나를 위해 무엇을 해주었는지? 알아내고, 그 결과 내가 어떻게 행복하였는지를 서로 털어놓아야 한다. 그것이 아름다운 일편단심 노란색 민들레 꽃을 피워내는 일이고 서로에게 면류관이 되어주는 길이다. 부부는 서로 아내나 남편의 취미 생활, 교회 활동, 직장 내의 동아리 활동, 동창회 활동 등 서로 하고자 하는 일이 부부 사랑에 금이 간다거나, 공감할 수 없거나, 가정의 평화에 부정적이거나, 가정에 화를 초래하지 않은 것이라면 적극 협조하고 순종하여, 일심동체의 결혼생활이 되도록 하여야 한다. 부부의 그런 활동이 하느님 뜻 안에서 이뤄지도록 서로 기도해 주고 격려해주는 것이 서로의 머리에 면류관을 씌워주는 것이다. 예를 들면, 남편이 자기가 음악에 재능이 없고, 음악 듣기를 즐겨 하지 않는 편이라 할지라도 음악에 소질이 있는 아내가 교회의 성가대원으로 활동하려고 한다면 적극 지지하고 후원해 주어야 한다. 그것이 아내에게 면류관을 씌워주는 것이다.

6) 부부는 서로 우산이 되고 나침반이 되어야 한다

기원전 5세기경의 이야기이다. 이스라엘의 사해 남동쪽에 위치한 우츠라는 지역에 '욥'이라는 사람이 그의 아내, 자녀, 하인들과 함께 살고 있었다. 욥은 흠이 전혀 없고, 올곧고, 하느님을 경외하고, 악을 멀리하고 사는 아주 성실한 사람이었다. 하느님도 그에게서 전혀 흠을 찾아낼 수 없었다. 그 당시, 하느님 보시기에 욥과 같이 성실한 사람은 지구상에 아무도 없었다. 욥에게는 아들 일곱과 딸 셋이 있었다. 그의 재산은, 양이 칠천 마리, 낙타가 삼천 마리, 겨릿 소가 오백 쌍, 암나귀가 오백 마리나 되었고, 종들도 매우 많았다. 그 사람은 동방인들 가운데 가장 큰 부자였다.

욥이 어떻게 하느님의 마음에 들었는지 그가 어떤 삶을 살았는지 알아보겠다. 욥은 그의 목장에서 짜는 우유를 주변의 가난한 사람들에게 나누어 주었다. 그래도 남으면 우유가 썩기 전에 우유로 발을 씻을 정도로 우유가 과잉 생산되었다. 집안의 바위에서는 기름이 시내처럼 흘러나왔다. 욥이 성문에 나가 광장에 자리를 잡으면 욥의 훌륭한 인품을 보고 젊은이들은 물러서고 늙은이들은 몸을 일으켜 세웠다. 고관들은 말을 삼가고 손을 입에 갖다 대었으며 귀족들은 소리를 죽였고 그들의 혀는 입천장에 달라붙었다. 함부로 입을 놀리지 못했다. 고관 등 모든 사람의 귀는 욥의 말을 듣고 욥을 복되다 칭송하였다. 그들의 눈도 욥을 보고 기리며 감탄하였다. 욥은 하소연하는 가련한 이와 도와줄 이 없는 고아들을 구해 주었고 죽어가는 이들을 도와주었다. 그래서 죽어가는 이들의 축복이 오히려 욥에게 다시 되돌아오고 가난하고 불쌍한 과부들을 도와주고 그들의 슬픈 마음을 기쁨과 환호로 바뀌도록 도와주었다. 욥은 항상 정의로 옷 입고 정의도 욥으로 말미암아 옷 입었으며 욥의 공정은 겉옷이요 터번과도 같았다. 욥은

눈먼 이에게 눈이 되고 다리 저는 이에게 다리가 되어 주었다. 가난한 이들에게
는 그들의 아버지였고 알지 못하는 이의 소송도 도와주었다. 그러나, 강도 등 불
의한 자의 이를 부수고 그 입에서 약탈물을 내뱉게 하였다. 그래서 욥은 평소에
이렇게 생각하였다. "내 보금자리에서 눈을 감고 내가 살날을 모래알처럼 많게
하리라. 내 뿌리는 물가로 뻗어 내 가지에서는 이슬이 밤을 새우리라. 내 명예는
나와 함께 늘 새롭고 내 손의 활은 젊음을 유지하리라. 가난하고 고통받는 불쌍
한 사람들은 기대에 차 내 말을 듣고 나의 권고에 묵묵히 귀 기울였으며 내 이야
기에 사람들은 두말하지 않았고 내 말은 그들 위로 방울져 흘러 항상 권위가 있
었다. 그들은 나를 비처럼 고대하였고 봄비를 향하듯 입을 벌렸다. 내가 웃으면
그들은 황송하여 믿기지 않아 하였고 내 얼굴빛 하나도 놓치지 않으려 하였다.
나는 그들의 길을 선택해 주고 으뜸으로 좌정하였으며 군대를 거느린 임금처럼
자리 잡고 앉아 가난하고 고통받는 불쌍한 사람들 그리고 애도하는 이들을 위로
해 주었다. 그야말로 '욥'은 흠 없고, 올곧고, 하느님을 경외하고, 악을 멀리하고
이웃사랑을 실천하며 사는 아주 성실한 사람이었다. 하늘 아래 욥과 같이 흠 없
는 사람은 전혀 없었다.

　한편 욥의 아들들은 번갈아 가며 정해진 날에 자기들 집에서 잔치를 차려, 세
누이도 불러다가 함께 먹고 마시곤 하였다. 이런 잔칫날들이 한차례 돌고 나면,
욥은 아들들을 불러다가 정결하게 하였다. 혹시, 마음으로라도 하느님께 죄를
지었을까? 하고 걱정하였기 때문이다. 그리고 아침 일찍 일어나 그들 하나하나
를 위하여 번제물을 하느님께 바쳤다. 욥은 "혹시나 내 아들들이 죄를 짓고, 마
음속으로 하느님을 저주하였는지도 모르지." 하고 생각하고 노심초사하였기 때
문이다. 욥은 늘 이렇게 하느님을 흠숭하고 경배하고 조배하였다. 해와 달과 별
등 하늘과 땅의 모든 피조물이 욥의 하느님께 대한 경건한 신심에 감탄하여 혀

를 내두를 정도였다.

그런데, 어느 날 하루, 하느님의 아들들이 하늘나라의 천상 어전에 들어와 하느님 앞에 모였다. 사탄(악마, 마귀와 같은 뜻)도 그들과 함께 하느님 앞에 와 있었다. 그때, 하느님께서 사탄에게 물으셨다. "사탄아, 너는 어디에서 오는 길이냐?" 사탄이 하느님께 "땅을 여기저기 두루 돌아다니다가 왔습니다." 하고 대답하자, 하느님께서 사탄에게 말씀하셨다. "너는 나의 성실한 종 욥을 눈여겨보았느냐? 그와 같이 흠 없고 올곧으며 믿음이 강하고 착하며 나, 하느님을 경외하고 악을 멀리하는 사람은 지구 위, 그 어느 땅 위에도 다시 없다." 이에 사탄이 하느님께 빈정대는 투로 건방지게 대답하였다. "욥이 까닭 없이 악을 멀리하고 하느님을 경외하겠습니까? 하느님께서 몸소 그와 그의 가족과 집과 그의 모든 소유를 사방으로 울타리 쳐 주시고 방패막이를 해주시고 보호해 주지 않으셨습니까? 욥이 계획하는 일마다 하느님께서 복을 내리셔서, 그의 재산과 축복이 땅 위에 넘쳐나지 않습니까? 그렇게 많은 축복을 받고 사는데 어찌 악을 저지를 수 있겠습니까?

사탄이 또 하느님께 빈정대며 말씀드렸다. 그렇지만 하느님께서 손을 펴시어 "그의 모든 소유를 단칼에 쳐서 전부 없애 버려 보십시오. 그는 틀림없이 하느님을 눈앞에서 저주할 것입니다." 그러자 하느님께서 사탄에게 명령하셨다. "좋다, 욥의 모든 소유를 네 손에 넘긴다. 다만, 절대로 그에게는 손을 대지 마라." 이에 사탄은 하느님 어전 앞에서 물러 나와 욥의 모든 소유를 단칼에 쳐서 전부 없애 버리려고 욥의 집 근처로 갔다.

마침 욥의 아들딸들이 맏형 집에서 먹고 마시고 잔치를 벌이고 있었다. 그런데 심부름꾼 하나가 욥에게 와서 아뢰었다. "소들은 밭을 갈고 암나귀들은 그 부근에서 풀을 뜯고 있었습니다. 그런데 스바인들이 들이닥쳐 그것들을 약탈하고 머슴들을 칼로 쳐 죽였습니다. 저 혼자만 살아남아 이렇게 소식을 전해 드립니다." 그가 말을 채 마치기도 전에 다른 종이 와서 아뢰었다. "하느님의 불이 하늘에서 떨어져 양 떼와 머슴들을 불살라 버렸습니다. 저 혼자만 살아남아 이렇게 소식을 전해 드립니다." 또, 그가 말을 채 마치기도 전에, 또 다른 이가 와서 아뢰었다. "칼데아인들이 세 무리를 지어 낙타들을 덮쳐 약탈하고 머슴들을 칼로 쳐 죽였습니다. 저 혼자만 살아남아 이렇게 소식을 전해 드립니다." 그가 말을 채 마치기도 전에 또 다른 이가 와서 아뢰었다. "나리의 아드님들과 따님들이 큰 아드님 댁에서 먹고 마시고 있었습니다. 그런데 사막 건너편에서 큰바람이 불어와 그 집 네 모서리를 치자, 자제분들 위로 집이 무너져 내려 모두 죽었습니다. 저 혼자만 살아남아 이렇게 소식을 전해 드립니다." 그러자 욥이 일어나 겉옷을 찢고 머리를 깎았다. 그리고 땅에 엎드려 말하였다. "알몸으로 어머니 배에서 나온 이 몸 알몸으로 그리 돌아가리라. 하느님께서 주셨다가 하느님께서 가져가시니 하느님의 이름은 찬미 받으소서." 이 모든 불행을 당하고도 욥은 죄를 짓지 않고 하느님께 부당한 행동을 전혀 하지 않았다.

욥이 모든 것을 잃고 허탈해하면서도 하느님을 저주하지 않고 기도에 정진하며 참회하고 있을 때였다. 마침 그때에도 하느님의 아들들이 하느님의 어전에 모여 와 하느님 앞에 섰다. 사탄도 그들과 함께 와서 하느님 앞에 섰다. 그러자, 하느님께서 사탄에게 물으셨다. "너는 어디에서 오는 길이냐?" 욥의 집에 가 보았느냐? 내가 욥의 모든 소유를 네 손에 넘겼는데 뭐하다 오는 길이냐? 사탄이 하느님께 "땅을 여기저기 두루 돌아다니다가 욥의 재산을 전부 빼앗고 그의 자녀들을 죽이고 왔습니다." 하고 대답하자, 하느님께서 사탄에게 말씀하셨다. "너는 나의 종 욥을 자세히 눈여겨보고 그의 재산을 전부 빼앗고 그의 자녀들을 죽이고 온 것이냐? 그와 같이 흠 없고 올곧으며 나를 경외하고 악을 멀리하는 사람은 땅 위에 다시 없다. 그럼에도, 욥은 아직도 자기의 흠 없는 마음을 굳게 지키고 있구나. 너무 기특하기 짝이 없구나. 사탄아, 너는 까닭 없이 욥을 파멸시키도록 나를 부추긴 것이다. 그러니, 네가 오히려 벌을 받아야겠구나. 이에 사탄이 하느님께 변명 조로 다시 핑계를 대면서 대답하였다. 사람이란 제 목숨을 보존하기 위해서는 자기의 모든 소유를 내놓기 마련입니다. 욥이 아직 몸은 멀쩡하지 않습니까? 하느님께서 손을 펴시어 그의 뼈와 그의 살을 쳐 보십시오. 그는 틀림없이 하느님을 눈앞에서 저주할 것입니다. 그러자 하느님께서 사탄에게 이르셨다. "좋다, 욥을 네 손에 다시 넘긴다. 다만 그의 목숨만은 남겨 두어라." 이에 사탄은 하느님 앞에서 물러 나와, 욥을 발바닥에서 머리 꼭대기까지 고약한 부스럼으로 뒤덮게 하였다. 욥은 부스럼 때문에 너무 가려워서 질그릇 조각으로 제 몸을 긁으며 잿더미 속에 앉아 있었다.

그때, 욥의 아내가 욥에게 심하게 불평하고 못마땅해하며 말하였다. "당신은 아직도 당신의 그 흠 없는 마음을 굳게 지키려 하나요? 하느님을 저주하고 죽어 버려요." 그러자 욥이 아내에게 말하였다. "당신은 미련한 여자들처럼 말하는구려. 우리가 하느님에게서 좋은 것을 많이 받았는데, 나쁜 것도 받아들여야 하지 않겠소?" 이 모든 일을 당하고도 욥은 제 입술로 죄를 짓지 않았다. 하느님께 불평 한마디 전혀 늘어놓지 않았다.[25]

욥이 전 재산을 잃고 자녀들마저 마귀의 손에 죽어 절망에 빠졌을 때, 욥의 부인은 남편 욥을 위로하고 "이 역경을 어떻게 이겨 나갈 것인가?" 하고 남편과 머리를 맞대고 좋은 방안을 찾아야 하는데, 남편에게 욕을 퍼붓고 차라리 죽어버리라고 매정하게 말하였다.

레오나르도 다빈치(Leonardo da Vinci.)는 "이론과 지식도 없이 실천만을 좋아

---

25) 욥기에서 인용함.(학자들은 욥기가 기원 전 6-4 세기 경에 저술된 것으로 추정하고 있다.)

하는 사람은 배의 방향키와 나침반도 없이 배에 승선하여 어디에 그물을 던져야 하는지 전혀 모르는 선원과 같다.”고 하였다.[26] 부부생활도 마찬가지이다. 부부생활을 잘하기 위해서는 시대정신을 잘 읽을 줄 알아야 한다. 가정의 모든 일을 처리할 때, 사전 준비된 지식 없이 무턱대고 임기응변식으로 처리하는 것은 무모하고 부부간의 사랑에 금이 가게 하는 일이다. 하느님의 뜻과 시대 정신에 따라 이론과 지식으로 무장하고 사는 것이 부부가 서로 나침반이 되어 주는 것이다. 부부가 서로 나침반이 되는 것은 부부가 행복하고 사랑으로 가득한 결혼 생활을 하고 평탄한 길을 걸어갈 때는 부부가 손을 맞잡고 다정하게 자주 사랑의 전기를 흘려보내는 것이다. 사랑의 전기는 사랑의 엔진을 멈추지 않게 가속 페달과 가솔린의 역할을 해준다. 또한, 결혼의 위기라는 엄동설한 혹독한 추위에는 사랑의 엔진이 방전되지 않도록 사랑의 배터리를 충전해 주어야 한다.

또한, 부부는 서로 의사가 되어야 나침반이 될 수 있다. 결혼 생활을 하면서 오르막길이라는 난관을 만날 때, 오르막길을 올라가기 전에 사랑이라는 예방접종 주사를 서로 놓아주어야 한다. 오르막길에서는 사랑이 약화되어 사랑의 면역력이 쉽게 떨어질 수 있으므로, 사랑을 방해하는 바이러스 퇴치를 위한 예방주사를 서로 놓아주어야 한다. 결혼 생활은 남태평양 망망대해에서 원양 어선을 같이 타고 참치를 잡는 것과 같다. 험난한 인생의 풍파도 만나고 불화도 싹트게 된다. 때로는 가정 위기 등 여러 고통으로 너무나 힘이 들 때를 대비해서, 평소에 행복 통장과 사랑의 통장, 기도 통장에 사랑의 백신을 꾸준히 저축해야 한다. 뜨거운 사랑, 초심의 사랑을 자주 해야 사랑이 저축된다. 험난한 인생의 풍파를 만나 불화와 갈등의 바이러스가 부부를 이간질하고 반목시키고 오염시킬 때 사랑

---

26) He who loves practice without theory is like the sailor who boards ship without a rudder and compass and never knows where he may cast.

의 백신으로 불화와 갈등의 바이러스를 치유해야 한다.

　시인이자 평론가로서 독일의 유태인 가정에서 태어난 하인리히 하이네(Heinrich Heine)는 "결혼 생활은 험난한 바다를 헤쳐나갈 어떤 나침반도 없이 항해하는 배와 같다. 나침반이 개발이 안 되었기 때문이라."고 하였다.[27] 결혼 생활이 매우 어렵고 각종 장애가 도사리고 있다는 이야기이다. 폭풍우와 태풍이 몰아치고 한치 앞도 볼 수 없는 망망대해, 태평양 바다 한가운데에 놓여 있지만, 나침반도 없는 돛단배의 운명과 같은 것이 결혼 생활이다. 그러므로 부부는 서로 등대도 되어 주고, 나침반, 피뢰침, 우산, 방풍 벽 등이 되어 주어야 한다. 서로 의사가 되어 백신주사도 서로 놔주고, 약도 먹여주고, 치유를 해주는 의사도 되어야 한다. 망망대해에서는 의사도 병원도 없기 때문이다. 그래야, 부부가 결혼 생활을 하면서 위기를 맞고 인생의 방향마저 잃었을 때에 이 모든 문제를 극복할 수 있다.

　짜증 내지 않고 항상 미소 지어 주어야 한다. 고통의 강도가 세고, 힘이 들수록 곁에 함께 있으면서 위기를 극복하는 묘안을 찾고 기도해야 한다. 고통의 상처를 보듬어 주고 치유해 주어야 한다.

　부부는 결혼 생활을 하면서 태풍을 만나거나 살을 에는 매서운 시베리아의 삭풍이 불면 태풍과 그 찬 바람을 막아주고, 비 폭탄이 쏟아지면 비에 젖지 않도록 장대 우산으로 받쳐주고, 폭염으로 자외선이 쨍쨍 내리쬐는 날, 가마솥 같은 햇살이 온몸을 땀 범벅으로 만드는 날에 양산이 돼서 시원함을 선사하고, 에어컨이 되어 주고 시원한 그늘이 되어 주어야 한다. 비가 주룩주룩 오거나 일기예보에 없던 소나기가 갑자기 올 때 배우자가 우산도 받쳐 들지 못하고 쓸쓸한 모습으로 비를 맞으며 처량하게 혼자 걸어가게 해서는 안 된다. 예기치 못한 상황에

---

27) Matrimony; the high sea for which no compass has yet been invented.

대비해서 비를 맞으며 혼자 걸어가는 배우자에게 항상 비상 우산을 준비하고 내밀 줄 알아야 한다. 그런 부부의 마음이 우산이 된 부부요, 배우자의 마음이 실의에 젖지 않게 해주고, 실의에 빠져 허리가 축 늘어지지 않도록 막아주는 우산이 되는 부부이다. 슬플 때나, 아플 때나, 괴로워 울 때에도 항상 서로를 보호하고 건강을 지켜주는 우산, 고통과 실의에서 벗어나 희망을 가져다주는 우산이 되어야 한다. 그러면, 배우자가 용기와 힘을 내서 위기를 극복할 수 있고, 재기하여 인생을 다시 성공으로 이끌 수 있다.

7) 결혼 생활은 세 가닥을 지어 굵다랗게 꼰 삼겹 밧줄로 비유할 수 있다

이 세상에서 가장 성실한 짝꿍인 남편과 아내의 결혼 생활은 세 가닥을 지어 굵다랗게 꼰 삼겹 밧줄로 비유할 수 있다.

원래, 남편과 아내가 결혼하여 사랑하고 협력하고 동반자의 삶을 사는 것은 두 가닥의 끈으로 만든 동아 밧줄에 비유할 수 있다. 남편과 아내가 각각 하나의 사랑의 끈을 가졌기 때문이다. 그런데, 하느님께서는 부부에게 세 번째 가닥이 되어 주신다. 하느님께서 부부의 결혼 생활에 동참해 주시기 때문에 결혼 생활이 세 가닥의 끈으로 만든 큰 동아 밧줄이 되어 아무도 결혼 생활의 끈끈한 사랑의 관계를 끊어낼 수 없다. 하느님께서 부부의 결혼 생활을 지켜주시고 보호해 주시기 때문에 악마도 부부의 결혼 생활을 방해하거나 갈라놓을 수 없다. 결혼 생활을 방해하거나 갈라놓는 것은 세속의 욕망에 눈이 멀어 하느님께서 주시는 세 번째 가닥의 끈을 부부가 스스로 끊어 버리기 때문이다. 그러므로, 항상 하느님께 기도드리고 하느님 뜻에 합당한 결혼 생활이 되어야 한다. 우리가 끈기 있게 하느님께 기도드리면 하느님께서는 우리 부부에게 지치지 않으시고 언제나 부부가 행복한 결혼 생활을 하도록 세 번째 가닥이 되어 주신다.

삼겹 밧줄은 서로 떨어질 수 없는 강력한 사랑의 관계는 물론 행복한 결혼 생활을 상징한다. 강력한 접착제로 연결된 밧줄과 같은 생활로 서로 떨어질 수 없는 삶이 세 가닥을 지어 굵다랗게 꼰 삼겹 밧줄로 튼튼하게 연결된 결혼 생활이다. 하느님께서 허락하신 삼겹 동아 밧줄과 같은 결혼 생활의 끈은 그 누구도 끊어낼 수 없다.

코헬렛 저자도 "혼자보다는 둘이 낫다고 하였다. 둘이 협력하면 자신들의 노고에 대하여 좋은 보상을 받기 때문이다. 그들이 넘어지면 하나가 다른 하나를 일으켜 줄 수 있다. 그러나 외톨이가 넘어져 크게 다치면 그에게는 불행이다. 그를 일으켜 줄 다른 사람이 없다. 또한, 둘이 함께 누우면 따뜻해지지만, 외톨이는 어떻게 따뜻해질 수 있으랴? 누가 하나를 공격하면 둘이서 그에게 맞설 수 있다. 세겹으로 꼬인 줄은 쉽게 끊어지지 않는다."고 말하면서 둘이 협력할 때 좋은 결과를 가져올 수 있고 하느님과 밀접한 관계를 맺는 세겹으로 꼬인(A three-ply cord) 결혼 생활은 행복하다고 하였다(코헬렛 4, 9-12).

사제요 종교개혁가인 마틴 루터(Martin Luther)는 지성과 먼 미래를 내다보는 안목이 출중하였으며 16세기의 시대정신을 꿰뚫고 있었다. 하느님께서 항상 그와 함께 하셨기 때문이었다. 18세 때 유럽에서 가장 유명한 대학 중의 하나인 에르푸르트(Erfurt) 대학 문학부에 입학하여 철학과 헬라어를 배우고 1502년 학사, 1505년에 석사 학위를 취득하였다. 루터는 1505년 7월 2일 고향 집에 갔다가 대학으로 돌아오는 길에 천둥·번개를 맞을 뻔하였다. 자기를 금세라도 내리칠 것같이 격렬한 천둥·번개가 자기 주변을 맴돌면서 격렬하게 요동치고 있었다. 금방이라도 번개의 직격탄에 맞아 죽을 것 같았고, 너무 두려웠었다고 당시를 술회하였다. 그런데, 천둥·번개의 위험에서 간신히 벗어나 무사히 대학으로 돌아온 마틴 루터는 죽음에 대해 심각하게 묵상하였다. 묵상하고 기도한 끝에 수도원에 입회하기로 결심하게 된다. 대학원에서의 공부를 포기하고 1505년 7월 에르푸르트(Erfurt)에 있는 아우구스티노(St. Augustine's Monastery) 수도원에 입회하였다. 수도원에서 신학 등을 공부하고 브란덴부르크 교구장 예로니모 주교로부터(Jerome Schultz, the Bishop of Brandenburg) 1507년 4월 3일 가톨릭 신부로 서품을 받았다. 그 후 마틴 루터 신부는 비텐베르크(Wittenberg) 대학에서 1512년 10월 19일 신학박사 학위를 받고 동 대학 신학과 교수가 되었다.

루터 신부는 오랜 연구 끝에, 이신득구(以信得救Salvation by Faith Only)라는 신념으로 교황이 발행한 면죄부를 반박하는 '95개 건의문'을 벽보에 게시하였다. 이에 대해 교황은 1520년 교서를 내리고 루터를 소환하려 했으나 오히려 루터는 이에 반발한 나머지 교황의 교서를 불태워 버렸다. 결국, 1521년 1월에 교황은 공식적으로 파문 칙서를 발표하기에 이르렀다. 마침 그해 4월 스페인의 왕이었던 카를 5세(Emperor Charles V)가 독일 황제가 되었다. 그는 보름스에서 신성로마제국의 귀족, 성직자와 평민 합동회의(A general assembly of the estates of the Holy Roman Empire.)를 열고 루터를 공권상실자로 발표하였다. 루터 신부의 저서들을 열람하지 못하도록 칙령을 내렸다. 루터 신부는 파문되기 전에 '95개 건의문'을 철회할 의사가 없느냐고 묻자, "나는 내가 인용한 성경에 얽매여 있으며 나의 양심은 하느님 말씀에 포로가 되어있습니다"라는 유명한 말로 확고부동하게 소신을 밝히고 철회할 뜻이 전혀 없음을 밝혔다.[28] '95개 건의문'을 취소할 수도 없고 양심에 반하여 행동하지 않을 것임을 분명히 하였다. 이에 루터가 생명의 위

---

28) I am bound by the Scriptures I have quoted and my conscience is captive to the Word of God.

협을 받게 되자 작센주의 제후 프레드릭 3세(Prince Frederick III)는 루터를 보호할 목적으로 몰래 납치하여 바르트부르크(Wartburg)성에 피신시켰다.

1526년 6월 13일 파문된 마틴 루터는 수녀회를 탈퇴한 카타리나 폰 보라(Katharina von Bora)와 결혼하여 가정을 이루었다. 루터의 나이 41세, 아내는 26살로 그 당시 결혼 관습으로는 나이 차가 너무 컸다. 나이 차이에도 불구하고 종교개혁으로 죽음의 위기까지 맞이한 루터의 결혼 생활은 아내 카타리나의 헌신적인 내조로 너무 행복했다. 사제로서 파문당한 루터는 세속의 세상 물정에는 눈먼 장님이었다. 시장에 가서 물건을 사올 줄도 몰랐다. 다행히, 아내 카타리나는 어려운 살림을 지혜롭게 꾸려나갔다. 또한, 루터 신부는 원래부터 병약한 인물이어서 마치 종합 병원과 같았다. 신장도 나빴고, 시력도 안질 등으로 아주 나빴다. 병을 달고 살았다. 이중삼중으로 고생이 극심하였다. 그러나, 루터의 아내는 너무 헌신적이었다. 불평 한마디 없었다. 어려울 때마다 하느님께 기도하며, 하느님이 루터 부부의 든든한 방아 밧줄로 버팀목이 되어 달라고 간청하였다. 카타리나는 6명의 자녀를 낳았고 4명의 고아를 입양하여 키웠다. 남편 루터에 대한 존경심은 하늘을 찌르고도 남았다. 그런데, 1546년 마틴 루터가 선종하자 마틴 루터가 교수로 일했던 대학에서의 급여도 지급이 중단되었다. 그래서 그의 아내 카타리나는 1552년에 선종할 때까지 재정적인 어려움으로 많은 고초를 겪었다. 그럼에도 불구하고 늘 하느님께 감사드리는 삶의 연속이었다.

카타리나는 늘 주변 지인들에게 하느님께서 루터와 카타리나 부부의 결혼 생활에 세 번째 동아 밧줄 가닥이 되어 주셨다고 입버릇처럼 말했다. 하느님께서 세 가닥의 끈으로 만든 큰 동아 밧줄이 되어 아무도 그들 결혼 생활의 끈끈한 사랑의 관계를 끊어낼 수 없었고 "마귀도 그들 부부의 결혼 생활을 방해하거나 갈라놓을 수 없었다."고 털어놓았다.

사실, 카타리나는 어려서부터 삶이 순탄치 않았다. 6살이 되던 해에 아버지가 교육을 위해 베네딕토 수녀원에 보냈다. 3년 후 9살 어린 나이에 시토회의 수녀원에 정식으로 입회하였다.

마틴 루터는 주변 동료 교수들에게 가톨릭 1500여 년의 역사상 어느 신부도 맛보지 못했던 가정생활의 즐거움과 행복을 항상 하느님께 감사드렸다고 털어놓았다. 마틴 루터와 아내 카타리나는 가정을 제2의 수도원이라고 불렀다. 왜냐하면, 그들은 서로 방아 밧줄로 연결된 것과 같은 화목하고도 행복한 결혼 생활을 하였기 때문이다. 항상 가난에 쪼들리는 청빈의 삶과 서로 순종하며 하느님께 순명하는 삶을 살았기 때문이다. 마틴 루터가 선종한 후에 아내 카타리나도 사랑, 배려, 나눔, 박애, 예의, 청렴, 인내, 절제 등을 가정에서 배웠다고 주변 친지들에게 털어놓았다.

8) 부부의 삶의 자세는 배우자의 삶을 내 방식대로 고집하는 것이 아니다

항상 먼저 자신의 삶을 성찰하고 배우자의 조언을 진지하게 경청하고 부부의 삶을 건전하게 발전시켜야 한다. 부부는 서로의 취향에 맞게 양보하는 삶의 방식을 살아가야 한다. 배우자의 의견에 맞장구를 쳐주어서 배우자를 지지해 주어야 한다. 맞장구는 깨소금과 같다. 결혼 생활의 양념이요, 조미료요, 시원한 사이다와 같기 때문이다. 결혼을 하면 연애 시절의 달콤한 꿈과 같은 환상은 어름과 같이 차가운 현실의 장벽으로 다가온다. 계속 환상에 젖어 배우자가 자기에게 잘해주기만을 고집한다면 결혼 생활에 금이 갈 수 있다. 결혼 생활은 언제, 어디서 장애와 난관, 지뢰와 폭발물들이 여기저기서 터져 나올지 모르는 삶이다.

그렇지만 부부가 배우자의 삶을 존중해 주면 부부생활에서 만나는 모든 장애와 난관, 장벽, 지뢰들을 제거해낼 수 있다. 아서 쇼펜하우어(Arthur Schopenhauer)는 "권리는 반으로 줄어들고, 의무는 두 배로 늘어나는 것이 결혼이다."라고 하였다.[29] 배우자에게 많은 것을 배려하고 헌신하고, 내가 하고 싶은 것은 절제하여야 한다. 자기가 좋아하는 것도 자기 마음대로 독단적으로 할 수 없는 것이 결혼 생활이다. 그 대신 배우자를 위해 봉사하고 헌신하고, 사랑해야 할 일이 저절로 많이 생기는 것이 결혼 생활이다. 공선사후(公先私後)의 원칙하에 가사를 배우자의 입장에서 이해하고, 배려하고, 존중하고 분담해야 한다. 설거지와 집 안 청소, 화장실 청소 등 보통 하기 싫어하는 일은 공적인 것으로 생각하고, 남편이 배우자와 가족을 위해 봉사하겠다는 마음가짐으로 해야 한다. 배우자와 가족을 위해 먼저 봉사하고 그다음에 자신만의 시간을 갖도록 해야 한다.

부부는 결혼 생활에서 항상 아내를 윗자리에 먼저 배려해야 한다. 직장생활, 가사 분담과 취침 시간을 제외한 약 20%의 시간은, 하느님께서 허락하신 윤리적인 틀을 벗어나는 것이 아니라면, 배우자가 자기만의 공간과 시간이 되도록 서로 배려하고 이해하고 존중해 주어야 한다. 부부의 완전한 사랑은 모든 부정적이고 고통스러운 일들을 긍정적인 일로 바꿔서 부부의 행복으로 만들어 가는 과정이다. 배우자가 사용하는 20%의 시간은 서로 신뢰하고 일체 간섭해서도 안 되고 비위를 거스르는 행동을 해서도 안 된다. 예를 들면, 남편이 가부장적인 자기 아버지의 삶의 방식을 따라 행동하는 것은 위험천만하다. 결혼 생활은 스스로를 변화시키는 것이고, 배우자의 취향에 맞게 스스로 먼저 양보하는 삶이고, 그렇게 만들어 가는 과정이다.

변하기 위해서는 우선 솔선수범하고 부지런해야 한다. 배우자에게 지시하는

---

29) Marrying means to halve one's rights and double one's duties.

자세가 아니라 스스로 변하고 양보하고 배려하는 삶을 살아야 한다. 서로 솔선수범하고 양보하는 부부의 아름다운 사랑은 마치 폭풍우와 같아서 마음 안에 추하게 자리 잡고 있던 것들을 몰아내고 잠재울 수 있다. 이와 같은 부부 사랑의 깊이는 너무 깊어서 그 누구도 그 깊이를 헤아릴 수도 없고 측정할 수도 없이 아름답다. 남편 A의 아내 B는 교회에 열심히 다니는 성실한 신자이다. 교회에서는 물론 신도들로부터 칭찬도 자자하다. 반면, 남편 A는 오직 주일에만 교회에 가는 신도이다. 주위에서는 주일을 빠지지 않는 것만으로도 훌륭하다고 한다. 남편 A가 대기업의 간부로 중요한 직책을 맡고 몹시 바쁘기 때문이다. 아내 B는 교회에서 대부분의 낮시간을 봉사한다. 교회에서 아내 B는 신심이 깊고 봉사 왕으로, 전도 왕으로 오래전부터 정평이 나 있다. 그런데, 저녁에 남편이 귀가하면 저녁상을 준비해 준 후에, 서재에 가서 2시간 정도 기도하고 있다. 남편 A는 아내의 기도가 불만이다. 기도는 교회 있을 때, 가능한 한 전부 하고 집에서는 부부의 진솔한 대화 시간이 필요하다는 것을 아내에게 수차 이야기해 줬는데도 아내는 전혀 변화가 없다. 마이동풍(馬耳東風)이다. 아내는 가정에서 기도하고 교회에서 봉사하고 생활하는 자기 삶의 방식이 가족을 위한 가장 좋은 방법이라고 고집하고 있기 때문이다. 행복한 결혼 생활은 아내 B와 같이 가정에서의 삶을 내 방식대로 고집하는 것이 아니다.

9) 남편은 아내를 이해하고 아내의 마음을 알아야 한다

베드로 전서(또는 베드로1서라고 함)를 보면, 부부 사이의 사랑이 신의와 성실에 기초한 행복한 결혼 생활이 되기 위해서는 "남편들은 자기보다 연약한 여성인 아내를 존중하면서, 이해심을 가지고 함께 살아가야 한다. 아내도 생명의 은총을 함께 상속받을 사람이기 때문이다. 그렇게 해야 남편의 기도가 가로막히지 않는다. 남편의 기도를 다 들어주신다는 뜻이라(1 베드 3, 7)."고 하였다. 아내를 이해하고 아내의 마음을 알기 위해서는 항상 서로 건설적으로 소통하고 아내를 위해 남편이 많은 시간을 할애하고 희생해야 한다.

신명기를 보면, 하느님께서도 남편이 아내와 많은 시간을 함께 보내고 소통하도록 다음과 같이 특별히 배려하신 내용이 있다. "어떤 신랑이 신부를 맞이하였을 경우, 그를 군대에 보내서도 안 되고, 그에게 어떤 의무를 지워서도 안 된다. 그는 한 해 동안 자유롭게 집에 있으면서 새로 맞은 아내를 기쁘게 해주어야 한다"(신명기 24, 5). 하느님은 남자들이 결혼한 첫해에는 전쟁에 나가거나 사업상 출장을 금지하셨다. 그래서, 그 당시 이스라엘에는 1년의 신혼여행 기간 제도가 있었다.[30]

그런데, 1년이라는 신혼여행으로 인해 또 다른 질문이 우리에게 생기게 된다. 왜 남편에게 1년간의 신혼여행 기간을 주셨을까? 그 해답은 연약한 여성인 아내의 모든 것을 남편이 알고 살아가도록 배려해 주기 위한 것이다. 아내를 안다는 것은 아내를 존중하고 존경하고 배려해 주면서, 이해심을 가지고, 열린 마음으로 아내의 말을 잘 경청하고, 아내의 아픔에 공감할 줄 알고, 혹시 있을지도 모를 아내의 걱정을 편안하게 덜어주고, 인생을 행복하게 함께 살아가도록 배려하기 위한 것이다.

그렇다면, 왜 남편은 아내를 알아야 할 필요가 있는가? 이에 대한 해답은 위에서 살펴본, 베드로1서 3장 7절의 마지막 부분에 있다. 아내의 속마음을 알고, 아

---

30) God literally forbade men from going off to war or going away on business trips for the first year of their marriage. Couples literally had a one year honey moon in Israel.

내의 요구사항을 잘 들어주고, 오로지 아내만을 사랑해 주는 남편의 기도는 방해받지 않고 다 들어주실 것이기 때문이다. 이 말씀을 쉽게 풀이하면, 근본적으로 하느님은 남편들이 먼저 아내의 걱정, 우려, 관심 사항, 필요, 요구사항을 정성껏 잘 듣고 들어주지 않으면, 하느님도 남편의 걱정, 우려, 관심 사항, 필요, 요구사항을 들어주시지 않겠다는 것이다.

그렇지만, 하느님께서 하신 말씀은 남편이 아내의 걱정, 우려, 관심 사항, 필요, 요구사항을 전부 들어주어야 한다고 하신 것은 아니다. 하느님께서도 사람들의 기도를 들어주시기도 하고, 안 들어주시기도 하고, 어떤 때는 기다리라고 하신다. 남편이 아내의 요구사항들을 들어주는 것도 이렇게 하면 된다. 남편이 아내의 요구를 진심으로 잘 경청하고, 수긍하고, 아내의 의도를 알고 실천하지는 못했다 해도 잘 경청하고 이해한 것만으로도 결혼 생활의 결속을 다지는 데 도움이 되기 때문에, 하느님께서 그렇게 말씀하신 것이다.

그러므로, 아내가 남편의 동의 없이 다음과 같은 무리한 요구를 해서는 안 된다. 아내가 초대형 거대 언론사의 뉴스 담당 슈퍼스타가 되려는 열정이 있다. 또 마음 한구석에는 부통령 후보로 출마하고 싶은 야심도 갖고 있다. 그런데, 남편은 이와 반대로 아내가 가정에 머물면서 가사와 아이들을 돌보기를 원하고 있다.(예를 들면, 폭스 뉴스의 메건 켈리 스타와 같이)

여기서 하느님께서 아내에게 정해 주신 역할과 아내의 열정과 야망은 정면으로 충돌하는 것이다. 그러므로 이것은 당연히 여성으로서는 이기적인 야망의 사례가 된다. 그러므로, 아내가 남편에게 결혼 생활에서 필요한 내용과 요구사항은 결혼 생활의 결속을 가져오는 내용이어야 하고 반드시 남편의 동의가 있어야 한다. 결혼 생활의 결속을 저해하는 비정상적인 내용이나 무리한 요구는 하느님의 뜻에도 어긋나는 것이다.

10) 아내와 남편이여, 그리스도를 경외하는 마음으로 서로 순종하십시오

'순종하다'라는 라틴어(oboedire)는 '에게서(ob)'와 '듣다(audire)'의 합성어이다. 누구, 누구에게서 듣는다는 말이다. 배우자의 말을 잘 경청하고 고분고분 잘 듣는 것이 순종의 첫걸음이다. 남편이나 아내 모두 배우자의 말을 잘 경청하고 충분히 이해해야 한다. 그런데, 남편은 50%만 이야기하고 아내가 200% 말을 하도록 배려하는 것이 부부 화목을 위해 좋다고 한다. 그런 다음에 배우자를 위해 무엇을 먼저 해줄 것인가를 헤아리고 이해하고 실천하는 것이 순종이다. AD 1175~1225년 중세의 라틴어 oboedīre의 현재 분사 '어비디언트(obedient)'도 '순종하는, 복종하는' 뜻의 의미인데 역시 '상대방의 말을 잘 경청하는 것'이 순종의 의미라고 설명하고 있다.[31]

에베소서(또는 에페소서)를 보면 "아내와 남편이여, 그리스도를 존경하고 경외하는 마음으로 서로 순종하십시오. 아내는 주님께 순종하듯이 남편에게 순종해야 한다."고 하였다.[32]

"또한, 남편은 아내의 머리이다. 이는 그리스도께서 교회의 머리이시고 그 몸의 구원자이신 것과 같다. 교회가 그리스도께 순종하듯이, 아내도 모든 일에서 남편에게 순종해야 한다(에페소서 또는 에베소서 5, 21-24)."고 하였다.

베드로1서(벧전)에도 "마찬가지로 아내들도 남편에게 순종해야 한다. 그렇게 하여 말씀에 순종하지 않는 남편들도 아내인 여러분의 말 없는 처신으로(구원을

---

31) Middle English 〈 Old French 〈 Latin obedient, stem of oboediēns, present participle of oboedīre to obey.
32) Wives and husbands, be subordinate to one another out of reverence for Christ. Wives should be subordinate to their husbands as to the Lord.

얻게 될 것이다. 또는 감화를 받게 하십시오.)"라고 순종에 대해 말해주고 있다.[33]

"남편들은 아내들이 경건하고 순결하게 처신하는 것을 지켜보다가 그리될 것이다. 머리를 땋아 올리거나 금붙이를 달거나 좋은 옷을 차려입거나 하는 겉치장을 하지 말고, 온유하고 정숙한 정신과 같이 썩지 않는 것으로, 마음속에 감추어진 자신을 치장하십시오. 이것이야말로 하느님 앞에서 귀중한 것이다"(벧전 또는 베드로1서, 3, 1-4).

설령, 말씀에 순종하지 않는 남편들조차, 아내가 남편으로 하여금 말씀에 순종하라고 잔소리 한마디 안 해도 아내들의 좋은 처신만으로 구원을 얻게 될 것이라는 좋은 말씀이다.

위의 모든 말씀은 "아내와 남편은 그리스도를 존경하고 경외하는 마음으로 서로 순종하라"는 말씀에 뿌리를 두고 있다. 여기서 순종은 남편의 리더십에 아내가 자발적으로 참여하는 것이다. 그리고 남편이 참된 리더십을 배우고 리더십이 성장하도록 아내가 허락하고 도와주는 것을 말한다.[34] 아내가 열등한 위치에 들어가는 것은 절대 아니다. 그러므로 아내는 남편의 리더십이 성장하도록 격려하고, 도와주고, 사기를 꺾지 말고, 남편을 존중하고 사랑해야 한다. 그러면, 하느님의 완벽한 계획에 의해 결혼 생활이 매일매일 견고해질 것이다.[35]

순종은 서로 대등하게 평등한 관계 속에서 결혼 생활을 하라는 내용이다. 왜냐하면, 하느님 안에서는 남자 없이 여자가 있을 수 없고, 여자 없이 남자가 있을 수 없다. 서로 평등하다. 결혼 생활에서 더 우월한 위치에 있는 사람은 없다. 다

---

33) Even if some husbands disobey the word, their husbands may be won over without a word by their wives' conduct.

34) Allow the husband to learn and grow in leadership.

35) Encourage your husband to grow in leadership, stop undermining him, and love him by respecting him. Your marriage will grow stronger each day in accordance with the perfect plan of God. Copyright © 2019 Jenn Grandlienard. All rights reserved.

만, 결혼 생활에서 아내가 남편이 하고자 하는 일을 두고, 갈등이 있을 경우, 남편의 생각과 결심을 바꾸고 시정하게 하는 방안이 있고, 남편의 의견에 따르는 방법이 있다.

이 경우에 하느님께서는 아내가 남편과 갈등이 있다 해도, 남편이 하고자 하는 일로 인해서 아내가 죄를 저지르는 일이 아니라면, 언제나 후자인 순종을 아내에게 요구하고 계신다. 그리고 잠언의 말씀, "아내가 입을 열면 지혜이고 자상한 가르침이 그 입술에 배어 있다(잠언 31. 26)."와 같이 아무리 좋은 의견, 충고, 자문이 좋고 훌륭하다 할지라도, 아내가 의견을 개진할 때는 결혼의 화합과 결속을 위해 부드러운 말, 애정과 사랑이 철철 넘치는 자상하고 지혜로운 말로 해야지, 바가지를 긁는 어투로 해서는 안 된다. 아내가 충고를 하는 방법, 어조, 분위기는 매우 중요하다. 특히, 화를 내서도 안 된다. 초등학교 선생님이 1학년 신입생들에게 하듯이 하는 초급 수준의 충고나 자문의 전달 방식이 되어서도 안 되고, 다투는 형태가 되어서는 절대 안 된다. 그렇다고, 아내의 순종이 남편이 하고자 하는 일에 대한 정보의 공유와 지혜를 함께 나누고, 공감하는 것을 원천적으로 금하는 것은 아니다. 남편은 모든 정보를 낱낱이 아내에게 사전에 공개하고, 공유해야 한다. 남편이 "다투기 좋아하고 성 잘 내는 아내와 사는 것보다 황량한 땅에서 사는 것이 낫다."(잠언 21. 19)는 잠언 말씀을 부모, 친척, 친구 또는 아내에게 함부로 말하는 가정이 되어서는 안 된다.

또한, 아내는 "아내가 남편의 아버지나 어머니, 남편의 선생님도 아니고, 남편의 직장 상사도 아님을 명심해야 한다." 아내의 의견 개진은 "아내가 기업에서 근무한다면, 다니는 직장의 CEO인 회장에게 하듯이 남편에게 해야 하고, 아내가 교사라면 교장에게 하듯이, 아내가 여성부 장관이라면 인사권을 가진 대통령에게 하듯이 예를 갖춰서 해야 한다." 그래야 가정이 화목하고 미소가 평생 넘쳐나고, 결혼 생활이 행복하다.

11) 아내는 가장인 남편이 가정의 일을 어떻게 생각하고 처리하는지 알아야만 한다

고린도 전서(또는 코린토 1서)를 보면, "여자들은 교회 안에서 잠자코 있어야 한다. 여자들에게는 말하는 것이 허락되어 있지 않다. 율법에서도 말하듯이 여자들은 순종해야 한다. 배우고 싶은 것이 있으면 집에서 남편에게 물어보아야 한다. 여자가 교회에서 말하는 것은 부끄러운 일이다(고린도 전서 또는 1 코린 14, 34-35)."라고 하였다.

여권의 신장을 주장하는 남녀평등 사회인 오늘날 "여성들이 이런 말씀의 배경을 모른 채 들으면, 뭐 이런 엉터리 같은 이야기가 있어?" 하고 항의하거나 귀를 막아 버릴지 모른다. 그런데 "율법에서도 말하듯이 여자들은 순종해야 한다."는 뜻은 "남편은 아내의 주인이 될 것이다."라는 창세기(3, 16) 말씀을 인용한 것이다.[36]

위의 창세기 말씀이나 고린도 전서(또는 코린토 1서) 말씀, 그리고 에베소서(또는 에페소서) 말씀 "남편은 아내의 머리이다."라는 말씀들은(에베소서 또는 에페소서 5, 23) 결혼을 부부 사이의 동반자 관계로 보지 않고 가부장제 관계로 보았다. 그러나, 그 근본 배경과 말씀이 암시하는 전체 흐름의 앞뒤 모든 문장을 보면 "남편이 아내의 주인이 되고, 머리가 되는 것은 남편이 아내 위에 군림하는 것이 절대 아니며, 서로 순종하고 서로 공경하고 사랑하는 것이 전제가 되어있다." 남편은 아내

---

36) The husband shall rule over the wife.

의 머리가 되고 아내는 몸통이 됨으로써, 그야말로 일심(마음이 하나)이 되고, 동체(몸도 하나가) 되는 일심동체를 이루는 것이다. 성령님께서 알려주시지 않았다면 바울(또는 바오로) 사도도 이런 절묘한 말을 할 수는 없는 것이다. 얼마나 아름다운 말인가? 남편은 아내의 머리가 되고 아내는 몸통이 됨으로써, 부부가 일심동체가 된다는 것을 알려준 것이다.

우리가 공무원이 되거나 회사 생활을 하든, 윗사람에게 예속되어 윗사람의 지휘를 받게 되어 있다. 직장 내의 모든 사람이 기관장이나 회장이 될 수 없고, 국민 모두가 대통령이 될 수 없고, 가정에서의 모든 사람이 주인이 될 수는 없다. 그런 맥락에서 조직 이론에 비춰볼 때 가정에도 남편이 회장이 되어야 한다. 그런데, 머리가 되고, 기관장이 되고, 주인이 되는 것은 막중한 책임이 수반된다. 남편이 아내의 머리로서의 역할을 하는 것은 가사를 처리할 때 서로 잘 경청하고, 협의하고, 배려하고, 완전히 이해하고, 성실하게 이행하는 것이다. 머리가 되는 것은 책임은 두 배를 져야 하는 것이고 몸의 각 지체를 잘 돌보아야 한다. 막중한 책임이 수반된다. 남편은 가정 일을 처리하는 데 많은 시간을 할애해야 한다. 남편이 가정 일을 아내에게 맡기고 매일 골프장에 가서 시간을 보낸다면 머리로서의 역할은 빵점이 되는 것이다. 그러므로 머리인 남편은 가정일의 모든 정보를 아내와 낱낱이 나누고 공유하고 많이 분담해야 한다.

아내가 결혼 전에 미국의 저명 공과대학에서 박사학위를 받고, 대학교 교수직과 대기업의 본부장으로 동시에 영입 제의를 받았는데, 남편과 상의하여 대기업에 취직하였다. 그런데, 세계 5위 안에 드는 IT 대기업이라 아내의 귀가 시간이 일정하게 정해져 있지 않았다. 아주 늦게 귀가하는 것이 다반사였다. 기업 내에서의 아내의 책임이 너무 중요하기 때문이다. 그러나, 아내는 남편의 관대한 동의 하에 직장에서의 일의 성취감을 만끽하고 있었다. 마찬가지로, 이 경우에도 가정에서 아내의 윗사람은 남편이다. 남편이 아내의 주인이며 가장이자 세대주이다. 가정이라는 공동체(Community), 또는 기업이든 사회든 국가든 모든 공동체의 장(長, Master, 조직의 최고위직)이 필요하듯이 가정에도 주인이 필요한 것은 당연하다. 모계사회에서 부계 사회로 옮겨왔고 그 영향으로 남편이 주인의 역할을 하고 있을 뿐이다. 그럼에도, 창세기 3장 16절의 말씀은 그 근본정신이 부부가 서로 순종하여야 한다는 뜻이다.

아내의 교회 활동도 그 배경을 잘 살펴볼 필요가 있다. "여자가 교회에서 말하는 것은 부끄러운 일이다."라는 뜻은 그 당시 오늘날의 고등학교, 대학교와 같은 여성을 위한 전담 고등 교육기관이 없었기 때문에, 여성이 핵심 기본 교리, 성경, 성령, 교의 신학 등에 대한 기본 지식이 거의 전혀 없었으므로 상식 수준으로 말해서 망신을 당하는 수준이 되어서는 안 된다는 뜻이다. 1800년대 말까지도 여성이 과거 시험에 응시할 수 없었고, 거의 모든 나라에서 여성의 참정권이 없었다. 1950년대에 우리나라에서 여성이 최초로 오늘날 사법고시에 해당하는 고등고시에 합격했어도 판검사로 임용이 안 되었다. 여성에 대한 차별이 심하고 여권 신장이 전혀 이뤄지지 않은 당시 이스라엘 사회의 관습을 이해할 필요가 있다.

그러면, 오늘날 "여자들은 교회 안에서 잠자코 있어야 한다. 또는, 여자들에게는 말하는 것이 허락되어 있지 않다."는 말씀은 어떻게 들리는가? 여자 목사, 여자 장로도 많고, 여자 사목회장도 있고, 그밖에 교회 내의 직분을 맡은 여성이 많은 사회인데 말이다. 아내가 목사, 장로, 권사, 사목회장, 사목회의 분과위원장 등 주요 직책을 맡을 때, 기타 교회의 각종 단체에 가입해서 봉사할 때, 교회에서 핵심 간부로 발언할 때, 먼저 남편과 상의하고 남편의 동의가 있은 후에 맡아야 하고, 교회에서의 아내의 모든 주요 활동과 의견 제시도 먼저 남편의 의견과 조언에 귀 기울이고, 상의하고, 서로 순종하고, 잘 소통해야 한다는 내용이다. 아내가 사목회장, 목사, 장로, 레지오 단장, 구역장을 맡았다는 구실과 핑계로 남편 퇴근 전에 저녁 준비도 하지 않고, 자기 아니면 교회가 운영이 안 된다고 독선적으로 생각하면서 교회에서 대부분의 시간을 보낸다면, 아무리 여자 목사라 하더라도 그런 봉사는 주님께서도 원치 않으신다는 내용이다. 가정이 교회이다. 가정이라는 작은 교회가 건강하고 건전해야 교회도, 사회도, 국가도 건강하게 번영하게 되어 있다.

위의 창세기 말씀이나 고린도 전서(또는 코린토 1서) 말씀과 에베소서(또는 에페소서) 말씀은 "아내는 영적인 일뿐만 아니라 일상의 모든 문제에 있어서, 남편이 생각하는 것과 남편이 귀찮아하는 것을 알아야만 한다는 내용을 에둘러 표현한 것이기도 하다." 하느님께서 원하시는 것은 부부 생활에 있어서, 아내나 남편이 가사를 어떻게 생각하고 처리하는지를 서로 잘 알고 사랑하는 마음으로 처리하되 항상 정보를 함께 공유하고 소통해야 한다는 것이다. 이것은 결혼 생활에서 대단히 중요하다. 더불어서 아내로서 가장인 남편이 가정 일을 어떻게 생각하고 처리하는지를 알아야 하고, 공감하고, 이해하고 협력하는 것은 부부간 결혼의 결속을 굳건히 다지는데 매우 중요하기 때문이다.

12) 부부의 정절(Chastity or fidelity for a husband and wife in holy matrimony.)

한 가정의 행복과 축복도 하느님의 선물이다. 부부는 자신들에게는 물론 가족 구성원들에게 사랑과 헌신과 애정이 요구된다. 이러한 사랑, 헌신, 애정 그리고 행복은 서로가 평생 정절을 지키고 사랑으로 감싸 줄 때 충만해진다. 모든 가족 구성원의 공동선을 위한 부부의 헌신, 행복, 애정, 사랑은 하느님께서 거저 주시는 선물(Gifts)이다. 특히 부부는 하느님께서 제정하시고 그분의 법칙으로 정해주신, 생명과 사랑의 내밀한 부부 공동체이다. 동시에 인격적인 합의로 맺은 결코 철회할 수 없는 계약으로 맺어진 것이다. 두 사람은 전적으로 오로지 서로에게 자신을 내어 주고 늘 한자리에 함께 머물러야 한다. 한자리에 함께 머문다는 것은 부부가 오직 한 방향으로 깊이 사랑하는 것이다. 한눈팔지 않고 한 방향으로 일관되게 오로지 부부만을 사랑한다면 시부모, 장인, 장모 등 다른 모든 가족과의 사랑도 자연히 깊어지게 되어 있다. 결혼으로 그들은 이제 둘이 아니라 하나다. 오직 한 몸을 이룬다. 그러므로 부부는 불륜이나 간음을 한 경우를 제외하고는 하느님께서 맺어주신 혼인을 해소할 수 없다. 그들은 평생 혼인을 유지할 의무를 가진다. "하느님께서 맺어주신 것을 사람이 갈라놓아서는 안 된다."(마르코 복음 10, 9)

어떻게 두 몸이 하나가 될 수 있는가? 남편이(또는 아내가) 자기가 가진 "가장 귀중한 목숨마저도 아내에게 선뜻 내어주는 부요한 마음을 가질 때, 부부는 더 이상 둘이 아니라 하나가 되는 것이다." 부부가 서로 사랑하여 자기가 가진 가장 중요한 목숨마저도 내어준다면 이제는 둘이 아니라 한 몸이 되는 것이다. 그러나, 부부간에 사랑이 이기적으로 변하면 나쁜 감정과 적대관계 때문에 불목(不睦)과 불화가 가정을 지배하게 된다. 적대관계로 불목(不睦)과 불화가 있는 부부가 어떻게 배우자를 위해 목숨을 내어놓을 수 있는가?

한편, 부부는 결혼 생활 중에 자기 자신과 부부, 자녀들에게만 관심을 가지고 이기적인 사랑을 베풀 것이 아니라 결손 가정 자녀들, 가장 작은 이들, 고아원에 버려진 아이들, 미혼모가 키우는 아이들 등에게도 많은 사랑을 베풀어야 한다. 그런 사랑이 부부 정절의 밑반찬이 되기 때문이다. 부부의 신의와 정절은 결혼 서약을 항구하게 지킴으로써 드러난다. 그 약속은 부부의 정결을 통해서 지켜진다. 그러므로, 부부는 서로의 대화가 사랑, 믿음, 신뢰, 신의가 있어야 하며 충실해야 한다. 부부는 어느 순간에도 항상 서로를 신뢰하고, 아끼고, 사랑하고, 자녀 앞에서든 부부 둘만의 공간이든 서로 공경하고 존중하고 사랑을 주고받는 사람답게 마음에서 우러나오는 동정과 호의, 애정, 겸손, 온유와 인내, 성실함을 갖춘 사랑이 가득한 대화를 해야 한다. 사랑으로 진리를 말해야 하고 상대방이 충분히 알아들을 수 있고 이해할 수 있도록 말해야 한다. 부부는 서로 듣기는 빨리하되, 말하기는 더디 해야 한다. 무엇보다 아내가 먼저 충분히 말하도록 배려하고 아내의 말을 긍정적으로 성심성의껏 경청하고 이해해야 한다. 그런 모습을 자녀에게 보이는 것이 중요하다. 이것이 자녀 인성교육의 가장 기본이 되며, 엄한 가정 교육보다 더 좋고 큰 영향력을 발휘할 수 있다. 그렇게 하기 위해서는 말에 권위와 품위가 있어야 한다. 말에 권위와 품위가 없으면 50년간 똑같은 이유로 부부 싸움을 해도 그 나쁜 버릇을 고칠 수 없다. 부부 사이에 말의 권위를 지키려면 다른 여자나 남자에게 한눈을 팔지 말아야 한다. 눈에 보이지 않는 주님께서 부부를 항상 지켜주시고 돌보아 주신다는 믿음을 갖고 한눈을 팔지 말고 정결을 지켜야 한다. 신의와 정절은 어떤 경우에도 유혹에 흔들리지 않는 확고한 부부애이다. 미국 브리검 영 대학교 경영관리학 교수였던 스티븐 코비(Stephen Covey) 박사도 "신뢰는 삶의 접착제이다. 신뢰는 효과적인 소통의 가장 필수적인 성분이다. 특별히 부부 사이의 모든 관계를 유지하는 기초적인 원칙"이라고 하였다.[37]

부부는 서로 깊이 사랑하고, 소중히 아껴주고, 항상 같은 생각을 하므로, 아무리 재물이 많고, 미모를 자랑하고, 학력과 경력이 출중하고, 훌륭하고 매력적인

---

37) Trust is the glue of life. It's the most essential ingredient in effective communication. It's the foundational principle that holds all relationships especially between the husband and wife.

조건을 전부 갖추고 있는 사람이 유혹해도 전혀 흔들려서는 안 된다. 양다리 걸치기로 만약 배우자 이외에 다른 남자나 다른 여자를 사랑한다면 그들 두 사람(아내와 다른 여자, 또는 남편과 다른 남자)에 대한 사랑 모두 빗나간 사랑이고 불륜이며 죄악이다. 이런 관계는 신의나 신뢰가 전혀 없는 불륜이기 때문이다. 부부는 세속적인 일과 물건에 대한 애착과 집착에서도 벗어나야 한다. 세속의 재물과 명예, 그리고 삐뚤어지고 비도덕적인 육체적 욕망은 가정의 파탄으로 이어지기 때문이다. 헛된 욕망에 대한 애착과 집착에서 벗어난 아름답고 사랑스런 대화만이 완전하고 참된 부부 사랑의 불을 계속 지필 것이기 때문이다. 요한 크리소스토모 성인은 결혼한 지 얼마 안 된 아내에게 다음과 같이 말하라고 젊은 신랑에게 권고한다. "나는 당신을 내 품에 받아들이고, 당신을 사랑하며, 내 생명보다도 당신을 더 사랑합니다. 당신을 위해 내 목숨도 바칠 수 있어요. 이 세상의 삶은 덧없는 것이며, 장차 우리가 누리게 될 삶에서 우리가 서로 떨어져 있지 않도록 보장을 받기 위해, 이 세상의 삶을 당신과 함께하는 것이 나의 가장 열렬한 소망이기 때문입니다." 나는 당신과의 사랑을 그 무엇보다도 소중히 여기며, "당신의 생각과 같은 생각을 하지 않는다는 것보다 더 괴로운 일은 내게 없을 것입니다." 부부가 항상 같은 생각을 하고, 공감하고 하느님 보시기에 좋은 부부 사랑을 나누는 것은 정말 아름다운 것이다.

정절은 자제력의 훈련을 요구한다. 그 훈련은 인생의 모든 시기에 계속돼야 한다. 욕정에 휘둘려 살지 않고 스스로 자유로이 선을 택해 살아가는 사람이 되려면, 존엄성을 지키는 노력을 계속해야 한다는 뜻이다(가톨릭교회 교리서 2339, 2342항). 가톨릭 청년 교리서 유캣(YOUCAT)에서도 "정결한 삶을 사는 사람은 자기 욕망의 노리갯감이 되지 않는다"고 이렇게 설명하고 있다. "정결한 사람의 성생활은 사랑에서 비롯된다. 하느님께서 주시는 성령의 갑옷을 입고, 자기 훈련과 자제력을 발휘해야 한다. 하느님을 신뢰하고, 성령이 알려주시는 무기를 들고 병적인 성욕을 자신의 몸에서 끊어내야 한다."

부부의 신의와 정절은 어떤 어려움이나 역경이 있어도 약속을 항구하게 지키는 것이다. 약속을 헌신짝 내던지듯이 내팽개치는 오늘날, 부부 약속과 신의와 정절의 좋은 사례가 있어 소개하고자 한다.

신라 무열왕과 문무왕 시절 신하로 봉직하던 강수가 '강수'라는 새로운 이름을 왕에게서 내려받기 전, 그러니까 고향 중원경에서 살던 젊은 시절, 그는 대장간의 딸과 눈이 맞아 인생을 같이하기로 약속했다. 신라 시대에서 통용되는 정상적인 혼인절차를 거치지 않고, 당사자 간에 부부가 되기로 약속한 것이다. 김유신의 아버지 김서현이 만 명이라는 여인과 그러했고, 또 공자의 아버지 숙량흘이 10대 처녀 안징재에게 그렇게 한 바가 있다. 그런데 당시 대장장이는 신라 사회에서 대단히 천시받던 직업이었다. 우리 사회에서도 1960년대까지만 해도 천시받던 직업이었다. 그런데, 강수와 대장장이 딸 사이의 애정은 달님도 해님도 부러워할 정도로 날로달로 깊어만 갔다. 그 당시 강수의 부모는 중원경에서 높은 벼슬을 하고 있었다. 강수의 나이 20세가 되자 부모는 명문 가문의 여자로서 용모와 행실이 아름답고 반듯하며, 예의범절이 바른 규수를 중매를 통해 며느리로 삼으려 했다. 하지만 강수는 "두 번 장가를 들 수 없다"고 부모님께 말하면서 완강히 사절하였다. 이에 부친이 노발대발 격노해서 말하기를 "네가 세상에 이름이 나서 나라 사람들 전체가 너를 모르는 이가 없는데 미천한 여인으로 짝을 삼는다면 수치스러운 일이 아닌가?" 하니, 강수가 부모님께 재배하고 말씀드리기를 "가난하고 천한 게 수치스러운 일은 아닙니다. 인간으로서의 도리를 배우고도 옮기지 않음이 실로 부끄러운 일이라 하겠습니다. 일찍이 옛사람 말을 듣건대 조강지처는 집안 뜰 아래로는 내려오지 않게 하며, 가난하고 천할 때에 사귄 친구는 잊을 수 없다고 했으니 천한 아내라고 해서 차마 버릴 수가 없습니다"라고 했다.

강수는 출세한 뒤에도 조강지처는 버릴 수 없다는 논리를 앞세워 결코 이 여인을 버리지 않고 신의를 끝까지 지켰다. 대장간의 딸을 아내로 받아들인 강수는 행복하였다. 강수는 훌륭한 문장가이면서 동시에 자신의 행위에 끝까지 책임을 지는, 즉 명분보다는 현실을 중시하는 합리주의에 입각한 유교적 도덕률의 실천가였다. 강수의 아내에게서도 신의를 중시하는 내용이 발견되었다. 부창부수(夫唱婦隨)하는 삶이었다. 남편 강수가 죽은 뒤에 있었던 다음 일화에서 잘 드러나고 있다. 강수의 아내가 생활이 매우 궁핍해져 고향으로 돌아가려 하자 대궐의 대신이 이 말을 듣고, 신문왕에게 간청해 조(租) 100석을 내리게 하였다. 그러나, 강수의 아내는 정중히 거절하면서 말했다. "소인은 천한 사람으로 의식주를 남편에게 의지하면서 나라의 은혜를 받은 일이 많았습니다. 지금은 이미 혼자 몸이 되었는데 어찌 감히 다시 나라에서 식량을 받을 수 있겠습니까?" 기어이 사양하고 고향으로 돌아갔다. 이뿐만 아니었다. 남편이 죽은 뒤 아내는 그의 재산을 전부 사찰에 기부했다. 남편이 죽자, 장례비용도 나라에서 제공해주었다. 부의(賻儀)로 준 옷과 피륙이 대단히 많았으나 집안사람들이 그것을 사사로이 갖지 않고 강수 아내의 뜻에 따라, 모두 불사(佛事)에 봉헌하였다. 강수의 명복을 빌기 위해 재산을 불사에 시주한 것이다. 강수가 성공하였던 것은 아내의 내조 또한 컸음을 알 수 있다. 성공한 남편에게는 위대한 어머니와 사랑하는 여인이 있어야 한다고 말해 왔음을 증명해 주는 사실이다.[38]

---

38) 네이버 지식백과, 조강지처는 불하당이라-강수와 대장장이 딸. 신라 속의 사랑, 사랑 속의 신라
   -삼국시대 편, 2006. 5. 10., 신라사학회.

13) 부부는 침묵할 줄 알아야 하고 5대 1의 법칙을 명심하여야 한다

영국의 신부이며 종교개혁의 선구자요 옥스포드 대학의 신학 교수였던 존 위클리프(John Wycliffe)는 1382년 불가타 라틴어 성경을 영어 성경으로 번역하였다. 존 위클리프는 "침묵은 하늘에서 만들어지는 것이다."라는 유명한 말을 남겼다.[39] 침묵을 하기가 그만큼 어렵다는 이야기이다. "웅변은 은이요, 침묵은 금이다."라는 속담은 기원전 600년경 유태인의 주석 성경 미드라시(Midrash)에서 처음 인용되어 표기되었다.[40] '은(silver)'은 "능수능란한 말솜씨로 언변이 좋은, 말솜씨가 유창한, 말의 주변이 좋은, 설득력이 있다."는 뜻이다. 영국의 비평가이자 사학자인 토머스 칼라일(Thomas Carlyle 1795~1881)과 미국의 시인이자 문학평론가 제임스 로웰(James Russell Lowell 1819~1891)이 동 속담을 인용하여 사용하곤 하였다.[41]

---

39) Silence is made in Heaven.

40) Speech is silver and silence is golden.

41) SPEECH IS SILVER, SILENCE IS GOLDEN-"The value placed upon saying less, rather than more, as reflected in this proverb can be traced as far back as the early Egyptians, who recorded one such saying: 'Silence is more profitable than abundance of speech.' The current proverb was rendered for the first time in the Judaic Biblical commentaries called the 'Midrash'(c. 600), which gave the proverb as 'If speech is silvern, then silence is golden.' The poet Thomas Carlyle quoted this version in German in 'Sartor Resartus', and soon after, the American poet James Russell Lowell quoted the exact wording of the modern version in the 'The Bigelow Papers'. Perhaps more familiar in the shortened version 'Silence is golden,' the saying has been quoted in print frequently during the twentieth century. One witty adaptation in Brian Aldiss's 'The Primal Urge' seems particularly appropriate to modern times: "Speech is silver; silence is golden; print is dynamite." From "Wise Words and Wives' Tales: The Origins, Meanings and Time-Honored Wisdom of Proverbs and Folk Sayings Olde and New" by Stuart Flexner and Doris Flexner(Avon Books, New York, 1993). From William Shakespeare, "Romeo and Juliet": "How silver-sweet sound lovers' tongues by night, Like softest music to attending ears!"(https://www.phrases. org.uk/ bulletin board/21/ messages/6)

아기가 태어나면 유전 요인과 성장 발육 상태에 따라 말을 배우는 속도가 다르다. 그렇지만 태어나서 돌 전후에서 시작하여 어느 정도 간단한 말을 배우는 데는 평균 2년 내지 3년이 걸린다. 2개 언어 교육(Bilingual education) 구사 능력이나, 다중언어 교육(Multilingual Education)을 14세 이전에 받으면 영어, 일본어, 중국어, 스페인어, 불어, 독일어 등을 자유자재로 구사할 수 있는 놀라운 성과도 낼 수 있다고 한다. 그런데, 사람들이 진정으로 침묵을 배우는 데는 평균 70여 년이 걸린다고 한다. 그나마, 70년이 걸려 침묵하는 방법을 겨우 배우기는 했어도, 침묵을 잘 실천하는 것은 천성적으로 불가능하다. 오히려 나이가 들수록 가족들의 일에 더 많이 간섭하고, 잔소리하고, 참견하는 일에 몰두하다 보니 가정에서 언쟁이 끊이지 않는다.

침묵은 생각을 더 깊이 하고 기도에 침잠하는 데 필요한 조용한 상태를 얻기 위하여 말을 절제하는 고행 생활을 가리킨다. 침묵은 전례에서 특별한 역할을 한다. 침묵을 지키는 주요 목적은 하느님과 일치하고 거기서 나오는 초자연적 선을 얻기 위함이다. 물리적으로 조용한 상태는 하느님과 소통하기 위한 의식적인 노력을 전제한다. 정해진 시간에 모든 이가 경건한 침묵을 지켜야 한다.[42]

침묵은 하느님과 마음으로 소통하고 의사소통(Communicate)을 할 수 있는 수단도 된다. 하느님께서 우리에게 말씀하시고 우리 안에 머무시도록 하느님을 우리의 영적 마음 안에 초대해 드리는 영적 공간이다. 그러므로, 하느님께서 우리 안에 계시도록 꾸준히 우리 안에 공간을 만들어 드려야 한다. 우리가 침묵하지 않으면 너무 시끄러워서 우리 안에 계시는 하느님께서는 우리에게 말씀하시지 않으시고 침묵하고 계시기 때문이다. 침묵은 묵상이 될 수 있다. 이때 묵상은 기도를 통해 사랑 또는 다른 어떤 덕행을 실천할 목적으로 특정한 영적 주제를 성

---

42) 서울 대교구 전례사전; 침묵.

찰하는 것이다. 침묵을 통해 우리 영혼은 더욱 밝은 빛 가운데에서 하느님을 만날 수 있으며 하느님과 영적 대화를 할 수 있도록 도와준다. 우리 마음의 내면을 성찰할 수 있으며 우리 마음의 어두운 면을 분명히 밝혀주기도 한다. 이런 장점이 있어 부부에게도 가끔 침묵이 필요하다.

지혜로운 부부는 서로 유익한 대화를 잘하는 부부이다. 대화하지 않으면 아내는 남편이 사랑하지 않는다고 오해하기 쉽다. 그러나, 부부는 함부로 말하지 않으며 현명한 부부는 말하기 전 여러 번 생각하고 또 생각한다. 부부 생활에서 가장 조심해야 할 일 중의 하나가 말조심이다. 남편은 하루에 평균 10,000개의 말마디를 하고 아내는 25,000개의 말마디를 해야 속이 후련하다고 심리학자들은 말하고 있다. 그러므로, 남편은 말을 적게 하고 아내의 말을 더 많이 들어주어야 한다. 그리고, 아내가 집에서는 남편과 자녀들, 밖에서는 여자 동창과 친구들이나, 교회 모임에서 하루에 25,000단어의 말을 자연스럽게 하도록 남편은 아내를 배려해야 한다. 그래야 아내의 스트레스 해소를 도울 수 있다. 부부가 평소에 쓸데없는 말로 서로의 마음을 상하게 하였다면, 말하기 전에 일곱 번 아니 일곱 번의 일흔일곱 번이라도 먼저 재삼 생각하고 상대의 심리 상태를 미리 살펴본 후에 말하는 방법을 터득해야 한다. 부부라 할지라도 입이 가랑잎처럼 가벼워서는 안 된다. 서로 자기 자랑과 주장만 늘어놓아서도 안 된다.

지혜로운 부부는 서로 비하하는 표현을 해서 배우자에게 상처를 줘서도 안 되며, 이로 인해 큰 곤욕을 치러서도 안 된다. 부부 생활에서 부적절한 표현이 씻을 수 없는 상처를 줬다면 실제 의도는 그렇지 않았다 해도 한번 입에서 나온 말은 다시 주워 담을 수 없기 때문이다. 진의가 잘못 전달됐다고 적극적으로 해명한다 해도 상황을 되돌리기 어려운 경우가 대부분이다. 말 한마디의 무게에 대해 심각하게 생각해야 한다. 말이 씨가 된다는 이야기가 있다. 내 친구 가운데 대학에서 정 교수로 심리학을 강의하다 은퇴한 K 교수가 있다. K 교수는 중학교 때 어려운 가정환경으로 고등학교를 포기할 위기에 있었다. 그런데, 그럴 때마다 중학교 은사 선생님이 K 교수에게 너는 성장하면 대학교수가 될 것이라고 말해주곤 하였다. 은사님의 그 말씀이 K 교수가 역경을 딛고 다시 일어서게 하는 에너지와도 같았다. 그는 결국 어려움을 딛고 대학에서 교수로 후학을 양성했다. 이와 같이, 부부도 항상 격려의 말, 위로의 말, 사랑의 언어를 구사하는 지혜를 터득할 필요가 있다.

부부간의 잘못 쏟은 말들이 가정에 큰 파문을 일으켰다 해도 시간이 어느 정도 지나면 괜찮겠지 하는 생각은 큰 오산이다. 잘못 말하고 행동한 것은 사라지지 않고 부메랑이 되어 그 사람을 궁지에 몰리게 하고 부부 사이에 금이 가게 한다. "말하기 전에 백 번 듣고, 백 번 곰곰이 생각하고, 말하기는 한 번만 하라."는 터키의 속담이 있다.[43] 터키의 속담이 시사하는 바가 크다. 입이 너무 가벼워서는 안 된다는 뜻이다. 귀가 크게 열려 있고, 입도 무거워야 침묵을 배울 수 있다. 부부도 말하기 전에 먼저 말할 내용뿐 아니라 적합한 용어까지 꼼꼼히 챙겨야 한다. 잘못된 말 한마디가 자신의 명예를 더럽히고 인생 자체를 불태워 버리기도 한다. 특히 성경은 말 많은 사람과 어울리는 것을 경고한다. "말이 많은 데에는 허물이 있기 마련, 입술을 조심하는 이는 사려 깊은 사람이다(잠언 10, 19). 부드러운 대답은 분노를 가라앉히고 불쾌한 말은 화를 돋운다. 지혜로운 이들의 혀는 지식을 베풀지만, 우둔한 자들의 입은 미련함을 내뱉는다(잠언 15, 1-2). 잘못을 덮어 주는 이는 사랑을 키우고 그 일을 거듭 말하는 자는 친구를 멀어지게 한다"(잠언 17, 9). 말이 많다 보면 실수를 하기 마련이다. 그래서 때로는 말하는 것보다 차라리 침묵을 지키는 것이 훌륭한 처세임을 권고하고 있는 것이다.

---

43) Listen a hundred times; ponder a thousand times; speak once.

착한 마음의 소유자는 자신의 아름다운 말, 긍정적인 말, 격려하는 말, 배려하는 말, 감사하는 말로써 유익한 사람이 된다는 것은 동서고금을 막론하고 변하지 않는 진리이다. 부부는 항상 긍정적이고 아름다운 말을 해야 한다. 전반적으로 그 아름다운 말 중에서 남편은 아내가 "고맙다"는 말을 하는 것을 가장 좋아하고, 아내는 남편이 "당신 사랑해."라는 말을 가장 좋아한다고 한다. 반대로 악한 마음, 매사 부정적인 마음의 소유자는 자신의 혀로써 해로운 존재가 되어 사람들에게 버림을 받는다. 부부간에도 서로 침묵하지 못하고 불쑥 내뱉는 부정적인 말은 분노, 불화, 다툼, 성냄을 가져오지만, 침묵은 이것들을 사전에 방지하여 준다. 때로는 말 한마디로 사람을 살릴 수도 있고 죽일 수도 있다. 부부가 서로 가벼운 말 한마디에도 정성을 기울여야 하는 이유이다. 부부는 서로 말을 했으면 이를 잘 실천해야 한다. 행복하고 화목한 결혼 생활은 말보다는 실천이 앞서고 중요하다. 실천이 말보다 낫기 때문이다.

셰익스피어는 "침묵이야말로 나에게 기쁨을 전하는 최고의 전령이지만, 말로 할 수 있는 정도의 기쁨이라면 그것은 단지 행복을 조금 갖다 주는 것이다."라고 하였다.[44] 벤자민 프랭클린도 "발 실수는 곧 회복할 수 있을지 몰라도 말실수는 결코 만회할 수 없다."고 하였다. "평화롭고 행복하게 살고자 한다면 아는 것 모두를 말하지도, 본 것 모두를 평가하지도 말라."고 하였으며 "옳은 일을 적재적소에서 말하도록 명심하되 더욱 힘든 것은 유혹의 순간에 잘못된 일을 말하지 않고 침묵하는 일이다."라고 하였다.[45]

---

44) Silence is the perfectest herald of joy I were but little happy, if I could say how much.

45) A slip of the foot you may soon recover, but a slip of the tongue you may never get over. He that would live in peace and at ease, must not speak all he knows nor judge all he sees. Remember not only to say the right thing in the right place, but far more difficult still, to leave unsaid the wrong thing at the tempting moment.

영국의 대표작인 여류 시인 크리스티나 로세티(Christina G Rossetti)는 "침묵은 그 어떤 노래보다 더 음악적이다."라고 하였고,[46] 샘 레이번은 "침묵하는 사람보다 언어에 능숙한 사람은 없다."고 하였으며,[47] 에이브러햄 링컨 대통령은 "입을 열어 모든 의혹을 없애는 것보다는 침묵을 지키며 바보로 보이는 것이 더 낫다."고 하였고,[48] 사상가이자 철학자인 미셸 드 몽테뉴는 "좋은 결혼은 눈먼 아내와 귀머거리 남편의 결혼이다."라고 하면서,[49] 부부 생활에 있어서 침묵의 중요성을 강조하였다.

워싱턴 대학의 명예교수인 존 가트만(John Gottman)은 결혼한 부부가 행복하게 지속적인 안정된 결혼 생활을 할 수 있는지? 또는 이혼을 할 가능성이 많은지를 예측할 수 있는 다양한 모델을 개발하였다. 부부가 결혼 생활 가운데 소통하면서 긍정적인 말로 서로 칭찬하며 격려하고 애정을 나누며 사랑과 애정이 담긴 말을 5마디 했으면 부정적인 말은 1마디 이하로 해야 결혼 생활이 행복하고 안정적이라는 연구 결과를 내놓았다. 그 유명한 부부 사이의 사랑의 5대 1 법칙(The 5:1 Rule)이다. 반면에, 부정적인 말을 1마디 이상하면 이혼으로 발전할 가능성이 많다고 하였다.[50]

새로운 신혼부부 95쌍을 대상으로 구술 형식으로 인터뷰를 진행하였다. 신혼

---

46) Silence is more musical than any song.

47) No one has a finer command of language than the person who keeps his mouth shut.

48) Better to remain silent and be thought a fool than to speak out and remove all doubt.

49) A good marriage would be between a blind wife and a deaf husband.

50) In a 1998 study, Gottman developed a model to predict which newlywed couples would remain married and which would divorce four to six years later. The model fits the data with 90% accuracy. Another model fits with 81% percent accuracy for which marriages survived after seven to nine years. (Gottman, John (2003). The Mathematics of Marriage. MIT Press. ISBN 978-0-262-07226-7. Archived from the original on 2009-02-27. Retrieved 2008-10-14.)

부부가 결혼 생활의 만족 여부를 자각하고 있는지를 조사하였다. 조사 내용을 토대로 신혼부부가 결혼 5년 내에 이혼을 할 것인지 아닌지를 예측할 수 있었다고 발표하였다. 인터뷰 후 4~6년이 경과된 다음 이들 부부를 다시 조사한 결과 87.4%가 최초의 인터뷰 내용에서 예측한 바와 같이, 이혼이 예상되었던 부부는 이혼하였다고 한다. 최초 인터뷰 당시 예측했던 내용과 결과가 정확히 일치했다고 한다. 동 조사에서는 부정적 행동 4가지를 예측 변수로 이용하여 연구하였다. 부부의 이혼을 예측할 수 있는 네 가지 행동 방식은 "부부 중 어느 한 사람이 매사 시시콜콜한 일까지 지나친 비판을 하거나 비난하는 행태, 모멸감과 경멸과 무시, 소극적이고 수동적이며 지나친 자기방어적 행동, 마지막 네 번째가 의사를 방해하거나 비협조적이고 무관심한 행위이다." 또 다른 변수로는 결혼 생활에 대한 긍정적인 사고의 결여와 매년 증가하는 결혼 생활에 대한 부정적인 인식, 연애 시절이나 결혼 전 데이트에 대한 긍정적인 추억이 없는 것도 이혼을 결정하는데, 주요 요소로 꼽았다. 한편, 안정적인 결혼 생활을 하는 부부는 갈등을 사랑과 애정을 바탕으로 온화하고 긍정적인 방법으로 다루고 있으며, 긍정적인 말로 서로 칭찬하며 격려하는 성향이 많은 것으로 조사되었다.[51]

14) 부부는 관용(寬容, Generosity or Magnanimity or Tolerance)을 베풀어야 한다

부부는 서로의 잘못을 너그럽게 감싸주고, 받아들이고 용서해야 한다. 남편이

51) Carrere, S.; Buehlman, K. T.; Gottman, J. M.; Coan, J. A.; Ruckstuhl, L. (In year 2000). "Predicting marital stability and divorce in newlywed couples." Journal of Family Psychology. 14 (1): 42-58. CiteSeerX 10.1.1.514.2214. doi:10.1037/0893-3200.14.1.42. PMID 10740681. And Gottman, John (2003). The Mathematics of Marriage. MIT Press. ISBN 978-0-262-07226-7. Archived from the original on 2009-02-27. Retrieved 2008-10-14.)

나 아내가 실수를 했거나 해야 할 일을 잊어버렸을 때는 서로 입장을 바꾸어 이해할 줄 알아야 한다.[52] 서로 너그럽고 자비롭게 대하고, 하느님께서 그리스도 안에서 여러분을 용서하신 것처럼 여러분도 서로 용서하십시오(에베소서 또는 에페소서 4, 32). 누가 누구에게 불평할 일이 있더라도 서로 참아 주고 서로 용서해 주십시오. 주님께서 여러분을 용서하신 것처럼 여러분도 서로 용서하십시오(골로새서 또는 콜로새서 3, 13). 악을 악으로 갚거나 모욕을 모욕으로 갚지 말고 오히려 축복해 주십시오. 바로 이렇게 하라고 여러분은 부르심을 받았습니다. 그것은 여러분이 복을 상속받게 하려는 것입니다(베드로 전서 또는 1베드 3, 9). 부부는 성을 내서도 안 되고 서로 용서를 베풀어야 한다. 예를 들면, 결혼기념일 당일 아침 퇴근할 때 아내를 위해 기념 케이크와 장미 꽃다발을 사가지고 오겠다고 마음을 굳게 먹었는데 직장에 출근하자마자 갑자기 긴박한 상황이 벌어졌다. 뉴욕, 워싱턴 등 해외 본부와 연락하고 해결할 사안이 많이 벌어졌다. 그래서, 그 일을 처리하다 보니 온종일 결혼기념일은 생각도 나지 않았다. 집에 돌아와서 아내가 식탁 위에 준비한 결혼기념일 축하 카드를 보고, 그제서야 그 생각이 다시 났다. 이런 경우에 아내는 화부터 낼 것이 아니라, 요즘 직장 일이 너무 힘든지? 회사는 잘 경영되고 있는지? 남편에게 물어보는 것이 좋다. 남편이 직장의 정황을 다 이야기하고 아내에게 미안하다고 하면, 아내는 결혼기념일은 내년에 다시 멋지게 하면 된다고 너그럽게 이해하고 남편을 위로하고 관용을 베풀어야 한다. 그래야 부부의 신뢰가 더욱 확고하게 확립된다. 아내가 남편에게 너무 바빴어? 무슨 특별하고 긴박한 일이 있었어? 하고 묻는다면 솔직하게 말해야 한다. 만약, 직장의 CEO 등 윗사람이 해외 출장 간 틈을 타서 직장 동료들과 다른 오락을 하다가 결

---

52) Excerpted from Fierce Women, copyright ©2012 by Kimberly Wagner. Used with permission of Moody Publishers.

혼기념일을 잊어버렸다고 해도, 솔직하게 대답해야 한다. 아무것도 아니라고 대충 둘러대거나 거짓으로 모면하거나 성의 없이 건성으로 말하는 횟수가 많아지면 부부의 거리는 점점 멀어지고 신뢰 관계도 무너져 내리기 쉽다.

그런데, 용서가 쉬운 일은 아니다. 작은 용서를 계속해야 작은 용서가 큰 용서가 될 수 있다. 그래야 죽을죄를 지은 사람도 용서할 수 있다. 오늘날에도 복음의 가치대로 살아가는 미국의 아미시 마을 주민들은 집에 전등도, 자동차도 없이 옛날 조상들이 살았던 풍습대로 농사를 지으며 소박하게 살아간다. 청교도 정신이 가미된 생활 방식을 고집하며 살아가는 사람들이다. 진심으로 서로 용서하며 살아가는 아미시 사람들의 용서하는 전통을 생각할 때마다 가슴이 뭉클해진다.

2006년 10월 2일 아침 10시 25분, 미국 펜실바니아주, 랭커스터 카운티의 니켈 마인스에 있는 아미시 마을의 초등학교에서 총기 사고가 일어났다. 축산 농가에서 짠 우유를 수거해서 우유 공장에 운반하는 탱크로리 운전기사였던 챨스 칼 로버츠가 초등학교 교실로 들어와 자동소총으로 어린 학생 5명을 죽이고 5명에게 중상을 입혔다. 초등학교 전체에는 교실이 하나밖에 없는 초미니 학교인데 1학년부터 6학년까지 모든 학생이 한 교실에서 공부하는 한 교실 교사(one-room schoolhouse)로 운영하고 있었다.

챨스 로버츠는 조용하고 평화롭게 살아가던 전원적 마을, 아미시의 평화를 여지없이 깨 버렸다. 아미시 사람들은 사랑, 용서, 비폭력을 신앙의 기본으로 삼고 있다. 아미시 사람들은 현대 문명과 거리를 두고 전통적인 전원생활과 신앙생활을 하고 있다. 마을은 발전소에서 공급하는 전기를 쓰지 않고 프로판가스와 압축공기를 이용하여 세탁기를 작동시켜 이용하고 냉장고의 전원으로 이용한다. 가정에는 텔레비전이 없으며 자동차도 없다. 대신 마차를 사용하고 있다. 트랙터가 아닌 말과 소와 쟁기로 농사를 짓는다. 미국 전체 아미시 인구는 미국의 31

개 주에서 1992년 12만 명에서 2018년 말 약 33만 명으로 추정하고 있다. 교회가 없으며 가정에서 돌아가며 하느님께 예배를 드린다. 그런데 놀랍게도 아미시 사람들은 살인자를 쉽게 용서했으며 남아 있는 살인자, 챨스 로버츠의 아내 매리와 세 자녀를 위한 생계 자금 마련을 위해 자선기금(Charitable fund)도 마련하여 살인자의 가족들에게까지 사랑을 베풀었고 아미시 마을에서 30여 명이 살인자, 챨스 로버츠의 장례식에도 참석하였다. 희생된 한 소녀의 할아버지는 아미시 마을 사람들에게 살인자 챨스 로버츠를 용서해 줄 것을 호소하였다. 우리는 "살인자 챨스 로버츠의 악을 생각해서는 안 됩니다. 다른 희생자의 아버지도 그에게는 노모가 있고 아내가 있고 자녀가 있고 지금 그는 정의로우신 하느님 앞에서 심판을 받고 있습니다."라고 언급하면서 어떻게 우리가 챨스 로버츠를 용서할 수 없겠느냐고 하였다.[53]

이 사건은 전 세계에 알려졌고 세상 사람들은 아미시 마을 사람들이 어떻게 살인자를 그렇게 쉽게 용서했는지 몹시 의아해했다. 방송, 신문, 언론사 기자들은 아미시 사람들에게 어떻게 이렇게 빨리 용서할 수 있느냐고 질문했다. 아미시 마을 사람들은 "우리는 날마다 하느님께 주님의 기도를 바칩니다. 주님의 기도를 드리는 우리가 어떻게 용서를 거부할 수 있나요? 용서는 우리 삶의 일상입니다. 우리가 용서하는 것은 자연스럽게 나온 신앙생활의 표출이며 용서는 우리에게 새로운 것이 전혀 아닙니다."라고 대답했다.

이 세상의 모든 부부도 아미시 마을 사람들의 용서하는 마음을 배워야 한다. 결혼 생활에 있어서 큰 용서도 매일 작은 용서를 베풀면서 용서하는 것이 몸에 밸 때 가능하기 때문이다. 부부도 그러한 용서의 마음을 가지고 서로 용서하고

---

53) We must not think evil of this man. Another Amish father noted, "He had a mother and a wife and a soul and now he's standing before a just God."

사랑해야 한다. 행복한 결혼 생활에서 중요한 것은 서로 얼마나 잘 화합하고 사랑하는가보다 화합하지 못하는 점을 어떻게 이해하고, 용서하고, 서로 고쳐주고 화합에 이르도록 잘 다루는가에 달려있다.

15) 부부 생활에서 일정 거리를 유지하여야 한다

부부는 가장 친밀한 사이이지만, 항상 서로 공경하여 손님을 대하듯 해야 하는 상경여빈(相敬如賓)의 관계이다. 남편과 아내 사이의 윤리를 정한 기본 규범이다. 부부는 서로 공경하여야 한다는 뜻이다. 부부는 항상 기존의 고정관념을 벗어나야 한다. 부부는 살을 맞대고 사는 가장 가까운 사이이다. 부부는 일심동체이다. 한마음 한 몸이라는 뜻으로, 서로 굳게 결합함을 이르는 말이다. 일심은 화목하고 조화롭게 하나를 구성하는 것이다. 하나라는 그 가운데의 어느 하나에 둘이 살아 있고 그 둘이 합쳐서 하나가 살아 있는 것이다. 이 일심의 뜻은 태양이 세상의 모든 만물을 두루 환하게 비춰주듯이 부부도 모든 것을 서로 다 알게 되는 것이고 알아야 한다는 것이다. 부부가 서로 있는 그대로 참되게 아는 지혜, 슬기, 권능 등이 일심이다. 부부가 서로 방황함도 더럽힘도 없는 맑고, 정결하고, 깨끗한 마음을 유지하는 것이다. 그래서 일심은 변하지 않는 영원한 사랑을 할 수 있도록 도와주며, 번뇌가 없으며, 편하고 복이 있으며, 부부 이외의 누구에게도 구속 받지 않는 자유로운 마음이다. 그럼에도, 남편은 남편의 본분이 있고 아내는 아내의 본분이 있는 것이므로 가정적으로, 인간적으로 그리고 윤리적으로 보통과 다르게 특별한 거리(別별)를 두고 지켜야 한다. 이것이 부부유별이다. 우리나라 중국에서 봉건시대에 가부장적(家父長的) 통치체제가 구축되었다. 그래서. 우리나라도 과거에는 아내의 열(烈)이 강조되어 아내가 남편에게 종속되었다. 남녀평등인 오늘날에는 열(烈)이 있어서는 안 된다. 그러나 오늘날에는 열(烈)이 아닌 별(㓮)이 부부 사이에 있어야 한다.

부부는 오로지 서로에게만 전력투구해서 사랑, 애정, 관심 등을 베풀어야 하지만 일정한 거리를 유지하여야 한다. 그래야 부부는 몸과 마음이 하나이면서도 두 사람 모두 영원한 사랑을 할 수 있고, 마음 편한 행복한 결혼 생활을 할 수 있다. 서로에게 혼자만의 일정 공간과 주어진 시간을 주어 자기 일에 전념하고 몰두할 수 있도록 배려해 주어야 한다. 비윤리적인 것을 제외하고는 서로의 프라이버시를 절대적으로 존중해 주어야 하고 부부는 서로 의심해서는 안 된다. '의심하다'라는 말은 "자기 자신 안에서 몸이 둘로 떨어져 나간 상태나 마음이 둘로 갈라져 있는 상태, 불안하게 흔들리는 마음 상태(라틴어 dubitāre 영어 waver)"를 말한다. 부부가 서로를 의심하면 부부 생활이 덫이나 올가미가 되고 피로와 스트레스만 쌓이고 건강을 해치고 가정의 평화는 물론 부부간의 사랑도 사라진다. 부부는 서로 믿음이 있어야 한다. 믿음이 있으면 서로 몰래 무슨 행동을 해도 걱정을 할 필요가 없다. 부부가 함께 있을 때는 서로 사랑하고 돕고 애정을 베풀어야 하고 혼자 있을 때는 자기만의 시간을 활용하도록 배려해야 한다. 남편과 아내가 서로 제 몸같이 사랑하는데 어떻게 의심할 수 있겠는가? 자기 아내를 사랑하는 사람은 자기 자신을 사랑하는 것이다. 자신을 사랑하는 사람이 어떻게 자신을 의심할 수 있겠는가?(에페소서 또는 에베소서 5, 28) 부부는 아름다운 꽃에 비유할 수 있다. 부부가 서로 자신의 몸과 같이 사랑하고, 관심을 기울이고, 가꾼다면 아름답게 피어나 향기도 선사하고 좋은 열매도 맺을 것이다. 그러나 서로 미워하고, 질투하고, 의심하면 꽃은 피어나지 못하고 시들어 버릴 것이다. 너무 가까이 늘 붙어 있으면 숨쉬기조차 힘들어 할 것이다. 일정 거리를 유지해야 마르지 않는 샘과 같이 부부 사랑은 용솟음칠 것이다.

16) 부부는 화를 내어서는 안 된다
(The husband and wife should not lose their temper.)

결혼 생활을 하면서 부부가 전혀 화를 안 낼 수는 없을 것이다. 그러나 부부는 화를 내지 않는 훈련을 지속적으로 해야 한다. 독일계 스위스인 소설가이자 시인인 헤르만 헤세는 "우리가 사람을 미워할 때 그것은 단지 그의 모습 속에서 발견한 자신의 모습을 미워하는 것이다. 우리 자신의 내면에 없는 것은 절대로 우리를 방해하지 않는다."라고 하였다.

화가 난다는 것은 무의식 중에 자기의 가장 추한 단점과 결점, 그리고 흉측한 모습을 스스로 드러내는 것이다. 아내나 남편이 서로 화를 나게 만드는 것은 "자기가 보고 싶지 않은 자기를 보게 하기 때문이다. 내가 보기 싫은 나를 보도록 계속 나의 단점을 들춰내기 때문이다." 그러나, 행복한 부부는 의견 충돌이 없다. 서로 간의 성격 차이나 화를 우호적으로 이해하고 해결하는 부부이다. 반면 불행한 부부란 서로 감정과 사랑이 순환되지 않는다. 혈관에서 사랑이 잘 흐르지 않는 부부이다. 사랑이 순환되지 않아서 성격 차이를 해결하지 않고 외면하거나 참는 부부인데 소통과 대화도 안 되는 부부이다. 잠언에서도 "분노에 더딘 이는 매우 슬기로운 사람이지만 성을 잘 내는 자는 제 미련함만 드러낸다."고 하였다 (잠언 14, 29). 화를 내는 것은 자기 스스로의 미련함, 추함, 결점, 단점, 흉측한 면을 드러내는 것이기 때문이다.

명심보감 계성편(戒性篇)을 보면 "한 때의 분함을 참으면 백날의 근심을 면할 수 있다."고 하였다(忍一時之忿 免百日之憂 인일시지분 면백일지우). 화를 잘 참고 다스려야 한다는 이야기다. 공자도 "모든 행실의 근본은 참는 것이 그 으뜸이라."고 하였다(백행지본 인지위상 百行之本 忍之爲上). 나만 옳다는 생각에 매몰될 때, 어리석은 마음, 그릇된 마음에서 화가 나온다. 서로 비판하는 마음, 옳은 것을 분별하지 못하는 마음, 배우자를 감정 쓰레기통으로 여기는 마음, 배우자의 잔소리 등으로 화가 난다. 부부가 서로 비판하고 화내는 것만큼 서로의 애정, 사랑, 행복, 희망, 야망 등을 파괴하는 것은 없다. 배우자의 성냄과 비판은 사랑의 파멸을 가져오는 위험한 지뢰가 될 수 있다. 그러므로, 화가 나면 단단히 아내나 남편에게 화풀이도 하고, 대들고 싸움이라도 한바탕 걸어야겠다고 마음먹고 상대방을 화를 분출하는 쓰레기통으로 여기게 된다.

그러나, 첫째, 화가 날 때는 먼저 눈을 지그시 감고 편안한 마음 자세를 취하는 것이 좋다. 먼저 자신을 알아차리고 의식하는 방법으로 잠시 자신을 고요하게 하는 것이 좋다. 마음이 고요하고, 편안하고, 평화로워야 마음에서 불같이 일어나는 화를 풀어낼 수 있다. 그런 다음에 부부가 연애 시절부터 지금까지의 결혼생활에 이르기까지 사랑과 행복을 체험했던 아름다운 추억 속으로 되돌아가서 그때의 아름다웠던 추억을 다시 기억해내는 것이다. 마음과 추억 속의 사이버 공간을 이용하는 것이다. 결혼 첫해 여름 휴가 때 속리산 법주사 경내에서 아름다운 숲속의 새 소리를 듣고 산책하면서 따가운 여름 햇살을 받으며, 아내와 손을 잡고 소나무가 우거진 속리산 주변을 산책한 추억을 화가 난 순간에 다시 기억해내고 마음속으로 걸어가는 것이다. 옛날의 추억을 기억하는 것이 아니라 새롭게 경험하는 것이다. 마음속으로 새롭게 아내와 다정히 손을 잡고 걷는 것이다. 옛날에 걸을 때는 숲속에 작은 나무도 많았었는데 이제는 제법 우거졌고, 오늘은 날씨도 좋아 "석양의 낙조가 더 아름답게 느껴져서 참으로 좋았다."고 생각하는 것이 좋다. 아내와 속리산 경내와 주변 숲속을 산책하면서, 마치 아내를 나의 마음과 나의 눈 속에 넣어둔 것처럼 아내를 사랑해 주는 것이다. 마음으로 아내에게 입맞춤을 해 주는 것이다. 인간의 정신적인 고급가치를 공유하는 부부는 서로 마음속으로 생각만 해도 사랑스럽고 입가에 미소가 저절로 나오고 모든 것을 배우자에게 주지 못해 안달이 된다. 희로애락의 감정을 나누고 공유할 줄 알며, 인생의 삶에서 만나는 역경, 환난, 고통을 당해도 서로 헤어지지 않고, 인생의 위기를 극복할 수 있다.

마르쿠스 아우렐리우스 황제는 "몹시 화가 날 때는 인간의 인생은 덧없고 짧으며 머지않아 우리는 곧 무덤에 누워있을 거라는 것을 스스로에게 말하라."고 하였다.[54] 그래도 화가 나면, 분노를 표출하는 것을 피하는 좋은 방법은 "내가 화내는 것이 정당한지 스스로에게 물어보아야 한다. 화가 억제되도록 심호흡을 하거나 열까지 또는 백까지 세거나 다른 좋은 감정을 찾아내야 한다. 잠시 화가 난 장소에서 화장실로 가거나 그 장소를 잠시 피해야 한다. 두 발로 사유하는 심리적 전환장치를 이용해야 한다. 우리 안의 동심, 우리 마음 안에 있는 내면의 아이에게 왜 화가 나는지를 말해야 한다. 화를 내지 않고 화가 날 징후들을 알아채는 것을 배워야 한다. 그러면 화가 자신의 허를 찌르지 못할 것이다. 잠시 짬을 내서 자신의 몸을 살펴보고 긴장을 풀어야 한다. 유튜브 등에서 코미디 등 재미있는 것을 보고 스스로를 놀리는 것을 배워야 한다. 오늘 내가 심신이 지쳤는지? 배가 몹시 허기졌는지? 회사에서 윗사람과 사이가 안 좋았는지? 등 자신을 살펴보고 성찰해야 한다. 화를 내고 있는 남편이나 아내가 나를 해치려 하고 있

---

54) (a) If you hate a person, you hate something in him that is part of yourself. What isn't part of ourselves doesn't disturb us. Hermann Hesse. (b) Tell yourself, when you feel extremely angry, that human life is transient and only lasts a moment; it won't be long before we'll all have been laid to rest. Marcus Aurelius Antoninus.

는지 스스로에게 물어보아야 한다. 화를 내고 있는 사람에게 편지를 쓰거나 카톡을 보내는 것도 화를 삭이는 좋은 방법이다. 음악을 듣는 것도 좋은 방안이다. 가장 중요한 것은 자기 자신이다. 이 세상에서 자신이 가장 가치 있는 사람이기 때문이다." 그러므로, 평소에 건강관리, 자기 학습, 기도, 명상 등 자기 관리를 잘하는 것이 필요하다.[55] 그래도 화가 풀리지 않으면 화를 내기 전에 스스로를 먼저 돌아봐야 한다. 심리학에서 이야기하는 것처럼 배우자와의 관계는 내가 아내에게 선물을 했다고 해서 남편도 선물을 받아야 한다는 그런 물물교환의 관계, 상호성의 원리는 아니다. 부부 관계는 환심을 사기 위한 사탕발림이 아니라 항상 서로 겸손하고, 배려하고, 이해하고, 헌신하고, 희생하고, 양보하고, 감동의 대화를 하고, 타협을 잘하며 삶의 가치를 완전히 공유할 때 분노나 질투나 성냄이 부부 사이에 끼어들 수 없을 것이다.

그런데, 화를 내지 않고 참고 참아도 분이 풀리지 않아 부부 싸움이 일어나는 경우에는 왜 화가 나서 싸우는지 상대방이 충분히 말을 하도록 기회를 주어야 한다. 그리고 상대방의 말을 정성껏 잘 경청해야 한다. 부부는 일심동체이지만 엄연히 서로 다른 개체인데 서로 다르면서 다 안다고 하는 것이 싸움의 원인이 되기도 한다. 배우자가 하는 일을 사사건건 잘못한다고 비판하고, 고쳐야 한다고 강요하면 싸움이 된다. 신혼부부가 남편이 직장 일로 늦게 귀가하니까, 아내

---

55) Ask yourself if your anger is reasonable. Identify other good emotions that your anger may be masking. Leave the room. Talk to your inner child. Learn to identify signs you might be angry without realizing it so it doesn't catch you off guard. Do a body scan and release the tension in your body. Watch something funny and learn to laugh at yourself. Check in with yourself. Ask yourself if your husband or wife you're angry at is really trying to hurt you. Write a letter or else. Turn on some tunes. And remember to take care of yourself. https://www.buzzfeed.com/stephhallett/how-to-calm-down-when-angry.

가 남편이 직장에서 직면한 환경과 상황을 물어보지도 않고 "나를 저녁 준비하는 도우미로 생각하고 결혼했니? 나를 외롭게 만들 거야?" 하고 대들면 부부 싸움이 되고 심각한 사이로 발전한다. 신혼부부라 해도 대화 기법을 전투 모드가 아닌 사랑 모드로 항상 유지해야 한다. 부부 싸움 중에도 상대가 말하는 것이 옳으면 옳다고 동의하고, 인정하고, 수용하고, 자기의 잘못을 인정해야 한다. 전부를 부정하고 딱 잡아떼고 아니라고 주장하면 대화가 안 된다. 말꼬리를 잡아서도 안 되며 주워 담을 수 없는 극단적인 말은 해서는 안 된다. 비난하는 말투, 과거를 들춰내는 대화도 해서는 안 된다. 현재 보고 있는 것을 말해야 한다. "나는 그렇게 한 적 없어, 나는 그렇게 말하지 않았어. 그렇게 말할 줄 알았어. 첫아들 생일 지나고 나서 당신은 항상 그래왔어." 이렇게 상대를 무시하는 언사를 써서는 안 된다. "당신은 몰라도 돼. 내가 알아서 해. 내 친구 아내는 안 그래. 당신은 희망이 없어. 당신은 아무래도 안 되겠어. 당신은 기본이 안 되어 있어."

부부 싸움은 칼로 물 베기란 말처럼 애증 속에서도 부부의 사랑과 믿음은 변치 말아야 한다. 그러므로 부부가 극단적인 싸움을 한 경우에는 빨리 수습하여야 한다. 더구나, 부부 사이에서는 "화가 나더라도 죄는 짓지 말아야 한다. 그리고, 해가 질 때까지 노여움을 품고 있어서는 안 된다"(에베소서 또는 에페소서 4, 26). 내가 방금 당신에게 너무 극단적으로 심한 말을 했어. 속이 너무 상해서 했는데 나도 모르게 툭 튀어나왔어. 그러므로, 부부는 평소에 합리적이고 성숙하면서도 유머가 넘치는 방어기제(防禦機制 defense mechanism)를 잘 갖춰야 한다. 그래야 부부 싸움도 잘 수습이 된다. 그리고, 부부가 서로 이상 기류가 흐르는 것이 감지되면 바로 물어봐야 한다. 상대방이 물어볼 때는 화가 나더라도 조용히 미소를 보이면서 진지한 자세로 들어주어야 한다. 그리고 수긍이 갈 때는 공감을 나타내는 것도 좋다. 서로 자기의 마음속에 감추고 있는 것을 드러내고 공유해야 한다.

말하지 않아도 알아서 해 주겠지 하는 것은 잘못이다. 더 큰 불화로 진전될 수 있다. "내가 원하는 것은 이거야." 하면서 원하는 것을 서로에게 알려주어야 한다. 부부가 순간적인 화를 참지 못하고 자리를 박차고 나가거나, 부부 이외의 상담가나, 변호사나, 친구 등과 상의한다면 화로 인한 불행과 손실을 만회하기가 어렵기 때문이다. 자리를 박차고 나가 대화를 안 하고 소통을 안 하는 것이 바로 성격 차이를 드러내는 것이다.

사람은 누구나 120살까지 살 수 있는 천수(天壽)의 복을 타고 태어났다. 그런데, 화를 내고 스트레스를 받으면 무려 33년의 수명이 단축된다고 한다. 120년을 산다고 해도 부부가 사랑할 수 있는 시간이 너무 부족하다는 것이다. 시간이 그토록 빠르게 지나가고, 난 뒤에 "그때 그렇게 하지 않았으면 더 좋았을 텐데, 화내지 않고, 조금만 더 이해하고 사랑했으면 좋았을 텐데."라고 후회하는 것은 어리석은 짓이다. 하늘 한번 바라보며 허허롭게 미소 한번 지으면 그만인 일들이었는데, 많은 집착과 고집으로 화를 내면 치유가 안 된다. 시간의 얼룩들에는 분명 버리고 잘라내지 못했던 이기심과 교만이 있었기에 화를 내는 것이다. 사랑할 수 있는 시간이 정말 부족한 세월인데 화를 내서는 안 된다. 그러므로 살아가는 나날 동안 우리에게 다가오는 소중한 때를 놓쳐서도 안 되고 화를 내서는 안 된다. 그때가 지나면 후회만이 남는 법이다. 특히, 부부에게는 잘 살아갈 때가 있고, 일이 풀리지 않아 애간장 태울 때도 있으며, 가난해질 때도 있고, 미워할 때도 있을 것이다. 그러나, 그 모든 때는 흘러가는 것이다. 한 번쯤 틈을 주고, 한 번쯤 숨을 돌려보고, 침묵 중에 생각해 보면, 화를 내지 않고 넘길 일들이 정말 많을 것이다. 돌이켜 생각해 보면, 부부는 다시 더 잘 사랑할 수 있다. 이 우주가 광활한 가운데, 한 치의 오차도 없이 돌아갈 수 있는 근원의 밑바탕에는 사랑

이 있기 때문이다.[56]

　사랑은 분노나 화내는 것을 치유할 수 있다. 가까운 미래를 바라볼 수 있는 식견과 참을성이 없는 강태공 부인의 예화를 들어 보겠다. 강태공의 본명은 강상(姜尙)이다. 자는 자아(子牙)이며, 호는 비웅(飛熊)이다. 강상(姜尙)은 기원전 1211년(은나라 경정, 庚丁 8년)에 출생하여 기원전 1072년까지 살았다. 139세에 선종하였다. 강태공이 저술한 육도삼략(六韜三略)이 현재에도 전해져 오고 있다. 육도삼략은 중국 고대 병서의 최고봉인 무경칠서(武經七書) 중의 하나를 차지한다.

　강태공은 벼슬을 한 후, 전 부인 마씨(馬氏)에게 '복수불반분(覆水不返盆)'이라는 명언을 남겼다. 사기(史記) 세가(世家) 32권, 제태공세가(齊太公世家)에 나오는 이야기다. "한 번 엎질러진 물은 다시 주워 담을 수 없다."는 뜻이다. 강태공은 나이가 70세가 되기까지 벼슬을 하지 못했다. 그래서, 글공부에만 매진했다. 그의 아내 마씨(馬氏)는 글공부만 하는 무능한 남편 강태공을 먹여 살리려고 하루 벌어 하루 식량을 마련하는 가난함 속에 힘겹게 생활하고 있었다. 아내 마씨(馬氏)는 목구멍에 풀칠할 벌이도 못 하는 남편 강태공을 구박하고 바가지를 긁는 것이 다반사였다. 어느 날, 강태공의 아내 마씨가 남의 집 밭으로 품팔이를 하러 나가면서 강태공에게 부탁하기를 "비가 오면 멍석에 깔아놓은 보리가 비에 젖지 않도록 집 안으로 들여놓으라고 부탁하고 일터로 갔다." 그러나, 강태공은 방 안에서 공부 삼매경에 빠져 수불석권(手不釋卷)하고 있었다. 비가 오는 것도 모르고 책을 읽고 있었다. 아내가 남의 집 타작마당에서 일을 끝내고 돌아와 보니 멍석에 널어놓은 보리가 빗물에 떠내려가고 일부 남은 것은 비에 젖어 먹기에도 곤란할 지경이었다. 뙤약볕에 나가 온종일 일한 품삯으로 받은 보리가 먹을 수 없게 되자 아내는 몹시 상심하였다. 화가 난 아내가 평소의 생활고도 강태공에게 털어놓으면

<hr>

56) 배광하 신부님의 "오래된 새로움" 중에서 인용.

서 강태공과의 결혼 생활을 불평하였다. 아내는 하도 기가 막혀서 방문을 박차고 친정으로 가버렸다. 그러자 강태공이 떠나가는 아내에게 탄식했다. "여보, 조금만 더 참으면 될 것을, 이제 내 나이 70세가 넘어서 운과 복이 트이는데 그것을 못 참고 떠나가다니 안타깝소!" 혼자가 된 강태공은 위수의 강가로 집을 옮겨 반계(磻溪)라는 곳에서 미끼를 끼우지도 않은 채 곧은 낚싯바늘을 물에 드리웠다. 물고기를 잡는 것에는 관심이 없었고, 자신을 알아줄 군주가 오기만을 기다렸던 것이다. 공교롭게도 그때 주문왕을 만나 국사(國師)로 벼슬을 하게 되었다. 그 후 강태공이 제나라 왕이 되었을 때 전 부인 마씨(馬氏)가 친정에서 다시 돌아와서 아내로 다시 맞아주길 간청했다. 이에 강태공은 하인을 시켜 대접에 물을 담아오라고 한 후 그 물을 땅에 엎었다. 그리고 돌아온 아내에게 지금 바닥에 쏟아진 물을 다시 대접에 담는다면 아내로 맞이해주겠다고 했다. 아내가 쏟아진 물을 다시 대접에 담을 수 없다고 하자, 강태공은 아내에게 "그대는 나와 재결합을 할 수 있다고 생각하지만 한 번 나에게서 떠난 마음은 두 번 다시 되돌리기 어렵소. 그래서 당신을 다시 아내로 맞이하기가 불가능하오." 이렇게 '복수불반분(覆水不返盆)'이라는 유명한 말을 전 부인 마씨(馬氏)에게 한 후, 마씨(馬氏)를 아내로 맞이하지 않고 친정으로 되돌려 버렸다는 이야기이다.

화를 내지 않고 인내하며 참아내는 사랑은 상호 주고받는 인격적인 관계를 바탕으로 이루어지는 사랑이다. 인내하며 서로 자신을 온전히 내놓는다면 완벽하고도 완전한 사랑의 결실이 있게 마련이다. 그런데, 사랑하는 사람을 위해 먼저 화를 내지 않고 인내하며 자신의 생명까지도 내놓는다는 것은 어려운 일이다. 그럼에도 불구하고, 우리는 서로 잘 사랑해야 한다. 특히, 부부는 서로를 위해 목숨까지도 내놓을 수 있어야 한다. 부부가 화를 내지 않고 서로 잘 사랑할 수 있기 위해서는 부단한 노력이 필요하다. 처음에는 작고 쉬운 사랑을 하나하나 차근차근 실천하는 노력이 필요하다. 적은 노력이 쌓이면 사랑하는 능력이 커지고, 그렇게 계속 반복하면서 사랑하다 보면, 부부가 서로 사랑하면서 좀 더 어려운 환경에 직면하여도, 그 위기를 정면으로 잘 돌파할 수 있고, 사랑도 더 잘할수가 있게 된다. 부부가 그렇게 노력하다 보면, 사랑의 위기도 슬기롭게 돌파할수 있는 경지에 도달하게 된다. 어떤 경우든, 어떤 환경이든, 또는 어떤 위기를만나도 가족, 친지, 친구 등 모든 사람을 쉽게 사랑할 수가 있다. 사랑의 예술가요 사랑의 지휘자가 될 수 있다. 그렇다면 우리는 어떻게 노력하고 인내해서 완전한 사랑을 시작할 수 있을까? 성 요한 비안네 신부는 바울(또는 바오로) 사도가고린도 전서(또는 코린토인들에게 보낸 첫째 편지) 13장의 사랑의 속성에 관한 다음과같은 너무도 유명한 말씀을 인용하면서, "사랑의 시작에는 부단한 노력과 인내가 필요하다."고 하였다.

"사랑을 지닌 사람은 교만하지 않습니다. 사랑을 지닌 사람은 다른 사람을 지배하기를 즐기지 않고, 다른 사람의 행위를 결코 비난하지 않으며, 다른 사람들이 하는 일에 대하여 언급하기를 즐기지 않습니다. 사랑을 지닌 사람은 다른 사람의 의도가 무엇인지를 따지지 않으며, 다른 사람보다 자기가 더 잘한다는 생각은 전혀 하지 않고, 자기 옆 사람 위에 올라서는 일이 전혀 없습니다. 오히려그는 다른 사람들이 항상 자기보다 더 잘한다고 생각합니다. 사랑을 지닌 사람은 다른 사람들이 자기보다 이웃을 더 좋아한다 하더라도 마음을 상하는 일이없으며, 멸시를 받고도 역시 만족하니, 그는 이보다 더한 멸시를 받기에 합당하다고 믿기 때문입니다. 사랑을 지닌 사람은 가능한 한 다른 사람들에게 고통을 주지 않으니, 사랑은 마치 망토와 같아서 자기 형제들의 실수를 잘 덮어줄 줄알며 자기 자신이 그들보다 낫다고 믿도록 내버려 두는 일이 없기 때문입니다."아주 실천적인 말씀이다. 남편이 아내를, 아내가 남편을, 가족이나 이웃, 직장의 동료들을 경쟁상대라고 생각하면 사랑할 수가 없다. 사랑하는 부부는 남편이 화장실 청소, 설거지, 아이 돌보기 등 모든 것을 다 하도록 하고 아내는 소파에서 TV나 보며 잔소리나 하면서 가사를 분담할 줄 모르는 유형의 사람들이 아니다.

부부가 서로의 잘잘못을 따지거나 판단하는 것은 사랑을 방해하는 것이다. 남편은 아내보다, 아내는 남편보다, 조금 부족하다고 생각하고, 남편이나 아내가 나보다 잘되기를 진심으로 바라고 서로 기도해 줄 때 부부는 잘 사랑할 수가 있는 것이다. 그런데, 어떤 부부는 "나는 열심히 사랑하는데 남편이나 아내가 나를 사랑하지 않는데, 어떻게 합니까?"라고 반문을 하고 걱정을 한다. 남편에게서, 아내에게서, 설사 사랑이 돌아오지 않더라도 인내심을 갖고 계속 노력하고 사랑해야 한다. "열 번 찍어서 안 넘어가는 나무는 없다."는 속담도 있듯이 사랑에는 계속 끈기 있게 노력하여야 한다. 그러기 위해서는 강인한 인내심이 필요하다. 그리고 나의 사랑이 순수하면서도 지속적으로 꾸준히 베푸는 사랑이라면 언젠가는 반드시 사랑의 메아리, 사랑의 응답이 있다는 믿음을 갖고 화내지 말고 인내심을 갖고 사랑해야 한다.

17) 부부는 공감(共感 Empathy) 능력을 향상시켜야 한다

지금 무슨 생각을 하고, 어떤 감정을 갖고 있고, 뇌로 무엇을 인식하는지는 부부 스스로 잘 알고 있다. 본인의 마음은 본인만이 잘 알고 있기 때문이다. 그런데, 남편은 속으로 "지금 아내는 무슨 생각을 하고 있지? 아내의 심리 상태를 어떻게 알 수 있지?" 하고 생각한다. 부부가 서로의 마음을 아는 것을 '타자 마음의 문제(The Problem of Other Minds.)'를 아는 것이라고 한다. 자기가 아닌 다른 사람의 마음을 아는 것이다. 독일의 심리학자 립스(Theodor Lipps)는 타자 마음의 문제를 해결할 수 있는 열쇠는 상대방의 마음, 감정, 의견, 주장 등에 대하여 자기도 그렇다고 느끼고 또는 그렇게 느끼는 기분, 또는 내 마음이 상대방의 마음을 모방하는 것, 곧 공감에 있다고 보았다. 공감은 함께 느끼고, 느낀 것을 함께 헤아림으로써 시작된다.

우리는 살아가면서 다른 사람이 느끼는 감정, 마음, 느낌, 경험 등을 자기도 모르게 또는 의식적으로 느끼거나 경험할 수 있다. 사랑하는 아내가 아파하면 남편도 같이 아픔을 느낀다. 아내, 친구, 친척 등이 슬프게 우는 모습을 보거나 영화나 드라마의 슬픈 장면을 보거나 웃는 얼굴을 보면 자기도 모르게 눈물이 나거나 웃음이 난다. 갓난아이에게 분유를 먹이는 엄마는 우유 통을 갓난아이의 입에 갖다 대는 순간 자신도 모르게 입을 벌린다. 이와 같은 공감(共感 Empathy) 능력을 향상시키기 위해서는 배우자가 항상 최고라고 생각하면 좋다. 그러면 서로 행복하다.

부부는 평소에 부정적인 마음, 싫어하는 마음 등 네거티브를 잘 다스려야 한다. 부부 가운데 어느 한 사람이 매사 시시콜콜한 일까지 지나친 비판을 하거나 비난하는 행태, 모멸감과 경멸과 무시, 소극적이고 수동적이며 지나친 자기방어적 행동, 마지막 네 번째가 의사를 방해하거나 비협조적이고 무관심한 행위 등이 네거티브 행동이다. 부부는 항상 함께 있을 때는 서로의 마음을 읽을 줄 알아야 한다. 내면을 보아야 한다. 배우자가 외로움을 느끼지 않도록 위로해 주고, 도와주고, 가려운 곳을 긁어 주어야 한다. 배우자가 하는 취미 생활을 도와주어야 하고 방해해서는 안 된다. 이심 이체를 일심동체가 되도록 하여야 한다. 그렇게 하기 위해서는 나의 마음을 버리고, 나의 생각을 버리고 죽여야 한 몸이 되고 한 마음이 된다. 한 몸이 된다는 것은 나의 가장 중요한 목숨, 생명까지도 배우자를 위해 내어주는 것이다. 아내는 남편이 직장에 가거나 외출해서 보이지 않아도 항상 기도해주고, 긍정적으로 생각하고 사랑해 주어야 한다. 그리고 남편은 부인의 말을 잘 듣고 아내가 조언하는 대로 가정 일을 처리하는 것이 좋다.

전통적으로 우리 사회는 남편이 의견을 제시하거나 주장하고 아내가 이에 따라주는 부창부수(夫唱婦隨)가 윤리 도덕이라고 믿었지만, 세상이 바뀐 오늘날에는 그 해석을 달리해야 한다. 오히려, 아내의 주장에 남편이 따르고 동조해야 서로 행복하다. 부부는 서로 다름을 인정하고 서로 맞춰나가야 한다. 그렇지만, 부부가 100% 호흡이 척척 맞아도 꼴불견이고 문제다. 가정사가 발전이 없고 개선점이 거의 없게 되어 무기력해지기 쉽기 때문이다. 남편이나 아내는 가끔 '사랑의 조미료를' 서로 뿌려주어야 한다. 사랑의 조미료로 배우자의 단점, 연약한 점, 배우자의 등을 내리누르는 짐 등 인생의 아킬레스건을 치유해 주어야 한다. 부부는 서로에게 아킬레스건을 보여 주면서 나의 짐을 질 수 있느냐? 고 말해야 한다. 부부는 서로 짐을 져 주어야 하기 때문이다. 그것이 부부의 공감이다.

부부는 같은 환경이나 상황이라도 어떠한 프레임(틀)을 가지고 이해하고 해석해야 하느냐에 따라 행동이 달라진다는 '생활 속 프레임 법칙'을 잘 활용해야 한다. 부부는 대화의 내용이 합목적적이고 건설적이고 건강해야 한다. 대화의 내용이 건강해야 사랑도 건강하다. 건강한 사랑을 바탕으로 평소에 부부 사이의 다름을 공부해야 한다. 부부 사이에 의견이 다르거나 갈등이 있는 경우, 그 다름을 용인하고, 그럴 수도 있겠다고 긍정적으로 수긍해야 한다. 서로의 다름을 서로 배우고, 발전시키면 여러 갑절의 이익과 행복을 가져올 수 있다. 부부의 다름을 인정하지 않고 섣불리 결론을 내려 평생 후회할 큰 잘못을 저질러서는 안 된다. 부부는 서로의 다름을 인정하지 않고 자기 짐을 배우자에게 지워서는 안 된다. 솔선해서 서로의 짐을 져 주어야 한다. 인생의 무거운 짐을 남편과 아내가 서로 져

주지 않는다면 누구에게 바랄 수 있겠는가? 남편과 아내의 부부애는 화내지 않고, 서로의 짐을 져 주고, 서로를 사랑하고 돌보는 삶 가운데에 영글어 간다.

　서로의 다름이 있을 때나, 화가 나는 마음이 생길 때는 잠시 남편 또는 아내의 입장에서 생각하고 헤아려보는 지혜도 필요하다. 그리고 그 다름을 배우자에게 솔직히 말해 주어야 한다. 다름을 말하지도 않고 이해하지도 않고 단순히 참는다면 그것은 배우자를 도와주는 것이 아니다. 오히려 불행으로 만든다. 다름을 해결하는 부부 싸움의 해결 방안과 합리적이고도 창조적인 갈등 치유능력을 부부가 공유해야 한다. 부부는 모두 갈등 치유능력을 바탕으로 평생 사랑을 주고받는 삶의 모드로 바꿔야 한다. 그런데, 사랑을 받고 싶으면 먼저 사랑의 씨를 뿌려야 한다. 사랑의 씨를 뿌리는 것은 남편이나 아내가 먼저 솔선수범해서 아내나 남편을 진심으로 다름을 치유하고, 사랑해 주고 서로의 등 뒤에 진 짐을 져 주는 것이다. 상대방에게 물심양면으로 도움을 주고, 기쁘게 해 주고, 고통을 덜어주고, 괴로움을 덜어주고, 배려해 주어야 한다.

　남편과 아내 모두 우리는 마음이 같은 사람이라고 생각하는 것, 같은 감정과 느낌을 가지고 있다고 생각하는 것이 공감 능력을 높이는 첫걸음이 된다. 남편이나 아내가 '아내나 남편'의 마음 안에 서로 함께 있으면 서로를 자기 자신처럼 사랑하게 된다. 아내나 남편이 자기들 몸 안에 꽁꽁 감추어 둔 마음을 활짝 열어젖히고 서로 볼 수 있게 해 주어야 한다. 부부가 마음 안에 감춘 것이 많으면 일심이 되지 못하고 외로워지고 서로의 마음에 머물지 못하게 한다. 마음은 감추거나 열쇠로 걸어 잠그면 아무리 좋은 말도 들리지 않고 마음 안으로 들어 오지 않지만 열린 마음을 갖고 마음을 활짝 열어젖히면 우주의 삼라만상을 받아들여도 여유로운 것이다.

　남편 A는 대학과 대학원에서 부동산학과를 전공하고 석사학위를 받았다. 현재 부동산 중개업소를 운영하고 있다. 아내 B는 가정학과를 졸업하였다. 친구들을 통한 귀동냥으로 아내 B는 국내 통화량의 증가, 국가 부채의 증가, 가계 빚의 증가와 확장일로의 예산 집행 등에 따른 인플레로 머지않아 3년 내에 강남 3구의 아파트가 평당 2억까지 급등할 것이라고 남편에게 조언을 하면서, 결혼 적령기에 있는 아들을 위해 조그만 아파트를 하나 사자고 남편에게 제안하였다. 그렇지만, 자칭 부동산 전문가라고 과신하는 남편 A는 아내의 의견에 귀 기울이지 않고 있다. 일반적으로 실물경제에는 여성의 특유한 촉감과 예감이 들어맞는데도 불구하고 남편의 아집과 고집이 너무 강하기 때문에 부부의 공감 능력이 향상되지 못하고 있고 남편 귀에 들어오지 않고 있다.

부부는 서로의 마음과 눈 안에 서로를 담아주고 그 마음 안에 계속 머무르고 상대의 의견을 귀담아듣고 존중해 줄 때 일심이 되는 것이다. 남편 또는 아내가 자기만이 특별한 사람이라고 마음먹는다면, 그럴수록 자기를 고립시키고 외로움에 빠지게 한다. 그런데 부득이 부부가 서로 마음이 미워지면 왜 그런 마음이 들었는지 묵상하고 곰곰이 치유책을 마련하고 치유해야 한다. 미워하는 마음이 치유되는 것도 일심이 되는 것이다. "천 리 길도 한 걸음부터"라는 속담과 같이 커피 향을 음미하고 여러 번 커피를 나눠 마시듯이 한 번의 커다란 사랑보다 작은 사랑을 여러 번 주고받는 것이 좋다. 사랑의 강도가 중요한 것이 아니라 사랑의 빈도가 중요하다.

자아의 성찰과 반성이 없는 오해와 선입견, 상대방의 다름을 인정하지 않고 자기주장만을 펼치는 것은 잘난 척, 자만, 교만, 오만 등에서 나오는 것으로서 공감을 방해하는 것이다.

18) 부부는 서로 거울이 되어야 한다

구석기 시대에 인류 최초의 거울은 호수나 연못과 같이 물의 표면이었다. 그러나 물의 표면은 쉽게 흔들리고, 휴대하는 것이 불가능하기 때문에 암석을 갈아 매끈하게 윤을 내어 거울로 사용하기 시작했다. 오늘날 터키 영토인 아나톨리아 지역에서 기원전 6000년 전 것으로 보이는 거울이 발견되었는데 잘 닦은 돌, 검은 유리 흙 요석으로 만들어졌다. 화산에서 나온 돌이었다. 14세기에 공기를 불어 유리를 제조하는 새로운 공법이 개발되어 볼록한 유리가 생산되어 유리 거울의 인기가 날로 높아졌다.[57]

사람은 누구든지 자기만을 위한 마음의 거울을 갖고 있다. 자신의 단점, 결점, 죄악과 함께 아름다움을 비춰주는 거울이다. 자신의 가면, 내면의 가식을 비춰주기도 하고 벗겨주기도 하는 마음의 거울이다.

거울은 거짓말을 할 줄 모른다. 내가 화를 내면 거울도 화를 내고, 내가 미소 지으면 거울도 반갑게 미소지어 준다. 거울은 내가 흐느낄 때 나의 슬픔에 동참하여 같이 울어준다. 사람의 마음은 헛된 욕심 없이 맑고 깨끗하여 잡념과 가식이 없는 마음을 뜻하는 명경지수(明鏡止水)와 같아야 한다. 명경(明鏡)은 한 점의 티도 없는 맑은 거울이요, 지수(止水)는 움직임이 없는 고요한 물이다. 부부는 명경지수와 같은 마음을 지녀야 하고 서로 명경지수와 같은 거울이 되어야 한다.

아내는 아침에 일어나서, 아들의 약혼 전 상견례 모임에 가기 전에, 여고 동창

---

57) The mirror has an early history, dating back to 6000 BC in Anatolia, otherwise known as modern-day Turkey. The earliest man made mirrors were from polished stone and mirrors made form black volcanic glass obsidian. The invention of glassblowing method during the 14th century led to the discovery of convex mirrors, which increased the popularity of glass mirrors. (http://www.mirrorhistory.com.)

친구들을 만나러 가기 전에, 시집간 딸의 시부모를 만나러 가기 전에, 교회 모임에 가기 전에 또는 오랜만에 만나는 중요한 사람을 만나러 갈 때 여러 번 얼굴을 거울에 비춰본다. 특히, 여자들이 주름살이 생기고 흰머리가 날 때는 시도 때도 없이 보는 것이 거울이다. 만일 이 세상에 거울이 없다면 자기 얼굴이 곰보인지, 무엇이 묻어서 더러운지, 아름다운지, 깨끗한지, 깔끔하게 옷을 잘 입었는지, 맵시 있게 예쁘고 아름다운 옷을 입었는지 알 수가 없을 것이다. 더구나, 남편이 자기 외모에 대해서 세심하게 알려 주지 않는다면 더더욱 알 수 없을 것이다.

남편이 항상 하루 24시간 자기 곁에 있어 아내의 외모에 대해 세세히 알려주는 것은 거의 불가능하다. 그런데, 실상 부부는 서로 자기 옆에 있는 남편이나 아내가 그들 자신의 거울이라는 것을 모르고 살아간다. 거울을 보듯이 아내와 남편은 배우자의 내면의 모습과 성격을 자주 바라보아야 한다. 그것은 배우자 내면에 담겨 있는 나의 모습과 성격을 바라보는 것이다. 하루에도 수십 번씩 거울에 비친 자기 모습과 성격을 보듯이, 서로의 단점과 잘못된 점을 볼 때마다, 배우자가 단점을 지니고 잘못을 저지르고야 말 수밖에 없는 환경과 처지를 헤아리고 이해하며 나에게도 그러한 면이 있을 수 있다는 생각을 해야 한다. 서로의 장점을 더욱 잘 살리도록 도와주고 단점은 보완해주고 고쳐나도록 충고해야 한다. 다만, 충고하고 도와줄 때, 그 충고와 언행이 애정과 사랑이 담긴 것인지 재삼 여러 번 생각하고 서로 도와주어야 한다. 애정과 사랑이 없는 충고와 언행은 잔소리가 되고 오히려 부정적인 역효과를 가져오기 때문이다.

부부 일심동체, 부부 이체 동심이라 해도 주장이 틀리고 생각이 다르면 서로 맞지 않는 부분이 있다. 특히, 남편은 아내의 행동을 탓하며 아내의 의견을 받아들일 수 없다고 주장하는 경우도 많기 때문이다. 그러나 부부가 서로 거울로 삼으려고 노력하면, 남편이 아내에게 "여보, 나는 당신과 달라."라는 생각보다 "여보, 나와 당신은 매사에 크게 다르지 않아. 우리의 의견과 방향은 항상 같아. 여보, 당신의 의견이 너무 마음에 들어. 나도 당신의 의견에 따를게"라는 생각이 자연스럽게 들면서 서로 더욱 잘 이해할 수 있게 된다. 특히, 부부 사이에 겪는 문제들은 "바로 자기 자신이 스스로 겪는 문제를 거울처럼 보여 주는 것"이라는 사실을 이해할 필요가 있다. 그러므로, 먼저 자신을 내면의 거울로 바라보고 성찰하면 부부 사이의 문제가 어디에서 발단되었는지 알 수 있다.

거울이 없으면 외모를 가꾸기가 어렵듯이 부부가 서로 사랑하고, 이해하고, 거울 속의 자기 모습과 성격을 보듯 서로 마음을 헤아려주고, 한마음으로 더불어 살지 않으면 부부 자신의 내면을 아름답게 잘 가꿀 수 없다. 남편은 아내의 아름다운 마음, 모습, 성격(거울)에 자기 마음을 비춰보고 부족한 점, 단점 등 성격을 고쳐나가야 한다. 사람의 운명을 결정해 주는 것도 성격이요, 가족의 단합에 도움이 되는 것도 좋은 성격이다. 아내도 마찬가지다. 그러기에 마음에 들든 그렇지 않든 부부는 서로가 외적으로는 물론 내적으로 서로 사랑하고, 정화해 주고, 영성적으로 성장하도록 맺어주신 고귀한 선물이 결혼 생활임을 알아야 한다. 그 고귀한 보물을 서로 잘 간직하고 더욱 값지게 만드는 것이 결혼 생활이다.

아내의 경우도 그렇지만 특히 남편의 경우 친척(부모와 형제자매 등), 친구, 교회 신자, 동창 등 주변 모든 사람에게 잘해주고 도와주려는 경향이 많다. 예의 바르고 매너 있게 도와주는 것은 좋은 일이다. 그러나 모든 사람에게 재정적으로 도와주고 친절하게 봉사할 수는 없는 것이다. 모든 사람에게 친절하면, 그 누구에게도 친절하지 않다는 이야기가 있다. 일본의 경우 일부 지역에서는 1인 가족이 전체 인구의 50%를 넘는다고 한다. 이와 같은 핵가족 시대에는 남편은 아내에게 아내도 남편에게 직장과 취침 시간을 제외한 80%의 시간을 할애하여 서로 소통하고, 공감하고, 사랑하고 가족을 위해 봉사해야 한다. 부부의 운명과 인생은 부부에게 전적으로 달려있다. 부부가 운명의 주도권을 갖고 있다. 부부가 주도적으로 결정해야 한다. 나머지 20%를 시부모, 친정 부모, 친척, 친구, 교회 신자, 동창 등 주변 모든 사람에게 할애하면 된다. 시부모, 친정 부모 등 너무 많은 사람에게 잘해주려고 오지랖이 넓게 시간을 할애하거나 재정적으로 도와주려고 애쓸 필요는 없다. 동창회, 먼 친척의 결혼식, 무의미한 사교 자리나 식사 모임은 단호하게 거절해야 한다. 아내나 남편 이외의 다른 사람들과의 불필요한 사교 자리는 피해야 한다. 시간을 낭비해서는 안 된다는 말이다. 아내나 남편이나 서로에게만 시간을 집중하려고 해도 인생의 시간은 부족하다. 인생의 마지막 종착역까지 동반할 배우자에게 오로지 전력투구해야 한다. 배우자에게 거의 모든 시간을 전력투구해야 비로소 아내는 남편이 그리고 남편은 아내가 선명한 거울로 보일 것이기 때문이다.

아미엘(Henri-Frédéric Amiel)은 "신뢰는 거울의 유리와 같다(Trust is like a mirror)."고 하였다. 부부 사이의 신뢰도, 한 번 금이 가면 원래대로 하나가 되지 않는다. 질그릇, 도자기, 거울, 유리그릇 등은 한 번 금이 가면 원래대로 하나가 되지 않는 것과 같은 원리이다. 하느님께서 부부에게 거울 하나씩을 주셨는데 남편이 아내의 거울이요, 아내는 남편의 거울이다.

19) 부부는 자기들 고유의 사랑의 브랜드를 만들어야 한다

브랜드라는 용어는 '태우다'라는 의미의 옛 노르웨이 말인 '브랜드(brandr, Old Norse word brandr와 같음)'에서 유래되었다. 또 다른 이야기는 '브랜드'는 약 4,000년 전 이전에 인도 북서부의 인더스강에서 가축 소유주들이 자신의 가축을 식별하기 위한 수단으로 사용하였다고 전해 내려오고 있다. '브랜드(brandr)' 단어에는 '태운다(to burn)'는 뜻을 지니고 있다.[58] 영어의 어원은 송진이 있는 관솔 등을 의미하고 있는데 독일어(Brinnan), 영어 고어(Byrnan, biernan, and brinnan), 중세 영어(Birnan과 Brond)에서 유래되었다고 한다.[59]

지금 우리는 5G 시대를 넘어 6G 시대로 넘어가는 전환기를 맞이하려 하고 있다. 기술 진보가 너무 빠른 시대다. 기술의 진보가 괄목할 만하다. 전 세계적인 유망 글로벌 트렌드 산업은 자율주행 차, 수소 전기차 등 자동차 산업, 인공지능에 의한 산업, 게임 산업, 헬스 케어 등 의료 산업(Health care), 언택트 산업(Untact), 아마존과 같은 리모트 디지털 산업(Online), 스마트 인프라(Smart infrastructure), 가정 내 소비(Economy at home), 항공산업 등의 산업이 주류를 이루고 발전할 것이다. 소비자가 상점에 새롭게 전시된 상품을 보고 내용물의 품질을 기준으로 선택할 때도 있지만 대부분 상품의 평판과 브랜드 인지도를 중심으로 선택하게 된다. 이 선택 기준은 곧 해당 상품의 브랜드 이미지로 연결된다. 고객의 욕구를 충족시키고 감성을 만족시킨다.

부부도 자기들 고유의 사랑의 브랜드를 만들어야 한다. 특히, 빈 둥지 증후군(Empty nest syndrome)에 시달리는 시기에 도달하는 중년기 이후 부부들은 아름다운 사랑의 브랜드를 만들어야 한다. 항상 부부는 부부만의 사랑의 브랜드 파워를 일으켜야 한다. 그래야 사랑의 상승효과를 낼 수 있다. 부부만의 사랑의 브랜드는 부부에게 영원히 식지 않는 완전한 사랑의 욕구를 유발하는 사랑의 가치를 제공한다. 브랜드에 대한 소비자들의 열광과 집착에서 볼 수 있듯이 부부만의 사랑의 브랜드는 부부에게 사랑의 만족을 제공하는 좋은 수단이 될 수 있다.

---

58) By Taylor Holland on August 11, 2017 and Strategic Brand Management by Kevin Lane Keller, 2012, Hardcover, Revised edition.
59) Webster's ninth new collegiate dictionary. Springfield, Massachusetts. 1983.

부부만의 사랑의 브랜드는 부부에게 육체적 결합의 만족뿐 아니라 정신적, 영성적인 차원에서도 만족과 행복을 제공해주는 사랑의 보증서 역할을 해 주면서 부부 사이에 새로운 사랑의 가치를 만들어 낼 수 있다. 부부의 브랜드가 주변 부부들에게 명성이 생기면 부부의 좋은 명예와 충성도도 높아진다. 부부만의 고유한 사랑의 브랜드 가치는 부부 서로의 우호적인 이미지를 높여 가정의 행복을 가져다주기 때문에 부부의 평생 소중한 무형자산이 된다. 부부가 서로 노력을 기울여 자기들 고유의 사랑의 브랜드를 만들어야 한다. 사랑의 브랜드가 없다면 늦기 전에 만들고, 부부간에 사랑의 브랜드나 이미지가 부정적이라면 긍정적으로 바꾸고, 이미 호의적인 사랑의 브랜드를 구축해 왔다면 이를 지속적으로 유지, 발전시켜 나가는 것이 부부 사랑을 평생 변하지 않고 영원히 지속시키는 데 필수 요소가 될 것이다.

부부만의 고유한 사랑의 브랜드는 "부부만의 언어, 애칭, 사랑의 전기, 기쁨의 전기, 사랑의 향기, 사랑의 레시피, 사랑의 인생 노트, 사랑의 고압 전류, 사랑의 씨앗, 사랑의 묘약(a love potion), 사랑의 보약, 사랑의 조미료, 사랑의 양념, 사랑의 요리사, 사랑의 조각가, 사랑의 설계사, 사랑의 건축가, 사랑의 웅변가, 고마워(Thank you), 정다운 인사(How are you, honey? Or Good morning), 사랑이 가득 찼던 과거의 아름다운 좋은 기억을 되살아나게 해 주는 것(Remember when we…. memory jogger), 무엇을 도와 드릴까요?(How Can I Help You?), 집안 청소, 전구 교체 등 내가 할게(I'll Handle It.), 오늘 재미있게 보내셔!(Have Fun today!), 외식, 해외여행, 휴가 계획 등을 상의하고 실천하기(Let's go….), 당신이 최고야(You're the best), 당신 사랑해(I Love You, honey), 사랑이 가득한 유머 감각" 등이다.

해학, 미소, 유머, 웃음 등과 사랑은 장수를 도와주는 보약이며 만병의 치료 약이다. 부부는 오로지 서로의 사랑에만 지배당하는 사랑의 묘약을 지녀야 한다.

저 부부는 무슨 사랑의 묘약을 복용하기에 금슬이 저렇게 좋을까? 사랑의 씨앗을 부부의 마음 밭, 기름지고 비옥한 토양에 뿌리는 것은 부부의 사랑의 브랜드 파워를 높이는 것이다. 사랑의 씨앗은 부부 스스로 만들고 뿌리는 것이다. 무조건적이며 희생적인 사랑, 고생이 있는 사랑, 향수와 같은 사랑, 장미꽃과 같은 아름다운 사랑, 지치지 않는 사랑을 해야 한다. "저 부부를 보면 사랑의 향기와 훈기가 전해져 온다."는 이야기를 다른 부부들에게 들어야 한다. 긍정적이고 낙천적이며 온화한 성격도 사랑의 브랜드다. 부부가 서로 나누고 소통하고 가족, 친척들과 화기애애하게 지내기 위해서는 매사 긍정적이며 낙천적이고 온화한 성격 등이 중요하다.

20) 부부는 주고받는 사랑을 해야 한다

미국의 연애 상담가, 존 개리는 그의 저서 『화성에서 온 남자, 금성에서 온 여자』에서 남성과 여성이 연애 관계에 있을 때, 주고받는 애정의 분량을 어떻게 모니터하는지에 관해 기술했다. 대등한 균형상태의 변화가 감지되어, 예를 들면, 받은 것보다 준 것이 많다고 느끼면, 억울한 마음이 생긴다고 한다. 이럴 때에는 소통을 통해 연애 관계를 균형상태로 되돌이킬 수 있다. 더 나아가 개리는 남녀가 사랑을 주고받는 것을 다른 관점에서 보고 있으며, 사랑 표현을 어떻게 기록하고, 시도하는지 말하고 있다. 개리에 의하면, 상대방이 점수를 기록하는 것을 알고 어쨌든 자주 놀라기도 하였다고 한다. 개리는 남자들이 거의 알지 못하는 채점방식을 여자들이 사용하고 있다고 말하고 있다. 여자는 모든 사랑의 행위, 예를 들면, 선물의 횟수, 가격, 크기, 규모, 유행 상품에 관계없이 한번 받은 선물의 경우에는 무조건 1점만을 준다. 반면, 남자는 작은 사랑의 행위와 여자에게 선물한 적은 비용 지출은 적은 점수를 주지만, 거창하게 지출했다고 생각하는 금액이 큰 선물에 대해서는 20점, 30점, 또는 50점 등의 순으로 채점을 한다.[60]

예를 들면, 남편은 "장모에게 생일 선물로 아주 비싼 밍크코트를 선물했고, 장인에게 외제 차를 선물했으니" 아내에게 90점 정도는 점수를 땄다고 생각한다. 당분간, 아내가 선물 타령을 하지 않겠지 하고 속으로 생각하지만, 아내는 밍크코트 같은 선물도 1점, 외제 차 선물도 1점, 퇴근하면서 남편이 사 온 핑크 장미 한 다발도 똑같이 1점만을 준다. 여자의 심리상 속성이 남자가 지속적으로 애정을 표시하기를 원하기 때문이다. 그러나, 주고받는 사랑도 상대방이 원하는 것을 미리 알아내고 주어야 한다. 일방적으로 생각하고 주는 사랑은 완전한 사랑에 다다르지 못한다. 마크 트웨인은 주고받는 원칙은 국가 간 외교의 원칙과 같다고 하면서 하나를 주고 열 개를 받아내야 한다고 하였다.[61] 러시아 출생의 미국 사상가 골드만은 지치지 않고 무제한적으로 주고받기를 모르는 사랑은 사랑

---

60) The relationship counselor, John Gray writes how men and women each monitor the amount of give and take in relationships. If the balance shifts, one person feeling they have given more than they have received, resentment can develop. This is a time when only communication can help to bring the relationship back into balance. Gray further asserts men and women view giving and receiving love differently, how individual actions intended as loving expressions are "tallied up." According to Gray, women and men are often surprised to find their partners "keep score" at all, or that their scoring methods widely differ. He says women use a points system which few men are aware of. Each individual act of love gets one point, regardless of magnitude. Men, on the other hand, assign small acts, small expenditures and fewer points. Larger blocks of points (20, 30, 50 points, etc.) go to what they consider bigger expenditures.

61) The principle of give and take is the principle of diplomacy-give one and take ten Mark Twain.

이 아니고 덧셈과 뺄셈도 모르는 거래라고 치부하였다.[62]

21) 부부는 서로의 차이를 잘 이해하는 참사랑을 해야 한다

부부는 서로 우열의 개념이나 성차별이 없다. 남편은 일, 가정, 친구 등의 문제로 부부 사이에 서로 영향을 주지 않도록 구분하고 한 번에 한 가지만을 다루려고 하지만 아내는 총체적인 관점으로 다루고 삶의 다른 부분이 가족, 친구, 회사 직원 등 다른 사람의 삶과 겹친다고 생각하는 경향이 있다.[63]

남편은 매사 단순하면서도 정곡을 찌르는 일 처리 방식을 선호하고 아내는 다른 각도에서 상황을 탐구하고 감정과 생각을 공유하는 데 더 많은 관심이 있다.[64] 남편은 성공을 원하지만, 아내는 안전을 원한다. 여자의 속성은 연애 관계를 추구할 때, 여성만을 돌보고, 여성에게 시간과 돈을 쏟아내고, 진지하게 말하고 행동하는 것, 여성들을 위한 선물을 미리 눈치채서 준비하고 주는 것 등을 좋아한다.[65] 남편이 회사 일로 퇴직을 해야 마나 하고 고민하고 스트레스받을 때,

---

62) If love does not know how to give and take without restrictions, it is not love, but a transaction that never fails to lay stress on a plus and a minus. Emma Goldman.

63) Men tend to compartmentalize the various aspects of their lives into different boxes -such as work, family, and friends-preferring to deal with only one at a time. Women, however, often take a more holistic approach to life, letting the different parts of their lives overlap in their conversations and interactions with others.

64) Man likes to keep things simple and to the point. Woman is more interested in exploring situations from different angles and sharing their feelings as well as their thoughts.

65) Men seek success and women seek security. When they pursue romantic relationships, they seek partners who will demonstrate genuine caring for them in ways such as spending time and money on them, speaking and acting with sincerity, and noticing and affirming their gifts.

아내가 "도와줄까?" 하고 자꾸 물으면 남편은 더욱 짜증 낼 수 있다. 반면에 아내가 자녀 일로, 시부모와의 갈등으로 괴로워할 때, 남편이 "아내 혼자 해결하라고, 조용히 아내에게만 맡겨 두면" 아내는 큰 상처를 입을 수 있다. 아내의 고민을 진지하게 들어주고 상의해야 가정이 행복하고 평화롭다.

부부가 성관계에서도 서로의 차이를 이해하고 그 차이를 좁혀가도록 꾸준히 노력하는 것이 바람직하다.

'우리'가 된 부부, '일심동체'가 된 부부가 성관계를 갖는 것은 자연스러운 일이다. 부부의 육체결합은 행복한 가정, 행복한 삶을 살도록 하느님께서 주시는 축복의 하나이다. 성(性)은 남녀의 부부애를 위해 하느님께서 허락하신 것이다. 혼인 생활에서 부부의 육체관계는 정신적 일치의 표징과 보증이 되므로 부부의 성생활은 아름다운 것이다.

그러나, 성(性)은 부부가 죽을 때까지 오로지 부부 사이에서 서로에게 자신을 완전히 바치는 헌신적인 사랑의 경우에만 하느님 보시기에 좋은 것이다. 그러므로, 부부는 결혼 전 순결을 지키는 것은 말할 것도 없고 결혼 이후에도 죽을 때까지 정조를 지키고, 행복한 가정, 행복한 삶을 살도록 끊임없이 기도해야 한다.

부부가 사랑하며 평생 한눈팔지 않고 정조를 지키며 함께 행복하게 지내는 것은 사랑에 깊이 빠진 부부의 가장 큰 공통된 바람이다. 부부가 사랑하는 사람과 함께 행복하게 지낸다는 것, 이보다 더 설레는 것은 결코 없을 것이다. 사랑으로 결합된 부부가 친밀하고, 정결하고, 사랑으로 상호 육체를 결합하는 행위는 아름답고 품위 있는 행위이다. 참으로 인간다운 방법으로 이루어지는 그러한 행위는 상호 증여를 뜻한다. 부부간에 사기를 북돋우며, 기쁘고 고마운 마음으로 서로를 풍요롭게 한다. 부부간의 성은 기쁨과 즐거움의 원천이기 때문이다. 창조주 하느님께서 부부로 하여금 육체와 정신의 즐거움과 만족을 맛보도록 허락하셨기 때문이다. 그러므로 부부가 육체결합을 통해 이 즐거움을 추구하고 이를 향유하는 일에는 아무런 잘못도 없다. 또한, 하느님께서는 건전한 결혼 생활이 성숙하도록 디자인하셨으며, 부부가 일심동체가 되고, 육체와 정신의 결합으로 부부 상호 즐거움과 만족을 맛보도록 정해주신 것이다. 부부의 육체 결합은 하느님께서 그들에게 마련해 주신 은총이므로 부부는 그것을 자연스럽게 받아들여야 한다. 그렇지만 부부는 육체결합에 있어서 올바른 절제와 규범도 지킬 줄 알아야 한다.

부부의 육체결합에 관해서는 고린토 전서(또는 코린토 1서, 또는 코린토 신자들에게 보낸 첫째 서간)을 보면 "아내의 몸은 아내가 아니라 남편의 것이고, 마찬가지로 남편의 몸은 남편이 아니라 아내의 것이다."라는 말씀이 있다. 부부의 육체결합이 어떻게 결속되어 있는지를 잘 말해 주고 있다(1 코린 7, 4).

성(Sex)에 관해 재미있는 생물학적 사실은 이러하다. 하느님은 부부가 함께 더욱 성적으로 가까워지도록 할 속셈이셨다. 부부의 육체결합으로 옥시토신 호르몬과 바소프레신 호르몬이라는 두 개의 결합 호르몬이 분비되도록 부부를 도와주셨다. 그러므로, 결혼의 결속은 가져오지 못했다 해도 정기적으로 부부의 육체 결합은 가능하다. 그러나, 정기적으로 부부가 육체의 결합이 없이는 결혼의 완전한 결속은 불가능한 것이다.[66]

부부는 육체결합으로 혼인의 두 가지 목적, 곧 부부 자신들의 신의와 성실에 기초한 행복 추구와 자녀 출산을 통해 대를 이어가는 목적이 있다. 혼인의 이 두 가지 목적, 의미와 가치는 분리시킬 수 없다. 서로 밀접하게 결합되어 있다. 혼인

---

66) An interesting biological fact of sex is that it releases two bonding hormones, oxytocin and vasopressin, which God designed to draw a couple closer together. While it is possible to have regular sexual relations but still have disunity in a marriage; it is impossible to have full unity in a marriage without regular relations. Why unity in marriage has more to do with the wife than the husband? Biblicalgenderroles.com. 2016. 11. 23.

의 두 가지 목적이 분리된 것으로 오해하고, 제멋대로 부부 생활을 한다면, 부부의 영적, 물질적 삶이 불행해질 것이며, 또한 가정의 장래도 위태로워질 것이다. 특히, 부부는 서로 사소한 실수를 육체적 결합의 흥정 대상으로 삼아서는 안 된다. 설사, 부부가 사소한 실수를 했다 해도 부부 중 어느 한 사람이 육체적 결합을 원하는 경우에는 자연스럽게 기쁨과 즐거움을 맛보도록 해야 한다. 부부 사이의 사랑과 육체 결합은 이처럼 신의와 성실에 기초한 행복 추구와 함께 자녀 출산이라는 이중 요구를 모두 충족시켜야 하는 것이다. 사랑으로 결합된 부부가 올바른 절제와 사랑과 사회 규범이 정한 룰에 의해 친밀하고 정결하게 서로의 육체를 결합하는 행위는 아름답고 품위 있는 행위이다. 혼인의 두 가지 목적은 부부의 육체결합이 전제가 되어야 하는 것이기 때문이다.[67]

그런데 오늘날 많은 부부가 소통단절로 섹스리스 부부로 전락할 수 있다. 섹스리스는 부부가 1년에 10회 미만, 한 달에 1회 미만 육체결합을 갖는 경우를 의미한다. 2016년 기준 우리나라 기혼 부부의 섹스리스 부부는 36.1%로 세계 2위다. 우리나라 50대 이상 가운데에서는 43.9%가 섹스리스 부부로 나타났다. 우리나라는 일본 다음으로 높은데 일본의 섹스리스 비율은 47.2%다.

성인 미국 사람들의 육체결합 횟수는 1년 평균 51회로 나타났다. 미국의 섹스리스 부부 비율은 15~20% 수준이었다. 1980년대에서 2000년대 사이에 태어난 밀레니얼 세대(millennials)와 1960~1970년대에 태어난 엑스세대(Generation x,)가 가장 적은 육체결합을 하는 것으로 조사되었다. 결혼 4년 후에는 평균 아내의 48%만이 부부 육체결합을 원하는 것으로 조사되었다.[68]

---

67) 가톨릭 교리서, 부부사랑(2360-2365항)
68) 15 Fascinating Sexless Marriage Statistics for 2020. https://2date4love.com/ sexless-marriage-statistics/ and study done by the sociology department at Georgia University.

한편, 1992년 미국 보건사회 생명 기구의 조사(The US National Health and Social Life Survey in 1992) 결과에 의하면 미국의 섹스리스 부부 비율은 20% 수준이었다. 2017년 미국의 18세에서 89세까지의 성인을 대상으로 섹스리스 부부를 조사한 결과 15.2%의 남편과 26.7%의 아내가 전년에 부부 육체결합을 전혀 하지 않은 것으로 나타났다. 이 가운데 남편의 8.7% 아내의 17.5%가 5년 이상 부부의 육체결합을 하지 않고 있었다.[69]

신체적 원인이 아니라면 섹스리스를 포함한 부부의 성적 갈등은 주로 성격 차이, 소통 부재, 스트레스 등 심리적 요인, 성 경험, 신체적 결함 등에 의해 발생한다. 신혼 3년 차 부부인 남편 A는 군대 가기 전 후배들의 성 상납으로 매춘부와 첫 경험을 가졌는데, 그때의 혐오스러운 성 경험이 워낙 뇌에 강하게 각인되어 있어, 결혼 후 3년 차가 되도록 한 번도 부인과 성관계를 하지 못하고 있다. 부부의 육체결합 장애가 온 것이다. 한편, 부부가 부부의 육체결합에 있어서 욕구 불만이나 자신이 원하는 게 무엇인지를 배우자에게 효과적으로 전달하지 못하는 소통단절로 인해 섹스리스가 되는 경우도 많다. 여성의 경우엔 자신이 섹스를 밝히는 여자로 보이는 게 두려워서, 남성의 경우엔 배우자로부터 성적 능력이 떨어진다는 비난을 받을까 두려워 자신의 욕구를 솔직히 드러내지 못하는 것이 하나의 원인이 될 수 있다. 부부가 상호 완전히 동의해서 부부의 육체결합을 하

---

69) Kim JH, et al. (2017). Socio-demographic correlates of sexlessness among American adults and associations with self-reported happiness levels: Evidence from the U.S. General Social Survey. DOI: 10.1007/s10508-017-0968-7 and https://www. healthline.com/health /healthy-sex/sexless-marriage#will-it-lead-to-divorce). A more recent 2017 study, trusted source found that among 18- to 89-year-olds in the United States, 15.2 percent of males and 26.7 percent of females reported no sex in the past year, while 8.7 percent of males and 17.5 percent of females reported no sex for five years or more.

지 않아도 부부 생활에 문제없이 살아간다면 섹스리스를 심각하게 생각하지 않아도 된다. 그러나, 어느 한쪽이나 두 사람 모두 이로 인해 스트레스를 받는다면 관계가 더 심각해지기 전에 성 전문가의 도움을 받거나 부부간에 노력하여 해결하는 것이 바람직하다. 남편도 아내도 성관계의 첫 경험이 매우 중요하다. 첫 경험에서 겪은 심각한 문제가 있는 상태에서 결혼하면 부부 생활에서 치명적인 결과를 가져올 수 있다. 특히, 언제, 어디에서 누구와 첫 경험을 가졌는가? 하는 문제는 결혼 생활에 큰 파장을 가져올 수도 있다. 예를 들면, 어려서 친척으로부터 성폭행을 당한 경우, 논문을 미끼로 대학원이나 대학에서 대학교수로부터 성폭행을 당한 경우, 직장 상사로부터 성폭행을 당한 경우 등 유사한 경험을 가진 여자들은 남자만 보면 공포심을 갖게 돼 성생활에도 큰 영향을 받는 경우도 있다.

섹스리스 등 신체적 원인이나 심리적 요인으로 성적 장애나 불만이 쌓이면 이혼으로 파급된다. 이혼으로 연결되지 않는다고 해도 성적 불화는 불행한 가정으로 치달을 수 있다. 하느님 뜻에 따라 부부가 올바른 성생활을 해야 자녀를 출산하고 행복하게 살 수 있다. 자녀를 위해 목숨까지 내놓고, 피 흘리는 희생을 하는 유일한 사람이 부부이고 그 피 흘림 덕분으로 태어나는 것이 자녀이다. 태어난 자녀의 성장을 위하여, 부부는 자신의 생명을 바치고 온갖 희생을 한다. 희생의 사랑, 헌신적인 사랑, 고생이 있는 사랑, 내리사랑을 쏟아붓는다. 무성 생식을 하는 아메바와 같은 동물도 자신의 살점을 떼어 줌으로써 자녀를 탄생시킨다. 하느님께서 허락하신 뜻에 따라 부부가 올바른 성생활을 해서 창조사업의 유일한 뜻이 오롯이 존중될 때에만 인간은 자신의 품위에 맞는 출산이 가능한 것이다. 자녀는 당연한 어떤 것이 아니라 하느님의 선물이다. 혼인의 가장 귀한 선물은 자녀이다. 하느님의 선물인 자녀는 소유물일 수 없다. 이른바 자녀를 가질 권리를 일종의 당연한 권리라고 주장한다면, 자녀를 소유물로 보게 될 것이다. 이 문제에서는 자녀만이 참된 권리를 갖는다. 곧, 자녀는 부모에게 고유한 부부 사랑의 행위가 맺는 결실이 되는 권리와 또한 임신되는 순간부터 한 인간으로서 존중받을 권리를 가지고 있다. 한편, 복음은 육체적 출산 불능이 절대적 악이 아님을 보여 준다. 의학적인 모든 정당한 수단을 동원한 후에도 임신하지 못하는 고통을 겪어야 하는 부부는 죄를 지은 것도 아니고 악을 저지른 결과도 아니다. 그들은 버려진 아이들을 입양하거나 타인에게 필요한 봉사를 함으로써 사랑의 헌신을 드러낼 수 있다.[70]

---

70) 가톨릭 교리서, 혼인과 출산(2366-2379항)

사랑의 분류

첫째가 에로스(Eros, passionate love)로 그리스 신화의 사랑의 신이다.
둘째가 필리아(philia: 이웃사랑, 형제애, brotherly love,
아리스토텔레스는 우정 또는 애정으로 표기, friendship or affection)인데,
이는 신들의 사람에 대한 사랑, 인간 전체를 포함하는 사랑, 혹은 이웃 간의 우정이었다.
셋째가 아가판(Agapan, 동사 Agapo, All-giving, Selfless love)인데,
이는 신약 성경에 인용되면서 가장 높은 사랑의 유형이 되었다.

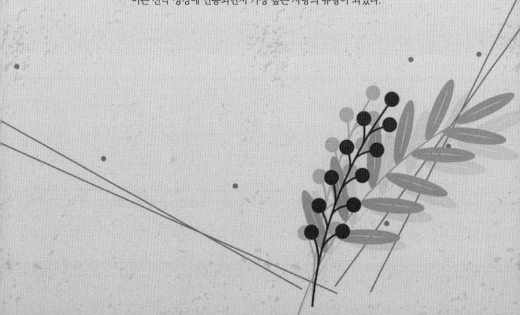

제3장 사랑의 분류

1) 사랑의 종류는 많지만 모든 사랑의 뿌리는 하나다. 모든 사랑은 전부 하나로 연결되어 있다

원래 그리스어에는 사랑한다는 동사가 세 개 있었다. 에로타(Erota), 필레인 (philein), 아가포(Agapo) 세 개의 동사를 말한다. 세 개의 동사 모두 '사랑한다'는 뜻이다. 그런데, 어원을 살펴보면 '사랑한다'는 세 개의 동사 모두 '사랑'이라는 하나의 뿌리에서 나온 것이다. 서로 전부 하나로 연결되어 있다는 뜻이다. 한편, 사랑이라는 명사를 살펴보면 다음과 같은데 그 생성과정이 대단히 흥미롭다.

첫째가 에로스(Eros, passionate love)로 그리스 신화의 사랑의 신이다. 로마신화 에서는 아모르(Amor) 또는 큐피도(Cupido, 영어로는 큐피드 Cupid)로 알려지고 있다. 에로타는(Erota) '사랑한다, 사랑하고 있다.'는 '동사'다. 원래 에로스는 그리스 신 화의 애욕의 신, 사랑의 신 이름이다. 에로스는 이 신명(神名)에서 '사랑, 성애(性愛; 남녀 사이에 일어나는 성적 본능에 의한 애욕, a deep feeling of sexual desire and attraction)' 라는 뜻으로 전용(轉用)되기도 하고 또는 철학적인 신성(神性)의 충동의 뜻으로서 생성(生成)의 원동력으로 간주되기도 한다. 에로스는 인간을 지배하는 위대한 신 으로 혼돈 속에서 질서를 낳는 원동력, 남성과 여성을 결합시켜 자녀를 낳게 하 는 사랑의 신으로도 알려져 왔다. 플라톤은 향연(Symposion)에서 지혜, 아름다움,

선을 사랑하고 추구하는 것과 '이데아로 가고 싶은 상태를 에로스'라고 하였다. 이데아(관념)는 감각 세계의 너머에 있는 실재이자 모든 사물의 원형이다.

에로스의 의미가 형용사 에로틱(성욕을 만족시키는, 성욕을 자극하는, 야한, 성애의, 성적 매력의)이라는 의미로 축소되어 처음 사용된 것은 A.D. 1615~25년으로 추정하고 있다.[71]

정신적인 사랑을 의미하는 플라토닉 러브(platonic love)라는 말도 이 시기에 만들어졌다. 오늘날, 에로스는 충동적이고 관능적인 성적 욕구와 쾌락을 추구하는 남녀의 열정적인 사랑과 강한 성적 욕망을 의미하고 있다. 사랑하는 사람과 '사랑에 빠지다(eran, erasthai)'라는 뜻도 있다.[72]

고전적 세계에 있어서 사랑이라는 현상은 일반적으로 광기 또는 테이아 마니아(고대 그리스어: theia mania; 신들로부터의 광기)로 이해되었다. 베네딕토 16세 전임 교황은 사랑의 회칙에서, 고대 그리스 사람들은 다른 문화권에서와 마찬가지로 에로스를 술을 잔뜩 마셨을 때처럼, 일종의 "취기로 생각하였다."고 하였다. 그것이 '신적 광기이며 도취'이다. 이 취기와 도취가 이성을 압도하고, 인간을 그 유한한 삶으로부터 낚아채어, 신적인 회오리 속으로 데려가서는, 지고의 행복을 체험하게 한다는 것이다. 하늘과 땅의 다른 모든 힘은 그 앞에서 부차적인 것으로 느껴졌다. 고대 로마시인 비르질리우스(BC 70~BC 19)도 "사랑은 모든 것을 이겨낸다."고 하면서 "그래서 우리는 사랑에 굴복한다."고 하였다.

에로스의 열정, 일종의 '취기와 도취'는 은유적이고 신화적인 '사랑의 화살', 사랑의 과녁으로도 묘사된다. 로마신화에서 '큐피드(Cupid)'의 표상(表象)도 활과 화

---

71) Erotic, Greek erōtikós of love, was used to meaning as being caused by love, arousing or satisfying sexual desire in A.D.1615-25. Equivalent to erōt. Stem of érōs. Eros + -ikos-ic.

72) Eros is passionate love, with sensual desire and longing.

살을 쥔 소년이다. 사랑의 신 큐피드는 활과 화살을 갖고 있는데, 그의 황금 화살을 맞은 사람은 걷잡을 수 없는 성욕(Uncontrollable desire)으로 채워져서 욕정에 눈이 멀어 큐피드를 사랑하게 되고, 납으로 된 화살을 맞은 사람은 극도의 혐오감을 느껴(Extreme feelings of aversion) 큐피드를 피해 도망치게 하는 욕망을 갖게 된다고 한다.

둘째가 필리아(philia: 이웃사랑, 형제애, brotherly love, 아리스토텔레스는 우정 또는 애정으로 표기, friendship or affection)인데, 이는 신들의 사람에 대한 사랑, 인간 전체를 포함하는 사랑, 혹은 이웃 간의 우정이었다. 로마서에서도 형제애에 대해 다음과 같이 실천하도록 권고하고 있다. "형제애로 서로 깊이 아끼고, 서로 존경하는 일에 먼저 나서십시오(로마서 12, 10).[73] 필리아는 "상대방이 잘되기를 바라는 지고지순한 마음을 지닌 사랑이다. 그러한 바람이 쌍방적이면서도 그러한 상태를 쌍방이 서로 인지하고 사랑하는 품성 상태에서 나누는 사랑이다. 가장 좋은 필리아 사랑은 상대방의 좋은 성품과 상대방 자체의 좋음에 대해 관심을 갖고 나누는 사랑이다." 바로 이러한 최선의 방법으로 사랑을 나누면 상대방, 즉 친구나 이웃은 '또 다른 나'가 될 수 있다.

자신이 자신에 대하여 취하는 태도를 타자인 상대방에게도 취할 때, 이러한 필리아의 상태에 도달하게 된다. 아리스토텔레스는 필리아란 완전하고 자족적인 삶의 부분이라고 추론한다. 이러한 의미에서 친구와 나 자신은 함께 삶의 일정 부분을 협력적으로 함께 참여하는 것이다. 필리아의 바로 이러한 측면이 합리적 행위자로서 각자의 행복을 증진시킬 수 있게 된다. 우리나라에서 '벗 사랑, 우애(友愛)', 영어권에서 보통 '프렌쉽(friendship)'으로 번역하고 있는 희랍어 필리아(philia)는 많은 연구가들이 지적하듯이 그러한 번역어보다는 더 광범위한 의

---

73) Love one another with mutual affection; anticipate one another in showing honor.

미를 갖는 말이다. 더구나 유교 문화권이 부모 자식 사이, 선후배 사이, 사제지간 사제애(師弟愛)나 군신지간과 같은 수직적 인간관계를, 보통 친구, 동료 사이의 우애(友愛)나 동료애와 같은 수평적인 사랑과 구별하고 있기에, 필리아를 영어 번역처럼 우정으로만 번역할 경우 애초의 그리스어와 비교했을 때 그 의미를 상당히 축소시킨다는 오해를 가져올 수 있다. 아리스토텔레스의 필리아는 부부 사이의 관계나 사제지간, 선후배 사이, 더 나아가 동포애까지를 포괄하며, 연민을 자아내는 단순한 순간적 감정(pathos) 수준에서 이해될 수 없고 상당한 시간의 사귐과 그로 인한 인격적 친밀성을 전제하기에, 우리말의 '정(情)'이 필리아와 가까운 번역이 될 수 있을 것이라는 주장도 있다. 낳은 정이건 기른 정이건 부모와 자식 간의 정이나, 사제지간의 정, 선후배 사이의 정을 얘기할 때 상정되는 타인을 향한 감정이나 태도는 아리스토텔레스가 필리아의 이름으로 분석하는 것과 상당 부분 일맥상통한다고 볼 수 있다.[74]

그러나 우리말의 '정(情)'이 순간성을 넘어 일종의 지속적 태도를 포함한다는 장점, 또 그 개념의 외연에 있어 원어에 보다 근접하고 있다는 또 다른 장점에도 불구하고 정이 필리아의 뜻과 유사하다고는 할 수 없다. 희랍어의 필리아가 유사한 의미를 갖는 동사(philein)나 형용사(phileton : 사랑할 만한, philikon : 사랑스러운, 정다운), 다른 명사(philos 친구, philesis 애호)와 연결되어 있어서 그러한 연결 관계로부터 자신의 의미에 깊이를 줄 가능성이 있는 반면, 우리말 '정(情)'에는 그러한 상태에 이르게 하는 동작을 표현할 능동적 동사형이나 명사, 형용사가 없다는 결점이 있

---

74) A dispassionate virtuous love was a concept addressed and developed by Aristotle in his Nicomachean Ethics Book VIII. It includes loyalty to friends, family, and community, and requires virtue, equality, and familiarity. Philia is motivated by practical reasons; one or both of the parties benefit from the relationship. It can also mean "love of the mind."

다. 그러한 연결에서 보자면 사랑이 아마도 가장 근접한 번역어일 것이다.

셋째가 아가판(Agapan, 동사 Agapo, All-giving, Selfless love)인데, 이는 신약 성경에 인용되면서 가장 높은 사랑의 유형이 되었다. 자선, 인간에 대한 하느님의 사랑, 하느님에 대한 인간의 사랑을 의미한다. 1600~10년경에 아가페(Agape)로 사용하기 시작한 것으로 추정된다.[75]

아가페를 내리사랑, 헌신적 사랑(sacrificial love)이라고도 한다. 아가페는 대상 그 자체를 사랑한다. 아가페는 자기희생적이며 자기 부정적이다. 예수님은 율법적인 사랑보다 희생적 사랑인, 아가페를 가르치셨다. 아가페란 자발적으로 헌신하여 자기를 희생하는 사랑을 말한다. 이는 초대 교회에서 신자들 사이에 깊이 맺어진 사랑의 유대로서, 공동으로 재산을 소유하고, 함께 음식을 나누면서 축하하고 행복해했던 사랑의 행위였다. 이 식사는 성경과 시편을 함께 읽고 묵상하고 기도하면서 사랑의 친목과 축하를 겸하는 것이었다. 예수님 삶 전체를 아가페라고 할 수 있다.

그런데 현대 감각에 맞게 사랑을 좀 더 세분하면 다음과 같다. 하느님께서 인간을 사랑하시는 하느님 사랑(God's love for human beings), 인간이 하느님을 사랑하는 하느님 사랑(The love of human beings for God), 필리아(philia : 이웃사랑 love of neighbor, 형제애 brotherly love, 우정의 사랑, Friendship love 뜻도 함축됨), 관능적인 욕구와 갈망을 지닌 열정적인 사랑을 뜻하는 남녀 간의 사랑 에로스(Eros), 아가판(Agapan, 동사 Agapo, 나중에 아가페로 변하였다. 아가페를 내리사랑, 헌신적 사랑, All-giving, Selfless love라고도 한다), 공허한 사랑(Empty love 사랑의 열병으로, 헌신만 있는 사랑), 기사도 사랑(Courtly love), 낭만적 사랑(Romantic love 친밀감과 열정이 결합된 사랑), 동료애

---

75) Agape is the highest form of love, charity, the love of God for man and the love of man for God. It is the first recorded instance of Agape in A. D. 1600-10.

(Companionate love 열정은 없이 친밀감과 헌신으로 결합된 사랑), 동성애(homosexual love), 레즈비언(Lesbian 여자 동성애자), 남자 동성애자(gay 게이), 박애(Universal love), 배려하는 사랑, 부부 사랑(Conjugal love), 사랑의 삼각관계(Love triangle), 상사병에 걸렸으며 강박관념에 빠진 과잉 사랑(Obsessive love), 순애(Pure, Genuine, or Chaste love), 신심(Devotion=사랑 Love+충실함 Fidelity), 심취된 사랑(Infatuation love 열정만 있는 사랑), 얼빠진 사랑(Fatuous love 친밀감은 없고, 열정과 헌신만 결합된 사랑), 영성, 완전한 사랑(Consummate love, 친밀감, 헌신, 열정 3가지 요소가 모두 갖춰진 완벽한 사랑), 욕정(Passion), 원수 사랑(Love of enemies), 이타적 사랑(Compassionate or Altruistic love), 인(仁 Love), 인간애(human love), 자기애 또는 자신의 사랑(Philautia, Self-love), 자비(慈悲 Mercy=Love+Love of enemies의 합성어), 자유로운 사랑(Free love), 정(Compassion), 정신적 사랑(Platonic love), 조건 없는 사랑(Unconditional love), 짝사랑(Unrequited love), 풋사랑(Puppy love), 유희적 사랑(Ludus : 장난삼아 사랑을 하듯, 진실된 사랑을 할 줄 모르며, 쉽게 한 사람에게서 싫증을 느끼는 사랑이다. 정서가 불안하고 좌불안석인 사람에게서 나타난다), 형제적 사랑(Storge : 형제자매나 친구 같은 관계에서 서서히 발전하는 고대 그리스어 스토르게이storgay에서 유래한 사랑의 유형이다. 스스로의 마음을 여는 자기 개방에서 진전하는 사랑을 말한다.) 논리적인 사랑(Pragma : 쇼핑 리스트를 작성하듯, 자신에게 잘 어울리는 조건을 충족시키는 배우자를 찾아내고 사랑하고 결혼으로 골인하는 사랑이다.), 쉽게 흥분하는 병적 사랑(Mania : 망상이나 강박관념에 사로잡힌 사랑. 질투심, 변덕, 감정의 기복이 심하고, 항상 사랑받기를 원하는 사랑이다. 어릴 때 부모 등 가족의 사랑을 받지 못한 사람에게 병적으로 나타나는 망상에 사로잡힌 사랑이다), 그밖에, 조국에 대한 사랑, 직업에 대한 사랑, 모교에 대한 사랑, 고향에 대한 사랑, 일에 대한 사랑 등 사랑의 종류는 너무 많이 있다.

2) 사랑 애(愛)의 의미

사랑 애(愛) 자는 爫(손톱 조: 돕고 지키다, 손톱) 자와 冖(덮을 멱) 자, 心(마음 심) 자, 夂(천천히 걸을 쇠) 자가 결합한 모습이다. 사랑하는 사람의 기쁘거나 슬프거나 온갖 마음을 덮어주고, 도와주고 지켜주며 사랑이라는 여정을 음미하며 함께 천천히 걸어가는 형상(사랑으로 가슴이 가득 차다→상대방을 사랑하다→소중히 여기다→아끼다→좋아하는 마음에 다가설까 말까 사랑의 대상에게 다가가고 싶은 설레이는 마음과 망설이는 마음의 뜻)이 합(合)하여 '사랑'을 뜻하는 회의문자로 볼 수 있다.

사랑 애(愛) 자를 단순히 목멜 기(旡)(밥을 너무 많이 먹어 목이 막힐 정도라는 뜻) 자와 마음 심(心) 자가 결합한 형태로도 보고 있다. 이것은 사람의 가슴 부위에 심장을 그린 형상이다. 그러니까 사람의 가슴에 심장이 들어가 있는 모습을 그려서 '사랑한다는 뜻으로' 표현했다. 마치 손으로 심장을 감싸 안은 것과 같은 형태이다. "사랑하는 사람을 가슴에 넣어도 아프지 않다는 의미를 포함한 것으로 해석할 수도 있다."[76]

이 밖에 '사랑할 자(慈), 슬플 비(悲), 믿을 신(信), 어질 인(仁), 효도 효(孝), 공경할 경(敬), 섬길 사(事), 받들 봉(奉), 사모할 연(戀), 불쌍히 여길 또는 사랑할 휼(恤), 생각 사(思)' 등이 소설이나, 시, 등의 문학 작품과 영성 서적에서 사용될 때, 문맥에 따라 '사랑'을 의미하는 말로 사용된다. 순수한 국어 낱말로는 '예뻐하다', '고와하다', '괴다', '스랑ᄒ다', '섬기다', '그리워하다', '마음을 주다', '못 잊어 한다', '귀여워하다' 등이 사랑을 의미한다.

---

76) 네이버, 한자 사전.

3) 영어 'love'의 의미

영어 'love'는 '기분 좋게 되다'라는 의미의 라틴어(lubēre)에서 유래되었다(Latin lubēre, later libēre, 영어로는 to be pleasing의 뜻).[77]

독일어의 사랑(Liebe)도 라틴어와 같은 어원을 가지고 있다.

사랑(LOVE)의 알파벳은 네 단어(Listening, Obedience, Vacancy, Endurance)의 첫 글자를 합한 합성어이다. 첫째 단어 'Listening'의 의미는 사랑하는 사람을 잘 사랑하기 위해서는 상대방의 이야기를 잘 경청해야 한다는 뜻이다. 내가 하고 싶은 이야기는 50%만 하고, 배우자의 말을 잘 경청하고, 배우자를 위해 무엇을 해 주고, 헌신적으로 봉사할까? 하고 생각하고, 자신이 생각하고 말한 것과 같이 실천해서 상대방을 기쁘게 해줘야 한다. 말을 잘 듣고 이해해야 상대방의 결점도 덮어줄 수 있고 상대방이 잘되기를 바랄 수 있다. 사랑하는 사람은 항상 서로 잘 듣고 경청하는 자세를 취해야 한다.

두 번째 단어 'Obedience'의 의미는 사랑하는 사람은 서로 순종하라는 것이다. 순종의 뜻은 서로 높낮이가 없다는 뜻이다. 부부가 서로 대등하게 평등한 관계 속에서 결혼 생활을 하라는 의미이다. 서로의 의견이 합목적적이면 서로 받아들이고 따르고 함께 실천하는 것이 순종이다. 서로 순종하면 예의 바르고 무례하지 않게 된다. 순종하면 자기 의견만 옳다고 주장하지 않으며 자기 이익만을 이기적으로 추구하지도 않는다. 지혜가 열두 개의 주춧돌을 깎아 자기 집을 지었다. 인간의 지혜는 '경외심, 순종, 절제, 겸손, 자선, 감사, 인내, 침묵, 믿음,

---

77) Latin lubēre, later libēre, to be pleasing. Before A.D. 900; (noun) Middle English; Old English lufu, cognate with Old Frisian luve, Old High German luba, Gothic lubō;(v.) Middle English lov(i)en, Old English lufian; cognate with Old Frisian luvia, Old High German lubōn to love, Latin lubēre (later libēre) to be pleasing; akin to life.

희망, 사랑, 정직' 12가지로 집약된다. 이 12가지 지혜의 기둥에서 지혜가 솟아난다. 지혜의 시작은 주님을 경외함이다(잠언 9, 10 & 집회 1, 14). 순종은 지혜의 길을 따르는 이들에게 행복을 준다. 순종은 지혜의 주춧돌이기 때문이다. 지혜에 순종하는 사람들은 수치를 당하지 않는다(집회 24, 22). 부부가 서로 순종하면 공감 능력도 높일 수 있고 영원한 사랑을 할 수 있다.

세 번째 단어 'Vacancy'의 의미는 자기의 마음을 전부 사랑하는 사람에게 드러내야 하며 속이는 일 없이 비우는 것이다. 자신을 비우고 낮추되 비굴하지 않고 자신을 정당하게 드러내는 태도와 마음이다. 상대방에게 마음을 비우면 상대방을 시기하지 않고 의심하지도 않으며 자기를 뽐내지도 않고 교만한 마음도 생기지 않는다. 마음을 비우는 것은 솔선수범해서 먼저 한 계단을 내려와서 한 계단 위에 있는 사랑하는 사람을 사랑하는 마음으로 바라보는 것이다. 영어 Understand(이해하다)는 Stand(서다)+under(아래)의 합성어이다. 배우자를 위해 한 계단을 내려오는 것이다. 한 계단 아래 서 있는 것은 스스로 겸손해지는 것을 의미한다. 겸손해야 상대방을 이해할 수 있다. 한 계단 아래서 사랑하는 사람을 겸손하게 바라보아야 사랑하는 사람을 이해하고, 존경하고 존중해 줄 수 있고 배려할 수 있다. 겸손(라틴어 humilitas, 영어 humility)의 어원은 흙(humus, earth)이다. 흙은 더러운 물, 깨끗한 물 등 모든 것을 겸허히 다 받아들이지만, 자기의 존재감은 인간에게 당당하게 드러낸다. 형용사 겸손하다(humble)의 의미는 더 흥미롭다. 엄블(umble)은 사슴이나 돼지의 내장 등 상류층이 먹지 않고 버리는 것을 하인 등 하층 계급의 사람들이 먹는 것이다. 하층 계급의 신분이 낮은 사람들이 먹는 것이다. 겸손을 모르고 교만한 사람들은 엄블을 먹지 못한다. 엄블에서 만들어 낸 단어가 겸손하다(humble)이다. 굴욕, 잘못, 실수, 사슴 내장 파이를 의미하는 험블 파이(humble pie)도 엄블에서 파생되었다. 그래서 겸손을 '흙의 속성과 같다.'고 한다. 겸손은 자신을 낮추되 비굴하지 않고 자신을 정당하게 드러내는 태도와 마음이다(집회 10. 28). 마음을 비우고 겸손해지면 오로지 사랑하는 사람을 위해 모든 것을 내어주고, 사랑해주고, 배려해주고 목숨까지도 내놓을 수 있다.

마지막 네 번째 단어 'Endurance'의 의미는 사랑하는 사람을 위해 화를 내지 않고 모든 화낼 일을 참아내는 것이다(1 코린 또는 고린도 전서 13. 4). '참지 못하고 화를 내는 것'은 자기 스스로가 보고 싶지 않은 자아(자기의 추한 모습)를 상대방이 자신에게 보여주기 때문이다. 화가 날 때는 꾹 참고 그 장소를 잠시 피해 2분간 자기 자신을 성찰하는 것이 좋다. 자신을 성찰하면 화의 원인이 자기 때문에 나는 것을 알고 참게 된다. 모든 분노와 화냄은 그 원인이 모두 자기 자신에게 있기 때문이다. 화를 내면 배우자 등 주변 사람들이 많은 상처를 입는다. 그러나, 정작 더 많은 상처를 입는 사람은 화를 내는 자기 자신이다. 참고 인내하면 결혼 생활이나 직장생활 또는 사회생활에서 만나는 모든 장애나 어려움을 전부 이겨낼 수 있으며 견디어 낼 수 있다. 화를 화로 갚지 말고 화를 인내와 사랑으로 갚아야 한다. 그래야 사랑이 실패하거나, 스러지지 않으며, 녹슬지도 않고 영원한 사랑, 완전한 사랑의 결실을 맺을 수 있다.

제
4
장

사랑의 종류

남녀 간의 사랑, 인간이 하느님을 사랑하는 하느님 사랑,
하느님께서 인간을 사랑하시는 하느님 사랑, 이웃 사랑,
원수를 사랑하라; 원수 사랑, 자비(慈悲), 신심(信心),
영성(靈性), 자신의 사랑

제4장 사랑의 종류

1) 남녀 간의 사랑

a) 성욕(sexual desire, 性慾)은 사람의 가장 중요한 본능이다.

성욕은 성적 상대자인 이성이나 동성에 대한 성적 행위 곧 성행위를 하고 싶다는 강한 욕망을 의미한다. 역사 이래 위에 열거한 많은 사랑 가운데서 특히 주목을 받아온 것은 남녀 간의 사랑이다. 이 사랑 안에서 사랑하는 남녀가 서로 육체와 영혼이 결합되어 서로 하나가 되고 싶다는 강한 욕망이 성욕이다.

사랑은 성욕이라는 통로를 통하여 육체적으로 결합한다. 그런데, 남녀 간의 사랑은 너무 강렬하여 모든 사랑 가운데 가장 뛰어난 사랑처럼 보여, 다른 온갖 사랑은 그와 비교할 때 빛을 잃어버리는 듯하고 마치 죽음마저도 집어삼킬 수 있는 강렬함을 지니고 있다. 성경 '아가(Song of Songs)'의 저자도 "사랑의 열기는 불의 열기와 같고 더할 나위 없이 격렬한 불길과 같다."고 묘사했고, "그 사랑이 뿜어내는 불길과 열기의 강렬함을 열길 깊은 물로도 끌 수 없고 강물이나 홍수로도 휩쓸어 내지 못한다."고 하였다. 그러면서, "사랑은 죽음처럼 강하다."라고 하였다(아가 8, 6-7). 하버드 대학 등 미국 동부의 명문 아이비리그 8개 대학의 하나인 브라운 대학의 캐리 타워(Carrie Tower)에도 사랑은 죽음처럼 강하다는 문구가 새겨져 있다. 학생들에게 사랑의 중요성을 일깨워 주기 위해 새겨 놓았다고 한

다.[78]

리자 다이아몬드(Lisa M. Diamond, 2004)의 연구 결과에 의하면 남자와 여자가 성욕에 관해 생각하는 견해는 다르다. 대부분의 여성은 성욕의 우선순위와 가치를 사랑과 감성에 기초한 친밀한 관계 조성으로 고려하고 있다. 반면에, 남성은 성욕을 성행위를 위한 수단으로 생각하고, 성행위를 하기 위한 최우선 목적으로 삼고 있다.[79]

남녀 간의 성욕은 수줍은 사람도 활동적이고 능동적으로 만든다. "얌전한 고양이가 부뚜막에 먼저 올라간다."는 속담과 같이 사람의 본능인 성욕이 발동하면, 모든 에너지와 열정을 쏟아부으려고 한다. 포르노 등 각종 음란물 등으로 자극받은 성욕은 역겨운 사랑에 빠지기 쉽고, 부모 형제 등 가족의 희생을 가져오며 건강, 생명, 재산, 명예, 행복 등을 빼앗기기도 하고 인생을 망칠 수도 있다. 그러므로 '완전한 사랑'의 기초 위에서 성욕을 채워야 한다. 사랑의 기초를 튼튼하게 짓지 않고 육체적 쾌락의 극치라 할 수 있는 성욕을 맹목적으로 채운다면 범죄의 비극이 되기도 하고, 인생을 파멸로 몰아가기도 한다. 눈먼 사랑으로 눈이 멀면, 부모가 이야기해도 귀에 들리지 않는다. 눈먼 사랑의 열병은 그 해독이 너무 크다. 단지, 성욕을 채우기 위한 무모한 사랑, 눈이 먼 사랑은 인간의 행복도 빼앗고 불행하게 만든다. 그렇다고 성(Sex)의 홍수 시대에 살고 있는 청소년들에게 성의 자유로운 표현을 강압적으로 억제해서는 안 된다. 성욕은 인간 본능의 행위이기 때문에 금지하고 숨길수록 오히려 음성적으로 표현하게 된다. 성욕의 해소에 관해서는 부모가 먼저 자녀의 친구가 되어야 한다. 가정에서 먼저 성

---

78) Love is strong as death. (아가 8, 6-7)
79) Lisa M. Diamond, (2004). Emerging perspectives on distinctions between romantic love and sexual desire. Current Directions in Psychological Science, 13, 페이지 116-119.

교육이 이뤄지고 다음에, 학교를 중심으로 적극적이고 실용적인 성교육이 이뤄져야 한다.

프로이트와 매슬로도 성욕을 사람의 가장 중요한 본능의 하나로 보았다. 프로이트(Freud, Sigmund)는 인간의 본능을 크게 삶의 본능과 죽음의 본능(Freud's Theories of Life and Death Instincts)으로 나누었다. 삶의 본능은 모든 신체적 욕구로서 생존과 번식을 위한 욕구이다. 특히, 성의 본능인 성욕은 삶의 본능 중에서 종족 보존의 본능으로서 가장 많이 연구되어 왔다. 정신 분석의 인격 이론에서도 매우 중요하다.

쇼펜하우어는 성의 본능과 성욕은 인간 의지의 한 부분을 구성한다고 생각하였다.[80] 사람의 본질은 사유나 이성에 있는 것이 아니라, 인간의 의지에 있다. 좁은 뜻의 의지뿐만 아니라, 우리의 소망, 욕구, 희망, 사랑, 미움, 괴로움, 사고 등 우리의 삶 전체가 인간의 의지다. 그런데 인간을 포함해 세상 모든 것들은 자신의 충동과 성욕을 포함하여 모든 욕망을 채우기 위해 노력하지만, 이 충동과 욕망은 결코 충족될 수 없다. 특히 그중에서 성욕은 채우고 또 채워도 여전히 생겨난다. 인간은 그렇게 충족되지 않는 성욕 등 분수에 넘치는 과욕 때문에 늘 고통을 받는다.

그런데, 쇼펜하우어는 "세상 만물 중에 오직 인간은 이 고통에서 벗어날 수 있다."고 하였다. 인간은 "스스로의 의지에 따라 무작정 행동하지 않고, 성욕 등 욕망을 절제할 수 있고, 정화할 수 있고, 스스로 그것을 억제할 수 있는 능력이 있기 때문에 행복할 수 있다."고 하였다.

아브라함 매슬로의 5단계 욕구 이론(Abraham Maslow's Hierarchy of Needs

---

80) Arthur Schopenhauer thought sexual instincts and desires comprised a part of what he called human will.

Theory)에서도 매슬로는 인간의 근본적인 욕구를 생리적 욕구, 안전 욕구, 사랑과 소속 욕구, 자아존중 욕구, 자아실현 욕구(physiological, safety, love and belonging, esteem, and self-actualization) 등 5가지를 제시하였다. 매슬로는 일반적으로 생리적 욕구(physiological needs)에는 배고픔, 피곤함, 졸림, 성욕, 생식(reproduction) 등이 포함되는데 인간의 모든 욕구 중 가장 강력한 욕구라고 주장하였다.

남자와 여자가 부부에게만 국한된 성욕을 정당하게 행동으로 표출하여 서로에게 자신을 내어 주는 부부의 육체결합은, 결코 순전히 생물학적인 것만은 아니고 인간의 가장 깊은 존재와 관련된다. 인간은 자신 안에 고립돼 있지 않고 이성을 향하는 본능을 지니고 있다. 그래서 '가톨릭교회 교리서'에서도 '성은 남녀 부부애를 위해 있는 것'(2360항), '혼인 생활에서 부부의 육체결합은 정신적 일치의 표징과 보증'이며 '부부가 서로 죽을 때까지 서로에게 자신을 완전히 바치는 사랑일 경우에만 진정으로 인간적'(2361항)이라고 강조하고 있다.

b) 섹스(Sex)라는 영어 단어는 창세기에서 처음 소개되고 있다.

라틴어로 번역한 불가타성경(AD 384년 4복음서가 번역되었고, 386년경에 신약성경이 모두 번역되었음)을 영국 옥스포드 대학의 교수이자, 교회 개혁자인 존 위클리프(John Wycliffe)가 최초로 영어로 번역하였다. 위클리프의 영어 성경에 섹스(Sex)라는 영어 단어가 최초로 이름을 올리게 된 것이다(AD 1384년).

성경 내용을 살펴보면, 아담이 자기 아내 이브(하와)와 잠자리를 같이하니, 그 여자가 임신하여 카인을 낳고 이렇게 말하였다. 개신교 성경 번역도 내용은 같고 어휘만 약간 다르다. "아담이 자기 아내 이브(하와)와 동침하니, 그 여자가 임

신하여 카인을 낳고" 이렇게 말하였다(창세기 4, 1).[81]

개신교 성경에서는 '동침하다(Lay with his wife.)'라고 번역하여 가톨릭 성경의 '성관계를 가졌다는(Had intercourse with)' 뜻보다 완곡하게 표현하였다. 창세기 4장 25절에는 "아담이 다시 자기 아내와 잠자리를 같이하니, 그 여자가 아들을 낳았다"고 표현하였다.

또 다른 창세기 성경 구절, 창세기 19장 5절을 살펴보겠다. "그들은 롯을 불러 말하였다. 오늘 밤 당신 집에 온 사람들이 어디 있소? 우리한테로 데리고 나오시오. 우리가 그자들과 재미 좀 봐야겠소." 다른 번역본에서는 섹스라는 표현을 그대로 표기하고 있다.[82]

c) 섹스(Sex)와 젠더(Gender)의 의미

명사로서의 섹스(Sex)와 젠더의 우리 말 번역은 '성, 성별, 남성 또는 여성, 암컷 또는 수컷, 그리고 그것의 집단'이 되겠다. 그러나, 섹스(Sex)와 젠더의 차이점을 우리 말로 정확히 번역하기가 어려워서 젠더(Gender)는 영어 발음대로 '젠더'로 사용하고 있다. 젠더(Gender)에는 없지만, '섹스(Sex)'라는 단어에는 '성행위, 성관계, 섹스, 성교' 등의 뜻도 포함되어 있다. 섹스가 성교(sexual intercourse 또는 intercourse)라는 의미로 적나라하게 처음 소설에 사용된 것은 1928년 로렌스(D. H. Lawrence)의 소설, 『채털리 부인의 사랑(Lady Chatterley's Lover)』의 요약본에서 처음 사용하였다. 그래서, 당시 로렌스의 소설은 외설물로 인정되어 출판이 금

---

81) The man(Adam) had intercourse with his wife Eve, and she conceived and gave birth to Cain, saying, this. Or Adam lay with his wife Eve, and she became pregnant and gave birth to Cain. She said (Genesis 4, 1)

82) They called to Lot and said to him, "Where are the men who came to your house tonight? Bring them out to us that we may have sexual relations with them. Bring them out to us so that we can have sex with them.

지되었으므로 요약본으로 출판한 것이다. 그러다가, 1960년에 검열 없이 소설의 원본이 영국의 펭귄사에 의해 출판되었다.[83]

오늘날에는 섹스가 성교, 성관계, 성행위라는 의미로 널리 보편화되어 많이 사용되고 있다. 본디, '섹스'라는 용어는 가부장제 사회에서 남녀 차별적인 성차별(性差別)의 뜻으로 사용되어 왔다. 그래서 오늘날 성 전문가(性 專門家)들은 '섹스(Sex)'라는 용어를 생물학적인 의미의 성이나 성관계(sexual relations)에 국한시키고 있다. 사춘기가 다가오면 성염색체에 의해 여성은 난소, 남성은 정소에서 성호르몬 분비가 급격히 증가한다. 그래서, 남성으로서 또는 여성으로서 생식기 발육과 음모 등, 남성과 여성에게 있어 각각의 성의 특징이 뚜렷해지는 '제2차 성징(性徵)'이 나타나서 남성으로서, 그리고 여성으로서의 상태(존재)가 되는 것을 생물학적 성(生物學的性)이라고 한다(Biological sex, i.e., is the state of being male or female). 이런 제2차 성징(性徵)을 지닌 남성과 여성의 총칭을 영어로는 섹스(Sex)라고 한다. 이 총칭을 개칭으로 부를 때, 남성(남자), 여성(여자)으로 부른다. 예를 들면, 여권의 첫 페이지 성별(性別)란에 섹스(Sex)라는 항목이 있고, 여자의 경우 'F'(Female, 여성, 여자) 또는 남자의 경우, 'M'(Male, 남성, 남자)로 표기되어 있다. 이렇게 표기된 것이 바로 '생물학적(生物學的) 성(性)'이다.

젠더Gender)는 동등한 남녀 간의 관계를 내포하며 평등에 있어서도 모든 사회적, 문화적, 심리적인 동등함을 실현시켜야 한다는 의미가 함축돼 있다. 사회생활이나 문화생활에서 사용하는 성을 사회학적 성(社會學的 性)이라고 한다. 예를 들면, "국제기구에서 유사한 업무를 해도 남자(Man)가 여자(Woman)보다 연봉이 많다." 이 경우에 남자(Man)와 여자(Woman)는 젠더(Gender)를 의미한다.

---

83) A heavily censored abridgement of Lady Chatterley's Lover was published in the United States by Alfred A. Knopf in 1928. The full unexpurgated edition of Lady Chatterley's Lover was published by Penguin Books in Britain in 1960.

'젠더'라는 용어는 1955년 존스 홉킨스 대학교수 존 머니(John Money)가 생물학적 성과 젠더 간의 술어적 구분을 처음 제시하면서 세상에 알려지게 되었다. 그러다가, 1995년 9월 5일 북경 제4차 여성 대회(정부 기구 회의)에서도 섹스(sex) 대신 젠더Gender)를 사용하기로 결정함으로써 국제적인 이목을 본격적으로 받기 시작하였다. 대부분 국가의 문화에서 젠더의 양분법을 사용하는데 소년(소녀), 남자(여자), 남성성(여성성), 형제(자매) 등으로 사용한다.[84]

미국 등 선진국에서 주장하는 젠더는 남녀 차별적인 섹스(Sex)보다 대등한 남녀 간의 관계를 의미하고 있다. 평등에 있어서도 남녀가 모든 사회적인 동등함을 실현시켜야 한다는 의미가 함축돼 있다. '남녀평등'이란 말 대신 '양성평등'이란 말을 써야 한다는 사회의 목소리가 높은 것도 같은 맥락이다. 사회적인 동등함에서 각 개인이 느끼는 '성 정체성(性 正體性)'이 젠더의 의미이다. 사회학적 성을 세분(細分)하면, 레즈비언(lesbian)과 게이(gay), 양성애자(兩性愛者, bisexual) 등이 포함된다. 이들도 사회에서 성적 차별이 전혀 없어야 한다는 내용을 담은 것이 젠더이다. 성 정체성(性 正體性)의 혼란(混亂)을 극복하기 위해, 아예 성전환수술(性轉換手術)을 하는 사람들도 있는데, 이들을 트랜스젠더(Transgender)라고 한다. 반면에 타고난 생물학적 성과 젠더 정체성이 일치하는 사람을 시스젠더(Cisgender)라고 한다. 트랜스젠더와 반대되는 개념이다.

세계보건기구(World Health Organization, WHO)에서 섹스(Sex)와 젠더(Gender)의 이해를 돕기 위해 설명한 내용은 다음과 같다.

젠더(Gender)의 특성 :
같은 회사나 공공 조직에서 유사한 업무를 해도 남자(Man)가 여자(Woman)보다

---

84) Most cultures in many countries use a gender binary, having two genders (boy/ girl, man/woman, masculinity/ femininity, brother/sister.

연봉이 많다. 베트남에서는 여자가 담배를 많이 피운다. 전통적으로 여자가 담배를 피우는 것은 적절하지 않고, 예의 바르지 않다고 보편적으로 생각하는데도 그렇다. 사우디아라비아에서는 여자는 거의 운전하는 것이 허용되지 않고 있다. 모든 국가에서 여자가 가사를 많이 한다.

1993년 미국 식품 안전처에서는 '성별(Sex)'이란 단어 대신 '젠더'를 사용하기 시작하였다. 그러다가 2011년 다시 입장을 바꿔 '성별(Sex)'은 생물학적 구분으로 사용하기 시작하였고, '젠더'는 개인이 남성 또는 여성으로서의 자기표현을 하는 데 사용하기 시작하였다. 또한, 해당 개인의 젠더 표현에 대해 여러 사회단체나 기관에서의 반응에 따라 사용하기 시작하였다.

d) 성별을 표시할 때는 동등한 남녀 관계를 나타내는 어휘를 사용하는 것이 좋다.

─ Man, Mankind, Brother가 신문 기사, 글이나 문장, 성경에서 사용될 때는 전통적으로 '모든 남녀'를 포함하는 총칭의 의미로 사용하였다. 특히, 성경에서 그러하였다. 미사 통상문 시작예식의 참회 예절에서도 "그러므로 간절히 바라오니… 모든 천사와 성인과 형제들은 저를 위하여 하느님께 빌어주소서"로 표기하였다. 여기서 '형제들'은 '형제와 자매들(brothers and sisters)'을 의미하는 것이다. 앞으로는 '형제들' 대신에 '형제와 자매들'로 표기해야 한다. 미국의 주교회의에서는 '형제와 자매들(brothers and sisters)'로 사용한 지가 오래되었다.

Man의 첫째 의미는 '남자, 남성'이다. 그러므로 앞으로는 남녀를 포함하는 총칭의 의미로는 Man, Mankind, Brother 대신에 Human beings, Human kind, Humanity, Human race, People, Brothers and sisters 등의 어휘를 사용해야 한다.

— 직업(Work, Occupation, Job, Career, Vocation, Profession)의 업종이나 신분을 나타내는 단어, Hostess, Actress, Waitress, Stewardess, Duchess, Goddess, Lioness, Princess, Shepherdess 등은 직업, 신분 이름에 붙는 접미사 -ess에 의해 여성이 그 일을 하고 있거나, 직업, 신분을 알려준다. 앞으로는, 이런 표현 대신에 가능하면 Server(Waitress, Stewardess), Host, Actor 같은 중립적인 어휘를 사용해야 한다. 같은 맥락에서 Policeman 또는 Policewoman 대신에 Police officer를, Spokesman 또는 Spokeswoman 대신에 Spokesperson을 사용하는 것이 바람직하다. 그러므로, Man 또는 Woman이 접미사로 붙는 직업 이름 대신에 Person, Officer, Assistant, Worker와 같은 중립적인 낱말들을 사용하는 것이 바람직하다. Secretary, Nurse, Model도 중립적인 말이다. 전통적으로 남자가 종사하는 직업군이라고 여겨지던 택시 기사, 의사, 변호사 등을 여성이 하는 경우 'A woman or female(taxi driver, doctor, barrister)'로 표기하고 말할 수 있다.

— 대명사(Pronouns)

종전에는 영어문장에서 남녀의 구별 없이 He가 남녀를 전부 의미하였다. 그래서, 문법적으로Anybody, Anyone, Everybody, Everyone, Somebody, Someone 등의 뒤에 단수형 대명사 He, His, Him을 사용하여 왔다. 그러나, 문법적으로 다소 어색하고 맞지 않아도 앞으로는 단수형 대명사 He, His, Him 대신에 복수형 대명사 They, Their, Them을 사용하는 것이 바람직하다.

— 여권

여권의 첫 페이지 성별(性別)란에 섹스(Sex)라는 항목이 있는데, 앞으로는 섹스

(Sex) 대신에 젠더(Gender)로 표기하는 것이 바람직하다.

e) 성욕(sexual desire, 性慾)의 목표는 남녀가 육체결합을 갖는 것이다.

사랑의 목표는 정신적, 감성적, 정서적인 결합과 육체적 결합이 합쳐지는 것이다. 물론, 육체적 결합이 없이도 사랑을 할 수 있다. 이와 반대로 성욕의 목표는 육체결합을 갖는 것이다. 따라서, 생리적으로 성욕은 남녀의 육체결합을 통해서 만족되면 잠시 없어지지만, 사랑은 육체결합을 하였다고 해서 없어지지도 않고, 사랑이 식거나, 녹이 슬거나 줄지 않는 속성이 있다. 물론, 남성에게 있어서는 성욕을 채움으로써 상대 여성을 정복했다는 만족감으로 사랑이 식을 수는 있다. 성욕의 속성은 사랑 없이도 육체결합을 할 수 있다. 생리적으로 성욕을 일으키는 상대는 여러 명일 수 있지만 사랑은 특정 한 사람에게만 집중된다. 평생 특정한 사람에게만 집중하는 것이 가장 바람직하다. 남녀 공통으로 성욕이 일어나면, 동물적 본능으로 성적 충동(sexual drive)이 일어나고, 구애를 하게 되고, 많은 상대와 짝짓기를 하려고 시도한다. 그러나, 사랑은 시간과 에너지를 오로지 사랑하는 사람 한 사람에게만 집중해야 한다. 물론 성욕과 사랑은 상관관계에 의한 상호작용을 하므로, 성욕이 크면 사랑도 커지고, 사랑이 크면 성욕도 커진다.

육체미만을 중시하고 정신 미, 아름다운 마음의 미를 등한시하는 무분별한 성욕의 남용은 낙태를 촉진하고 어린 생명, 태중의 태아를 살해하게 된다. 태아의 태어날 권리를 옹호하며 임신 중절에 반대하는 프로라이프(Right to life, Pro-life) 운동도 중요하다. 그렇지만, 가정에서부터 자녀가 초등학교에 입학하는 시기에 성욕의 억제를 포함한 올바른 성교육이 그 어느 때보다도 필요하고 매우 중요하다. 성욕은 너무 가까이할 수도 멀리할 수도 없는 불가근불가원(不可近不可遠) 원칙에 따라 하느님 뜻에 맞게 채워야 한다. 성욕은 마치 난로와 같다. 뜨거운 난로에 가까이 있으면 몸을 데일 수 있고, 멀리 있으면 추워서 감기에 걸릴 수 있다. 우리가 난로와 적당한 거리를 유지할 때 몸의 냉기를 없애주고 따뜻한 몸으로 일을 잘할 수 있고 건강도 지킬 수 있다. 따라서, 특히 청소년들은 지혜롭게, 부모의 허락을 받고, 결혼을 하고 성욕을 채우는 것이 가장 바람직하다.

사람은 비록 사랑하는 사이라 할지라도 서로 인격을 존중하고 자신들의 본분을 서로 지키는 거리 두기, 즉 분별함이 있어야 그 사랑도 영원히 지속된다. 예를 들면, 부부 사이에도 서로의 경계 구역을 침범해서는 안 된다. 성욕도 남자의 성욕과 여자의 성욕이 다르므로 서로 적당한 거리를 두고 싶어 하는 것이 자연의 법칙이다. 독일의 철학자 쇼펜하우어도 1851년 발표한 저서에 고슴도치의 거리 두기를 설명하였다. 쇼펜하우어의 설명에 의하면, 추운 겨울에 고슴도치들이 너무 추워서 함께 모여 있었는데 서로 가까이 다가갈수록 그들의 바늘이 서로를 찔러서 결국 떨어질 수밖에 없었다는 것이다. 그럼에도 불구하고, 고슴도치들이 서로의 몸을 맞대고, 그 체온의 온기로 추위를 이겨내고자 다시 서로 가까이 다가갔다. 역시 가까이 다가갈수록 바늘이 몸을 찔러 서로에게 피가 나게 했다는 것이다. 그래서 고슴도치들이 깨달은 것이 서로 최소한의 간격을 두는 것이 가장 좋은 방법이라는 것을 알게 되었다는 내용이다.

인간(人間)이란 한자도 사람 인(人, 두 사람을 뜻함)과 사이 간(間)이 합쳐진 합성어이다. 두 사람이 적당히 거리를 두고 살아가는 것이 가장 좋다는 의미이다. 부부유별이라는 말도 여기에서 나온 말이다. 사람이 서로 인간관계가 좋다는 것은 서로가 밀착해서 붙어 있는 것이 아니고, 너무 소원해서도 안 되고, 적당한 거리를 유지해야 한다는 뜻이다. 자전거도 자동차도 바퀴가 서로 일정한 거리를 유지해야 잘 달릴 수 있는 이치와 같다.

f) 성욕을 잘 다스리는 방법

첫째 성욕을 잘 다스리는 방법은 하느님께 기도드리는 것이다. 영화나 드라마의 섹스 신을 보았을 때, 신문이나 잡지의 광고 모델의 섹시한 장면을 보고, 강한 성욕을 느낄 때, 하느님께 화살기도나 짧은 기도를 드리면 성욕을 잘 다스릴 수 있다. "하느님, 저의 마음 안에 생기는 성의 욕정과 비도덕적인 성욕, 충동적인 성욕 등을 물리칠 수 있도록 도와주시기를 간절히 기도드립니다." 더 좋은 방법은 섹스 장면이 많은 영화나, 섹스 충동을 가져오는 신문이나 잡지의 광고를 보지 않는 방법이다. 그러므로, 내면의 마음의 뿌리에서부터 성욕의 싹이 돋기 전에 뿌리를 뽑아버리는 것이 필요하다.[85]

예수님이나 성인들의 성화를 몸에 지니고 다니면서 성욕의 충동이 있을 때, "성화를 보면서 예수님, 저의 몸 안의 부도덕한 성욕의 싹을 뿌리에서부터 도려내 주십시오." 하고 기도할 수 있다.

둘째 기도하였음에도 불구하고 성욕이 불같이 마음 안에 일어나서 걷잡을 수 없이 성욕의 포로가 되었을 때, 그 현실을 감사하자. 성적 본성, 성의 목적을 있는 그대로 받아들이고 하느님께 감사드리는 것이다. 성욕을 없애려고 하지 말고 전부 하느님께 봉헌하자. "하느님, 저에게도 성욕을 느낄 수 있도록 감각의 지혜를 주셔서 감사합니다." 그런 다음에, 자신의 미래에 성과 성욕은 무엇인지? 무엇을 의미하는지? 어떻게 다가오는지? 묵상하는 것이 좋다. 성욕이나 성적 감정을 부정하거나 너무 억눌러서는 안 된다. 대신에, 하느님의 권능과 은총과 힘으로 자신의 몸 안에 성욕 에너지를 저장하였다가, 하느님께서 마련해 주신 은총의 때에 자신에게 마련해 주신 평생의 배우자에게 그 에너지를 사용하면 된다. 결혼 전까지는 반드시 혼전순결을 지키고 그 에너지를 하느님을 위한 유용한 봉

---

85) Hence it needs to be pulled out from its very roots the moment it sprouts.

사에 활용하는 것이 좋다.

셋째 직장, 공공장소, 길거리에서 상대방 여자나 남자의 눈과 마주치자마자, 강력한 성욕이 치솟았다면, 즉각 시선을 돌리고, 내면에 남아 있는 기억과 시각자료를 완전히 없애 버려야 한다. 그렇지 못할 경우, 성욕의 씨앗이 무럭무럭 자랄 것이기 때문이다. 자신의 성욕에 대해 스스로에게 말하는 것도 좋은 방법이다. 지금 나에게 불끈 솟아오른 성욕은 단지 생각에 불과해. 지금 당장은 나에게 도움이 안 되고, 나를 해치는 거야. 쓸모없어. 그런 다음에 심호흡을 아주 크게 몇 번 하고, 자신의 포커스를 현재의 일상의 활동으로 돌리는 것이다.

넷째, 상대방 여자나 남자를 보자 마자, '첫눈에 바로 이사람이야, 내가 찾던 사람이다.' 하고 성적으로 홀딱 반하게 되고, 자석 같은 욕정의 마력에 의해 정신을 잃을 정도라 해도, 정신을 가다듬고, 현재 보고 있는 저 사람에게서 벗어날 수 있는 자제력을 키워야 한다. 또 다른 좋은 방법은 3단계로 상대방을 시각적으로 바라보는 것이다. 1단계는 상대방의 나체를 상상해 보는 것이다. 2단계는 상대방의 피부가 없는 모습을 바라보는 것이다. 그리고 마지막 단계는 상대방의 가장 추한 모습이 노출된 상태를 바라보는 것이다. 이 방법은 생체에 의해 자기의 몸과 다른 개체에서 유래되는 정상적이 아닌 비 정상적인 '몸의 상태'를 바라 봄으로써 성욕의 욕정에서 탈피하는 좋은 방법이다.

다섯째 현재 직면한 환경에서 탈출하고 환경을 바꾸는 것이다.

주말에 집에서 쉬고 있는데, 갑자기 자위 행위가 하고 싶다면, 즉시 일어나 슈퍼 마켓에 가거나, 매일매일 처리할 일의 목록을 주머니에 항상 넣어두고 있다가, 그 일을 하는 것이 좋다. 흥분된 성욕의 관심을 다른 환경에 집중하여 성욕을 억제하여야 한다. 새로운 취미를 개발하고, 퍼즐 게임을 하거나 부모에게 안부 전화를 하거나, 독서를 하거나 친구 등에게 카톡을 하는 방법도 좋다.

여섯째 운동으로 성욕의 에너지를 분산시켜야 한다.

혈기 왕성하게 성에 대한 욕정이 솟아나는 경우, 욕정을 참기가 어렵다면 그 에너지를 집에서 스트레칭을 하여 소모시키거나, 헬스장에 가서 런닝 머신에서 달리거나, 근력 운동 또는 둘레 길에서의 산보, 줄넘기, 자전거 타기, 골프 연습장에서의 스윙 연습, 냉수로 샤워 하기 등으로 해소시키는 것이 좋다. 몸을 냉각시키는 것은 문자 그대로 성욕을 가라 앉힐 수 있다.[86]

일곱째 건강호흡법으로 성욕을 다스리는 것이 좋다. 통상 4 : 7 : 8의 건강 호흡방법으로 4초간 숨을 크게 들이 마시고, 7초간 숨을 참고 있다가 8초간 숨을 길게 내 뱉는 것이다. 성욕으로 발생하는 에너지를 건강 호흡법으로 발산시키는 것이 좋다. 요가 호흡법을 하는 것도 성욕의 에너지를 분산시키는데 좋다.

여덟째 집안의 가구를 다시 정리하고 청소하고 명상에 잠기는 것이다. 아주 편안한 자세를 취하고, 눈을 감고 10분간 침묵을 하면서 마음과 정신이 온전히 고요해지도록 노력한다. 명상은 우리의 몸과 마음과 정신이 더 건강하도록 도와준다. 사리 판단도 더 잘 하도록 도와준다. 10분 동안 무엇을 생각하였는지, 혼자 체험하고, 그 체험을 바탕으로 다시 10분간 명상에 잠기는 훈련을 반복하는 것이다. 이 고요함의 침묵 명상에서 내적 통찰력을 키우거나, 자기 반성을 하지 말고, 그 무엇을 찾으려고 노력할 필요도 없다. 단지, 명상 가운데 떠오르는 생각들을 관찰하고, 바라보고 성찰하는 것이 좋다. 예를 들면, 자기 건강 관리, 부모님 노후 등을 묵상하는 것도 하나의 대안이 될 수 있다. 하여튼, 명상에서 중요한 것은 무엇인가를 의식하였다는 그 자체이다. 그 의식의 질은 중요하지 않다.

아홉째 영화나 드라마의 섹스 신을 보거나, 신문이나 잡지의 광고 모델의 섹

---

86) Do some exercises, take a walk, or take a cold shower-cooling the body can literally cool sexual urges.

시한 장면을 볼 계획 등을 연기하는 훈련을 하여야 한다. 퇴근하면 집에서 저녁 9시에 '19금 영화를 보아야지' 하고 계획하였다면, 그런 계획을 취소하거나 연기하는 자제력이 필요하다. 친구가 카톡으로 보낸 포르노 장면도 열어보지 말고 삭제해야 한다. 예를 들면, 오늘 저녁 9시에 19금 영화를 보겠다고 출근할 때 마음 먹었다면, 밤 11시로 연기하자. 인내력이 요구된다. 2시간을 참았다면, 밤 11시 전에 피곤해서 잠이 들 것이고, 그런 훈련을 하다 보면 자기와의 싸움과 절제, 극기에서 이길 것이다. 바오로 사도도 "나는 내 몸을 단련하여 복종시킨다."고 하였다(고린도 전서 또는 1 코린 9, 27).[87]

포르노(pornography)를 보는 것은 정결을 거스르는 중죄이다. 정부는 포르노물의 제작과 배포를 막아야 한다. 하느님께서 허락하신 부부 행위를 왜곡하기 때문이다. 성적 욕구 충족을 위해 사람을 도구화하다 보면 사회의 선악(善惡) 구분 잣대는 마비돼 버린다. 최근 n번방 사건이 대표적인 사례이다. 건전한 상식이 있는 문명사회의 평범한 시민이라면 분노하고 고발해야 했는데도 많은 남성들이 추악한 성범죄의 공범자로 가담하였다. 어린 시절부터 친구의 유혹에 넘어가 포르노를 즐기며 여성을 비하하고 여성을 성적 유희의 도구로 삼으며 성장하게 만든 왜곡된 성문화가 원인의 하나일 수 있다. 가정에서의 성 교육이 중요함을 새삼 느낄 수 있다.

열째 스트레스를 줄이고 마약은 금물임을 알아야 한다. 범죄에 빠지는 일이기 때문이다. 잦은 폭음과 과음도 피해야 한다. 업무상 스트레스가 쌓이면, 그 분출구로 섹스나 폭음과 과음 등을 생각하기 쉽다. 유흥업소 출입이 많으면, 비도덕적인 성욕의 노예가 되기 쉽고 자기 관리가 되지 않는다. 지식경제 사회에 잘 적응하고 대응하기 위해서는 유흥업소 출입보다는 평생학습에 매진하여야 한다.

---

87) I drive my body and train it. Or I train my body and bring it into subjection.

그리고, 어떠한 환경에서도 마약을 손대서는 안 된다. 마약에 맛들인 친구와는 절교를 해야 한다. 마약은 인생을 자멸시키는 지름길이다.

마지막으로 갑자기 성욕이 폭발하면 와인을 음미하며 평소에 좋아하는 음악을 듣거나 요리방법을 평소에 배웠다가 요리를 하는 등 좋은 취미를 새롭게 갖는 것도 좋다. 식욕은 성욕과 상호 연관성이 깊다. 성욕은 충동적이지만, 음악은 흥분된 마음을 가라앉히는 진정제이다. 맛있는 음식을 먹고, 한잔의 와인을 곁들이면 잠도 잘 오기 때문에 수면이 성욕을 누그러뜨릴 수 있다.

2) 인간이 하느님을 사랑하는 하느님 사랑(The love of human beings for God)

인간이 하느님을 사랑하는 하느님 사랑(The love of human beings for God)의 의미는 하느님을 우리 삶의 중심에 두고, 하느님께 대한 사랑이 우리 마음과 정성의 첫 자리를 차지해야 한다는 뜻이다. 그래서, 하느님을 다른 어떤 피조물보다 더 사랑하는 사람은 행복하다. 하느님을 사랑한다는 것은 한 점의 흠도 없이 자기를 온전히 하느님께 봉헌하고, 자기를 잊어버리고, 하느님을 기쁘시게 해드리는 것이다. 하느님만이 유일하게 참된 사랑의 원천이요, 초석이며 그 보증이 되기 때문이다.

그렇다면, 하느님을 사랑하는 구체적인 실천 방법은 무엇일까? "바로 그분의 계명을 지키는 것이다"(요한 1서 또는 1요한 5: 3). 예수님은 이 땅에 사랑을 가지고 오셨는데, 그 사랑도 바로 하느님을 사랑하는 방법을 가르쳐주신 것이었다. 예수님은 이 사랑이 모든 사람들 사이에서, 예를 들면, 가족 안에서, 다양한 사회계층과 조직 안에서 잘 실천되기를 원하신 것이다. 하느님께 대한 사랑은 이웃에 대한 사랑, 곧 사람들이 서로 사랑하는 사랑 안에서 구체화되고 드러난다. 하느님을 사랑하는 것과 이웃을 자기 몸같이 사랑하는 것은 분리될 수 없다. 이웃 사랑을 실천하지 않고 눈에 보이지 않는 하느님을 사랑할 수 없기 때문이다(요한 1서 또는 1요한 4: 20). 따라서 우리는 부모나 형제 이웃을 잘 사랑하게 될 때에 하느님도 잘 사랑할 수 있는 것이다. 이 두 계명을 지키지 않고는 어떠한 방법으로든 완덕(完德)에 나아갈 수 없다. 모든 율법과 예언서는 바로 이 두 계명으로 요약할 수 있기 때문이다(마태 22: 40). 우리가 하느님을 사랑해야 하는 이유는 많다. 먼저 그분은 무한히 선하시고 완전하시며 사랑 자체이시기 때문이다(마태 19, 17).

우리는 하느님으로부터 헤아릴 수 없는 많은 은총을 받았으며, 하느님은 우리를 사랑하시기를 원하시고 또 사랑하도록 명하셨기 때문에 우리가 하느님을 사랑해야 한다. 따라서 우리는 하느님의 계명에 순종하고, 예수님과 같이 자신을 위해 살지 않고 하느님과 이웃을 위해 살아야 한다. 이런 삶은 사랑 가운데 최고의 사랑이기에 우리는 바로 그 최고의 사랑을 선택하고 실천해야 한다.

또한, 하느님을 사랑하기 위해 우리 목숨도 바쳐야 한다. '성 십자가 기도'(The Holy Cross Prayer)에는 다음과 같은 내용이 나온다. 하느님, 저희가 저희 스스로를 버리고 희생하여 하느님과 동료 인간, 이웃을 위해 살도록 도와주세요.[88] 기도문 내용은 십자가상에서 돌아가신 예수님의 죽음과 같은 죽음이 아니라 우리의 이기심과 욕심들을 버리고, 우리 스스로를 주님께 완전히 바치고 봉헌한다는 뜻이다. 그러므로, 하느님과 이웃을 위해 목숨을 바친다는 것, 목숨을 내놓는다는 것, 스스로를 버리고 희생한다는 것은 죽는 것만을 의미하는 것이 아니다.

순교가 없는 21세기를 살아가는 신앙인들이 순교한다는 것은 "무엇이 우리의

---

88) Help us to die to self so that we may live for You and our fellow human beings. 영어기도서, 보성인쇄기획사, 2017, pp. 162.

삶에서 가장 귀한 것인지를 깨닫고 실천하는 것이고, 하느님을 우리 삶의 한 가운데에 모시고 하느님 중심으로 사는 것이며, 예수님께서 걸어가신 길을 걸어가는 것이다." 가장 귀중한 것을 깨닫고, 하느님을 위해 모든 것을 내어 놓고, 가장 귀중한 것을 하느님께 드리고 하느님 중심으로 사는 것이 바로 순교이기 때문이다. 내가 가진 가장 귀한 것을 하느님께 내어 드릴 때, 우리는 하느님 안에서 하느님과 하나가 되는 것이다. 온통 내어주는 삶, 바치는 삶, 베푸는 삶, 봉사하는 삶, 어려운 이웃을 항상 걱정하고 이끌어주고 좋은 길로 인도해주며 이 지상에서의 삶을 마감하고 죽을 때까지 돌봐주는 것, 온통 내어주는 삶이 "모든 것을 하느님을 위해 버리고 하느님께 드리는 것이다." 그런데, '가장 귀중한 것을 하느님께 드리는 것'의 출발점은 어린아이가 젖을 뗄 무렵에 걸음마를 배우듯이, 하루에 식사를 세 번 하듯이, 습관적으로 꾸준히 시간을 내서 성경을 읽고, 기도를 하고, 이웃에게 선행을 베풀고 이웃사랑을 실천하는 것이다. 처음부터 너무 거창한 것을 하느님께 드리겠다고 하는 것은 걸음마를 배우며 젖을 뗀 어린아이에게 마라톤을 가르치는 것과 같다.

우리는 또, 밀알이 땅에 심어져 썩어서 많은 열매를 맺듯이 하느님을 위해서 우리 마음 안에서도 많은 열매를 맺어야 한다. 그 열매를 맺기 위해서는 희생의 길, 헌신의 길, 봉사의 길을 실천해야 한다. 하느님의 말씀은, 능력을 지니셨기 때문에, 우리 마음에 뿌려지면 반드시 많은 열매를 맺도록 은총이 주어질 것이다. 그러나 기왕이면 우리의 마음 밭을 아주 좋은 땅으로 만들어 100배의 열매를 맺어야 한다. 100배의 열매를 맺기 위해서는 '가장 귀중한 것을 하느님께 드리는' 우리의 꾸준한 노력들이 동반되어야 한다. 구체적인 노력은 하느님 말씀의 능력을 믿고, 그 말씀이 제대로 잘 자랄 수 있도록 가시덤불 같은 세상 걱정과 재물의 유혹들을 우리 마음에서 도려내야 한다. 그리고 매일 사랑을 실천함으로써 우리 마음에 따뜻한 사랑의 불꽃이 계속 잘 지펴나가도록 해야 한다. '완전수, 100배의 열매'라는 의미는 영원한 생명, 천국을 상징하는 것이다. 우리의 마음 밭을 좋은 땅으로 만들어 갈 때, 우리 마음 밭 안에서 자라고 있는 하느님 말씀의 씨앗은 분명히 '영원한 생명'이라는 놀라운 열매를 맺을 것이다.

예수님께서는 또한 이 말씀으로, 사랑의 본질과 인생의 보편적인 본질을 밝히셨다. 이것은 당신의 희생과 당신 안에서 완성된 사랑의 원리에서 출발한 것이다. 이 사랑을 실천하는 것이 인간이 하느님을 사랑하는 것이다.

사람이 자신에게 좋은 것만을 찾고, 자신이 좋아하는 것을 챙기면서 오로지 자기 중심적으로 산다면 결코 행복하지 않다. 누구나 좋은 것을 찾으면 더 찾고 싶고, 재산, 권력, 명예 등도 소유할수록 더 소유하고 싶다. 이 세상의 재화는 한정되어 있다. 세상의 파이는 한정되어 있는데 사람들은 누구나 더 가지지 못해 안달이다. 가지지 못해 안달하고 자기밖에 모르는 사람은 가정 등 사회 공동체에 항상 피해를 준다.

그렇다면 하느님을 위해 산다는 삶은 무엇인가? 우리는 자기 어머니 태중을 통해 세상에 난 것도 주님의 은총이고, 주님에게서 와서 주님께로 돌아가는 것도 은총이다. 태어난 이후의 모든 삶이 하느님께서 주신 은총이다. 마땅히, 하느님이 우리 삶의 주인이다. 그러므로 우리가 주인 행세를 하면 안 된다. 하느님께서 우리 삶의 중심이시므로 모든 것을 하느님께 돌려드려야 한다.

돌려드린다는 의미는 무엇인가? 하느님께서 우리에게 우리의 출생, 생명, 삶, 성장, 건강, 재물과 명예의 소유 등 모든 것을 전부 거저 주셨다. 이 모든 것이 하느님의 공짜 선물이다. 그러므로 하느님께 받은 공짜 선물을 인정하고 감사 드리면서 이웃과 나누고 사는 것이 하느님께 우리의 삶을 돌려드리는 것이다. 가족과 이웃사람에게 먼저 받을 생각을 하지 말고, 내가 먼저 주어야 한다고 항상 생각하고, 먼저 인사하고, 먼저 고맙다고 하고, 좋게 대하고, 항상 먼저 배려하고 나눠서 가족과 이웃에게 평화를 주는 사람, 기쁨을 주는 사람, 어렵고 고통 받는 사람들에게 빛을 비추는 사람이 되어야 한다.

이 땅 위에서 순례자로서의 생활은 유한하다. 땅 위에서의 삶이 모든 것이라고 생각하는 사람은 세상 것에 애착을 가질 수밖에 없다. 그런 사람은 어떤 일을 하든지 항상 자신이 중심이 된다. 집요한 애착을 갖는 사람은 하느님께 아무것도 돌려드릴 수가 없다. 우리에게 요구되는 것은 자기 자신을 위하여 사는 것이 아니라 하느님을 위하여 사는 것, 하느님을 사랑하는 것이다. 그러므로, 하느님을 우리 삶의 중심에 모시고, 하느님의 말씀을 따라 살고자 노력해야 한다. 중요한 것은 우리의 뜻이 아니라 하느님의 뜻대로 살아야 한다. 세상의 명예, 화려함, 재물 등을 일정 부분 포기하고, 자기 자신을 희생함으로써 이웃사랑을 하면서 하느님께 더욱 다가서야 한다. 그것이 하느님을 사랑하는 것이고 애초부터 하느님 소유였던 재물과 삶을 다시 하느님께 돌려드리는 것이다.

그래서, 영원한 삶을 보장받았다고 믿고 살아가는 신심이 돈독한 사람들은 자신들이 하느님에게서 받은 모든 것이 선물임을 알고, 그 선물을 활용할 용기를 지니고 살아간다. 이 세상에서 자신의 것을 희생하면서 살아가는 것이다. 그런 사람은 어떤 일을 하든지 자기 중심이 아니라 하느님 중심과 타인 중심의 삶을 살아간다. 즉, 항상 하느님을 삶의 중심에 모시게 된다. 따라서 그는 하느님께 대한 사랑에 몰두하기 때문에 이웃 사람도 사랑하고, 부모나 형제 친척을 더욱 더 잘 사랑하게 된다.

인간이 하느님을 사랑하는 하느님 사랑(The love of human beings for God)이라는 관점에서 오늘날의 순교를 다시 조명해보자. 사실, 아프리카나 중동의 극단주의 이슬람 국가 등에서 예수님의 복음을 선포하다 죽는 무모한 경우를 제외하고는,

오늘날 우리가 하느님을 위하여 목숨을 내놓아야 할 순교는 거의 없다. 그러나 하느님을 사랑하기 위해서 자신의 것을 희생해야 하는 일은 종종 있다. 그것이 순교다. 그런데 그것도 결코 쉬운 일이 아니다. 우리는 세례를 통해서 세상의 가치관, 명예, 재물, 권력, 허황된 마음 등에 대해서는 죽었기 때문에 이제 그리스도의 가치관대로 살아야 한다. 이웃을 사랑하기 위해서 자신을 낮추고, 헛된 욕심을 버리고, 이웃에 대한 판단을 죽이고 내 눈의 들보를 잘 들여다 보는 것, 사랑하고 싶은 사람만 골라서 사랑하는 것이 아니라 모두를 사랑하는 것 등도 바로 순교다. 왼손이 하는 일을 바른 손이 모르게 어려운 이웃을 돕는 것 등 소소한 일들이 오늘날의 순교다. 이런 삶은 영원한 삶을 보장받는다. 나눠주고 퍼준다고 우리는 결코 손해를 보지 않는다. 은총의 샘물에서 물을 퍼서 가난한 이웃에게 나눠줘도 샘은 마르지 않고 계속 물을 퍼낼 수 있다. 사랑도 마찬가지다. 퍼내고 퍼내도 마르지 않는다. 주님의 삶을 산다는 것은 우리가 가진 모든 것, 주님에게서 받은 모든 것을 자신도 소유하면서 가난한 이웃과 나누고 더불어 소유하는 것이다. 나누면 나눌수록 하느님께서 계속 채워주시기 때문이다. 우리 모두의 소유가 하느님의 것이라는 생각만 해도 그 생각 자체가 하느님께서 허락하신 축복이자 은총이다. 우리는 자신을 위하여 살지 않고 하느님을 위하고 이웃을 위해 살아야 한다. 그것이 하느님 보시기에 좋은 삶, 이 세상에서 가장 아름다운 삶이고 하느님을 사랑하는 것이다.

3) 하느님께서 인간을 사랑하시는 하느님 사랑(God's love for human beings)

세례를 받고 그리스도인이 되어 하느님의 사랑을 받는다는 것은 인생에서 최고의 축복이자 은총이다. 새로이 거듭 태어나서 새로운 삶을 살아가는 것이다. 하느님으로부터 사랑을 받는다는 것은 그리스도인의 선택도 아니고, 거룩한 생각이나 자신이 계획한 것의 결과물도 아니다. 하느님께서 뽑아주시고 선택해 주신 것이요, 하느님께서 거저 주시는 은총이며 축복이다.

또한, 우리의 새로운 삶에 결정적인 이정표를 제시하는 한 사건, 다름 아닌 예수님을 만나는 것이다. 요한복음서는 그 사건을 이렇게 설명하고 있다. "하느님께서는 세상을 너무나 사랑하신 나머지 외아들을 내주시어, 그를 믿는 사람은 누구나 멸망하지 않고 영원한 생명을 얻게 하셨다"(요한 3, 16). 죽음까지도 마다하지 않고 사람을 사랑하신 그 사랑을 받아들이고 간직하고, 이웃에게 나눠줌으로써, 그리스도교 신자들은 이스라엘 신앙의 핵심을 간직하는 동시에 사랑의 시야에 새로운 지평을 넓혔다. 지구상에서 하느님의 사랑을 먼저 독점하다시피 한 독실한 이스라엘 사람들은 날마다 자기 삶의 핵심을 드러내는 신명기의 말씀으로 다음과 같이 기도하였다. "이스라엘아, 들어라! 주 우리 하느님은 한 분이신 주님이시다. 너희는 마음을 다하고 목숨을 다하고 힘을 다하여 주 너희 하느님을 사랑해야 한다"(신명 6, 4-5). 예수님께서는 이러한 하느님 사랑의 계명과 레위기에 나오는 "네 이웃을 너 자신처럼 사랑해야 한다"(레위 19, 18. 마르 12, 29-31)는 이웃 사랑의 계명을 하나의 계명으로 묶으시고 사랑의 개념을 단순하고도 간단명료하게 해 주셨다. 하느님께서 우리를 먼저 사랑하셨으므로(1요한 4, 10), 하느님께서 인간을 사랑하시는 하느님 사랑은 이제 자연히 하느님께서 우리에게 다가오시는 사랑의 은총이 되었다.

외아들 예수님께서는 인간에 대한 사랑 때문에, 인간을 위하여 온갖 고난을 참아내시고 십자가에서 돌아가셨다. 인간을 위하여 목숨까지 내어놓으신 사랑이다. 언제나 하느님은 우리에게 당신을 온전히 다 주고 싶어 하시기 때문이다.

십자가는 죄인이 지고 가는 형벌 도구이다. 십자가 위에서 예수님께서 돌아가셨다는 것은 극악무도한 죄를 지었음을 의미한다. 그런데 실제로는 죄도 없으신 예수님께서 십자가를 지고 골고타의 형장으로 가셨다. 세상의 불의와 부조리로 억울하게 고통받는 이들과 함께하셨기 때문이다. 십자가는 너무 무겁다. 예수님께서 무거운 십자가를 지고 가신 이유는 불화, 다툼, 증오, 시기, 미워함, 완고함이라는 무게, 가족이라는 무게, 경제적 어려움이라는 무게, 사회적 책임이라는 무게 등 온갖 세속의 무게에 짓눌려 고생하는 이들과 함께하신 것이고 그 무거운 짐을 덜어주신 것이다. 또한, 십자가는 외로운 자리이다. 십자가를 지고 간다는 것은 모든 비난을 받아들인 것이어서 십자가를 지고 죽음을 향하여 걸어가는 것은 철저하게 고독한 길이었다. 예수님께서는 외로움에 떨고 있고 세상에서 가장 보잘것없는 죄인들을 사랑하시려고 십자가를 지신 것이다. 이렇듯 예수님께서는 억울하게 고통 받고 있는 이들, 삶의 무게에 짓눌려 살아가는 이들, 외로움에 떨고 있는 이들과 죄인들의 참 하느님이셨다. 하늘 저 높은 곳에서 우리를 내려다보시며 혀를 차시는 분이 아니라 우리와 함께 고통받으시고, 우리들의 노고를 함께 짊어지시며, 우리들의 외로움을 사랑으로 채워 주시려고 몸소 우리를 위해 십자가를 지고 가신 것이다. 그러기에 우리는 십자가에 달리신 그분의 사랑에 감사드리며 살아가야 한다.

예수님의 십자가에서의 죽음은 하느님께서 인간을 들어 높이시고 구원해 주시고, 사랑해 주시고자 당신 자신을 내어 주시는 행위의 절정이었다. 그것은 가장 철저한 형태의 완전한 사랑이었다. 요한이 말하는 그리스도의 찔린 옆구리(요한 19, 37)를 바라볼 때, 우리는 모든 사랑의 출발점인 "하느님은 사랑이십니다"(1요한 4, 8)라는 말씀을 이해할 수 있다. 바로 찔린 옆구리에서부터 하느님께서 인간을 사랑하시는 사랑이 시작되기 때문이다. 그래서, 그리스도인은 예수님의 찔린 옆구리를 바라봄으로써 우리 자신이 살아가고 사랑하여야 할 길을 찾아낼 수 있다.

하느님께서는 사랑 자체이심을 우리는 알고 있다. 전적으로 아가페 사랑이다. 그런데, 예언자들, 특히 호세아와 에제키엘은 당신 백성에 대한 하느님의 열정을 묘사할 때 대담한 관능적 표상들을 사용하였다. 하느님과 이스라엘의 관계는 약혼과 혼인의 은유를 이용하여 묘사하였다. 하느님의 인간에 대한 사랑은 사람의 아무런 공로 없이도 완전히 거저 주어진다. 용서하는 사랑이기 때문이다. 호세아는 특히 인간에 대한 하느님 사랑의 이 아가페적인 차원이 거저 주어지는 측면을 훨씬 능가한다는 것을 보여 주었다. 이스라엘은 하느님을 저버렸고, 계약을 깨 버렸다. 하느님께서는 당연히 이스라엘을 심판하시고 이스라엘과 관계를 끊어 버리셔야 마땅하셨다. 그러나 바로 그 점에서 하느님께서는 인간이 아니라 하느님이시라는 것이 드러난다. 하느님을 저버리고 배신한 이스라엘을 완전히 폐기 처분하시고 관계를 단절하셔야 함에도 불구하고 이스라엘을 다시 사랑하시고 계신다.

부모를 배신하고, 부모를 내다 버린 자녀를 용서하시는 부모 이상의 사랑을 베푸셨다. 하느님께서는 하느님을 배반한 이스라엘을 두고 다음과 같이 사랑을 드러내셨다. "이스라엘아, 내가 어찌 너를 내버리고 저버리겠느냐? 내 마음이 미어지고 연민이 복받쳐 오른다. 나는 타오르는 내 분노대로 행동하지 않고 이스라엘을 다시는 멸망시키지 않으리라. 나는 사람이 아니라 하느님이다. 나는 네 가운데 있는 거룩한 이, 분노를 터뜨리며 너에게 다가가지 않으리라"(호세 11, 8-9). 그 당시 백성에 대한, 인류에 대한, 하느님의 열정적인 사랑은 동시에 용서하는 사랑이었다. 그 사랑은 너무도 위대하여 하느님께서 당신 자신을 거스르시고, 그분의 사랑이 그분의 정의를 거스르게 하였다. 여기에서 그리스도인들은 십자가의 신비를 어렴풋이 미리 엿볼 수 있다. 인간에 대한 하느님의 사랑은 너무도 위대하여 하느님께서는 스스로 인간이 되심으로써 죽기까지 인간을 사랑하시어 정의와 사랑을 일치시키신 것이다.

사랑 자체이신 하느님께서는 당신의 피조물인 인간도 온전히 사랑하시기에 인간을 당신과 같은 위치에 두고자 하신다. 그래서 하느님께서는 주실 수 있는 모든 것을 인간에게 아낌없이 거저 다 내어주시는 것이다. 사람들은 하느님께서 당신과 같은 위치에 두고자 하시는데도 그것을 알아차리지 못하고 세속의 재물과 명예 등 물신에 눈이 멀고, 심지어 하느님과 똑같이 되고 싶어서 선악과를 따 먹고 바벨탑을 쌓고 하느님을 배신하여 그것을 누리지도 못하고 대부분 죽게 된다.

하느님께서는 원래 "인간이 인간의 원초적 꿈인 하느님의 신성에 참여하여 하느님과의 결합에 이를 수 있도록 배려하셨다." 정말 신비스럽다. 그러나 이 결합은 신성의 바닷속에 이름도 없이 가라앉는 침몰이거나 어떤 혼합이 아니라, 하느님과 함께 사랑을 창조하는 일치이며 결합이다. 그 결합 안에서 하느님은 하느님으로, 인간은 인간으로 남아 있지만, 동시에 하느님과 완전한 하나가 되는 것이다. 인간의 지혜로는 깨달을 수 없는 심오한 신앙의 신비다. 바울(또는 바오로) 성인이 말하듯이, "주님과 결합하는 이는 그분과 한 영이 되는 것이다."(고린도 전서 또는 1코린 6, 17)

하느님께서는 우리와 하나가 되시고자 우리에게 다가오시고, 언제나 우리의 마음을 얻고자 하신다. 최후 만찬에서, 십자가 위에서, 심장에 찔리시기까지, 부활하신 뒤 발현하시기까지, 사도들의 활동을 통하여 태어나는 교회의 길을 인도하신 그 위대한 행위들에 이르기까지, 그렇게 우리에게 다가오시고 찾아오셨다. 주님께서는 그 이후의 교회 역사에서도 계속 현존해 오시고 계신다. 주님의 말씀을 통하여, 성사들을 통하여, 특히 성체성사를 통하여 언제나 새롭게 우리를 만나러 오신다. 교회의 전례에서, 교회의 기도에서, 살아 있는 신도 공동체에서, 우리는 하느님의 사랑을 체험하고 그분의 현존을 인식하며, 그리하여 우리의 일상생활에서 그 현존을 깨닫는 법을 배운다. 그분께서 먼저 우리를 사랑하셨고, 계속하여 먼저 사랑하시고 계신다. 우리 또한 사랑으로 응답할 수 있다. 하느님께서는 우리가 스스로 만들어 낼 수 없는 사랑을 우리에게 요구하시지 않으신다. 그분께서는 우리를 사랑하시고, 우리가 그분의 사랑을 알고 체험할 수 있게 다가오시고 찾아오실 뿐이다. 하느님께서 먼저 우리를 사랑하셨으므로, 사랑 또한 우리 안에서 응답으로 아름답게 꽃 피울 수 있는 것이다.

우리에게 다가오시고 찾아오시는 예수님과의 만남을 사랑으로 발전시켜 나갈 때, 사랑은 단순히 감정이 아니라는 것이 명백히 드러난다. 감정은 오고 가고, 감정은 만나자마자 일어나는 놀라운 불꽃일 수 있지만, 그것이 완전한 사랑은 아니다. 성숙한 사랑은 인간의 모든 잠재력을 불러일으킨다. 성숙한 사랑은 인간의 온 존재와 관련되어 있다. 하느님의 사랑을 가시적으로 보여 주는 것들을 만날 때, 사랑 받고 있다는 체험에서 솟아나는 기쁨의 감정이 우리 안에서 일깨워질 수 있는 것이다. 그러나 이러한 만남은 또한 우리의 의지와 우리의 지성을 모두 요구한다. 살아 계신 하느님을 인식하는 것은 사랑에 이르는 하나의 길이며, 우리의 의지가 그분의 의지에 순응함으로써 우리의 지성과 의지, 감정은 하느님께서 베푸시는 모든 사랑을 포용하는 사랑의 행위 안에서 결합되기 때문이다. 그러나 이것은 계속 진행되고 있는 진행형 과정이다. 하느님께서 인류를 사랑하시는 사랑은 결코 끝나지 않으며 완성되지도 않는다. 하느님께서 베푸시는 사랑을 인간이 포용하고 받아들이는 그 사랑은 일생에 걸쳐 계속 진행되고 성숙하며, 사람들이 하느님께서 베푸시는 사랑 그 자체에 충실한 삶을 살아가는 것이 사랑이 성숙하는 과정이다.

하느님께서는 세상의 그 누구도 채워 주지 못하는 사랑과 영원한 생명을 우리에게 주시고자 하신다. 그런데 우리가 하느님께서 거저 주시고자 하는 엄청난 선물을 마다하고 엉뚱한 것들을 청한다면 우리가 원하는 것을 받을 수 없을뿐더러 하느님께서 주시고자 하는 사랑과 참된 선물도 받아들일 수 없는 것이다. 왜냐하면, 우리는 일상에서 사랑의 갈증은 물론 크고 작은 많은 갈증을 느끼며 살아가고 있다. 그러나 근본적인 갈증인 사랑의 갈증이 해소된다면 다른 갈증은 쉽게 극복해 나갈 수가 있다. 다른 갈증들은 우리가 노력해서 풀 수가 있기 때문이다. 그러나, 우리는 죽음과 생명에 대해서는 어떻게 해볼 수가 없다. 죽음과 생명은 인간의 영역 밖의 문제이기 때문이다. 오로지 하느님만이 영원한 생명의 열쇠를 갖고 계시다. 그러나 하느님께서 사랑으로 영원한 생명을 주시고 죽음을 해결해 주시고자 하는데, 우리가 그것을 뿌리치고 거절하고 있다. 우리가 하느님의 사랑을 마다하고 세속의 헛된 욕망으로 우리의 갈증을 채우고자 헛되이 애쓰기 때문이다. 우리가 하느님께서 주시는 영원한 생명보다 세속의 헛된 욕망을 더 소중하게 생각하기 때문에 하느님의 사랑도 외면하고 헛된 욕망을 쫓아다니고 있다. 이제부터 우리는 세속의 헛된 욕망으로 우리의 갈증을 해소하려고 헛된 노력을 하지 말고 바오로(또는 바울, St. Paul) 사도처럼 예수님의 말씀을 따르는 삶이 영원한 생명을 누릴 가장 확실한 길이며, 하느님께서 거저 주시는 사랑을 받을 수 있는 길임을 알아야 한다. 그때는 세상의 그 어떤 것도, 그 어떤 욕망도 우리를 하느님의 사랑에서 떼어 놓을 수 없을 것이다.[89]

---

89) 교황 베네딕토 16세의 회칙 "하느님은 사랑이십니다. (Deus Caritas Est), 2005. 12. 25. 회칙)

4) 이웃 사랑

사람은 이웃과 더불어 행복해야만 더 행복해질 수 있게 창조되었다. 이웃과 재물욕 등 세속의 각종 욕망으로 경쟁을 하는 것은 독약을 마시거나 오염된 음식을 먹으며 건강해지려고 하는 것이다. 육화의 신비로 하느님께서 인간이 되시어 세상에 내려오신 이유도, 사람이 행복하지 않으면 하느님께서도 행복하시지 않으시고 마음이 편하지 않으시기 때문이다.

탕자의 비유를 보면, 탕자가 된 둘째 아들은 아버지에게 졸라 자기 몫의 유산을 상속받았다. 그런데, 둘째 아들은 유산으로 받은 재산으로 창녀와 놀아나고 주지육림에 빠지는 것이 행복이라고 생각하였다. 모든 재산을 탕진하고 나중에 후회하고 말았다. 아버지의 말씀에 순종하면서 아버지를 행복하게 해드리는 것이 자신의 행복임을 뒤늦게 깨달은 것이다. 한편, 아버지와 줄곧 함께 같은 집에서 착실하게 살아온 큰아들은 아버지 곁에 있으면서도 행복이 무엇인지를 모르고 자랐다.

같은 논리로, 우리는 우리가 죄를 짓지 않고 죄를 이겨 행복할 때 아버지도 행복하다는 것을 깨달아야 한다. 아버지를 행복하게 하는 것, 곧, 이웃을 행복하게 하는 것이 나의 행복임을 깨닫는 사람이 진정한 이웃이다. 생명공학자들도 너와 나의 차이가 불과 0.1% 차이라고 한다. 생명공학적으로 '이웃'이라는 개념에는 서로의 간극이 거의 없다는 이야기다. 그래서 생명공학자들은 이웃을 내 몸같이 사랑하는 것은 아주 당연하다고 말하고 있다. 인간은 누구나 이웃을 사랑해야 한다. 그 이유의 하나는 "네 이웃을 너 자신처럼 사랑해야 한다"고 하느님께서 명하셨기 때문이다(마태 22, 39). 그리고 하느님께서 우리 모두를 구원하시기 위해 아들을 희생할 만큼 인간을 극진히 사랑하셨기 때문이다.

그렇다면, 이웃은 누구인가? 예수님께서는 "도움이 필요한 사람, 자비를 베푸는 사람도 신분에 관계없이 누구나 이웃이고, 그런 사람들이 원수라도 이웃이라고 하셨다. 바오로 사도는 모든 피조물이 우리의 이웃임을 분명히 밝혔다." 왜냐하면, 예수님께서는 일부 피조물만의 맏이가 아니라 모든 피조물의 맏이이시고, 일부만이 그분 안에서 창조된 것이 아니라 모든 만물이 그분 안에서 창조되었기 때문이다. 그리고 모든 것이 그분을 향하여 같은 길을 걸어가며 서로가 서로에게 도움을 주고받고 있기에 서로 이웃이라고 말할 수 있다. 그러므로, 하느님을 사랑하는 모든 사람, 더 나아가 모든 만물이 이웃임을 받아들이고 사랑하여야 한다. 이웃은 한 가족, 한 하느님의 자녀, 영원한 행복에 대한 운명을 같이하기 때문이다. 그런데 이웃 사랑은 친절만으로 부족하다. 영육 간에 도움을 주어야 한다. 그래서 이를 애덕이라고 한다.

제2차 바티칸 공의회를 개최한 성 요한 23세 교황은 '나'라는 1인칭 주어를 사용하지 않았다고 한다. '나'라고 할 수 있는 권한은 하느님밖에 없다고 배웠기 때문이다. 나만을 생각하면 이웃을 잊어버린다. 우리는 이웃을 사랑하려면 먼저 나를 잊어야 하는 이유가 여기에 있다. 아침에 조금 일찍 일어나 기도하는 것, 성경 한 구절을 읽는 것, 이웃을 사랑하고자 나의 욕망을 줄이고 죽이는 것, 이웃을 나의 윗자리에 두는 것 등이 나를 잊어버리는 출발점이요, 이웃 사랑의 출발점이며 순교의 출발점이다.

그런데, 예수님께서는 이웃 사랑의 구체적인 예를 다음과 같은 설명으로 아주 쉽게 풀이해 주셨다.

그때에 예수님의 어머니와 형제들이 예수님을 찾아왔다. 그들은 밖에 서서 사람을 보내어 예수님을 불렀다. 그분 둘레에는 군중이 앉아 있었는데, 사람들이 예수님께 "보십시오, 스승님의 어머님과 형제들과 누이들이 밖에서 스승님을 찾고 계십니다." 하고 말하였다. 그러자 예수님께서 그들에게, "누가 내 어머니고 내 형제들이냐?" 하고 반문하셨다. 그리고 당신 주위에 앉은 사람들을 둘러보시며 이르셨다. "이들이 내 어머니고 내 형제들이다. 하느님의 뜻을 실행하는 사람이 바로 내 형제요 누이요 어머니다."

예수님께서는 "누가 내 어머니고 내 형제들이냐?" 하고 반문하시면서, 참 가족의 의미와 더불어 이웃 사랑의 의미에 대해 말씀해 주신 것이다. 그런데, 이웃 사랑에 관한 예수님 말씀의 진의를 좀 더 구체적으로 잘 이해하는 데 도움이 되는 좋은 사례가 있어 소개하고자 한다.

엄마 북 출판사에서 발행한 『아빠 최고의 아들이 되세요』라는 책이 있다. 피정하러 가는 아빠에게 아들이 한 이야기이다. 그 책에서 한 가지 이야기를 소개한다. 이야기 주인공은 아버지가 일찍 세상을 떠나 어머니가 홀로 애지중지 곱게 키운 외아들이다. 어머니는 남편 대신 홀로 평생 외아들을 키웠고, 외아들에게 의지하였다. 아들도 아버지 없이 자랐기 때문에 오로지 어머니에게 모든 것을 의지해 온 외아들이다. 결혼 적령기가 되어 아들이 결혼했지만, 아들은 과부가 된 어머니를 계속 보살피고 부양해야 한다고 생각하고 같이 살았다. 그러다 보니 고부간 갈등이 자연스럽게 생겨났다. 무엇보다, 어머니는 며느리에게 아들을 빼앗겼다고 생각한 것이다. '이 세상에서 나보다 나를 더 사랑하는 이', 그분이 바로 우리의 어머니이신 것은 우리 인간, 모두가 다 잘 아는 사실이다. 그렇지만, 어머니가 장가간 아들을 계속 소유하려고 집착하는 것은 가정의 화목과 평화를 해치는 사실이라는 것을 당사자인 어머니는 잘 알면서도 모른 체하였다. 그래서 불화가 계속되었다.

어느 비 오는 날, 세 사람이 성당을 가는데 아들이 먼저 집을 나서자 어머니가 얼른 우산을 들고 아들 팔짱을 끼고 미사를 봉헌하러 가게 되었다. 아들은 어머니가 그렇게 하시니 어색해서 좀 거리를 두려고 하면 어머니가 더욱 팔짱을 세게 끼시고 손을 놓아주지 않았다. 아내는 뒤에서 혼자 우산을 쓰고 졸랑졸랑 따라왔다. 아들이 또 잘못한 것은 결혼 후에도 아내 모르게 어머니에게 매달 용돈을 준 것이었다.

그러던 어느 날 어머니가 며느리에게 "아들이 어머니를 매우 사랑한다는 뜻으로 용돈도 매월 준다고 자랑을 늘어놓았다."고 한다. 그러니까 아들 입장이 더욱 곤란하게 되고 고부간의 갈등과 더불어 남편과 아내의 갈등과 불화가 더 증폭되게 되었다. 그러다가, 아들이 뒤늦게 철이 나서, "더 이상 이런 방식으로 어머니를 사랑해서는 안 되겠다. 예수님께서 말씀하신 대로 이웃 사랑을 해야겠다."고 결심하고 다음과 같이 실행에 옮겼다.

어느 날 어머니가 용돈을 달라고 하시자 직접 드리지 않고, 며느리에게 달라고 하시라고 했다. 이 말을 듣고 어머니는 낙담하여 크게 상심하고 섭섭해하셨다. 그렇지만 상황이 바뀐 것을 설명 들은 어머니는 어쩔 수 없이 며느리에게 손을 내밀어 용돈을 타게 되었고 그동안 며느리에게 닫혔던 마음의 문을 조금씩 열게 되었다. 며느리도 용돈을 매월 꼬박 꼬박 드리고 서로 좋은 이야기도 나누고 소통의 장이 조금씩 열리기 시작하였다.

과거에는 아들이 여름에 참외를 사 오면 시어머니 혼자 드셨는데 아들이 과일을 사 오면 며느리에게 너도 먹어라 하고 과일을 건네주시기도 하셨다. 두 사람 사이가 조금씩 가까워졌다. 성당에 갈 때도 변화가 왔다. 비 오는 주일 성당에 미사 봉헌하러 갈 때는 시어머니와 며느리가 한 우산을 쓰고, 아들은 뒤에서 혼자 우산을 쓰고 갔다. 이런 사랑은 예수님께서 가르쳐 주신 이웃 사랑의 아름다운 실천 방식이다.

아들을 물건처럼 소유하려 하면 가정이 화목하지 않다. 정말, 진정으로 아들을 사랑하면 오히려 놔주어야 한다. 성모님께서는 가장 사랑하시는 예수님을 십자가에서 죽으시면 안 된다고 떼를 쓰지 않으셨다. 예수님께서는 "누구든지 나에게 오면서 자기 아버지와 어머니, 아내와 자녀, 형제와 자매, 심지어 자기 목숨까지 미워하지 않으면, 내 제자가 될 수 없다."고 하셨다. 여기서 '미워하라'는 말은 '봉헌하라'는 뜻이다. 봉헌할 줄 모르는 사람은 주님의 제자가 될 자격이 없다. 예수님께서 "너희 가운데에서 누구든지 자기 소유를 다 버리지 않는 사람은 내 제자가 될 수 없다."고도 하셨다. 주변에서 자신에게 돈을 투자하면 크게 불려주겠다고 유혹한다. 그러면 저금리 시대에는 누구나 솔깃해서 가지고 있는 돈을 과감히 투자해서 때로는 깡통을 차게 된다. 이렇게 자기 욕심을 위해서 투자하듯이, 더 큰 이웃 사랑을 위해서는 사랑하는 아집과 잘못된 사랑을 내려놓고 참된 이웃 사랑에 투자해야 한다. 이것이 참된 이웃 사랑이다.

제비가 무리를 지어 이동을 할 때에는 그들 고유의 이동 법칙을 따라야 하고, 기러기도 그들의 고유 이동 법칙을 따라야 한다. 꿀벌도 벌을 채집하는데 그들만의 규칙이 있다. 그런데 그 룰을 따르는 것이 쉽지만은 않다. 8대 2의 법칙이 있다. 어느 조직이든지 대개 조직원의 20%만 열심히 일하고 나머지는 빈둥대기 일쑤다. 기러기의 경우, 수만 킬로를 날아야 하기에 한 마리도 낙오해서는 안 된다. 그래서 낙오자를 잘 돌보아야 한다. 제비와 기러기처럼 가족 공동체, 교회 공동체와 사회 공동체도 그 나름의 윤리 도덕과 전통과 법규를 잘 지켜야 한다. 공동체 안에 낙오자가 없도록 도와주고, 나눠주고, 도덕과 전통과 법규를 잘 지키도록 해야 한다. 그래야 서로 사랑하고 화목하게 지낼 수 있다. 그것이 이웃 사랑이다.

예수님께서는 세상에 사랑의 공동체를 만드시려고 오셨다. 예수님께서 "내 어머니와 내 형제들은 하느님의 말씀을 듣고 실행하는 이 사람들이다."라고 말씀하신 것은 사랑의 공동체가 무엇인지를 알려 주시려고 말씀하신 것이다. 이 말씀은 예수님께서 어머니이신 성모 마리아께 매몰차게 하신 말씀이 아니다. 이 말씀 안에는 성모 마리아를 본받으라는 의미가 들어 있다. 곧 어머니, 형제, 자매의 외연을 크게 넓히시는 말씀이다. 그리스도인들은 서로를 형제, 자매라 부른다. 하느님의 뜻을 실천함으로써 하느님의 자녀가 되고, 예수님과도 친구가 되고 형제가 되어 새로운 혈연 가족 관계를 맺었기 때문이다. 그래서 서로 형제, 자매가 된 것이고 형제, 자매라 부르는 것이다.

그런데 우리는 이따금 하느님의 뜻인 이웃 사랑을 실천하지 않으면서 서로 형제, 자매라고 부른다. 이런 우리를 향하여 오늘도 예수님께서는 우리를 질책하신다. "누가 내 어머니고, 내 형제며 자매들이냐?" 성모 마리아처럼 하느님의 말씀을 듣고 올바로 올곧게 실행한 사람은 역사 이래 지금까지 아무도 없었기 때문이다.

그런데 "누가 내 어머니고, 내 형제며 자매들이냐?"고 말씀하신 내용을 우리가 잘 이해하고 알아들어야 한다. 여기서 우리가 잊어서는 안 되는 또 하나의 중요한 교훈이 있다. 예수님께서는 참외를 사 오시면 그 참외를 성모 마리아께만 드리는 것이 아니라 성모 마리아는 물론 제자들과 주변 모든 사람이 참외를 한쪽씩 다 맛보도록 배려하신다는 말씀이다. 어머니라고 해서 성모 마리아에게만 참외를 전부 드린다면 "그것은 성모 마리아께 대한 예수님의 이웃 사랑이 될 수 없다."는 내용을 쉽게 비유로 설명한 것이다.

"누가 내 어머니고, 내 형제며 자매들이냐?"고 말씀하심으로써 우리가 이웃 사랑을 어떻게 해야 하는지 그 모범 답안을 쉽게 풀이해 주신 것이다. 이웃 공동체에 들어가서 이웃 사랑을 가장 완벽하게 실천할 수 있는 모범 또한 성모 마리아 한 분이심을 명쾌하게 설명해 주신 것이다.

이웃 사랑에 관한 다른 좋은 사례를 보기로 하자. "어떤 부자가 있었는데, 그는 자주색 옷과 고운 아마포 옷을 입고 날마다 즐겁고 호화롭게 살았다. 그의 집 대문 앞에는 '라자로'라는 가난한 거지가 종기투성이 몸으로 누워 있었다. 그는 부자의 식탁에서 떨어지는 것으로 배를 채우기를 간절히 바랐다. 그러나 개들까지 와서 그의 종기를 핥곤 하였다. 그러다, 그 가난한 이가 죽자 천사들이 그를 아브라함 곁, 천국으로 데려갔다. 부자도 죽어 묻혔다. 부자가 지옥에서 꺼지지 않는 지옥 불의 맹렬함에 고통을 받으며 간신히 눈을 들어 쳐다보니, 멀리 아브라함과 그의 곁에 있는 라자로가 보였다. 그래서 그가 소리를 질러 말하였다. "아브라함 할아버지, 저에게 자비를 베풀어 주십시오. 라자로를 보내시어 그 손가락 끝에 물을 찍어 제 혀를 식게 해 주십시오. 제가 이 불길 속에서 너무 큰 고초를 겪고 있습니다." 그러자 아브라함이 말하였다. "얘야, 너는 살아 있는 동안에 좋은 것들을 배불리 먹고, 좋은 옷을 입고, 온갖 사치를 하며 행복하게 살았고, 라자로는 너무 불행하게 살았음을 기억하여라. 그래서 그는 이제 여기에서 위로를 받고 너는 고초를 겪는 것이다. 게다가 우리가 있는 천당과 네가 있는 지옥 불 사이에는 큰 구렁이 가로놓여 있어, 여기에서 너희 쪽으로 건너가려 해도 갈 수 없고 거기에서 우리 쪽으로 건너오려 해도 올 수 없다." 부자가 말하였다. "그렇다면 할아버지, 제발 라자로를 제 아버지 집으로 보내 주십시오. 저에게 다섯 형제가 있는데, 라자로가 그들에게 경고하여 그들만은 이 고통스러운 곳에 오지 않게 해 주십시오." 그러자, 아브라함이, "그들에게는 모세와 예언자들이 있으니 그들의 말을 들어야 한다." 하고 대답하자, 부자가 다시 "안 됩니다, 아브라함 할아버지! 죽은 이들 가운데에서 누가 가야 그들이 회개할 것입니다." 하였다. 그에게 아브라함이 다시 이렇게 일렀다. "그들이 모세와 예언자들의 말을 듣지 않으면, 죽은 이들 가운데에서 누가 다시 살아나 환생해서 자기가 태어난

집이나 살던 집에 가서 지옥이나 지옥 불에 관해 이야기 해줘도 믿지 않을 것이다"(루카 복음서 16, 19-31).

부자 이야기는 이웃 사랑을 실천하며, 우리가 올바른 길로 되돌아가도록 도와주는 하나의 경종이다. 부자는 교회에 가서 신앙생활은 열심히 하는 이스라엘 사람이었지만 이웃 사랑은 실천하지 않았다. 사람이 우물에 빠졌는데 안 구해 준다면 그 사람에게는 사랑이 없는 것이다. 마찬가지로 굶주린 라자로가 문밖에 있는데도 먹을 것을 주지 않았으니 그는 스스로 사랑을 실천하는 사람이 아님을 드러내며 산 것이다. 반대로 라자로는 개들이 원하는 대로 자신의 몸을 핥게 하여 개들에게 사랑을 나누어 주었다. 사랑은 내어줌이고 나눠주는 것이다. 우리가 아무 걱정 없이 흥청대고 마시기만 하면 스스로 사랑이 없음을 드러내는 것이며 불행한 삶을 살아가고 있는 것이다. 부자는 죽은 뒤 불길 속에서 고초를 겪으며 아브라함에게 물 한 방울로 갈증을 식히게 해 달라고 애원하고 있다. 그는 날마다 호화롭게 지내면서도, 대문 앞에서 구걸하는 라자로를 외면하였기에 그러한 고통을 당하는 것이다. 이 비유는 재물을 올바르게 쓰는 지혜를 터득하고 이웃 사랑을 실천하도록 권고하는 비유이다. 재물은 한 사람이 독점하여 남의 먹을 것을 가로채려고 인간에게 주어진 것이 아니다. 재물은 인간이 이 세상에서 살아가는데 필요한 것이지만 남을 도우라고 우리에게 주어지는 것이다. 우리는 재물을 정당하고 유익한 목적을 위해 쓰도록 관리해야 한다. 재물은 탐욕과 죄악의 도구가 되기도 하지만, 하늘나라로 들어가는 축복의 사다리도 될 수 있다. 부자가 자신의 재물만을 믿고 의지하면 하느님에게서 멀어지기가 쉽다. 주님을 신뢰하고 재물로 가난한 사람을 돌보는 부자야말로 행복하다는 비유의 말씀이다. 아무리 많은 돈을 가진 부자가 이 세상에서 대접받고 권세를 누려 행복한 것처럼 보여도 하느님의 눈에는 보잘것없는 존재에 불과하다. 우리가 영적으로 가난한 사람이 되지 않으면, 부자와 같이 불행한 사람이 될 수 있다.

한편, 어떤 율법 교사가 "스승님, 제가 무엇을 해야 영원한 생명을 받을 수 있습니까?" 예수님께서 그에게 말씀하셨다. "율법에 무엇이라고 쓰여 있느냐? 너는 어떻게 읽었느냐?" 그가 "네 마음을 다하고 네 목숨을 다하고 네 힘을 다하고 네 정신을 다 하여 주 너의 하느님을 사랑하고 네 이웃을 너 자신처럼 사랑해야 한다고 하였습니다." 하고 대답하자, 예수님께서 그에게 이르셨다. "옳게 대답하였다. 그렇게 하여라. 그러면 네가 살 것이다." 그 율법 교사는 자기만이 똑똑하고, 옳고, 지혜롭고, 정당함을 드러내고 싶어서 예수님께, "그러면 누가 저의 이웃입니까?" 하고 물었다.

예수님께서 응답하셨다. "어떤 사람이 예루살렘에서 예리코로 내려가다가 강도들을 만났다. 강도들은 그의 옷을 벗기고, 돈을 빼앗고 그를 때려 초주검으로 만들어 놓고 가 버렸다. 마침 어떤 성직자(오늘날의 목사나 신부)가 그 길로 내려가다가 그를 보고서는, 길 반대쪽으로 모른 체하고 지나가 버렸다. 레위인(이스라엘의 성직자인 제사장 아래에서 종교적 업무에 종사하는 사람을 가리키게 되었다.)도 마찬가지로 그곳에 이르러 그를 보고서는, 모른 체하고 길 반대쪽으로 지나가 버렸다. 그런데 여행을 하던 어떤 사마리아인(이방인)은 그가 있는 곳에 이르러 그를 보고서는, 가엾은 마음이 들었다. 그래서 그의 상처에 기름과 포도주를 붓고 싸맨 다음, 자기 노새에 태워 여관으로 데리고 가서 돌보아 주고 치료해 주었다. 이튿날 그는 은전 두 닢(오늘날 이틀 치 품삯)을 꺼내 여관 주인에게 주면서, "저 사람을 돌보아 주십시오. 비용이 더 들면 제가 돌아올 때에 갚아 드리겠습니다." 하고 말하였다. 너는 이 세 사람 가운데에서 누가 강도를 만난 사람에게 이웃이 되어 주었다고 생각하느냐?" 율법 교사가 "그에게 자비를 베푼 사마리아인입니다." 하고 대답하자, 예수님께서 말씀하셨다. 가서 너도 그렇게 하여라(누가복음 또는 루카복음 10,

25-37).

　위의 착한 사마리아 사람(예수님 자신이 사마리아 사람임을 비유한 것임)의 비유는 "우리의 이웃이 누구인가?"를 극명하게 보여준다. 그 당시 사마리아 사람은 이스라엘 사람들에게 천대를 받던 사람들이다. 오늘날로 비유하면 목사나 신부는 강도를 만난 사람을 피해 도망가다시피 하였지만, 에덴동산에서 쫓겨나 영원한 생명을 잃어버린 인류에게 자비를 베푸시는 구세주이신 예수님께서 '사마리아 사람으로 나타나시어' 강도를 만난 사람의 상처를 싸매주고 계셨던 것이다.

　예수님께서는 당신의 처지를 이방인(사마리아 사람)으로 비유하시는 것을 주저하지 않으셨고, 심지어 하느님을 모독하는 사람으로 십자가에 처형되시는 것도 마다하지 않으셨다. 착한 사마리아 사람의 비유는 사마리아 사람의 얼굴에서 우리가 예수님의 얼굴을 알아보도록 이끌어준다. 우리가 하느님의 사랑을 전할 수 있는 대상은 우리 주변의 고통 받는 사람들이다. 나와 다른 타인도 하느님께서 사랑하시는 사랑의 대상이기에, 우리는 그 타인 안에서 하느님의 사랑을 발견할 수 있다. 구세주를 통하여 우리에게 계시된 하느님의 사랑과 구원의 기쁨은 우리가 만나는 이웃 사람에 대한 이웃 사랑 실천을 통해서 주어진다는 비유이다. 여기서 예수님께서는 착한 사마리아 사람의 비유를 통하여 이웃 사랑의 보편적 가치를 우리에게 알려 주신 것이다. 이스라엘 사람들과 이방인의 구분 없이, 모든 사람이 하느님의 사랑과 구원을 받는다는 가르침은 조건 없는 사랑의 기준이기도 하다. 나를 필요로 하는 사람, 내가 도울 수 있는 사람은 누구나 나의 이웃이다. 예수님께서는 당신 자신을 가난한 사람들, 굶주린 사람들, 목마른 사람들, 나그네, 헐벗은 사람들, 병든 사람들, 감옥에 갇힌 사람들과 동일시하셨으며 그들을 이웃으로 정의하신 것이다.

　그러므로 이웃 사랑은 성경이 가르치는 방식, 예수님께서 선포하신 방법으로 가능하다는 것이 드러났다. 이웃 사랑은 하느님 안에서, 하느님과 함께, 내가 좋아하지 않거나 알지 못하는 사람까지도 사랑하는 것이다. 이는 오로지 하느님과 내밀한 만남을 가질 때에만 가능하다. 그러한 만남은 의지의 친교가 되어, 내 감정에까지도 영향을 미칠 수 있다. 그럴 때에 나는 순전히 내 눈과 감정이 아니라 예수 그리스도의 시각으로 다른 사람을 바라볼 수 있게 되는 것이다. 그분의 친구는 곧 나의 친구이다. 다른 사람의 겉모습을 넘어서 사랑과 관심의 행위를 보여 달라는 그분의 내면의 열망을 깨닫는다. 그리스도의 눈으로 보게 될 때, 나는 다른 사람에게 외적인 필요보다 훨씬 더 많은 것을 줄 수 있다. 나는 그가 갈망하는 사랑의 눈길도 줄 수 있다. 바로 여기에서 요한의 첫째 서간이 힘주어 강조하는 하느님 사랑과 이웃 사랑 사이의 필연적인 상호 작용이 드러난다. 나의 삶에서 하느님과 그 어떤 관계도 갖지 않는다면 나는 다른 사람에게서 다른 사람 이상의 것을 전혀 볼 수 없으며, 더구나 그에게서 결코 하느님의 모습을 알아볼 수 없다. 그러나 나의 모든 삶에서 오로지 '열심해지려고', 또 '종교적 의무를' 다하는 데만 오로지 열중하다가 다른 사람에게 관심을 기울이지 못하게 된다면, 나와 하느님 관계 또한 메말라 버릴 것이다. 이러한 관계는 그럭저럭 '괜찮지만' 사랑이 없는 관계이다. 기꺼이 내 이웃을 만나 사랑을 드러내고자 할 때에만 나는 하느님께도 마음을 쓸 수 있다. 내가 이웃에게 봉사할 때에 나는 하느님께서 나를 위하여 무엇을 하시는지, 하느님께서 나를 얼마나 사랑하시는지 알 수 있다. 캘커타의 마더 데레사 성인 등 그분들의 삶을 생각해 보자. 그분들은 성체 안에 계신 주님을 만나 이웃을 사랑할 수 있는 지혜와 용기와 힘을 평생 마르지 않는 성령의 샘에서 끊임없이 길어 올렸으며, 이웃에 대한 봉사를 통하여 예수님과의 만남이 더욱 생생해지고 심오해졌다. 따라서 하느님 사랑과 이웃 사랑은 나눌 수 없으며, 하나의 계명을 이루는 것이다. 그러나 두 가지 모두 우리를 먼저 사랑하신 하느님에게서 흘러나오는 사랑으로 사랑을 실천할 수 있는 것이다. 그러므로 사랑은 외부의 계명으로 생기거나 실천하는 것이 아니라, 반대로 내부에서 스스로 얻는 사랑의 체험에서 생겨난다. 그래서 이 사랑은 본질상 다른 사람들과 나누어야 하는 것이다. 사랑은 사랑을 통하여 자라난다. 사랑은 하느님에게서 나오고 우리를 하느님과 일치시켜 주기 때문에, 사랑은 하느님을 닮는 것이다. 이 일치의 과정을 통하여 사랑은 우리의 분열을 뛰어넘어 우리를 하나로 만드는 것, 바로 우리 자신이 되게 하는 것이다. 이렇게 하여 하느님께서는 마침내 '모든 것 안에서 모든 것'(1코린 15. 28)이 되시는 것이다.

한편, 이웃 사랑을 실천하면 장수하게 된다는 흥미로운 연구 결과가 있다. 창세기를 보면 하느님께서 인간의 수명을 120년으로 정해주셨다고 다음과 같이 전해 내려오고 있다. 하느님께서 말씀하셨다. "사람들은 살덩어리일 따름이니, 나의 영이 그들 안에 영원히 머물러서는 안 된다. 그들은 120년밖에 살지 못하도록 해야 한다"(창세 6. 3). 뉴욕 아인슈타인 의과대학의 연구에 의하면 미래에 사람의 수명이 평균 115년 정도가 될 것인데 특이한 유전 체질을 가지고 있는 사람은 125년까지 살 수 있다고 하였다.[90]

2019년 기준 우리나라 사람들의 기대수명은 83.3년이다. 남자 80.3년, 여자 86.3년이다. OECD 회원국 가운데 5번째로 높다. 일본이 최장수를 누리는 것으로 나타났다. 평균적으로 하느님께서 허락해주신 수명 120년의 69% 정도의 삶을 살고 있는 셈이다. 그런데, 하느님께서 120세까지 허락해주신 수명을 살지

---

90) The team at the Einstein College of Medicine in New York found that Jan Vijg and colleagues wrote in their report, published in the journal Nature and the life span of the human beings will be around 115 years. "Our data seem to say it is really around 115," Vijg added in an interview. Vijg is a professor of genetics, but he used simple statistics to come up with his conclusion. https://www.nbcnews.com/health /health-news/can-people-live-150-probably-not-new-study-finds-n660431

못하고 있는 것은 하느님 뜻에 어긋난 삶을 사는 잘못된 생활 습관 때문이다. 노화 방지 전문가인 뉴욕 주립대의 마이클 로이진(Michael Fredric Roizen) 의대 학장에 따르면, 현대인들은 다음 요인으로 평균 수명이 줄어든다고 한다. 대기 오염 2.9년, 인스턴트 음식 3년, 과음 3년, 담배 8년, 그리고 극심한 스트레스는 무려 33년의 수명을 줄인다고 한다. 이렇게 하느님의 뜻에 어긋나는 반 자연적인 생활로 줄어드는 수명이 50년 정도가 된다. 10년의 오차 범위를 감안하면 사람의 평균 수명이 약 80년 정도 된다. 물론, 사람들이 건강 관리를 잘해서 매년 조금씩 늘어나고 있는 것이 세계적인 추세이다.

평균 수명이 연장되는 요인은 다음과 같다. 비타민 섭취 0.4년, 적당한 과일 섭취 2.0년, 올리브 기름 1.8년, 야채 3년, 러닝머신, 야외 걷기, 유산소 운동, 근육 운동 등 3년, 총 10여 년의 수명을 연장할 수 있다고 한다. 그런데, 로이진 학장은 범사에 감사하며 긍정적인 사고를 가지고 신앙생활을 하면 6년, 어려운 환경의 친구, 친척과 이웃을 위로하고, 자기 능력 범위 내에서 물심양면으로 도와주고 이웃 사랑을 실천하면 8년, 좋은 친구들과 사귀고, 소통하고, 음식을 먹고, 대화하고, 늘 즐거운 전화통화, 카톡, SNS를 하면 8년, 가정이나 직장에서 항상 웃고, 미소 지어 주고, 유머를 나누고 행복한 생활을 하면 8년, 전부 약 30년의 수명이 연장되어 120세까지 살 수 있다고 한다.

무엇보다, 장수에 중요한 것은 하느님의 자녀임을 자랑스럽게 여기면서 언제나 범사에 감사하고 이웃 사랑을 실천하고, 배우자와 자녀를 정성껏 사랑하고, 미소와 유머를 많이 구사하고, 명상 등을 하고 절제하고, 몸과 마음을 정화하고 살면 천수(天壽)라 불리는 120년의 평균 수명을 살 수 있다. 그런데, 더 중요한 것은 120세의 삶이라는 것도 천국에서의 영원한 삶을 누리게 될 것임을 알려주는 작은 표징에 불과하다는 사실이다. 그러므로, 우리가 이웃 사랑의 범주에 드는 일을 지속적으로 한다면, 40년의 수명을 연장할 수 있게 되고, 자연히 하느님께서 허락하신 120년이라는 평균 수명을 살 수 있게 된다. 뿐만 아니라 하느님 나라에서 영원한 생명, 무병장수의 삶을 살아갈 수 있을 것이다. 그런데, 우리가 이웃 사랑을 잘하려면, 어린이와 같이 순수한 마음과 믿음이 있어야 한다. 봉사를 하였다고 나팔을 불고 다니는 사람, 오로지 다른 사람에게 드러내겠다고 봉사하고 이웃 사랑을 실천하는 사람들은 이웃 사랑의 의미를 제대로 모르고 살아가는 것이다.

다음 이야기는 어떻게 선하고, 좋으며 맑고, 단순하고, 어린이다운 마음을 가져야 이웃 사랑을 잘할 수 있는지 좋은 모범이 되고 있다. 이 이야기는 힌두교 성자인 라마 크리슈나와 그의 제자 비베카난다가 즐기던 이야기이다.

이 이야기는 어느 시골 작은 마을에 사는 소년의 이야기이다. 그는 산 너머 이웃 마을 학교에 다녔으므로 어둑어둑한 새벽녘에 집을 나서면 날이 저물어서야 집에 돌아오곤 했다. 그런데 학교를 가려면 깊은 숲속을 지나야 했다. 아버지가 없는 소년은 혼자 다니기가 무서워 단둘이 사는 어머니에게 같이 다닐 하인을 하나 구해 달라고 졸라댔다. 어머니가 말했다.

애야, 우리 같은 가난한 집안 형편에 어떻게 하인을 둘 수 있겠니? 크리슈나 형님한테 가서 학교에 좀 데리고 다녀 주십사 부탁해 보렴. 형님은 숲속의 주인이니까 네 부탁을 꼭 들어주실 거다. 소년은 어머니의 말대로 이튿날 숲에 가서 크리슈나 형님을 목이 터져라 불렀다. 형님이 나타나자 소년은 소원을 말했고 크리슈나 형님은 그 부탁을 들어주었다. 한동안은 모든 일이 잘되어 갔다.

얼마 후 학교 교장 선생님의 생신이 되었다. 모든 아이는 교장 선생님께 생일 선물을 갖다 드리게 되어 있었다. 홀로 가난하게 사는 어머니는 아들에게 말했다. 아들아, 우리는 너무 가난해서 교장 선생님께 선물을 드릴 수가 없단다. 크리슈나 형님께 가서 "교장 선생님께 드릴 선물을 하나 마련해 주세요." 하고 부탁 좀 해보지 그래. 아들의 부탁을 받은 크리슈나 형님은 선물을 마련해 주었다. 크리슈나 형님은 큰 주전자에 우유를 가득 담아 주었다. 소년은 자랑스럽게 그 우유를 교장 선생님께 갖다 드렸다. 다른 학생들이 가져온 선물도 수북했다. 그런데 교장 선생님은 소년이 가져온 선물은 거들떠보지도 않았다. 소년은 은근히 화가 나서 투덜거리기 시작하였다.

"아무도 내 선물은 본 척도 하지 않네. 내 선물은 아무도 좋아하지 않나 봐." 그러자 교장 선생님은 학교에서 일하는 학교 보안관을 불러서 말했다. "여보게, 이거 원 성가셔서 살겠나. 그 우유를 다른 그릇에 붓고 그 주전자를 저 소년에게 돌려주게나." 학교 보안관은 시키는 대로 주전자를 비웠다. 그런데 놀랍게도 그 주전자에는 우유가 그대로 하나 가득 차 있었다. 학교 보안관은 또 우유를 쏟았다. 그러자 저절로 다시 우유가 주전자에 가득 채워졌다. 이 말을 들은 교장 선생님은 그 소년을 불러서 도대체 어디서 그 주전자를 구했는지 물었다.

크리슈나 형님께서 주신 거예요. "크리슈나 형님이라고? 크리슈나 형님이 누군데?" 숲속의 주인이세요. 소년은 정중하게 말했다. 크리슈나 형님은 매일같이 저를 학교에 데려다 주고 집으로 데려다 주곤 해요. 교장 선생님은 못 믿겠다는 듯이 말했다. "네가 말하는 크리슈나 형님을 한번 만나고 싶구나. 우리를 그 형님한테로 데리고 가 주렴." 그래서 소년은 교장 선생님, 학교 보안관 그리고 학교 친구들을 데리고 숲으로 갔다. 그는 모든 사람에게 훌륭한 크리슈나 형님을 소개하게 된 것이 퍽 기뻤다. 그들은 소년이 매일 크리슈나 형님을 만난다고 하는 그 숲에 도착하였다. 소년은 늘 하듯이 큰 소리로 형님을 불렀다. 그러나 아무 대답이 없었다. 소년은 다시 더 큰 소리로 크리슈나 형님을 불렀다. 또 불렀다. 더 크게. 이번엔 더더욱 큰 소리로, 그래도 대답이 없었다. 학교 친구들이 소년을 비웃으며 놀려대기 시작했다. 소년은 눈물을 글썽거렸다. 도대체 어떻게 된 것일까?

크리슈나 형님! 소년은 울먹이며 외쳤다. "제발 나오세요. 크리슈나 형님이 안 나오시면 다들 날 보고 거짓말쟁이라고 할 거예요! 내 말을 믿지 않을 거예요!" 숲은 조용하기만 했다. 그러나 잠시 후에 소년은 크리슈나 형님의 목소리를 똑똑히 들을 수 있었다. "얘야, 난 나갈 수가 없어. 너의 교장 선생님의 마음이 네 마음처럼 맑아지고, 나처럼 단순하고 어린이다운 믿음을 지니게 되면 그때 나가마."[91]

우리는 이 예화에서 교장 선생님과 같이 마음이 교만한 사람, 받을 줄만 알지 남에게 주는 것을 모르는 사람 등은 이웃 사랑을 실천할 줄 모르는 사람임을 알 수 있다. 교장 선생님은 받을 줄만 알고 세상의 욕심으로 마음이 너무 탁해져 있다.

5) 원수를 사랑하라 ; 원수 사랑(Love of enemies)

성경에 원수(Enemy)라는 단어가 처음 사용된 곳은 탈출기인데 "너희가 내가 보낸 천사의 말을 잘 들어 내가 일러 준 것을 모두 실행하면, 나는 너희 원수들을 나의 원수로 삼고, 너희의 적들을 나의 적으로 삼겠다."고 말씀하신 하느님 말씀이다(탈출기 23, 22).

모든 사람에게 공통적으로 원수를 사랑하는 것이 쉽지 않고, 어렵다고 하는데,

---

91) 주 하느님께 나아가는 길. 지은이 앤소니 드 멜로 신부. 출판사: 성 바오로. 1986.12.8. PP. 163-166.

과연 원수는 누구인가? 성경에서는 자신이나, 가족, 자신이 속한 나라, 조직 등을 대적해 원한이 맺힐 정도로 해(害)를 끼치고, 거부하고, 적대시하고, 적개심을 일으키고, 심지어 죽이거나 죽이려 하고, 온갖 피해를 입히려는 사람이나 집단을 원수라고 하였다(창세기 3, 15: 갈라 4, 16). 또한, 필리스티아 사람들은 자기들을 닥치는 대로 쳐 죽인 판관 삼손을 원수라고 하였다(사사기 또는 판관기 16, 23). 성경에서는 인간이 죄로 인해 하느님과 원수 되었다고 선언한다. "그리스도는 우리의 평화이십니다. 그분께서는 당신의 몸으로 이스라엘 사람들과 이민족을 하나로 만드시고 이 둘을 가르는 장벽인 적개심(enmity)을 허무셨습니다(에베소서 또는 에페소서 2, 14-15). 하느님을 거역하고 대적하는 자; 너는 주님을 거슬러 거역하는 말을 하였다"(예레미야서 28, 16).[92]

하느님의 뜻을 거스르는 반역자, 도둑의 친구들, 살인자(이사야서 1, 24-25), 생명과 진리의 원수인 사탄(마귀)(마태 13, 39). 죽음도 마지막으로 파멸되어야 할 원수(고린도 전서 또는 1 코린 15, 26)이다.

그렇다면, 오늘날 원수는 누구인가? 바로 우리 자신이다. 원수의 95%는 삐뚤어진 나의 욕심 때문에 만들어지는 경우가 허다하다. 나머지 5%는 나와 알았던 지인들이 원수가 되곤 한다. 그래서, 남편, 아내 등 가족과 친척, 친구와 교회 신자도 나의 원수가 되기도 한다. 그들은 어떻게 해서 나에게 원수가 될까? 내가 평생 믿어주었는데 배신당했다고 나 스스로 그렇게 생각하기 때문이다. 남편이나 아내와 가정불화로 다투다가 남편이나 아내가 내뱉는 말 몇 마디로 원수가 되곤 한다. 그러나, 상대를 원수라고 하기 전에 자신을 성찰해 보아야 한다. 상대의 말이나 행동이 나에게 작은 피해나 불편을 가져왔다고, 상대를 원수로 만드는 것은 아닌지 살펴보고 자기를 돌아봐야 한다.

---

92) Because you have preached rebellion against the Lord.(예레미야서 28,16).

우리는 상대방이나 타인을 너무나 쉽게 단죄하고 심판한다. 예를 들면, 교회 소모임에서 서로 뜻이 맞지 않는다고 "자신만 옳고, 자신에게는 관대하고, 상대는 틀렸다고 말하고, 아내나, 남편 또는 이웃의 잘못이나 단점은 현미경으로 보듯이 샅샅이 찾아내고, 밝혀내고, 평가나 비판이라는 구실로 상대의 잘못을 지적하고 비난한다." 그리고 상대를 원수로 만들어 버리는 잘못을 저지른다.

원수를 사랑하는 것은 하느님 아버지처럼 자비롭게 되는 것이다. 내가 원수를 먼저 용서함으로써 나의 삶이 조금씩 변하고 사랑으로 풍요로워지는 것이다. 그러면, 나의 적개심, 미움, 증오, 교만, 분노, 질투 등이 사랑으로 변하기 때문에 세상이 변하고 내가 증오하고 미워했던 원수도 사랑으로 변할 것이다. 사랑의 선순환이(The virtuous circle of love) 일어나는 것이다. 용서하는 마음, 관대한 마음, 너그러운 마음, 사랑의 마음으로 상대를 배려하고 이해하고 바라보면 원수는 존재할 수 없다. 원수는 내가 만든 경우가 허다하기 때문이다.

예수님은 집안 식구가 서로 원수가 될 것이라고 말씀하셨다. 이는 가족끼리 싸우라는 말씀이 아니라, 우리를 주님에게서 멀어지게 하는 것이면 가족이라도 과감히 버릴 수 있어야 한다는 가르침이다. 하고 싶지 않고 마음에 내키지 않는 복음 실천을 가족 스스로 실천하도록 도움을 주는 것이 바로 예수님께서 말씀하신 원수 사랑의 의도이다. 나와 소통이 안 되고 대화하고 싶은 마음이 내키지 않는 사람도 원수. 원한이 맺힐 정도로 자기에게 해를 끼친 사람이나 자기를 박해하는 사람만 원수라고 생각하는 것은 예수님의 의도와는 다소 거리가 먼 것이다. 예수님의 말씀을 이해하지 못하는 것이다. 원수를 사랑하라는 말씀을 다음과 같은 또 다른 사례에서 생각해 볼 수 있다.

유치원에 다니는 손녀, 문서영 마리아는 물은 잘 먹지 않고 콜라를 좋아한다. 나이가 어려서 콜라가 몸에 좋지 않다고 해도 잘 이해도 못 하고 떼만 쓴다. 할머니는 서영이가 콜라를 안 주면 운다는 것을 잘 알면서도, 처음에는 조금 준다. 그런데, 서영이가 더 달라고 하면 졸라대는 것을 무시하고 물을 준다. 그런데, 물을 안 먹으면 텔레비전의 만화 영화를 보지 못하게 하여 건강에 나쁜 습관을 고쳐준다. 또한, 서영이는 소아과 병원에 가서 주사 맞기를 싫어한다. 병원에 갈 때마다 서영이와 전쟁을 치르곤 하기도 한다. 그렇지만 아무리 달래도 서영이가 말을 듣지 않을 때는 좋아하는 것을 사준다. 그래도 말을 듣지 않으면 막무가내로 울든 말든 거의 강제적으로 병원에 데리고 가서 예방 접종을 해 준다. 이렇게 건강에 좋은 것을 싫어하는 서영이에게 예방 접종을 맞혀주고 콜라 대신에 물을 주는 것, 손녀딸이 하고 싶지 않고 마음에 내키지 않는 것을 하도록 도움을 주는 것이 예수님께서 말씀하신 원수 사랑의 의도이다.

너희는 원수를 사랑하여라. 그리고 너희를 박해하는 자들을 위하여 기도하여라. 그래야 너희가 하늘에 계신 너희 아버지의 자녀가 될 수 있다. 그분께서는 악인에게나 선인에게나 당신의 해가 떠오르게 하시고, 의로운 이에게나 불의한 이에게나 비를 내려 주신다(마태 5, 44-45). 원수 사랑이 구약 시대의 이스라엘 사회에서 전혀 언급되지 않았던 것은 아니다. 구약 성경에도 원수를 사랑하라는 구절이 있다. "네 원수가 주리거든 먹을 것을 주고 목말라하거든 물을 주어라. 그것은 숯불을 그의 머리에 놓는 셈이다. 주님께서 너에게 그 일을 보상해 주시리라"(잠언 25, 21-22).

"주리거든 먹을 것을 주고 목말라하거든 물을 주어라."는 말씀보다 더 위대한 원수사랑의 예를 살펴보기로 하겠다. 자기를 죽이려고 음모를 꾸민 형제들을 용서하고 사랑한 원수 사랑 이야기이다. 이스라엘 사람들의 조상인 야곱의 아들 '요셉'이 그의 형들과 사이가 안 좋아서 원수가 된 이야기이다. 야곱에게는 부인이 네 명 있었는데 아들을 열둘이나 두었다. 그 가운데, 야곱은 두 번째 부인 라헬과의 사이에 요셉을 늘그막에 얻었으므로, 다른 어느 아들보다 그를 더 사랑하였다. 요셉의 형들은 아버지가 어느 형제보다 요셉을 더 사랑하는 것을 보고 그를 미워하여, 그에게 정답게 말을 건네지도 않고 항상 미워하였다.

어느 날, 그의 형들이 아버지의 양 떼를 몰고 풀을 뜯기러 스켐 근처로 갔을 때, 아버지 야곱이 요셉에게 말하였다. "네 형들이 스켐 근처에서 양 떼에게 풀을 뜯기고 있지 않느냐? 가서 네 형들이 잘 있는지? 양들도 잘 있는지? 알아보고 나에게 알려줘." 이렇게 해서 요셉은 형들이 있는 스켐에 도착하였다. 도착해서 요셉이 형들을 찾지 못하고 헤매고 있었는데, 어떤 사람이 "무엇을 찾고 있느냐?" 하고 묻자, 요셉이 "저는 형들을 찾고 있습니다. 형들이 어디서 양들에게 풀을 뜯기고 있는지 아신다면 저에게 알려 주십시오." 그러자 그 사람이 말하였다. "너의 형들은 여기서 떠나 도탄 지방으로 이미 갔단다." 그래서 요셉은 도탄으로 가서 형들을 찾아냈다. 그런데 그의 형들은 멀리서 동생 요셉이 오는 것을 알아보고, 요셉이 자기들에게 가까이 오기 전에 동생 요셉을 죽이려는 음모를 꾸몄다. 그들은 서로 말하였다. "저기 저 꿈쟁이, 밉상 아우 요셉이 오는구나. 자, 이제 저 녀석을 죽여서 아무 구덩이에나 던져 넣고, 사나운 짐승이 잡아먹었다고 아버지에게 이야기하자." 그러나, 맏형, 르우벤은 이 말을 듣고 그들의 손에서 요셉을 살려낼 속셈으로, "목숨만은 해치지 말자." 하고 말하였다. 맏아들, 르우벤이 그들에게 다시 말하였다. 피만은 흘리지 말자. 그 아이를 여기 광야에 있는 이 구덩이에 던져 버리고, 그 아이에게 손을 대지는 마라. 르우벤은 그들의 손에서 요셉을 살려내어 아버지, 야곱에게 되돌려 보낼 생각이었다. 이윽고 요셉이 형들에게 다다르자, 그들은 그의 저고리, 곧 그가 입고 있던 긴 저고리를 벗기고, 그를 잡아 구덩이에 던졌다. 그것은 물이 없는 빈 구덩이였다. 그들이 앉아 빵을 먹다가 눈을 들어 보니, 길앗 지방에서 오는 이스마엘인들의 대상이 보였다. 그들은 여러 낙타에 향 고무와 유향과 반일향을 싣고, 이집트로 내려가는 길이었다. 그때 유다가 형제들에게 말하였다. 우리가 동생을 죽이고 그 아이의 피를 덮는다고 해서, 우리에게 무슨 이득이 있겠느냐? 자, 그 아이를 이스마엘인들에게 팔아 버리고, 우리는 그 아이에게 손을 대지 말자. 그래도 그 아이는 우리아우고 우리 살붙이가 아니냐? 그러자 형제들은 그의 말을 듣기로 하였다. 그때에 미디안 상인들이 지나가다 요셉을 구덩이에서 끌어내었다. 그들은 요셉을 이스마엘인들에게 은전 스무 닢에 팔아넘겼다. 이들이 요셉을 이집트로 데리고 갔다. 르우벤이 구덩이로 돌아와 보니, 그 구덩이 안에 요셉이 없었다. 그는 자기의 옷을 찢고, 형제들에게 돌아가 말하였다. 동생, 요셉이 없어졌다. 난, 나는 어디로 가야 한단 말이냐? 그들은 요셉의 저고리를 가져다, 숫염소 한 마리를 잡아그 피에 적셨다. 그들은 피에 적신 저고리를 아버지에게 가지고 가서 말하였다. "저희가 이것을 주웠습니다. 이것이 아버지 아들의 저고리인지 아닌지 살펴보십시오." 그가 그것을 살펴보다 말하였다. "내 아들의 저고리다. 사나운 짐승이 잡아먹었구나. 요셉이 찢겨 죽은 게 틀림없다." 야곱은 옷을 찢고 허리에 자루 옷을 두른 뒤, 자기 아들의 죽음을 오랫동안 슬퍼하였다. 그의 아들딸들이 모두 나서서 그를 위로하였지만, 그는 위로받기를 마다하면서 말하였다. "아니다. 나는 슬퍼하며 저승으로 내 아들 요셉에게 내려가련다." 이렇게 요셉의 아버지는 그를 생각하며 울었다. 한편 이스마엘 사람들은 이집트로 가서 파라오의 경호대장인 포티파르에게 요셉을 팔아넘겼다.

경호대장인 포티파르 집에 있다가 주변 사람들의 모함으로 요셉은 감옥에 갇히게 되었다. 그런데, 이집트 왕 파라오가 이상한 꿈을 꾸게 되었다. 꿈이 너무 뒤숭숭하고 흉측하여 이집트의 모든 점술사, 무당들에게 꿈의 해몽을 요청하였으나 아무도 풀어내지 못하였다. 그런데, 요셉은 꿈을 해몽하여 이집트 왕 파라오의 재상(국무총리)이 되었다. 꿈을 해몽하여 보니, 향후 이집트에 7년간 혹독한 가뭄이 온다고 예언하고 가뭄에 대비하도록 이집트 왕 파라오에게 건의하였다.

그러자 이집트 왕 파라오가 요셉에게 말하였다. "이제 내가 이집트 온 땅을 그대 손 아래 두오." 그런 다음 파라오는 손에서 인장 반지를 빼 요셉의 손에 끼워 주고는, 아마 옷을 입히고 목에 금목걸이를 걸어 주었다. 그리고 자기의 두 번째 병거도 타게 하니, 그 앞에서 사람들이 무릎을 꿇고 요셉에게 충성을 다 바쳤다. 이렇게 파라오는 이집트 온 땅을 요셉의 손 아래 두었다. 7년 기근이 온 세상에 퍼지자, 요셉은 곡식 창고를 모두 열고 이집트인들에게 곡식을 팔았다. 이집트 땅에 기근이 심하였지만, 온 세상 사람들은 요셉에게 곡식을 사려고 이집트로 몰려들었다. 온 세상에 기근이 심하였기 때문이다. 요셉의 아버지 야곱은 이집트에 곡식이 있다는 것을 알았다. 그래서 야곱은 그의 아들들에게 "어째서 서로 쳐다보고만 있느냐?" 하면서 이렇게 말하였다. "내가 들으니 이집트에는 곡식이 있다는구나. 그러니 그곳으로 내려가 곡식을 사 오너라. 그래야 우리가 굶어 죽지 않고 살 수 있겠다." 그래서 요셉의 형, 열 명이 곡식을 사 오려고 이집트로 내려갔다. 가나안 땅에도 기근이 들었기 때문에, 요셉의 형, 열 명도 이집트로 곡식을 사러 가는 다른 사람들 틈에 끼어 그곳으로 들어갔다. 그때 요셉은 그 나라의 통치자였다. 그 나라 모든 백성에게 곡식을 파는 이도 그였다. 그래서 요셉의 형들은 들어와서 얼굴을 땅에 대고 그에게 절하였다. 요셉은 형들을 보자마자 곧 알아보았지만, 짐짓 모르는 체하며 그들에게 매몰차게 말하면서 물었다. "너희는 어디서 왔느냐?" 그들이 대답하였다. "양식을 사러 이스라엘에서 왔습니다." 형들은 동생 요셉을 알아보지 못하였던 것이다. 그래서 요셉은 형제들에게 "나에게 가까이 오십시오." 하고서는, 그들이 가까이 오자 다시 말하였다. "내가 형님들의 아우 요셉입니다. 형님들이 이집트로 팔아넘긴 그 아우입니다. 그러나 이제는 저를 이곳으로 팔아넘겼다고 해서 괴로워하지도, 자신에게 화를 내지도 마십시오. 우리 목숨을 살리시려고 하느님께서는 나를 형님들보다 앞서 보내신 것입니다. 이 땅에 기근이 든지 이태가 되었습니다. 앞으로도 다섯 해 동안은 밭을 갈지도 거두지도 못합니다. 그래서 하느님께서는 나를 여러분보다 앞서 보내시어, 여러분을 위하여 자손들을 이 땅에 일으켜 세우고, 구원받은 이들의 큰 무리가 되도록 여러분의 목숨을 지키게 하셨습니다. 그러니 나를 이곳으로 보낸 것은 여러분이 아니라 하느님이십니다. 하느님께서 나를 이집트의 재상으로, 그리고 이집트 온 땅의 통치자로 세우셨습니다."

요셉은 자기를 팔아넘겨 온갖 고초를 겪게 한 형제들, 마치 원수와 같은 형제들에게, 그들이 저지른 잘못 때문에 괴로워하거나, 스스로에게 화를 내지 않으려고 혼신의 노력을 했다. 오랫동안 형제들로 말미암아 고초를 겪은 것을 생각하면 복수를 해도 시원하지 않을 터인데 요셉은 그러지 않았다. 오랜 고초를 겪은 뒤 이집트의 재상이 되면서 자신에게 주어졌던 과거의 모든 사건이 하느님 손길 안에서 이루어진 사건임을 제대로 이해하고 깨달았기 때문이다. 요셉은 이렇게 말했다. "우리 목숨을 살리시려고 하느님께서는 나를 형님들보다 앞서 보내신 것입니다." 자신의 고통이 지니는 참된 의미를 올바로 해석하였던 요셉은 원수와 같은 형제들을 진정으로 용서하였다. 아니, 오히려 형제들의 잘못 안에서 활동하고 계시던 하느님의 손길을 보고, 형제들의 잘못을 기꺼이 받아들이고 용서하고 사랑한 것이다.

로마서(12, 19)에도 "사랑하는 여러분, 스스로 복수할 생각을 하지 말고 하느님의 진노에 맡기십시오." 성경에서도 "복수는 내가 할 일, 내가 보복하리라"라는 말씀이 있다. 억울하고 힘든 일이 있을 때 복수하려고 하기보다는 주님께 호소하고, 기도하고, 공동체 안에서 대화와 나눔을 통하여 협조를 구하는 것이 좋다.

그렇게 하면, 원한이 맺힐 정도로 자기에게 해를 끼친 사람도 사랑하는 마음이 서서히 들게 될 것이다.

예수님께서 원수와 박해하는 사람을 사랑하라고 하시는 것은 아버지의 자녀가 되기 위해서 반드시 필요하다. 아버지의 자녀가 되기 위해서는 아버지께서 기뻐하시는 것을 실행해야 하는 것이다. 아버지께서 원하시는 것을 그 아드님이신 예수님께서 늘 실행하셨다. 우리에게도 본을 보여 주셨다. 그러면서 도저히 불가능할 것 같은 원수를 사랑하는 길도 가르쳐 주셨다. 그 길의 첫걸음은 원수와 나를 박해한 자들을 위해서 아버지께 기도하는 것이다. 정의는 예수님께서 보여 주신 길을 따라 걷는 길이다. 그 길을 걸으려면 우리의 힘만으로는 불가능하다. 바로 주님께서 도와주셔야 가능하다. 우리를 도와주시도록 매달리며 기도하는 방법 외에는 길이 전혀 없다. 그 기도는 원수가 나를 더 이상 괴롭히지 못하게 막아달라고 부탁하는 것이 아니다. 그의 마음을 바꾸게 해달라고 아버지께 조르는 것도 아니다. 자기의 마음을 바꾸는 것도 어려운데, 자기 마음도 바꾸지 못하면서 남더러 바꾸라고 기도하는 것은 어불성설이다. 그렇다고 그가 하는 일이 잘되라고 기도할 수는 더더욱 없는 것이다. 하느님께서는 언제나 인간들과 함께하시길 바라시는 분이시다. 주님께서도 우리에게 이 세상 끝날까지 언제나 함께하시겠다고 약속하셨다. 우리는 주님께서 말씀하신 그 약속을 철석같이 믿고 있다. 그러기에 어떤 절망 속에서도 희망의 끈을 놓치지 않고, 어떤 어둠이 몰려와도 그 빛을 향해 걸어갈 수 있다. 주님께서 우리 곁에 계시겠다고 약속하신 것처럼 우리의 원수들 곁에도 계셔주시라고 기도하는 것이다. 우리도 주님의 말씀을 본받아 그들과 함께하겠다는 기도를 드려야 한다. 그들이 곤란에 빠질 때 손을 내밀어 주겠다고, 그래서 "주님께서 함께하신다는 것을 깨닫게 만들어 주겠다"고 하느님께 맹세하는 것이다. 원수까지도 사랑하는 초자연적 사랑을 실천해야 한다. 하느님께서는 원수도 사랑하셨기 때문이다. 결국, 원수를 사랑하기 위해서는 자신을 희생해야 한다. 어떻게 본다면, 용서할 수 있도록 하느님의 도우심을 청하는 기도 그 자체가 이미 용서를 시작하는 용기 있는 첫걸음이라 할 수 있다.

"원수를 사랑하여라." 하신 예수님의 말씀을 다음과 같은 맥락에서 이해해 볼 수 있다. 수능 시험, 대학 입시, 취직시험 등은 주변 친구들과의 경쟁이 아니다. 시험에서의 진정한 경쟁은 친구들과 하는 것이 아니라, 나 스스로와 하는 것이다. 입시나 취직시험 공부를 자신과의 싸움으로 여겨야 친구를 시기하지 않고 친구를 응원할 수 있다. 친구와 경쟁한다고 생각하면 친구를 미워하기 쉽고, 선의의 경쟁이 아니라 친구와 싸움을 하고 있다고 생각하거나 증오하게 된다. 쉽게 말하면 내 안에 친구를 용서하고 싶은 나와 용서하고 싶지 않은 나 자신이 갈등을 하고 친구를 미워하는 것이다. '원수를 사랑하는 것'은 나 자신과의 싸움에서 나를 극복하게 하는 힘을 기르고 친구를 위해 기도해주고 친구가 시험을 잘 보도록 공부에 관한 좋은 정보를 친구에게 주는 것이다. 우리 내면에서 일어나는 나 자신과의 싸움에서 나를 극복하는 힘을 얻으려면 도움을 청해야 한다. 그러면 예수님께서 도와주신다. 이렇게 할 때 우리가 지닌 사랑은 더욱더 커지게 된다. 예수님께서도 그렇게 하셨다. 예수님께서는 바리사이들과 율법 학자들을 꾸짖으시면서도 그들을 사랑하셨다. 그분께서는 그들의 위선적인 악과 싸우셨으며, 그들의 악을 몰아내시고 올바른 길로 가도록 도와주신 것이다.

원수를 사랑하라는 '사랑'도 하느님에게서 오는 것이다. 사랑은 하느님에게서 오는 사랑을 받아 그 사랑을 이웃(남편, 아내, 자녀, 친구, 사랑하는 남녀 사이 등)에게 전해주는 것이다. 사랑은 자신들의 힘으로 하는 것이 아니라 하느님께서 주시는 사랑 안에 자신들이 참여하는 것이다. 사랑을 자신들의 능력, 여유 있는 돈 몇

푼 건네주는 것, 잘생긴 외모로 하는 것이라고 생각한다면 큰 오산이다. 그러므로 "남이 너희에게 해 주기를 바라는 그대로 너희도 남에게 해 주어라." 또 "주어라. 그러면 너희도 받을 것이다. 누르고 흔들어서 넘치도록 후하게 너희 품에 담아 주실 것이다."라는 말씀도 "하느님에게서 받는 사랑이어야 우리가 남에게 베푼 대로 우리에게 갚아 주실 것이며, 원수도 사랑할 수 있다"는 말씀이다. 사랑은 받기보다는 주려고 애쓸 때 보람과 기쁨이 있다.

예수님께서는 "하늘의 너희 아버지께서 완전하신 것처럼 너희도 완전한 사람이 되어야 한다."(마태 5, 48)고 가르치셨다. 원수마저 사랑할 때 비로소 아버지를 닮은 완전한 사람이 될 수 있다는 것이다. 덧붙여서, "너희 아버지께서 자비하신 것처럼 너희도 자비로운 사람이 되어라."(루카 6, 36)라고 요구하셨다. 어떻게 스스로 자비로운 사람이 되어 원수를 사랑할 수 있을까? 첫째, 서로 용서하는 것이다. 그리고 항상 범사에 감사하는 마음이 있어야 한다. 감사하는 마음이 있어야 용서도 가능하게 만든다. 우리가 하느님의 자비로 용서를 받았으니 그것에 감사하면 우리도 자비로운 사람이 되는 것이다. 화를 내고 기분이 좋지 않고, 감정 조절을 못 하는 형 카인은 하느님으로부터 모든 것을 받고도 감사하지 않았고, 마침내 동생 아벨마저 죽이는 범행을 저질렀다. 감사와 찬미가 없는 사람, 화를 내고 기분이 좋지 않고, 감정 조절을 못 하는 사람은, 용서는커녕 누군가에게 피해를 끼칠 수 있는 사람이라고 할 수 있다. 우리는 받은 것에 감사하는 만큼 자비로울 수 있다. 범사에 감사하면 원수까지 용서할 수 있는 것이다. 먼저 하느님의 자비에 감사하고자 노력하는 일이 선행되어야 한다. 그런 다음에 용서하여 주는 노력이 필요하다. 하느님께서 우리에게 자비를 베푸시어 모든 죄를 용서하시는 것처럼, 우리도 먼저 하느님의 자비에 감사하고, 우리에게 잘못한 이들을 용서하고 이웃에 대한 판단을 멈추는 것이, 결국, 원수를 사랑하라는 가르침의 다른

식 표현이라 할 수 있다.

6) 자비(慈悲 Love+Love of enemies, 사랑+원수 사랑의 합성어)

많은 사람이 하루에도 수없이 "주님, 저희에게 자비를 베풀어 주십시오(Lord, have mercy on us.)" 하고 말하고, 부처님께도 자비를 베풀어 달라고 한다. 사랑 자(慈)는 '사랑, 어머니, 인정(人情), 동정(同情), 사랑하다.'라는 뜻을 가지고 있다. 慈(자)는 恣(사랑 자)의 원래 글자이다. 玆(이 자, 검을 자; 여기, 이에, 이때, 지금, 검다, 무성하다, 흐리다)자와 心(마음 심)자가 합쳐진 글자이다. 활시위를 나타내는 玆(이 자, 검을 자)는 현(검을 현)자가 나란히 있지만, 많이 있다는 형상이다. 그래서 무성하다는 뜻도 있다. 마치 실타래가 드리워진 모습을 그린 것과 같이 '무성하다, 많다'라는 뜻도 있다. 이렇게 무성함을 뜻하는 玆자에 心자가 더해진 慈자는 '사랑과 포용력이 있으며 넓고 아량이 있는 풍부한 마음'의 의미가 있다. 그러나 慈(사랑 자)에 있는 '사랑하다'라는 뜻은 개인에 대한 사랑은 물론 다수의 일반 대중에게 베푸는 사랑을 의미한다.

슬플 비(悲)는 마음 심(心, ㆍ 또는 ㅏ =마음, 심장)과 아닐 비(非)의 합성어이다. 非자는 '아니다, 그르다'라는 뜻을 가진 글자이다. 비(非)자를 보면 새의 양 날개가 그려져 있다. 새의 날개, 여기에서는 어기는 일, 문짝을 의미하는 사립문 비(扉)와 밀칠 배(排 밀치다, 밀어젖히다, 물리치다, 배척하다, 아니다)의 뜻과 같이 억눌렸던 것이 자유로움을 찾아 나서는 불안감을 의미한다. 그래서 비(非)자의 본래 의미는 '날다'인데, 후대에 새의 날개가 서로 엇갈려 있는 모습에서 '등지다'라는 뜻이 파생되면서 지금은 '배반하다, 원수가 되다'의 뜻으로 쓰인다. 슬플 비(悲)는 마음이 서럽고 슬픈 상태를 의미한다. 마음대로 안 되어 마음에 치밀어 오르는 괴로운 기분→슬픔→슬퍼하는 일.[93]

　전문 용어 사전에는 자(慈)는 진실한 우정, 순수한 친애의 염(念)을 뜻하고, 비(悲)는 애련, 동정의 의미를 갖고 있다. 불교에서의 자는 남에게 이익과 안락을 갖게 하는 것, 비는 남에게서 불이익이나 고(苦)를 제거하려는 것을 말한다. 자비는 인간의 동정심을 토대로 하여, 사랑을 완성시키는 데에 크게 도움을 주는 것을 말한다. 그리스도인은 하느님의 자애와 사랑을 본받아 이를 생활화해야 한다. 그러나 인간적인 동정심에 그칠 것이 아니라, 희생과 인내가 곁들인 실천적인 행위이어야 한다.

　자비의 뜻은 사랑(Love 나를 사랑해 주는 사람들에 대한 사랑을 베풀어 주는 것)과 나에게 많은 죄, 그중에서도 죽을죄까지 저지른 사람의 죄를 용서해 주고, 오히려 사랑해 주는 원수 사랑(Love of enemies)이 합쳐진 심오한 사랑을 의미한다.

　사랑 자(慈)의 '사랑하다'라는 뜻은 조부모, 부모, 남편과 아내, 형제자매, 친척, 친구, 은사 등 개인에 대한 사랑은 물론 불특정 다수의 일반 대중에게 베푸는 사랑을 의미한다.

　슬플 비(悲)는 우리가 우리에게 잘못한 사람, 우리가 극도로 미워하고 증오하는 사람, 우리와 원수지간으로 지내는 사람 등을 우리가 용서해 주어야 한다는 뜻이다. 우리가 그들을 용서해 주지 않으면 하느님께서 슬퍼하신다는 뜻이 함축되어 있다. 또한, 슬플 비(悲)는 원수 사랑(Love of enemies)의 뜻이 포함되어 있다. 자비(慈悲)는 자기를 사랑해 주는 사람은 물론 자기를 죽이겠다고 몰래 달려드는 원수까지도 사랑하는 것을 포함한 하해와 같은 사랑이다. 사실 많은 인간은 하느님 보시기에 마음속으로 대죄를 포함해서 죽을죄를 짓고 사는 경우가 허다하다.

---

93) 네이버 한자 사전.

인간이 죽을죄를 포함해서 많은 죄를 저지름에도 불구하고, 하느님께서는 사람들이 저지른 많은 대죄를 매일매일 용서해 주신다. 그 용서가 자비이다. 예수님께서도 "너희 아버지께서 자비하신 것처럼 너희도 자비로운 사람이 되어라."고 자비의 중요성을 말씀해 주셨다(누가 또는 루카 6, 36).

영어사전에 표기된 '자비'에 관한 설명은 "자비는 범죄자, 원수, 그리고 자신의 수중에 있는, 독 안에 든 쥐와 같은 사람에게 친절하게 연민의 정으로 베푼 관용을 말한다."[94)]

1125~75년대의 중세 영어에서 자비는 '사례, 은사, 친절, 은총과 동정'을 의미하였다. 12세기 후반에 들어서 "자비의 의미는 하느님께서 피조물의 죄를 용서하시는 것이 되었다."[95)]

프란치스코 교황은 2016년을 자비의 희년으로 선포하였다. 라틴어 자비(misericordia)는 본래 가난한 이들(miseri)에게 마음(cor)을 둔다는 뜻인데 '보상 또는 사례, 측은지심 또는 동정, 임금, 사용료 지불'을 의미하였다. 오늘날에 와서는 그 의미가 더 광의로 해석되어 '가난한 이들, 고통받는 이들에게 사랑을 베풀고 정을 주는 것, 자기와 원수지간으로 지내는 사람들을 용서하고 사랑해 주는 것과 함께 가난과 고통을 양산하는 사회구조나 부정부패를 고발하는 것'도 자비에 포함된다. 이스라엘 사람들의 언어인 '히브리어'에서도 자비는 모태(maternal

---

94) Mercy means compassionate or kindly forbearance shown toward an offender, an enemy, or other person in one's power.

95) Middle English merci means reward, gift, kindness, grace and pity. Late 12c.; God's forgiveness of his creatures' offenses. From Old French mercit and from Latin misericordia and mercedem (nominative merces) means reward, pity, wages and pay hire. In Vulgar Latin, mercy meant favor and pity from merx (genitive mercis). Also meant "wares and merchandise." In Church Latin (6c.) mercy applied to the heavenly reward of those who show kindness to the helpless.

belly, matrix)와 어원이 같다고 한다. 어머니가 태중에 태아라는 귀중한 생명을 잉태하듯이, 이스라엘 사람들도 '하느님이 죄 많은 인간을 사랑으로 품어주시고 용서해 주시는 행위'를 자비라고 여긴다고 한다.

자비의 의미를 좀 더 실감있게 이해하기 위하여 "다윗이 자기를 죽이려고 찾아다니는 이스라엘의 왕, 사울 왕을 살려 주는 이야기를 보면 더 잘 이해할 수 있다(사무엘기 상권)." 다윗이 자기의 목숨을 끊어버려 죽이겠다고 달려드는 사울 왕을 죽일 수 있는 기회가 왔음에도 불구하고 오히려 살려 주는 드라마 같은 극적인 내용이다.

이튿날 하느님께서 보내신 악령이 사울 왕에게 들이닥쳐 그가 집안에서 발작을 일으키자, 사울 왕의 부하인 다윗이 여느 날처럼 사울 왕의 발작을 진정시키려고 비파를 타고 피리 등으로 아름다운 음악을 들려주었다. 이때 마침 사울 왕은 손에 창을 들고 있었다. 사울 왕은 부하 다윗을 벽에 박아 버리겠다고 생각하면서 창을 던졌다. 그러나 다윗은 사울 왕 앞에서 두 번이나 몸을 피하였다. 주님께서 늘 다윗과 함께 계시고 자기를 완전히 외면하시며, 자기에게서 돌아서셨기 때문에 사울 왕은 부하 다윗을 더욱 두려워하였다. 또한, 하느님이 다윗을 도와주셔서 창을 던져도 다윗이 맞지 않고 피하게 된 것이라고 믿은 것이다. 그 일이 있은 후에도 "하느님께서 다윗과 함께 계셨으므로" 다윗은 사울 왕을 대신하여 전쟁터로 나가 적군과 싸웠다. 그런데, 사울 왕을 위하여 전쟁으로 싸우러 가는 곳마다 승리하였다. 그러나, 사울 왕은 부하 다윗이 자기를 위해 크게 승리하는 것을 보고 고마워하지도 않고, 오히려 다윗에게 두려움을 느꼈다. 이스라엘 국민의 민심이 다윗에게 서서히 돌아섰기 때문이다. 그래서 더욱 다윗을 죽이려고 하였다. 그러자 사울 왕의 아들이 다윗에게 귀띔하기를 잠시 피신하게나. 아버지께서 자네를 다시 죽이려고 하신다네. 그 뒤 사울 왕은 온 이스라엘에서 가려 뽑은 부하 삼천 명을 이끌고, 다윗과 다윗의 부하들을 찾아 죽이려고 '들 염소 바위' 쪽으로 갔다. 그는 길옆으로 양의 우리가 있는 곳에 이르렀다. 마침, '들 염소 바위' 근처에는 동굴이 하나 있었다. 그때 다윗은 자신의 부하들을 거느리고 그 동굴 속 깊숙한 곳에 앉아 숨어 있었다. 마침 그때 사울 왕은 대변이 마려워 동굴에 들어가서 뒤를 보았다.[96]

동굴 안으로 들어온 사울 왕을 본 다윗의 부하들이 다윗에게 말하였다. "하느님께서 '내가 너의 원수, 사울 왕을 네 손에 넘겨줄 터이니, 네 마음대로 하여라.' 하신 때가 바로 오늘입니다." 그러자 다윗은 칼을 들고 일어나 사울 왕을 단칼에 쳐 죽일 수 있었지만, 사울 왕의 겉옷 자락을 몰래 자르기만 했을 뿐, 사울 왕을 칼로 내리치지는 않았다. 그러고 나자, 다윗은 사울 왕의 겉옷 자락을 자른 탓에 마음이 찔렸다. 다윗이 부하들에게 말하였다. 비록 사울 왕이 나를 죽이려고 그의 부하 삼천 명과 함께 찾아다니다가, 이 동굴에 들어와 독 안에 든 쥐와 같이 내가 단칼에 죽일 수 있었지만, "하느님께서는 내가 주님의 기름 부음 받은 '왕'인 나의 주군, 사울 왕에게 손을 대어 죽이는 그런 짓을 용납하지 않으실 것이다. 어쨌든 사울 왕은 하느님의 기름 부음 받은 이가 아니시냐?" 다윗은 이런 말로 부하들을 꾸짖으며 사울 왕을 죽이는 것을 허락하지 않았다. 사울 왕은 굴에서 나와 제 길을 갔다.

우리는 이 글을 읽으면서, 다윗이 자신의 독 안에 든 사울 왕을 죽이지 않고 살려주는 것을 보았다. 자기에게 창을 던져 죽이려고 하였던 사울 왕을 살려 준 다윗에게서 자비가 무엇인지를 알 수 있다.

예수님께서 눈이 먼 장님의 눈을 고쳐주시는 극적인 또 다른 자비의 장면을 보기로 하자. 눈이 먼 장님이 예수님이 지나가시는 소리를 듣고 저도 눈먼 눈을

---

96) Saul, the King, entered into the cave and relieved himself.

떠서 볼 수 있게 해 주시라고 "주님 저에게 자비를 베풀어 주십시오" 하고 아주 간절하게 외쳤다. 그 간절함이란 이루 말할 수 없는 것이다. 그러자, 그 장님을 불쌍히 여기신 주님께서는 그 장님의 눈을 고쳐주시고 다시 볼 수 있게 해 주셨다. 자비(misericordia)는 본래 가난한 이들(miseri)에게 마음(cor)을 둔다는 측은지심을 장님에게 베풀어 주신 것이다.

1980년에 반포한 교황 요한 바오로 2세의 회칙 '자비로우신 하느님'에서 하느님의 자비를 길게 분석하면서 다음과 같은 결론에 이른다(13항). "교회는 하느님의 자비를 고백하고 선포하지 않으면 안 된다. 계시로 우리에게 전수된 그대로 자비의 진리 전부를 고백하고 선포하지 않으면 안 된다. 교회의 일상생활을 보면 성경에 표현된 하느님의 자비에 대한 진리가 성경의 여러 독서를 통해 영구히 울려 퍼지고 있다." 자비에 대한 진리와 회개를 통하여 그리스도인들은 하느님 자비를 나누어 받게 되는 은총과 축복이 주어졌다.[97]

7) 신심(信心 Devotion=사랑 Love+충실함 Fidelity)

신심은 사랑과(Love) 충실함(Fidelity)의 합성어이다. 우리말로는 충애(忠愛)로 표현할 수 있다. 신심은 오로지 (a) 하느님만을 사랑하고, 믿고 의지하며, (b) 하느님께서 우리에게 말씀하시고 계시하신 것과, 거룩한 교회가 우리에게 믿도록 제시하는 모든 것을 믿고, (c) 하느님만을 찾고 따르겠다는 충실하고도 성실하며 헌신적인 신앙생활로 나타난다.

구체적인 신심 활동은 "사랑 실천, 미사 참례, 기도, 봉사, 충성, 희생, 복음 선

---

97) 천주교 용어 사전.

포 등의 사도직 활동이 복합적으로 어우러져 표출되고 실천된다." 신심은 하느님께서 베풀어 주시는 무한하신 사랑을 본받아 그 사랑을 실천하고, 예수그리스도의 십자가의 길을 묵상하고, 구원 활동을 묵상하고 예수님의 길을 따르겠다는 충실하고도 굳센 사랑, 믿음, 희생이며, 실천적 봉사 활동과 기도 등이다. 하느님만이 모든 신심의 궁극적인 대상이다. 왜냐하면, 하느님만이 참된 전례의 대상이시기 때문이다.

신심에서의 '충실함'은 (a) 온전한 마음으로 하느님을 사랑하고, (b) 모든 정성을 다해 하느님께 예배를 드리고 (c) 진실하고, 성실하며 진정한 마음에서 우러나오는 변함없는 충성을 하느님께 바치며, (d) 하느님과 하느님 말씀을 성실하게 믿어야 한다는 의미이다. 충실함(Fidelity)에는 효경의 의미도 포함되어 있다. 히브리 말의 충실함은 믿음과 같은 어원에서 나왔다고 한다.[98]

'충실하다, 성실하다.'라는 표현은 믿음과도 직접 연결되어 있다. 하느님을 믿고, 하느님께서 우리에게 말씀하시고 하느님께서 우리에게 맡기신 것에 충실하다는 것은 하느님으로부터 받은 재능을 통하여 하느님의 현존이 드러나게 하는 것이다. 그 재능을 자신만을 위하여 사용하는 것은 탈렌트를 땅에 숨겨 두는 것과 같다. 우리에게 맡겨진 탤런트(재능)의 많고 적음을 떠나 주님과 이웃을 위해 적극적으로 활용해야 한다. 우리가 하느님을 사랑하고 충실히 믿는 우리의 신심은 하느님께서 스스로를 증거하셨고 계시하셨기 때문에 가능한 것이다. 예언자나 어떤 사람이 그렇게 말하기 때문이 아니다(요한 6, 64-65).

하느님께서는 진리 자체이시다. 인간은 행동하는 믿음으로 "자기를 온전히 하

---

98) What are devotions? Popular devotions are expressions of love and fidelity that arise from the intersection, the act of bringing things into contact, of one's own faith, culture and the Gospel of Jesus Christ. 책이름: 영어기도서 2017, 보성인쇄기획사 페이지 10.

느님께 자유로이 맡겨드릴 수 있다. 그러므로 신자는 하느님 뜻을 알고 실천하고 행동에 옮기는 의로운 믿음으로 사는 것이다"(로마 1, 17). 그래서 살아 있는 믿음, 실천하는 믿음은 율법이나 규범을 따르는 데에 있지 않고 "사랑으로 행동하는 믿음"에 있다고 하는 것이다(갈라 5, 6).

우리의 신심은 겨자씨와 같이 보잘것없지만, 우리의 삶 가운데에 하느님께서 얼마나 큰 사랑과 재능과 은총의 손길을 베풀어 주셨는지를 성찰하고 살펴보고 묵상하여야 한다. 우리의 재능(주님께서 우리에게 거저 주시고 맡겨주신 탤런트)을 사랑 실천, 능동적 전례 참례, 기도, 봉사, 하느님께 대한 충성, 희생, 복음 선포 등의 사도직 활동으로 봉사하고, 나눠주고 궁극적으로는 하느님의 영광을 드러내는 데 사용해야 한다.

그런데, 우리는 너무 좋은 환경에서 신앙생활을 하다 보니까 우리의 신심이 하느님의 영광을 드러내는 것이 아니라 자신을 드러내기 위한 하나의 액세서리로 전락하는 경우도 종종 보게 된다. 신심은 자신을 드러내기 위한 액세서리가 아니라 자신의 삶 전체를 가정과 사회와 이웃에 봉사함으로써 하느님의 영광을 드러내는 것이어야 한다.

일반적으로 신심은 맛있는 비빔밥이 여러 양념과 참기름과 재료로 서로 잘 섞여서 만들어지듯이, (a) 예수 그리스도의 복음과 (b) 개인의 신앙과 (c) 문화가 한데 조화를 이루고 어우러져서, 얻게 되는 사랑과 충실한 믿음을 동시에 함께 표현하고 고백하고 실천하는 것이다. 여기서 '충실함이란 뜻'은 복음과 신앙과 문화의 상호 작용으로 일어나는 교훈과 가르침을 사랑으로, 의무로, 직무로, 전례 예식의 형태로 모든 정성과 충성을 다해 하느님을 사랑하고, 성실하게 실천하는 것을 의미한다. 신심은 신자들의 신앙을 돈독하게 하고, 하느님께 대한 사랑은 물론 신자들 간의 사랑이 더 깊어지게 도와주고, 신자들에 대한 의리와 열정도 고

취시켜 주고, 교회의 활동도 활발하게 도와주며 그 명분도 높여 준다.[99]

그런데, 교회 안에는 하느님을 계시하는 신앙의 전체적 내용과 일치하는 교회의 본질적 신비에 대한 신심들이 있다. 예를 들면, 인류 사랑의 표현이며, 인류 구원의 상징인 십자가를 통한 예수님께 대한 예수성심 신심, 성모 마리아나 성인에 대한 신심이 그것이다. 이는 지금까지 교회가 장려해 왔고 그 실천도 아주 보편적이다.

그렇지만, 하느님의 신비와 관련된 성인이나 성모 마리아에 대한 신심도 결국에는 그 추구하는 목적이 하느님에 대한 전례를 합당하게 드리기 위한 것이고, 신자들의 전례 참례를 독려하고, 하느님께 대한 신심을 돈독하게 하는 것임을 잊어서는 안 된다. 예를 들면, 성모 마리아에 대한 신심 미사도 그 미사를 통해서 성모 마리아의 하느님께 대한 믿음을 본받고, 하느님께 대한 전례를 더 잘 합당하게 드리자는 취지이다. 이러한 본연의 취지를 망각하고 봉헌하는 신심 미사는 정작 성모 마리아도 원하지 않는 것이다.

그래서 제2차 바티칸 공의회의 결정에 따른 전례 개혁에서 성모님께 대한 잘못된 신심 행위를 바로 잡은 것은 교회 역사상 하나의 큰 획을 그은 것이다. 전례력의 축일은 말할 것도 없고, 일반 성인들에 대한 법정 기념일이나 부활, 사순, 대림, 성탄 시기의 평일에 성모 마리아에 대한 신심 미사를 봉헌할 수 없도록 교회가 규정한 것도 이와 같은 취지이다. 그밖에, 다른 모든 하느님에 관한 풍요로운 신비는 신자들로 하여금 하느님께 나아가는 다양한 길을 열어 놓고 있고 도와주고 있다.

신앙생활을 하는 사람은 온전히 모든 정성을 다해 하느님의 계시 또는 신비를

---

99) Fidelity means faithfulness to obligations, duties, or observances. Devotions promote the faith of the people, love, loyalty, or enthusiasm for a person and activity or cause of the church. 영어기도서 2017, 보성인쇄기획사 페이지 10.

성실히 충심으로 믿는 것이 중요하다. 하느님께 온 마음을 다해 지향을 둠으로써 하느님을 정성껏 사랑하고 예배하는 자세와 마음가짐, 그에 따른 실천이 신심이다. 그러나, 인간으로서의 한계를 지닌 인간이 하느님께 온전히 충실하고 성실하게 된다는 것은 그리 쉽지 않다. 그런 까닭에 잠언 저자도, 하느님 보시기에 성실한 사람은 그리 많지 않다고 하였다. "많은 사람이 저마다 자기의 신의와 신심을 외치지만 성실한 사람을 어디에서 찾을 수 있으랴? 흠 없이 걷는 사람은 의로운 이! 행복하여라, 그의 뒤를 잇는 자손들!"(잠언 20, 6-7)

우리 인간은 만사를 처리하는데 있어서도 말할 것 없거니와 하느님을 믿고 사랑하는데 있어서도 (a) 사랑의 정신으로 (b) 충실한 마음으로 (c) 성실히 실천하여야 한다. 믿음에 있어서도 사랑과 충실함이 함께 동반되어야 하는 이유가 여기에 있다.

8) 영성(靈性, 라틴어 Spiritualitas, 영어 Spirituality)

영성은 성령님의 사랑(The love of the Holy Spirit)과 훌륭한 성품(Good character)의 합성어이다. 영성 생활은 세 가지 요소로 구성되어 있다. (a) 훌륭하고 착한 성품이나 품성을 지닌 사람이 (b) 성령님의 사랑을 받고, 성령님의 지배를 받으며, (c) 예수님께서 사셨던 삶을 닮아가며, 하느님과 올바른 관계를 맺고 살아가는 삶이라고 정의할 수 있다. 사람들의 삶이 제각각이고 천차만별이듯이 영성 생활의 수도 헤아릴 수 없이 너무 많다. 그래서, 영성 생활의 첫걸음은 성인과 성녀들의 삶을 공부하고, 모방하는 것이 될 수 있다. 예를 들면, 토마스 아퀴나스 성인은 어떤 영성 생활을 했으며, 소화 데레사 성녀나 다른 성인 성녀들은 어떤 영성 생활을 했는가? 그분들의 삶을 공부하고, 모방하면서 영성 생활을 시작하는 것이 좋다. 그러다가 성령님의 은총으로 자신만의 영성 생활을 찾아내고 예수님께 나아가며 용맹정진하는 것이다.

그런데, 자신만의 영성 생활, 신앙관, 신앙생활, 신심 활동 등이 옳다고 주장하고, 자기가 교리를 가장 잘 안다고 으스대면서, 다른 사람들의 것은 부정적으로 생각하고 받아들이지 못한다면 그것은 영성 생활의 문제가 아니라 악령의 지배를 받아 살아가고 있는 삶이거나 자신의 정서가 매우 불안하고 건전하지 못한 상태가 아닌지 성찰해 보고 영적 지도자의 점검과 상담을 받아보아야 한다. 왜냐하면, 다른 사람의 잘못이 나의 눈엣가시처럼 자주 보이고, 자신의 눈에 있는 들보는 보지 못하고, 나의 영성 생활이나 신심 활동만이 옳다고 다른 사람을 가르치려는 충동이 생기고 실제로 가르치려 드는 경우가 있다. 그런 경우에, 그것은 자신들의 영성 생활이 성장이 멈췄거나 믿음이 고장 난 상태에 있음을 알아차리고, 성찰하고, 치유를 받아야 한다.

영성 생활은 매일매일 변함없이 예수님의 삶을 닮아가는 삶이어서 끝도 없고 중단도 있을 수 없는 아주 겸손하고도 꾸준한 인내가 요구되는 은총의 삶이다.

예수님을 사랑하는 사람들이 예수님의 말씀을 잘 지키고 예수님을 닮아갈 수 있는 삶, 한 알의 밀알이 땅에 떨어져서 썩은 다음에 다시 싹을 틔우고 많은 열매를 맺는 삶을 사는 것은 단순히 자신의 노력으로만 이루어지지 않는다. 성령님의 도우심으로 예수님을 닮아가도록 노력하고, 예수님과 함께 사는 삶의 연습을 통하여 가능하다. 그러면, 예수님의 삶을 닮아가는 우리의 삶이 곧 사랑이고, 사랑의 실천이 계명을 지키는 일이 된다. 주위 환경이 달라도, 서로의 관점, 생각, 사상이 엇갈려도, 어쨌든 성령님의 도우심으로 예수님을 닮아가도록 살아내는 노력이 영성 생활이요, 사랑이다.

성령님께서는 모든 사람이 마음 편히, 사랑 가득한 삶을 살기를 원하신다. 그럼에도 우리는 매일 전쟁터 같은 삶을 살아가고 있다. 그런 삶의 전쟁터가 때로는 우리 가정일 때도 많다. 그럼에도 우리는 또다시 하루하루를 살아간다. 때로는 하루를 살아간다는 것이 참 힘든 일이라고 생각하기도 한다. 그렇지만 성령님의 도우심으로 가족이나 이웃과 함께 사랑하며 예수님을 닮아가도록 산다는 것은 참으로 대단한 일을 해내는 것이다.

특히, 부부가 서로 사랑하면서 영성 생활을 한다고 하는 것은, 한쪽이 다른 쪽을 향하여 부탁하거나 지시하는 의무 수칙이나 숙제를 푸는 결혼생활이 되어서는 안 된다. 사랑해야 한다는 것이 숙제나 의무로 주어진다면 사랑하면 할수록 지쳐 가고, 권태기를 맞이하게 된다. 집안 일을 할 때나 세상 속에서 살아갈 때, 사랑하는 것을 해야 할 의무라거나 숙제라고 다짐할수록, 우리는 그 일을 기쁨보다는 의무감으로 대하게 되는 경우가 많기 때문이다.

서로 사랑하는 일은 성령님의 도우심으로 서로 하나가 되는 것이다. 사랑은 한쪽이 다른 쪽을 향하여 건네는 선물이 아니라, 사랑이라는 자리에서 서로 한 마음이 되고 함께 머무는 것이며 지치지 않고 거저 주는 것이며 자기 목숨까지도 내어 주는 것이다. 사랑을 '해야 할 숙제, 해야 할 의무로' 생각하기보다 '즐겁게 함께 하고 있는 일로 생각하면' 사랑은 영원히 오래 지속되고 행복하다. 무엇인가 의무적으로 행동하는 것이 아니라, 서로 한 마음이 되어 지금 이 자리에 함께 머물고 함께 살아가는 것이 사랑이라 생각하면 그 사랑에 아무도 끼어들 수 없다. 그런데, 성령님의 도우심이 없이는 사랑의 참 신비를 헤아릴 수 없고 영성 생활을 제대로 할 수도 없다.

사람은 누구나 좋은 장소에 머무는 것은 모두 다 잘 할 수 있다. 그러나 싫어도, 미워도, 실직을 하는 등 어려운 환경에 직면해도, 사랑하는 사람이 원수같이 생각이 들어도, 서로 한 마음이 되어 함께 머무는 것, 그런 삶을 사는 것은 쉽지 않다. 그런 힘든 시간에 서로 한 마음이 되어 함께 머물고 위로해 주는 것이 사랑이고 영성 생활이다. 자기가 일방적으로 좋아서 하는 사랑은 자기 욕망의 투사이다. 사랑은 서로의 다름과 갈등 속에서도 꿋꿋이 상대를 존중하고 배려하는 것이다. 그래서 영성 생활을 하면서도 때로는 영성 생활 자체는 기쁘고 은총이 충만하기도 하지만 배우자에게서 희망했던 사랑을 받지 못했다고 생각하면 사랑은 힘겹고 슬프기도 하다. 사랑은 상대를 있는 그대로 더욱 아름답고 거룩하게 여기는 존경심과 경외심의 실천이기 때문이다.

예수님의 삶을 닮는다는 것은 어쨌든 하느님의 은총 가운데 복음의 가치대로 우리의 삶을 잘 살아 내는 것이고 배우자, 자녀 등 이웃을 자신의 몸처럼 사랑하는 것이다. 일상의 삶에서 성령님의 도우심으로 주변 사람들에게 사랑을 베풀고 매일매일을 잘 살아 낸다면 그만큼 예수님의 삶을 닮고 서로 잘 사랑하는 것이다.[100]

9) 자신의 사랑(Self-love)

사람은 누구나 자기 자신을 사랑해야 한다. 그 이유는 하느님께서 원하시고 요구하시고 계시기 때문이다. 성 아우구스티노는 마태오 복음서 중 "네 마음을 다하고 네 목숨을 다하고 네 정신을 다하여 주 너의 하느님을 사랑해야 한다. 이것이 가장 크고 첫째가는 계명이다. 둘째도 이와 같다. 네 이웃을 너 자신처럼 사

---

100) But whoever keeps his word, the love of God is truly perfected in him.
This is the way we may know that we are in union with him:whoever claims to abide in him ought to live just as he lived.(1 John 2, 6)

랑해야 한다."는 내용을 인용하여 자기 자신을 사랑하는 것이 중요함을 일깨워주었다. 그러므로, 먼저 하느님을 사랑하는 것을 배우고, 다음에 진정으로 자신을 사랑하는 것을 배우고, 그 다음에 이웃을 우리 자신처럼 사랑해야 한다(마태 22, 37-39 참조).

우리는 하느님의 모상을 따라 창조되었기 때문에, 우리 안에 계시는 하느님의 모상을 사랑하고 존경해야 한다. 하느님의 모상을 사랑하는 것이 자신을 사랑하는 것이다. 우리는 예수님의 십자가상 죽음으로 구원되었고(1베드 1, 18-19), 주님의 공로에 의해서 우리는 하느님의 자녀가 되는 아주 귀한 존재가 되었다. 그러므로, 우리 자신을 더욱 사랑해야 한다. 사도 요한도 "하느님께서 우리에게 너무나 큰 사랑을 주시어 우리는 하느님의 자녀라 불리게 되었는지 생각해 보십시오. 과연 우리는 그분의 자녀라고" 하면서 자녀로써 하느님의 사랑을 받는 존재임을 알려주었다(1요한 3, 1). 더군다나, 우리가 성령의 거처가 되는 영광까지 누리고 살아가고 있으므로 자신을 사랑하지 않을 수 없는 것이다. 여러분의 몸이 여러분 안에 계시는 성령의 성전임을 모릅니까? 그 성령을 여러분이 하느님에게서 받았고, 또 여러분은 여러분 자신의 것이 아님을 모릅니까?(고린도 전서 또는 1코린 6, 19) 우리가 하느님의 은총으로 거저 성령의 거처가 되었는데 어떻게 우리 자신을 사랑하지 않을 수 있겠는가?

미국 주교회의의 성무일도 기도문에도 "궁극적으로 우리는 하늘나라에서 영원히 살도록 구원되었고 하느님께서도 모든 사람이 하늘나라에서 살기를 원하시기 때문에 더 더욱 자신을 사랑해야 한다."고 하였다. 자신을 사랑하는 사람은 지상에서의 나그네 삶을 다른 사람들과 경쟁할 필요도 없다. 이웃 사람도 내 몸과 같이 사랑하기에 경쟁 상대가 없는 것이다. "하늘은 스스로 돕는 자를 돕는다"라는 유명한 말을 한 미국 건국의 아버지 중의 한 명인 벤자민 프랭클린은

"자신을 사랑하는 사람은 경쟁상대가 없다"고 하였다.[101]

자신을 사랑하는 사람은 자기 지체까지도 의로움의 도구로 하느님께 바칠 수 있는 용기가 있는 사람이므로 경쟁하거나 대적할 상대가 있을 수 없다는 뜻이다. 그러므로, 우리는 가장 값비싼 귀금속, 보석, 돈 등 모든 재물 보다 더 귀하게 자신을 사랑해야 한다. 자신을 먼저 사랑하지 않고는 행복할 수 없다. 사랑의 속성상 자신을 사랑하는 것보다 다른 사람을 더 사랑할 수는 없는 것이다.[102]

한편, 아들이나 딸, 며느리가 맛있고 좋은 음식을 사주겠지? 용돈을 주겠지? 하고 기대하는 것은 자신을 사랑하는 것이 아니다. 이런 허황된 생각이나 꿈에서 깨어나야 한다. 맛있고 좋은 음식이 먹고 싶을 때는 스스로 미식가가 되어 음식을 즐겨야 한다. 자식에게 기댈 필요가 없다. 자신을 위해서 자기가 좋은 음식을 스스로 사주면 된다. 해외 여행을 가고 싶을 때도 자녀 눈치 볼 필요가 없다. 항공권과 숙박권을 사가지고 해외에 나가 견문을 넓히면서 스스로 여행의 전문가가 되는 것이 자신을 사랑하는 것이다. 자신을 둘러싸고 있는 재물, 명예, 자식 등에 대한 애착, 집착 등을 버리고, 시야를 넓히고 자신을 사랑하면, 마음이 평안해지고 사는 곳이 천국이 된다. 마음이 평화로워야 자신을 당당하게 사랑할 수 있다. 그래야, 자녀나, 친척이나, 친구, 가난한 사람 등 이웃도 더욱 잘 사랑할 수 있는 것이다.

시간의 주인은 하느님이시다. 하루 24시간은 우리에게 맡겨진 시간이다. 하느님은 시간이 없으신 분이시다(God has no time). 정녕 천년도 하느님 눈에는 지나간 어제 같고, 하루가 천년 같다(시편 90, 4 & 베드로 후서 또는 2베드 3, 8). 우리 각자에

---

101) (a) God desires all people to live in love in His Kingdom. 미국주교회의 The Liturgy of the Hours. P42. 1976 by Catholic Book Publishing Co., N.Y. (b) He that falls in love with himself will have no rivals. 벤자민 프랭클린(Benjamin Franklin).

102) You cannot love others more than you love yourself.

게 맡겨진 인생의 시간이 끝나는 것이 죽음이다. 시간이 지나가고 인생에서 맺은 모든 인연의 매듭이 전부 잘 풀리는 것이 선종(Happy death)이다. 인생이라는 시간은 하느님께서 우리에게 맡겨주신 탤런트(Talent 일상의 모든 일과 사명이 탤런트임)를 잘 알고, 잘 활용해서 그 결실인 수확을 하느님께 돌려드리는 시간이다. 늘 깨어있으면서 우리에게 맡겨진 탤런트가 무엇인지 알고 잘 활용해야 한다. 예를 들면, 우리는 하루를 24시간이 아닌 30시간으로 활용해야 한다. 6시간 중에서 3시간은 하느님께 11조로 시간을 봉헌하면 좋다. 하느님께 깨어있는 시간으로 봉헌하는 것이다. 깨어있다는 것은 "기도, 자선, 선행, 봉사 등 하느님 사랑, 이웃 사랑을 실천하고, 자신을 사랑하는 것이다." 나머지 3시간은 오로지 자신을 스스로 계발하고, 성찰하는 금쪽같은 시간이 되도록 활용해야 한다. 이 3시간은 윤리 규범에 어긋나지 않는 것이라면 부부라 하더라도 서로 배우자가 자신만의 시간을 활용하도록 배려해야 한다.

공자도 삼계도에 대해 이야기 하면서 '일일지계(一日之計)는 재어인(在於寅)'이라고 말씀하였다. 하루의 계획은 인시(寅時 새벽 3시~5시)에 있다는 뜻이다. 시간을 지배하고 자기의 몸을 지배하는 사람은 자기 인생을 지배할 수 있고 자신을 잘 사랑할 수 있다. 시간이나 자기 몸의 노예가 되면 인생은 희망이 없다. 새벽 3시에 일어나서 하루를 시작하는 것이 자신을 사랑하는 출발점이 된다는 뜻이다. 이에 덧붙여 자신만을 위한 시간을 내서 주님의 말씀을 묵상하고 명상하고, 성찰하고 살아간다면 우리의 삶은 참 자유를 얻을 수 있다. 영적으로 자유로워지면 주님이 건네시는 작은 목소리도 사무엘과 같이 들을 수 있게 되고(1 사무 3, 10) 나무와 풀들, 이름 모를 새들과 풀벌레들이 내게 말을 거는 소리도 들을 수 있고, 꽃들이 서로 웃으며 속삭이는 소리도 듣게 되고, 가족, 친구, 지인들이 이야기 하는 것을 사랑의 멜로디로 들을 수 있다. 시냇물이 졸졸졸 발장구 치고 웃음지으며 흐르

는 이유도 이해할 수 있다.[103]

자신을 잘 사랑하기 위해서는 다음의 열 가지를 구체적으로 실천하는 것도 좋다. (a) 의례적으로 자신을 사랑한다(Create a self-love ritual.). 예를 들면, 자신의 발목을 마사지하면서 나의 발이 건강해서 내가 대내외적인 활동을 잘 할 수 있었다고 발 등 자신의 몸의 각 구성요소에게 감사를 표시한다. (b) 성경 공부 동아리, 고아원 봉사 소공동체 등 소중한 공동체를 만들고 친교를 나눈다(Build a precious community.). (c) 평소에 무엇이 나 자신을 위해 작동하고 있는지 세부 리스트를 작성하는 것이 좋다(Make a "What's Working for Me" list.). (d) 자신의 신체가 사랑의 그릇임을 알아야 한다(Know that your body is a loving vessel.). 영양소 많은 음식이 사랑을 발산하도록 도와 준다. 미식가가 되고 규칙적인 운동을 하여 자신의 건강을 돌보아야 한다. 신외무물(身外無物)이다. 자신의 몸 외에 중요한 것은 아무것도 없다. 돈을 잃으면 조금 잃는 것이고, 명예를 잃으면 많이 잃는 것이고, 건강을 잃으면 전부 잃는 것이다. 조기 건강 검진을 하고, 병을 초기에 발견하고 고치고, 명상과 기도 등 마음수련을 해야 건강하게 장수할 수 있다. (e) 옷장을 정리하고 깨끗이 청소하여야 한다. 사용하지 않는 것들은 과감히 버려야 한다(Clean out your closet.). (f) SNS 등 소시얼 미디어에서 자신을 다른 사람과 비교하지 않는다(Don't compare yourself to others on social media.). 나 자신의 장점만을 계속 발전시켜 나아가는 것이 좋다. (g) 자신의 영성을 탐구하여야 한다(Explore your spirituality.). 신앙은 자기 사랑의 기초이다(Faith is the foundation for self-love.). 주기적으로 자기의 영성을 점검하고 좋은 감정, 열정, 감성, 사랑으로 열심히 신앙생활을 하는 것이 정신 건강에 중요하다. (h) 자기가 잘하는 것을 하는 것이 좋다(Do something you're good at.). 요리를 좋아하면 요리를 하고 마라톤을 좋아하면

---

103) 예금통장을 불타는 아궁이에 던져버려라. 저자(문 석호), Mj 미디어 2014. 2.10. PP. 231.

마라톤을 하는 것이 자신의 사랑에 도움이 된다. 나이가 들수록 좋은 취미를 많이 살려야 한다. (i) 자신이 좋아하는 행복한 장소를 물색해서 머무르고, 묵상하고 자신만의 시간을 가져야 한다(Find your happy place.). (j) 과거의 일에 집착하지 말고 근육을 풀어 주어야 한다(Build your letting-go muscle.). 과거를 후회할 필요도 없다. 과거는 이미 폐기 처분된 고물이다. 아무도 고물을 거들떠 보지 않는다.

성령의 인도로 기도, 자선, 봉사 등 덕행을 실천하면 자신을 더 잘 사랑할 수 있고, 죄악도 피할 수 있고 자신을 구원할 수도 있다. 자신을 사랑하는 사람은 육신보다 영혼을 더욱 잘 돌보며, 게으르지 않고 재물이나 명예만을 위해 살지 않고, 이웃 사랑을 실천하며 하느님의 영광을 위해 자기 몸의 지체도 하느님께 바칠 수 있다. 또한, 자신을 사랑하는 사람은 육신과 물질도 하느님과 이웃의 이익을 위하여 잘 사용한다. 로마서에서도 "그러므로, 죄가 여러분의 죽을 몸을 지배하여 여러분이 그 욕망에 순종하는 일이 없도록 하십시오. 그리고 여러분의 지체를 불의의 도구로 죄에 넘기지 마십시오. 오히려 죽은 이들 가운데에서 살아난 사람으로서 자신을 하느님께 바치고, 자기 지체를 의로움의 도구로 하느님께 바치십시오(로마 6,12-13)." 하면서 자신의 지체를 하느님께 바치는 것이 자신을 사랑하는 것임을 알려 주고 있다. 자신을 사랑하는 사람들의 삶의 공통점은 후회할 어제도, 살아갈 내일도 아닌 지금 우리가 사는 오늘이라는 현재에 대한 사랑과 존중, 성실한 삶을 살아가는 사람들이다. 지금이라는 오늘 현재(Present 선물)를 잘 살아가는 것이 매우 중요하다. 현재에 대한 사랑과 존중으로 세상을 바라보고, 지금 나와 함께 살아가는 배우자, 자녀, 가족, 친지, 친구 등을 모든 정성을 다해 사랑하고, 나 자신을 보듬는 일, 그것이 우리의 기쁨이고 자신의 사랑이다.

사랑은 외적인 작용으로 애틋하게 싹이 트고 자라는 것이 아니라, 자기 자신을 태워 주변을 밝히는 촛불처럼 사랑하는 사람을 위해 자신을 희생하고, 헌신하고, 봉사할 때 영원 불변한 사랑이 된다. 우리는 먼저 자신을 사랑할 줄 알아야 다른 사람도 사랑할 수 있다. 자신 안에 충만이 쌓아둔 사랑과 감사, 기쁨을 상대방에게 전하고 나눠줘서 그의 인생을 밝혀주는 빛이 될 때, 그 빛이 자신도 영원히 빛나게 해줄 것이다.

사랑의 의의와 정의

"이성을 그리워하거나 좋아하는 마음 또는 그런 일.
이성의 상대에게 끌려 열렬히 좋아하는 마음 또는 그 마음의 상태.
하느님이나 부모, 스승, 또는 윗사람이 인간이나 자녀, 제자,
또는 아랫사람을 아끼고 소중히 여기는 마음.
사람이나 사물이나 대상 존재를 몹시 아끼고 귀중히 여기는 마음.
또는 그런 일을 사랑이라고 한다.

제5장 사랑의 의의와 정의

1) 사랑의 의의(意義)

사랑이라는 말은 일상생활에서 자주 많이 사용되고 있지만, 때로는 전혀 다른 의미들로 남용되거나 오용되고 있는 단어 가운데 하나가 되었다. 그래서, 사랑의 의의를 한 마디로 규정하기는 매우 어렵다. 아니, 그 어떤 어휘들로도 한 마디로 사랑의 의의(意義)를 서술하거나 규정하기는 매우 어렵다. 더구나, 사랑의 종류도 다양하고 복합적이기 때문이다.

사랑의 의의를 살펴보면, "이성을 그리워하거나 좋아하는 마음 또는 그런 일. 이성의 상대에게 끌려 열렬히 좋아하는 마음 또는 그 마음의 상태. 하느님이나 부모, 스승, 또는 윗사람이 인간이나 자녀, 제자, 또는 아랫사람을 아끼고 소중히 여기는 마음. 사람이나 사물이나 대상 존재를 몹시 아끼고 귀중히 여기는 마음. 또는 그런 일을 사랑이라고 한다."[104]

우리말 '사랑'은 '스량(思量)'에 뿌리를 두고 있다. 사량(思量)은 많이 생각하고, 관심을 갖고, 많이 헤아린다는 뜻이다. 남녀가 서로 사랑의 첫 단추가 되는 호기심을 갖게 되는 순간부터 서로에게 관심을 갖게 되고 많이 생각하고 헤아린다는 뜻이다. 사랑의 의미를 갖는 다른 단어들은 '괴다(예스러운 표현으로 특별히 귀여워하고

---

104) 표준 국어 대사전.

사랑하다.)', '᠘랑하다', '마음을 주다(마음을 숨기지 아니하고 기꺼이 내보이다.)', '못 잊어한다(사랑, 본분, 은혜 따위를 마음에 새겨 두고 저버리지 않다.)', '좋아하다(다른 사람을 아끼어 친밀하게 여기거나 서로 마음에 들다.)', '그리워하다(사랑하여 몹시 보고 싶어 하다.)', '기다리다(어떤 사람이 오기를 바라다, 기원하다.)' 등이다.

세조가, 세종이 지은 『월인천강지곡』을 본문으로 하고 자신이 지은 『석보상절』을 설명 부분으로 하여 합편한 책, 『월인석보(月印釋譜, 1459년 세조 5년)』 서문에도 '᠘랑할씨라'라는 말이 있다. 여기서 '᠘랑'도 '사랑한다, 사량(思量)하다, 그리워하며 생각하다, 많이 헤아린다.'는 뜻이다.

중국의 백화문 '᠘량(思量)'에서도 '깊이 생각하며 헤아린다, 사모(思慕)한다'는 뜻으로 설명하고 있다. 천자문(千字文)도 사(思)를 "᠘랑 ᠘"로 설명하고 있다. '᠘랑'은 한자어 사량(思量 많이 생각하고 헤아리다. 관심을 갖고 헤아리다.)에 뿌리를 두고 있다. '사(思)'자는 '사랑한다, 그리워하다, 생각하다, 사색하다'라는 의미를 포함하고 있다. '사(思)'자는 밭 전(田)자와 마음 심(心)자의 합성어이다. 본디 마음 심 대신에 정수리 신(囟)자가 들어가서 생각할 사(恖)자로 쓰였었다. 정수리는 마음을 의미한다. 곧, '마음으로 생각한다, 그리워한다, 사랑하다.'라는 의미이다. 특히, 사모(思慕)의 사(思)는 '생각하다'는 뜻도 있지만 '사랑한다.'는 뜻이 더 강하다. 남녀의 사랑(Eros)이라는 뜻으로 사랑이라는 말이 처음 사용된 것은 1920년 '나도향'의 소설 『청춘』에서 처음 사용된 것으로 알려져 있다. 그런데, '사랑'이라는 말도 그 뿌리를 캐보면 '성(性)'과 '생명'과 밀접하게 연결되어 있고 '사랑, 성(性), 생명' 셋은 뿌리가 하나로 연결되어 있음을 알 수 있다. 또한, 사랑은 "우리는 누구인가? 우리는 무엇을 위해 주님으로부터 부르심을 받았는가?"라는 우리의 정체성과도 서로 밀접하게 연관돼 있다.

2) 사랑의 정의

　사랑은 스스로 형태를 규정하지 않고 있어서 볼 수도 없고 만질 수도 없고 정확히 그 뜻을 한마디로 말할 수도 없다. 그렇기 때문에 아무도 완벽하게 사랑의 정의를 내리지 못하고 있다. 사랑은 눈으로 볼 수 없어서 그랬는가? 셰익스피어는 "사랑은 눈으로 보지 않고 마음으로 보는 것이라고" 하였다.[105] 고려대 한국어 대사전에도 "남녀 간의 사랑에 대한 정의는 고정적이지 않고 시대와 환경에 따라 변해 간다."고 하였다. 사랑의 정의는 시대정신과도 연결되어 있음을 알 수 있다.

　1932년 노벨 문학상을 받은 골즈워디는 사랑은 나이도, 한계도, 죽음도 없다고 하였다.[106] 사랑은 불화를 모른다. 문제가 되는 것은 서로 애정을 나누는 두 사람 사이의 문제일 뿐이다. 사랑은 눈도 없고, 나이도, 문화도, 종교도, 장애도, 인종도 없으며 단지 열광적으로 사랑하는 두 사람이 노력해서 사랑으로 골인하는 데 시간이 걸릴 뿐이다.[107] 그래서, 사랑은 성별도 없고 라벨도 없이 무한하다고 주장하면서 반 성경적으로 말하는 사랑을 고집하는 사람들의 부르짖음이 21세기에 더욱 거세지고 있다. 일부 사람들은 마치, 소돔과 고모라 시대로 회귀하려고 시도하듯이 행동하여 왔다.

　역사 이래 많은 철학자, 소설가, 시인, 과학자 등 많은 사람이 사랑에 대해 이야기해 왔지만, 사랑의 한 부분만을 설명하고 있지 사랑의 실재에 대한 해답이

---

105) Love looks not with the eyes, but with the mind. 셰익스피어.

106) Love has no age, no limit and no death. John Galsworthy.

107) 작자 미상 Love doesn't know about differences, all that matters are two people truly caring about each other. Love has no eyes, Love has no age, Love has no culture nor religion, Love has no disability, and Love has no race. It only takes two crazy individuals to make it happen. Author is unknown.

나 사랑의 정의를 정확히 제시하지는 못하였고, 단편적으로 말하고 있을 뿐이다. 사랑의 형태나 모양새는 눈으로 볼 수도 없고 알 수도 없지만, 역사 이래 인간 사회(Society)에서 사랑은 우리 인간을 늘 감싸고 있고, 감싸 왔고, 우리 삶의 주변에서 물과 같이 흐르고 있고, 계속 흘러 왔다. 물이 생명이 있는 곳에 항상 존재하듯이 사랑도 생명체의 주변에서 암탉이 알을 품듯이 생명체를 감싸주고 품어주었다. 하느님과 사람 사이에, 그리고 사람과 사람 사이에 유유히 흐르는 사랑이라는 신비는 (a) 하느님께서 인간에게 하늘을 열어주는 길이 되고, (b) 사랑하는 사람과 사람에게는 서로 마음의 문을 열어준다. 오직 사랑만이 이해할 수 있는 놀라운 사랑의 신비가 이렇게 항상 우리를 감싸주고, 품어주고 있지만, 우리의 이기심 때문에 그 사랑을 정확히 모르고 있을 뿐이다.

눈도 없고, 나이도 없고, 귀도 없고, 입도 없고 라벨도 없는 사랑이 무엇인지? 유행가 가사처럼 눈물의 씨앗인지? 그래서, 사랑의 정의를 좀 더 정확히 알아보기 위해 인간 사회(Society)에서 우리 인간을 늘 감싸고 있고, 감싸 왔고, 우리 삶의 주변에서 물과 같이 흐르고 있는 사랑이 '사회(Society)'라는 단어와의 어떤 연관성을 갖고 있는지 좀 더 심층적으로 분석해 보았다. 그 결과 사랑과의 연계성이 있음을 일부 알게 되었다. 라틴어 'Societās'에서 유래한 사회의 두 음절 소시(soci)는 (a) 우리(Us)라는 공동체성(共同體性)을 가지고 있다. 함께 더불어 사는 '사회'라는 뜻인데 사랑을 나눠주는 공동체 성격이 강한 뜻이다. (b) 동반자, 협력자, 반려자(Partner)라는 뜻도 있는데, 사랑을 근간으로 떨어질 수 없는 삶의 의미도 포함되어 있다. (c) 동료(Comrade), 동지, 전우 등의 뜻을 의미하는 접두사와 접미사 etās가 붙어 생긴 단어이다. 접미사 'etās'는 무엇이 변하다(Variant of)라는 뜻을 지닌 접미사 -itās가 변화된 것이다. 영어의 '-ity'의 뜻과 동일한 접미사이다.[108]

108) A suffix used to form abstract nouns expressing state or condition.

동양권에서 공동체(共同體)를 의미하는 '사회(社會)라는 단어'의 첫 글자 '사(社)'의 의미는 '모일 사, 두레 사, 토지신 사'이다. 두레라는 의미를 이해하면 사회(Society)의 뜻도 더 잘 이해가 간다. 두레를 영어로 정확히 번역한다면 사회(Society)가 될 것이다. 두레는 공동 노동 단체 조직이며 농촌 사회의 상호 협력을 목적으로 조직된 촌락 단위 '사랑의 공동체'이다. 우두머리를 좌상이라 하였으며, 두레를 표시하는 기(旗)가 있었다. 그 종류도 다양하여 성별에 따라 남자 두레와 여자 두레로 나눌 수 있고, 선후에 따라 선생 두레와 제자 두레, 또는 형 두레와 아우 두레로 나눌 수도 있고, 농악의 유무에 따라 농악 있는 두레와 농악 없는 두레가 있었다.

두레 중에서 작은 두레는 6~10명 정도로 대개 경제적 여건이나 농지 소유 규모가 비슷한 이웃 사람들끼리 하는 경우가 많았고, 큰 두레는 마을 전체가 구성원이 되어 조직되기도 하였다. 산업사회로 탈바꿈하기 전까지 '농자 천하지 대본'이라는 농업사회에서 사랑을 바탕으로 협력과 단결을 도모한 사랑의 공동체이다. 초기 두레에서는 품앗이에 의해 서로서로 돌아가며 일을 해주고 품을 돈으로 계산해서 주고받는 것이 아니라 노동의 품을 주거니 받거니 하는 '사랑의 공동체' 성격이 강했다.

'함께하고, 공유한다.'는 의미의 뜻을 지닌 '영성체'의 영어 단어 커뮤니언(Communion: an act or instance of sharing)의 뜻도 전부 내어준다는 '사랑의 의미'를 함축하고 있다. (a) 사회(Society)라는 단어 (b) 두레라는 단어 (c) 영성체(Communion)라는 단어의 뜻을 음미하면 할수록 '사랑은 인간 사회를 감싸고 있는 것이며 동시에 사랑하는 사람을 위해 목숨까지도 전부 내어주는 것'이라는 사실에 도달하게 되었다.

단편적으로 이야기 되고 있는 '사랑의 정의를' 더 알아보기로 하겠다. 벤자민 프랭클린은 "사랑받고 싶다면 사랑하라, 그리고 사랑스럽게 행동하라"고 하였고,[109] 토마스 홀크로프트는 "사랑과 한 송이의 빨간 장미는 감출 수 없다고 하였다.[110] 아름다운 사랑은 너무 기쁜 것이기에 가족을 비롯해서 주변에 널리 알리고 싶은 속성이 강해서 사랑은 감출 수 없다는 이야기이다.

독일의 작가 괴테는 "사랑이 없는 세상은 세상이 아닐 것이다."라고 말했다. "그는 또 인생은 사랑이며 그 생명은 정신이다."라고 말해 사랑이 인생의 중요한 부분을 차지하고 있음을 말해주고 있다. 인생 자체를 사랑이라고 하면서 사랑의 중요성을 다시 일깨워 주고 있다. 플라톤은 "사랑의 감동이 최고일 때 누구나 시인이 된다. 사람은 사랑할 때 누구나 시인이 된다. 아름답고 선한 것을 사랑하는 목적은 그 아름답고 선한 것을 소유하는 것이기 때문이다. 그 아름답고 선한 것을 소유하는 것이 행복인데, 행복 자체가 목적이다. 사랑을 하면 누구에게나 즐겁고 행복하기에, 사랑은 아름답고 선한 것을 쟁취하여 소유하는 것이라고" 하였다.[111]

"존경하는 마음이 없으면 사랑이 될 수 없다."고 하면서 "사랑은 인간 삶의 주성분이며 인생의 아주 중요한 부분을 구성하는 것이다"라고 독일의 철학자 피히테(Johann Gottlieb Fichte)도 말했다.[112] 미국 달라스의 신학대학 교수인 데이비드 트립은 "사랑은 보답을 할 수 없는 처지에 있는 사람들 또는 마땅히 사랑받아야 할 사람들에게 선행으로 도움을 주는 자발적인 자기희생이라고 하면서" 사랑은

---

109) If you would be loved, love and be lovable. 벤자민 프랭클린(Benjamin Franklin).

110) Love and a red rose can't be hid. - Thomas Holcroft"

111) At the touch of love everyone becomes a poet. Every man becomes a poet when he loves. The aim of loving beautiful and good things is to possess them, because the possession of beautiful and good things is happiness, and happiness is an end-in-itself. 플라톤

112) Whether there can be love without esteem? The principle ingredient of life is love. 피히테(Johann Gottlieb Fichte)

고생이 있는 사랑이요, 자기희생이 동반된다고 하였다.[113]

톨스토이도 인간은 사랑으로 산다고 이야기하면서 "만물은 오로지 사랑으로 결합되어 있으며 사랑이란 자기희생이라고 하였다." 자기희생은 억지로 하는 것이 아니라 자발적으로 하는 것인데 평소에 감사할 줄 아는 사람, 감사가 몸에 배인 사람이 할 수 있는 덕목이다. 톨스토이는 다음과 같이 사랑의 중요성을 부연해서 설명하였다. 인간은 그들 자신의 복지 증진을 위해 오로지 물품을 사고 소비하는 생각으로 사는 것이 아니라, 사랑이 인간 안에 존재하기 때문에 산다. 사람은 그들 자신을 돌보기 위해 살아가는 것처럼 보이지만, 사실은 오로지 사랑으로 살아가고 있음을 나는 지금 이해하게 되었다. 사랑은 죽음을 방지해 준다. 사랑은 인생이다. 나의 인생에서 내가 이해하는 모든 것을 사랑하기 때문에 사랑을 인생이라고 한다. 만물이 있고 존재하는 것도 오로지 내가 사랑하기 때문이다. 만물은 오로지 사랑 그 자체로만 홀로 결합되어 있다.[114]

우리와 동시대를 살다가 성인이 된 마더 데레사는 어떻게 사랑해야 하는지, 다음과 같이 이야기하였다. "진지한 사랑은 주어야 할지, 주지 말아야 할지 비교 평가하지 않는다. 다만, 주기만 한다. 서로 항상 미소로 만나세요. 미소는 사랑의 시작이기 때문입니다. 여러분이 사람을 심판하거나 단죄한다면, 그들을 사랑할 시간을 갖지 못합니다."[115]

---

113) Love is willing self-sacrifice for the good of another that does not require reciprocation or that the person being loved is deserved.

114) All men live not by the thought they spend on their own welfare. But it is because love exists in them. I have now understood that though it seems to them that they live by care for themselves, in truth it is love alone by which they live. Love hinders death. Love is life. All, everything that I understand, I understand only because I love. Everything is, everything exists, only because I love. Everything is united by it alone.

115) Intense love does not measure, it just gives. Let us always meet each other with a smile, for a smile is the beginning of love. If you judge people, you have no time to love them. 마더 데레사 성녀.

트라피스트 수도원 신부가 된 토마스 머튼은 "사랑의 시작은 우리가 사랑하는 사람들이 완전히 그들 자신의 모습으로 있게 하는 것이고, 그들로 하여금 우리 자신의 정신적 신념에 맞추라고 설득하지 않는 것이다. 그렇게 하지 않으면 우리는 단지 그들에게 투영된 우리 자신의 모습을 발견하고 우리 자신만을 사랑하게 된다."고 하였다.[116]

남녀가 서로 위해주고, 아껴주고, 따뜻한 관심을 표하고, 귀중하게 여기고, 마음속으로 생각하고, 사랑의 정을 서로 주고받고, 항상 같이 있고 싶고, 모든 사랑의 정을 다 쏟아붓고 싶고, 주어도 또 주고 싶고, 받고도 또 받고 싶은 애틋하면서도 지치지 않는 마음, 강산이 변하고 세월이 유수같이 흐르고 흘러가도 변하지 않는 마음, 아낌없이 받고 받아도, 아낌없이 주고 또 주어도 지치지 않고 물리지 않고 식상하지 않는 것, 영원히 변하지 않고 곁에 함께 머물고 동반하고 늘 함께 있고 싶어 하는 것, 온 정성과 마음과 힘을 다하여 지속적으로 서로 상호 간에 유대, 협력, 동반자 관계, 애정, 사귐을 갖고자 하는 조화롭고 균형이 잘 잡힌 마음이 곧 사랑이다. 그래서 사랑은 마치 자전거를 타고 도로를 달리는 것과 같다. 자전거를 타고 균형을 잡으려면 두 다리 등 온몸이 조화롭게 움직여야 한다.

사랑은 또한 기다려주고, 그리워하는 것이어서 가장 따뜻하고, 귀하고, 값지고 바람직한 인간관계이다. 서울로 과거시험 보러 간 아들이 무사히 장원 급제하여 돌아오기를 마을 어귀에서 간절히 기다리는 어머니의 그리움은 이 세상 모든 어머니의 가장 애틋한 사랑을 대변해 준다. 사랑은 가장 바람직하고 애정이 가득한 인간관계를 맺고 지켜가고자 하는 마음이자 마음의 움직임이다. 가난하면서

---

116) The beginning of love is to let those we love be perfectly themselves, and not to twist them to fit our own image. Otherwise we love only the reflection of ourselves we find in them. 트라피스트 수도원 토마스 머튼 신부.

도 더 가난하고 상처받은 이웃을 돌보는 지극히 아름다운 사랑도 있다. 산골 마을 사람들이 소박하면서도 존중하는 마음으로, 가을걷이가 끝난 다음, 시루떡 등 음식을 만들어 서로 같이 나눠주고 사랑방에 도란도란 앉아 정담을 나누는 것도 사랑이다. 정이 가득한 훈훈한 마음으로, 깊은 사랑의 대화를 하면서 사랑을 하면 언제나 행복하다.

서로 사랑하고 행복하면 슬픔, 고독, 불행, 두려움 등은 저 멀리 도망치고 숨어버린다. 사랑은 매우 가치 있는 일이므로 서로 사랑하는 데 지치지 말아야 한다. 누구나 부모, 조부모 등 일가친척의 축하와 사랑을 받고 태어나지만, 태어나자마자 울음을 터트린다. 그러나, 임종할 때는 가까운 가족과 친척의 위로와 사랑을 받고, 답례로 따뜻한 미소를 지으며 선종을 하는 것이 행복한 사랑이다. 인생을 사랑과 미소로 마감하는 것이다. 죽음을 두려워하거나 울면서 임종한다면 행복한 삶, 사랑의 삶을 산 것이 아니다. 죽음의 두려움을 모르는 임종, 사랑과 웃음꽃이 피어나는 임종이 되어야 한다. 그래서 "사랑은 죽음의 두려움도 몰아낸다."고 하는 것이다. 전 생애에 있어서 사랑이 차지하는 몫은 너무 크고 중요하다.

가톨릭 사전을 보면 사랑의 정의를 '인간을 가장 잘 성화시키는 애덕(愛德)'이라고 하였다. 애덕이란 하느님만을 위하여 모든 만물 위에 최우선으로 하느님을 사랑하고, 이웃을 내 몸같이 사랑하는 것이다. 그래서 사랑의 또 다른 정의를 "하느님을 사랑하고 이웃을 자신과 같이 사랑함으로써 생기는 커다란 덕행(德行)이요, 백덕(百德)이며, 미덕(美德)이라고 하는 것이다." 소학(小學)에도 "사람의 덕행은 겸손과 사양이 제일이다.(인지덕행 겸양위상:人之德行 謙讓爲上)"라고 하였다. 마음의 근본이 겸손해야 사랑도 덕행도 베풀 줄 안다는 내용이다.

애덕은 하느님과 인간을 완전히 하나로 묶는 덕 중의 덕이라고 할 수 있다. 후

덕(厚德)한 사람이 애덕(愛德)을 잘 실천한다. 사랑을 실천하는 사람은 사랑을 미끼로 다른 목적을 쟁취하는 수단이 되어서는 안 된다. 더군다나 교회의 이름으로 사랑을 실천하는 사람들은 결코 교회의 신앙을 다른 사람들에게 강요하려고 해서는 안 된다. 우리의 덕행(德行)이나 모범적인 행동이나 선행을 보고 스스로 감동 감화되어 교회에 오고 싶다는 마음을 심어주어야 한다. 우리의 순수하고 헌신적인 하느님 사랑과 이웃사랑이야말로 우리가 믿는 하느님, 사랑으로 우리를 이끄시는 하느님에 대한 가장 훌륭한 증언이 되고 선교가 되기 때문이다. 그래서, 그리스도인은 하느님에 대하여 말하여야 할 때와 침묵하며 사랑만을 보여주어야 할 때를 구분해서 알고, 이해하고, 실천해야 한다. 그리스도인은 하느님이 사랑이시라는 것을 알고(요한 1서 또는 1요한 4, 8), 우리가 오로지 사랑을 실천하는 바로 그때에 하느님의 현존을 느낄 수 있다는 것도 안다. 그래서, 그리스도인은 사랑에 대한 멸시가 하느님과 인간에 대한 멸시라는 것도 안다. 따라서 지극정성을 다해 하느님을 사랑하고, 흠숭(欽崇)하고 이웃 사람을 올바로 사랑하는 것이 바로 사랑이다.

사랑(Love)이란 단어가 성경에 처음으로 표기된 곳은 창세기이다. 그 내용이 조금은 순진하고 진지한데 다음과 같다.

남편 이사악은 아내 레베카가 쌍둥이 아들을 임신한 후, 달이 차자 아들 둘을 한꺼번에 얻었다. 그런데, 아버지 이사악은 고기를 좋아하여 사냥꾼으로서 솜씨가 좋은 큰아들 에사우를 '사랑하였고', 아내 레베카는 야곱을 편애하고 '사랑하였다.' 쌍둥이 중에서 먼저 나온 장자, '에사우'는 피부가 불그스레하고 갑옷 같다고 해서 이름을 에사우라 작명하였다. 뒤에 나온 아우, 야곱은 손으로 형 에사우의 발꿈치를 잡고 나왔다고 하여 이름을 야곱이라고 한 것이다. 쌍둥이 두 아들은 성장하면서 장남 에사우는 날렵한 사냥꾼이 되었고, 야곱은 온순하여 집안에서 주로 지냈다. 하루는 야곱이 죽을 끓이고 있었다. 그때 에사우가 허기진 채 들에서 사냥을 마치고 지친 몸으로 돌아왔다. 야곱이 따뜻하게 끓여놓은 죽을 보고서 "내가 매우 배가 고프고 허기지구나. 아우 야곱아, 네가 끓인 죽 좀 먹게 해다오." 그러자 머리가 명석한 야곱은 형의 장자상속권을 낚아채려고 "형의 맏아들 권리를 먼저 내게 파시오" 하고 말하였다. 그러자 에사우가 대답하였다. "내가 지금 배가 고파 죽을 지경인데 맏아들 권리가 내게 무슨 소용이 있겠니?" 그러자, 야곱이 형 에사우에게 먼저 나에게 장자의 권리를 팔겠다고 맹세부터 하라고 다그친다. 이에 형 에사우는 동생 야곱에게 맏아들 권리를 팔겠다고 맹세하고 자기의 맏아들 권리(장자상속권리, 長子相續權利 Primogenitary)를 동생 야곱에게 팔아넘겼다. 그러자 야곱이 빵과 불 콩죽을 에사우에게 주었다. 에사우는 빵과 불 콩죽으로 배를 채운 후에 집 밖으로 나갔다. 이렇게 에사우는 맏아들 권리를 대수롭지 않게 여기고 아우, 야곱에게 팔아넘겼다(창세 25, 28).

우리나라에서도 맏아들 권리(장자상속권리, 長子相續權利)가 있어서 1970년대 말까지도 장자가 아버지 유산의 상당 부분을 차지하곤 하였다. 그 후 민법이 개정되어 딸에게도 부모의 유산이 상속되게 되었다. 장자상속권리는 장자가 한 가족에 태어났을 때 장자 한 사람에게 상당 부분 또는 모든 재산이 상속되는 것을 의미한다. 과거 우리나라의 대가족 제도 문화에서 장자는 아버지가 사망했을 경우 동생들과 온 가정을 잘 이끌어 나가야 한다는 특별한 책임을 부여받음과 동시에 더 많은 상속을 받아왔다. 모세의 율법에서도 장자는 하느님께 속한 것으로 여겨졌다. 따라서 이스라엘의 장자는 아버지의 유산 가운데서 두 몫을 받았으며, 아버지의 사망 이후에는 어머니와 여자 형제들을 보살필 책임이 있었다. 그런데, 맏아들인 에사우는 맏아들 권리를 대수롭지 않게 여기고 꾀가 많은 동생에게 팔아넘기고 장자의 지위를 내팽개치고 만다.

그런데, 실상 성경에서 '사랑(Love)이 무엇인지?' 그 정의를 정확하게 내려놓은 곳은 바오로 또는 바울(St. Paul) 사도의 데살로니카 전서(또는 테살로니카 신자들에게 보낸 첫째 서간) 1장 3절이다(1 테살 1, 3). 바오로(또는 바울 St. Paul) 사도는 사랑의 정의를 "사랑은 노고다, 고생이 있는 사랑이며, 사랑의 노고(Labor of love)"라고 사랑의 정의를 정확하게 표현하였다. '노고, 출산의 산고, 수고 등(Labor)'의 본래 의미는 희생과 헌신이 동반된 노동이다. '사랑의 노고를' 쉽게 부연해서 설명한다면, 노동은 사랑의 부속 개념이다. 바울(또는 바오로) 사도는 여기서 사랑의 정의를 이렇게 내리고 있다. 사랑의 가치는 "대가를 바라지 않는 희생과 헌신(Sacrifice and Commitment)이며 지치지 않고 주는 사랑, 고생이 있는 사랑이라고" 축약하여 규정한 것이다. 완전한 사랑이 무엇인지를 바울(바오로) 사도가 정확하게 정의 내린 것이다. 앞으로도 단어 하나로 이것보다 더 정확하게 완전한 사랑의 심오한 의미를 규정하기는 어려울 것 같다.

그러나, 남녀 간에 서로 정말 진정으로 사랑하고, 서로 완전한 사랑의 경지에 도달한 경우에도 사랑의 표현과 행동은 질서가 있어야 한다. 사랑은 한순간 사랑하다 풋사랑으로 끝나는 것이 아니다. 서로 평생 해로(偕老)를 진심으로 빌어주고 기도해 주어야 한다. 평생 서로 지속적으로 도와주고, 보호해 주고, 바람막이가 되어 주고, 최악의 고통스런 상황에서도 지지해주고, 지켜봐 주고, 힘들어 좌절하고 고통에 직면할 때 도움을 주고, 존중해 주고, 동반자가 되고 인생의 협력자가 되어 서로 격려해야 하는 것이다. 기쁨, 행복, 슬픔, 축하할 일 등을 함께 공유하고, 공감하고, 지지하고, 서로 의지하는 것이다. 사랑은 쉽고도 단순하게 생각하는 것처럼 샹그릴라(Shangri-la, 지상낙원) 같은 것도 아니다. 결혼 생활을 하면서 최악의 고통스런 상황에 직면하였을 때, 서로 완벽한 사랑의 경지에 도달한 것이 아니라면 아무리 많은 하객이 축하해 준 호화로운 결혼식, 좋은 가문, 다이

아몬드 같은 견고한 결혼 서약과 맹세가 있었다 해도 쉽게 이혼으로 이어질 수 있다.

그러므로, 무분별하게 육체만을 탐닉하고 사랑을 나누는 것이 아니라 남녀가 서로 존중하고 존경하는 과정을 거쳐 예(禮)를 갖춰 행하는 것이 사랑이다. 남녀가 예를 갖춰 서로 공경하고 존중하고 존경하면서 사랑할 때 진정으로 사랑한다고 할 수 있다. 그래서 예로부터 동방 예의지국인 우리나라를 비롯하여 동양에서는 "사랑(愛애)이 규범에 일치하고, 마땅하고 올바른 행동과 방식(義)으로 표현되고 행해질 때, 바로 그것이 예(禮)를 갖춘 사랑이라고 말해 왔다." 규범에 맞게 자신을 겸손하게 낮추고 상대방을 높이고 공경하는 예(禮)를 갖춘 사랑만이 완전한 사랑의 경지에 들어갈 수 있다. 전통적으로 삼강오륜에 의해 아랫사람이 윗사람을 공경하고 섬기는 것, 손윗사람이 손아랫사람을 귀여워하고 예뻐하고, 고운 마음을 전하고, 착하고 일 잘한다고 칭찬하고, 마음의 훈기를 전하는 것도 사랑이다.

3) 21세기 시대정신이 요구하는 사랑의 정의

위의 내용을 종합해서 21세기 시대정신이 요구하는 사랑의 정의를 결론적으로 말하면, 사랑은 "현재 일방의 사랑의 급부가 장래의 일정 시점에 이에 대한 사랑의 반대급부가 이뤄지지 않는 것이라고" 정의할 수 있다. 현재 A라는 사람(부모, 남편 또는 아내, 형제자매, 청춘 남녀 등)이 B라는 사람(아내 또는 남편, 자녀, 자매나 형제, 청춘 남녀 등)에게 베푼 사랑에 대한 사랑의 보상이 장래의 일정 시점, 예를 들면 10개월 후 또는 2년 후에 아니 평생 전혀 다시 이뤄지지 않는 것이 사랑이다.

사랑은 지치지 않고, 짜증 내지 않고, 기쁜 마음으로 거저 주는 것이기 때문이다. 카뮈도 사랑은 모든 것을 지치지 않고 거저 주는 것이며, 모든 것을 희생하는 것이며, 베푼 사랑에 대해 전혀 되돌려 받으려는 뜻이 없는 것이라고 하였다.[117]

반대급부가 없는 사랑, 거저 주는 사랑, 특히, 청춘 남녀 사이의 사랑은 서로 '완전한 사랑의 경지'에 도달하여야 한다. 서로 사랑하는 사람을 위해 목숨까지도 내놓을 수 있어야 한다는 뜻이다. 그런데, 대부분의 젊은이는 '사랑' 하면 곧, 육체적 사랑으로만 생각하는 잘못을 저지르기에 '완전한 사랑의 경지'에 가보지도 못하고 파국을 맞는 경우가 허다하다. 스페인 시인 칸포아모르도 같은 일부 사람들도 사랑을 단순히 "사랑은 육체를 원하는 것이다."라고 하였다. 물론, 이성 간의 사랑은 '상대방의 육체를 소유하는 것'이라는 그 사실 또한 마땅히 당연하지만 먼저 완전한 사랑을 배워야 한다. 완전한 사랑을 배우기 위한 첫걸음은 말하기는 적게 하고 사랑하는 사람이 충분히 말하게 하고, 잘 들어주고, 이해하고, 수긍하고, 공감해야 한다. 신학자인, 틸리히도 완전한 사랑을 배우기 위한 첫걸음이자 첫 번째 의무는 상대방의 말을 잘 경청하는 것이라고 하였다.[118] 완전한 사랑이 무엇인지 좀 더 세부적으로 살펴보고자 한다.

4) '완전한 사랑'이란 무엇인가?

대개 사람들은 자기가 정한 기준대로 '나의 배우자다, 가족이다, 친척이다, 동창이다, 친구다, 가까운 이웃이다'라고 분류하고 서로 끼리끼리 사랑한다. 그리

---

117) That is love, to give away everything, to sacrifice everything, without the slightest desire to get anything in return. Albert Camus. 알버트 카뮈.

118) The first duty of love is to listen. 틸리히.

고 미워하는 사람들, 원수같이 지내는 사람들은 자기 이웃이 아닌 사람들로 분류한 다음에, 그 사람들에게는 사랑을 실천하지 않고 있다. 그런데, 자기의 가족이나 이웃이라고 생각하는 사람들에게만 사랑을 실천한다면, 그것은 엄밀히 말해서 사랑을 실천하는 것이 아니라고 할 수 있다.

사랑이란, 그 자체가 완전한 사랑이다. 모든 사람에게 모든 것이 되어 주는 일이기 때문에 완전한 사랑이다. 그래서, 완전한 사랑이란 사랑하는 사람을 위하여 목숨, 재산, 명예, 이익 따위를 희생하거나, 바치거나, 버리거나 강제로 빼앗겨도 미워하거나 슬퍼하지 않는 열정적인 희생을 동반한다. 자기 목숨까지도 사랑하는 사람을 위해 내놓는 사랑이 완전한 사랑이다. 그런데, 사랑이 모든 사람에게 모든 것이 되어 주는 일이라는 것을 알고 있고, 모든 사람이 다 이웃이라는 것을 알고 있다고 해도, 구체적인 행동으로 사랑을 실천하지 않으면, 알고 있다는 것은 아무런 의미가 없는 것이다.

사랑은 또한, 그 뿌리가 하나이기 때문에 완전한 사랑이라고 하는 것이다. '사랑'이라는 말의 원천이 하나라는 뜻이다. 하나이기 때문에 모든 사랑을 포함한다. 에로스, 필리아, 아가페, 이웃사랑, 원수 사랑 등 모든 사랑은 서로 하나로 연결되어 있다. 서로 뗄 수 없이 서로 밀접하게 연결되어 있어서 사랑을 '완전한 사랑'이라고도 하는 것이다. '완전한 사랑'의 의미는 다음과 같이 쉽게 부연해서 설명할 수 있다. 진정으로 사랑하는 사람은 사랑하는 것, 사랑을 준 것은 물론 주는 것조차 기억하지 못하며 알지도 못하고, 오로지 사랑받은 것만을 기억하고 감사하며 살아간다. 이러한 사랑은 철저히 타인 중심적인 사랑이기에 사랑하는 사람의 약점 등은 감추어지게 된다. 반면에 이기적인 사랑은 사랑받은 것은 기억하지 못하고 남에게 베푼 사랑만을 기억하는 사랑이다. 이러한 사람들은 언제, 어디서, 누구에게 무엇을 해주었는지를 기억하는 사람들이다. "친구여, 내가 친구가 곤경과 역경에 처했을 때 얼마나 도와주었는데", 또는, "너를 어떻게 키웠는데……. 네가 감히 나를 이렇게 대하다니" 하고 말하는 사람들이다. 이러한 사랑은 자기중심적인 사랑이며, 다른 사람들의 약점이나 죄도 잊지 않고 기억하는 사람들이다.

자기 자녀를 진정으로 사랑하는 부모는 자녀에게 해준 것을 일일이 전부 다 기억하지 못한다. 만약 무엇인가를 기대하면서 자녀들을 사랑하는 부모라면 사랑한 것들을 기억하며 살 것이다. 그것은 진정한 사랑이 아니다. 참사랑, 완전한 사랑은 그 사랑조차 의식하지 못하면서 사랑하는 것이다. 마태오 복음의 최후 심판에 나오는 의인들이 베푼 사랑이 바로 그런 사랑이다.

결국, 완전한 사랑은 내가 사랑을 하고 있는 것조차 의식하지 못하고 사랑하는 것이다. 그것은 내가 사랑 자체와 하나가 되어 완전히 사랑 그 자체와 결합되어 있다는 것을 의미한다. 이집트의 유명한 신비주의자인 '준눈'의 이야기는 완전한 사랑을 이해하는 데 도움을 주고 있다.

하느님께서는 어느 날 준눈에게 관심을 갖게 되셨다. 그래서 준눈을 찾아가시어 말씀하셨다. 나는 너의 하느님이다. 나는 네가 원하는 것은 무엇이든지 해줄 수 있다. 그러니 네가 원하는 것을 나에게 말해 보아라.

만약 하느님께서 우리에게 똑같은 말씀을 이야기하신다면 우리는 무엇을 말씀드릴 수 있을까? 우리 스스로 마음속으로 미리 생각해 두는 것이 좋을 것이다. "일확천금을 주셔서 부자가 되게 해주십시오. 또는, 대통령이 되게 해주십시오." 라는 부탁은 애초에 어울리지도 않을 것이다. 준눈의 대답과 비교해보면 쉽게 이해가 될 것 같다.

그러자, 준눈이 말씀드렸다. 저는 단 한 가지만 부탁드리겠습니다. 제가 가는 곳마다 나무가 시들었다면 즉시 푸른 잎과 꽃을 피우게 해주시고, 샘이 말라 있다면 샘물이 다시 솟게 해주시고, 가난한 사람이 있다면 부유하게 해주십시오. 눈이 먼 사람이 있다면 눈을 뜨게 해주십시오. 하지만 한 가지 조건이 있습니다. 그런 일들은 반드시 제가 그 자리를 떠난 후에 일어나게 해주셔야 합니다. 그래서 저 자신도 하느님께서 그 기적을 행하신 것을 모르고, 사람들도 저 때문에 그렇게 되었다는 것을 모르게 해주셔야 합니다. 하느님께서 이 조건을 지켜주신다고 약속해 주신다면 그때 제가 원하는 것을 허락하여 주십시오.

신비주의자인 '준눈'이 제시한 조건처럼, 내가 상대방도 모르고, 그리고 나도 모르게 사랑을 베풀 때 완전한 사랑을 하는 것이다. 사랑을 하고 있고 사랑이 베풀어지고 있는데 준눈 자신은 사랑한 것이 아무것도 없다고 생각하는 것이다. 왜냐하면, 그가 사랑을 베푼 사람은 이미 그와 대상이 하나가 되었기 때문이다. 배우자가 되었든, 연인이 되었든, 이웃사랑이든, 우리도 이러한 사랑을 베풀어야 한다.[119]

5) 사랑의 의무(義務)

사람은 누구나 아무리 정성을 다해도 다할 수 없는 의무가 한 가지 있다. 그것은 바로 사랑의 의무이다. 사랑의 의무는 아주 많아서 전부를 완벽하게 지키기는 쉽지 않은 실정이다. 그 가운데에서 중요한 것을 열거하면 다음과 같다.

(a) 일부일처제를 지켜야 한다. 일부일처제를 지키기 위해서는 세상이 변화하는 방향은 물론 배우자가 성장하고 변화하는 몸과 마음을 앞서 보는 지혜로운 눈도 지녀야 한다. 사랑하는 사람을 겉모습으로만 바라보고 평가할 필요는 없

---

119) 저자 : 정 규한, 책 제목: 가슴으로 드리는 기도, 2000, 8, 30. 출판사: 성서와 함께 pp. 66-67.

다. 사랑하는 사람의 내면의 마음을 서로 읽을 줄 알아야 한다. 평소에 지속적으로 극기, 인내, 정화, 정절이라는 마음 훈련, 예수님을 따르겠다는 마음 훈련이 필요하다. (b) 사랑에도 예의가 있어야 한다. 서로 대할 때의 마음가짐이나 태도나 몸가짐을 예절을 갖춘 사랑의 마음으로 표시해야 한다. "예의는 아무도 보지 않는 곳에서부터 나온다."는 점을 이해하고 배워야 한다. 단지 보여 주기 위한 예의와 처신은 항상 위선과 거짓으로 드러나게 되어 있다. (c) 배려가 사랑의 밑반찬이여 사랑의 묘약이고, 사랑의 보약이다. 배려는 마음의 상처도 치유해 줄 수 있다. 좋은 배려의 하나는 나의 입장이 아니라 배우자의 입장에서 사고하고, 이해하고 행동하는 것이다. 메난드로스도 "마음을 자극하는 단 하나의 사랑의 명약은 진심에서 나오는 배려"라고 하였다. (d) 사랑에는 일관된 원칙이 있어야 한다. 원칙은 하루아침에 만들어지는 것이 아니다. 오랜 시간을 두고 포도주를 오래 숙성시키듯이 진실된 행동으로 일관되게 사랑할 때 사랑의 원칙이 만들어진다. (e) 사랑에는 절제가 있어야 한다. 절제는 쉽게 드러나지 않는다. 절제는 묵은 된장 맛과같이 구수한 것이다. 왜냐하면, 절제는 거짓으로 보여 주기 위한 것이 아니므로, 오래된 된장과 같이 구수한 맛이 쉽게 사라지지도 않는다. 참된 사랑은 절제에서 샘솟으며, 정화되고 절제된 사랑은 부부 생활에 활력을 주고 병도 낫게 해준다 (f) 사랑에는 품위가 있어야 한다. 사람이 죽어서도 가지고 갈 수 있는 재산은 품위와 자선과 명예뿐이다. 좋은 성품과 너그러운 인품이 훌륭한 품위를 만들어 준다. 품위는 그 사람의 됨됨이를 나타내 주는 저울이기 때문이다. (g) 사랑에도 책임이 있어야 한다. 책임이란 삶의 성공은 부부가 서로 나누고 실패는 자기 혼자 스스로 끌어안는 것이다. 삶의 책임을 배우자에게 돌리고 회피하면 사랑은 얼음장과 같이 쉽게 식을 수 있다. (h) 사랑은 서로 가슴에서 우러나오는 진실된 마음으로 소통해야 한다. 사랑에 바탕을 둔 소통은 삶에서 마주치는 위험, 역경, 난관 등을 미리 예방해 준다. (i) 사랑은 서로 존경심을 심화해야 하고 서로 순종해야 한다. (j) 사랑은 고운 말로 서로 친절해야 하고, 항상 은혜에 감사하며 동등하게 주고받아야 하고 어려운 역경에 처하거나 고통 중에 있을 때 측은지심을 베풀어야 한다.[120]

무엇보다 부부가 서로 존경하고 순종하면 사랑은 영원히 시들지 않는다. 난초꽃과 같이 영구히 사랑의 향기를 부부에게 선사할 것이다. 존경심과 순종의 또 다른 형태는 상대방이 말하는 것을 실제로 끝까지 잘 경청해 주는 것이다. 남편의 경우, 자기가 할 말은 50%로 줄이고 아내로 하여금 200% 말하도록 충분히 배려해야 한다. 남편은 말을 하는데도 인내심을 발휘해야 한다. 아내가 먼저 말을 다 한 다음에 말을 해야 한다. 먼저 상대방에게서 존경심을 받으려 하지 말고 솔선수범해서 존경해 주어야 한다. 받기를 기대하기보다는 먼저 도움의 손길을 내미는 것이 중요하기 때문이다.[121] 루이스 맨스도 "말을 할 때는 자신이 이미 알고 있는 것만 말하고 들을 때는 다른 사람이 알고 있는 것을 배우도록 하라."고 하면서 상대방의 말을 잘 경청하는 것이 중요함을 일깨워 주고 있다. 부부에게 있어서 존경하고 순종한다는 뜻은 배우자로부터 배울 것이 더 많다고 알아차리는 것이지, 배울 자격조차도 없다고 자기 비하를 하는 것은 아니다.

소통과 존경, 순종 세 가지는 늘 함께 붙어 다니고 서로 연결되어 있다. 소통이 안 되는 것을 다른 말로 쉽게 설명하면 '성격 차이'라고 하는 것이다. 부부는 소통도 잘하고 서로 존중해 주고 존경하고, 순종해야 한다. 작자 미상의 작가는 "소통이 없으면 좋은 인간관계도 없고, 존경이 없으면 사랑도 없으며, 신뢰가 없

---

120) 책 제목: 상류의 탄생, 지은이: 김 명훈. 발행처: 비아북, 2016. 6.3.

121) One of the most sincere forms of respect is actually listening to what another has to say. Bryant H. McGill. Give the respect you want to receive; embody the grace you hope to encounter; and help others with no expectations whatsoever. Cory Bookery.

으면 사랑을 지속할 이유도 없다."고 하였다.[122] 미셸 오바마는 "그들이 저급하게 가더라도, 나는 품위 있게 간다."고 말하면서 품위는 겸손한 마음, 상대방을 섬기겠다는 마음에서 나온다고 하였다. 특히, 여자는 품위를 지녀야 하고 고혹적(蠱惑的)인 아름다움을 유지하는 것이 중요하다.

6) 믿음과 희망이 함께 공존하는 사랑의 정의

모든 인간에게는 세 가지 보석이 주어졌다. 하느님께서 인간에게 거저 주신 보석이다. 믿음과 희망과 사랑이다. 사랑은 믿음과 희망과 함께 공존한다는 의미이다.

믿음은 우리에게 하느님께서 우리를 위하여 외아드님마저 내어주셨음을 알려주고, "하느님은 사랑이시다."라는 참된 진리에 대한 확신을 준다. 그러므로 믿음은 인내하지 못하고 의심 많고, 죄에 쉽게 빠지는 인간을 변화시켜, 하느님께서 온 세상을 당신 손안에 두고 계시고, 모든 세상의 악에 대해서도 언제나 하느님께서 영광스럽게 승리하신다는 확실한 믿음을 갖게 해준다.

십자가에서 처절하게 창에 찔리신 예수님의 심장에서 드러난 하느님의 자비를 알아보는 믿음이 사랑이다. 믿음으로 "사랑은 빛이라는 것을 안다." 모든 사람을 비추는 참 빛이 세상에 왔다(요한 1, 9). 어둠에 싸인 세상을 언제나 밝혀 주고, 죄의 어둠 한가운데에서 살아 움직일 수 있는 용기를 주는 빛, 유일한 빛이신 주님이 바로 우리의 사랑이다. 그 사랑을 받아 우리가 하느님의 모습으로 창

---

122) Without communication, there is no relationship. Without respect, there is no love. Without trust, there is no reason to continue. Author is unknown.

조되었기 때문에 우리도 사랑을 실천할 수 있는 것이다. 믿음은 실천이 동반되어야 한다. 믿음과 믿음의 실천은 실과 바늘과의 관계이다. 믿음이 있기에 실천(Work of faith)할 수 있는 것이다. 사랑을 실천하기 위해서는 하느님의 사랑을 먼저 체험하고 감사해야 한다. 우리가 사랑을 실천하는 것은 하느님의 빛이 세상에 오래 머물도록 하느님을 도와드리는 일이다.

희망은 인내로써 열매를 맺는다. 희망은 주님의 사랑을 근거로 하며, 우리 믿음에 활력을 준다. 희망이라고는 전혀 찾아볼 수 없는 극단적인 절망에 직면해서도 기도, 자선, 봉사로 사랑을 계속 실천하겠다는 인내와 의지가 필요하다. 그런 절망적인 상황에서도 하느님의 신비를 받아들이고 어둠의 절망 가운데에서도 오로지 하느님께 의지하고, 인내심을 가지고 하느님을 만나고 기어이 뵙고야 말겠다는 희망을 하느님께 두는 것이 희망의 의미이다. 겸손한 심성과 굳건한 마음으로 기도, 자선, 봉사, 사랑을 베풂으로써 하느님을 만나고야 말겠다는 깨어있는 삶이 희망이다. 간절히 소망하면 우리의 희망은 이루어진다. 그 희망의 궁극적 목적은 주님을 만나서 주님의 빛나는 얼굴과 우리의 얼굴을 맞대고 바라보는 것이다. 주님의 사랑이 없이는 주님의 얼굴을 만날 수도 없고 직관할 수 없다.

하느님의 사랑을 체험하고 감사하고 실천하는 사람은 사랑하는 사람의 아픔과 불편함, 고통과 슬픔 등이 자신의 일이라고 생각하고 함께 도와주며 풀어나간다. 사랑하는 사람을 도와주고 위할 줄 아는 작은 생각과 실천이 사랑이다. 자신의 배부름이 배고픈 사람에게는 배고픔이 될 수 있다는 생각, 자신의 웃음이 슬퍼하는 사람에게는 쓰라린 눈물이 될 수 있다는 생각이 사랑이다. 규칙과 조건을 내걸거나, 달아 놓은 사랑은 사랑이 아니라 흥정이고 거래이다. 사랑하는 사람과 하나가 된다는 것은 조건 없이 그저 사랑하는 일이다. 묻지도 따지지도 않고 서로 껴안아 주고 이해하고. 배려하고. 존경하고, 존중해 주고, 잘 경청해 주고, 애정 어린 대화를 하고, 진심으로 지치지 않고 계속 거저 내어주는 것, 그리고 목숨까지도 내어주는 것, 그것은 사랑하는 상대를 위한 행동이지만 무엇보다 먼저 자기 자신을 사랑하는 일이고, 사랑하는 사람과 하나가 되어 있다는 방증이다.

사랑으로 우리는 각자의 정체성을 만들어 간다. 자존감이 낮은 이들은 상대방의 단점을 탓하고 성격을 들먹인다. 사랑하는 사람 앞에 떳떳하고 자유로운 사람, 사랑하는 사람과 하나 되는 이는 그저 자신의 모습을 있는 그대로 드러내고 사랑한다. 사랑하는 사람과 하나 되어 사랑하는 사람은 자신을 사랑하는 사람이다. 자신을 사랑하는 사람은 세상과 이웃을 사랑하고, 그 사랑으로 그와 세상은 하나가 된다.

그런데, 청춘 남녀의 사랑에서 가장 우선시하는 것은 육체적으로 하나가 되고자 하는 강한 속성이다. 그래서 사랑하는 남자와 여자는, 사랑의 속성에 따라 예수님께서 허락하신 방식으로 결혼을 하여 하나의 성 가정을 이룬다. 그리고 두 사람이 하나 된 결실로써 자녀가 태어난다. 그러나, 하느님께서는 사랑나무인 청춘 남녀에게서 황금이라는 열매, 명예라는 열매를 기대하지 않으신다. (a) 하느님을 사랑하고 이웃을 사랑하고, 멀리 있는 사람이 아니라 가장 가까이 있는 내 아내, 남편, 자녀 등 가족들을 구체적으로 잘 사랑하여 결실을 맺는 사랑의 열매를 기대하신다. 가족을 잘 사랑할 수 있는 것이 무엇인지 곰곰이 생각하고 잘 실천하여 삶에 지쳐있는 다른 이웃 사람들에게도 모범적인 사랑의 행복을 보여주어야 한다. (b) 하느님께서는 사랑하는 청춘 남녀에게 분에 넘치는 과도한 다른 열매를 기대하지 않으신다. 믿음과 희망과 사랑의 씨앗에서 싹이 트고 자라나는 사랑나무에서 사람다운 자녀, 하느님과 이웃을 사랑하는 훌륭한 자녀가 되기만을 기대하신다. 훌륭한 자녀가 되는 것이 바로 사랑의 열매이다.

서로 사랑하는 사이를 떠올려 본다. "남편이 직장 일로 미국 국무부에서 온 미국의 고위 공직자와 일류 호텔에서 맛있는 음식을 먹을 때, 사랑하는 아내는 지금 무엇을 먹을까?" 하고 생각하는 것, 부모님은 무슨 음식을 드셨을까? 하고 헤아려 보는 것, 자신은 아파도 아내가 건강하기를, 자신은 슬퍼도 아내나 남편이 미소 짓고 행복하기를 바라는 일 등이 사랑이다. 그런데, 이런 생각을 하는 것도 성령님의 도움 없이는 불가능하다. 성령님의 도움과 은총이 있어야 아내나 남편을 위하여 더 생각하고, 더 배려하고, 더 보살피고, 더 많이 주고, 더 챙겨주고, 더 잘 경청하도록 행동하게 된다. 사랑은 이심전심 마음으로 전달되고, 행동으로 드러나고, 애틋한 애정의 마음으로 서로에게 남는 것이다. 그것이 믿음과 희망과 사랑의 씨앗에서 싹이 트고 자라나는 사랑나무에서 결실을 맺는 사랑의 열매이다.

거창한 이벤트를 준비해서 사랑을 일구어 가는 것이 아니라 소소한 일상의 습관적 체험과 행동으로 서로 존중하고, 존경하고, 배려하며 하느님을 신뢰하고 믿으며, 하느님의 뜻에 맞게 살아가면 사랑의 결속은 더욱 견고해진다. 지금까지 살아왔던 환경이 달랐고, 지금의 주위 환경이 달라도, 서로의 이념과 생각과 관점이 엇갈려도, 돈독한 신심으로 예수님을 믿고, 오로지 예수님께 희망을 두고, 예수님의 뜻에 맞는 삶을 닮아가면서 사랑하며 살아가는 것, 그것이 사랑의 열매이다. 믿음과 희망, 그리고 사랑이 함께 공존하는 사람들은 성 가정을 이루면서, 예수님께서 허락하시는 사랑의 열매를 풍성하게 따낼 수 있다.

7) 사랑의 3각형 이론과 사랑의 요소

미국 코넬대 교수이자 심리학자인 로버트 스턴버그(Robert J. Sternberg)가 1986년 발표한 사랑의 3각형 이론(三角形 理論, Triangular theory of love)에 의하면, 사랑은 친밀감, 열정, 헌신이라는 세 가지 요소로 구성되어 있다고 설명하고 있다. 그는 사랑의 상호관계를 사랑의 세 가지 요소가 3각형의 꼭짓점을 구성하는 하나의 삼각형으로 설명하였다. 그는 사랑의 세 가지 요소를 이루는 삼각형의 변이 같을 때 완전한 사랑이 된다고 하였다.

친밀감은 사랑하는 관계에서 나타나는 가깝다는 감정, 마음으로 연결되어 있고, 마음으로 결속되어 있다는 느낌을 말한다. 흔히 사랑하는 사람들이 느끼는 따뜻한 사랑의 감정이다. 열정은 사랑하는 사람으로부터 로맨틱한 감정이 일어나거나, '어쩌면 저 여자는 저렇게 잘 생겼지, 이목구비가 뚜렷하고 정말 매력이 있다.'고 마음속으로 감탄하면서 육체적 성적 매력과 성적인 욕구를 느끼는 감정이다. 셋째 요소인 헌신은 '사랑의 두 가지' 요소로 설명하고 있다. 첫째 사귀는 사람을 사랑하겠다고 결심하고 언약하는 것이며, 둘째 그 사람과 사랑을 지속시키겠다고 하고 결혼하는 것이다.

이 세 가지 요소의 결합으로 일곱 가지 사랑(The 7 types of love)이 만들어지는데 친밀감만 있는 경우를 우정의 사랑(Friendship love), 열정만 있는 경우를 심취된 사랑(Infatuation love), 사랑의 열병으로, 헌신만 있는 경우를 공허한 사랑(Empty love), 친밀감과 열정의 결합을 낭만적 사랑(Romantic love), 열정은 없이 친밀감과 헌신으로 결합된 사랑을 동료애 사랑(Companionate love), 친밀감은 없고, 열정과 헌신의 결합을 얼빠진 사랑(Fatuous love)이라고 했다. 완전한 사랑(Consummate love)은 친밀감(Intimacy), 헌신(Commitment), 열정(Passion) 3가지 요소가 모두 갖춰진 사랑이다.

8) 사랑의 가치

사랑에는 많은 가치가 있다. 사랑의 가치는 사랑하는 남녀의 건전하고, 진지하며, 정직하고, 배려하는 마음에 있다. 특별히 살맛 나게 행복감을 느끼는 사랑하는 두 사람 사이를 연결해 주는 만질 수도 볼 수도 없는 가치가 사랑에 있다.[123]

결혼으로 자녀를 얻는 사랑의 가치는 인간에 대한 하느님의 축복이다. 생, 노, 병, 사 등 팔고(八苦)의 고통과 불행을 극복하고 견뎌낼 수 있는 사랑의 가치가 있다. 사랑은 서로 다른 성격을 갖고 있는 사람, 서로의 개성이 독특한 남녀를 서로 자석처럼 이끌리게 하고 육체의 결합에 이르게 하는 사랑의 가치가 있다. 이상적(理想的) 사랑은 남녀 사이의 사랑의 기준이 일치할 때 이루어진다. 그러나 두 사람의 사랑이 완벽하게 이상적으로 일치하기는 거의 어렵다. 그러므로, 서로 능력은 인정해주고, 부족함은 채워주고, 장점을 칭찬해주고, 단점을 고쳐주고, 강점을 격려해주고, 약점을 도와주고, 허물을 덮어주고, 실수를 감춰주고, 비밀을 보호해 주고, 서로 멘토가 되어야 하고, 서로 인생의 롤 모델이 되어야 이상적인 사랑의 경지에 도달할 수 있다. 서로 사랑하는 사람에 대해 애틋하게 그리워하고 생각하는(Longing and pining) 사랑의 가치도 있다. 사랑하는 사람의 미소, 손놀림, 걸음걸이, 눈짓, 웃음소리 등 일거수일투족에 너무 마음과 신경이 쏠려 같이 있고 싶어 하는 사랑의 가치가 있다. 처음 손을 잡았을 때, 첫 키스를 하였을

---

123) The value of love is an intangible and invisible connection between two people that feels exceptionally good.

때 입술로 느끼는 감미로움, 첫날 밤의 황홀함과 설레임 등, 마음속 깊이 크게 감동하는 사랑의 가치가 있다. 사랑하는 사람과 결혼이 성사되고 성 가정을 이루도록 해달라고 '기도하는 법을 배울 수 있는' 사랑의 가치도 있다.

신분이 다른 이 도령과 춘향이의 사랑은 생사의 위기를 극복하는 사랑의 가치가 있음을 말해주고 있다. 춘향이와 이 도령의 사랑이 이뤄지지 않았다면, 그들의 영혼은 병들고, 육체는 폐인이 되고 불행으로 인생을 마감했을 것이다. 모성애를 통한 사랑은 희생과 헌신이며 태어나는 아기를 통해 인간 생명의 신비를 배우고 사랑의 아름다움과 황홀함을 배우는 사랑의 가치가 있다. 부모 슬하에서 캥거루족으로 살았던 이기심의 삶에서 사랑하는 사람을 통해 이타적인 사랑을 배우는 사랑의 가치가 있다. 타이타닉 영화 속의 주인공처럼 재물, 명예, 권세, 신분, 학력 등 모든 스펙으로도 사랑하는 사람의 마음을 사로잡을 수 없다는 것을 알고 나면, 사랑의 진정한 의미가 무엇인지 알게 되고 인생의 시야도 넓어지고, 겸손해지고, 성격과 태도가 따뜻해지고 부드럽게 되어 순수한 마음을 얻게 되는 사랑의 가치가 있다.

블레즈 파스칼은 "사랑의 가치는 사랑 자체에서 행복을 느낄 수 있기 때문이라고" 하였다. 예수회 소속 발타자르 그라시안 사제도 '사랑을 희생'이라고 정의하였다. 사랑은 먼저 희생할 수 있어야 한다는 뜻이다. 자기희생은 사랑의 고귀한 표현이기 때문에 가장 귀중한 사랑의 가치는 희생과 헌신이 된다고 하였다. 사랑의 출발점은 처음 만나는 사람의 미덕과 인품에 이끌려 자신도 모르게 가까이 다가갈 때, 비로소 사랑은 시작된다. 그라시안 사제는 "사랑했던 시절의 따스한 추억과 뜨거운 그리움은 신비한 사랑의 힘으로 언제까지나 사라지지 않고 남아 있게 한다"고 말하면서 사랑의 가치는 희생과 헌신이 된다고 강조하였다. 사랑은 지구상의 그 어떤 가치보다도 뛰어난 가치를 가지고 있다. 완전한 사랑, 참

사랑은 그 자체만으로도 충분하고도 완벽한 사랑의 가치가 있기 때문이다. 그라시안 사제는 사랑은 홀로 설 수 없는 것이어서 자신의 사랑을 희생적으로 이웃에게 베풀 때 사랑을 베푼 사람도 사람답게 되고 아름답게 되며 세상은 더욱 아름답게 변한다고 하였다. 사랑은 위대하다. 세상을 아름답게 바꾸는 가치가 있기 때문이다.

9) 사랑할 때의 감정

남녀가 사랑하면서 사랑의 감정이 절정에 도달하였을 때, 그리고 사랑에 도취하였을 때(Fall head over heels in love with someone), 그 도취와 감정은 너무 강렬하다. 사랑은 일종의 열병이기 때문에 너무 강렬하다. 그 열병은 건전한 정신 상태를 나타내기도 하지만, 때로는 눈먼 사랑, 삐뚤어지고 빗나간 사랑, 불륜에 미쳐서 분수를 잊어버리고 패가망신하는 잘못된 사랑의 경우도 종종 있다. 영화 속의 첫 키스 장면을 보고, 사랑의 설레 임을 느꼈을 때, 사랑하는 배우자에게 영화 속의 첫 키스 장면과 같은 설레 임과 감정을 전해주고 싶은 마음이 드는 것은 아주 자연스러운 사랑의 감정이다.

다음과 같은 작자 미상의 무명씨(無名氏)의 시조에서도 남녀 사이 사랑의 감정에 대하여 노래하는 것을 볼 수 있다.

마음이 지척(咫尺)이면 천리(千里)라도 지척(咫尺)이오.(마음이 가까우면 아무리 멀어도 곁에 있는 듯하다.) 마음이 천리(千里) 오면 지척(咫尺)도 천리(千里)로다.(마음이 멀면 아무리 가까워도 멀리 있는 듯하다.) 우리는 각재천리(各在千里)오나 지척(咫尺)인가 하노라.(우

리는 서로 멀리 떨어져 있어도 바로 곁에 있는 것만 같다)[124]

　진심으로 참사랑, 완전한 사랑을 나누는 사람은 서로 멀리 떨어져 있어도 바로 곁에 있는 것 같은 사랑을 느낀다는 사랑의 감정을 잘 묘사한 시조이다.

　아름다운 사랑의 감정은 남녀 간에 사랑을 더욱 잘 이해하도록 도와주는 촉매제가 되고 사랑을 심화시킨다.

124) 네이버 지식백과. 마음이 지척이 면. 창악집성. 2011. 07. 04., 하웅백.

연애와 사랑을
사이다처럼 하는 방법

첫째 단계는 호기심(好奇心)이다. 둘째 성적으로 황홀하게 되는 것이다.

셋째 추파다. 넷째 데이트를 성사시켜 연애의 상대방에게 접근한다.

다섯째 신뢰와 희망의 단계이다. 여섯째 재확인의 단계이다.

일곱째 사랑에 빠지는 단계이다. 여덟째 구애의 경지에 이르다.

아홉째 사랑의 튼튼한 결속의 단계이다.

열째 애착과 영원한 참사랑의 형성 단계이다.

제6장 연애와 사랑을 사이다처럼 하는 방법

1) 연애와 사랑의 심리적 행동 단계

영국의 사회 인류학자(A social anthropologist), 케이트 폭스(Kate Fox)는 연애의 심리적 행동 단계를 기술하였다. 케이트 폭스가 제시한 연애의 심리적 행동 단계에 부연(敷衍)해서 연애와 사랑의 심리적 행동 단계를 좀 더 구체적으로 설명하고자 한다. 실연하지 않고, 이혼도 하지 않으면서 평생 변하지 않는 일편단심 사랑을 하기 위해서는 사랑의 창조적 기술이 필요하다. 삼복더위에 냉장고에서 꺼낸 사이다를 마시듯이 청량감과 신선함을 주는 사랑을 할 줄 알아야 한다. 연애와 사랑을 사이다처럼 하는 방법은 다음과 같다.

첫째 단계는 호기심(好奇心 Curiosity)이다. 호기심은 남녀를 불문하고 자신의 세계를 알아채도록 도와주고, 과학자들이 우주를 관측하여 이해하도록 도와주고, 의료 기술을 개발하도록 돕는 등 창의력을 키워준다. 우주에는 감지하고, 발견하고, 발명하고, 새롭게 배울 일들이 너무 많기 때문이다. 연애와 사랑에 있어서도 첫 단추가 호기심이다. 사랑도 첫 단추를 잘 끼워야 모든 것이 잘 풀린다. 연애와 사랑은 호기심이 있어야 시작된다. 상대방 남성 또는 여성에 대해 '지금 어디에서 살고 있으며, 고시촌 학원에서 숙식을 해결하는지? 부모님과 같이 사는지? 혼자 자취하는지? 하숙하는지?' 성장 배경, 스펙 등에 대해 궁금해하고, 알고 싶어 한다. 아인슈타인은 호기심의 달인이었다. 그는 호기심이야말로 인생의 삶을 성취하는데 필수적인 부분의 하나라고 했다.[125]

남녀 사이의 호기심도 성적 충동을 동반하고 성욕을 불러일으킨다(Increase sexual desire naturally). 항상 생동감 있게 상대방 남성 또는 여성에 대해 의문을 갖고 끊임없이 동료들에게 질문을 제기하거나 당사자에게 질문을 하는 태도나 성향이 호기심이다. 호기심이 있는 사람은 상대방 남성 또는 여성이 오늘 갑자기 병가를 내고 출근하지 않았다면 '왜 출근 안 했지?' 또는 '무슨 일일까?' 갑자기 무슨 불길한 일이 생긴 것은 아니지? 하고 의식적으로 스스로에게 속으로 질문을 제기하고, 그 질문에 대한 답을 찾으려고 노력한다. 호기심이 있어야 상대방에 대한 생생한 정보를 습득하고, 가공하고, 사고하고, 사랑의 결실을 맺도록 행동하는 데 많은 도움이 된다.

미국 럿거스대 인류학자 헬렌 피셔는 남녀 간의 사랑을 3단계로 나눴다. 이 이론에서 피셔는 남녀 간의 사랑에 있어 호르몬과 신경전달물질이 상호 어떻게 작용하는지 보여주고 있다. 헬렌 피셔는 49명의 남녀의 뇌를 기능적 자기 공명 영상(FMRI : Functional magnetic resonance imaging)으로 스캐닝하여 뇌의 혈류를 연구하였다. 남녀가 로맨틱한 사랑을 할 때 뇌가 어떻게 변하는지를 연구한 것이다. FMRI로 뇌를 스캐닝해서 뇌의 혈류가 증가하는 부위를 찾아내었다. 이 방법으로 사랑에 빠지는 남녀의 뇌에서 활성화되는 부위가 어디인지 알아내었다. 연구 착수 시점에 미친 듯이 사랑에 빠진 17명, 이미 연인 등에게 차인 15명, 그리고 평균 21년간의 결혼 생활을 했지만, 아직도 사랑하고 있는 17명의 부부 등 49명의 남녀를 대상으로 연구를 한 것이다. 첫 번째 사랑의 단계(Lust 욕정)에서,

---

125) Einstein was a master of curiosity. He thought curiosity is an essential part of a fulfilling life. 아인슈타인.

남녀가 성욕, 욕정, 갈망(고삐가 풀린 강렬한 성욕, The sex drive 성적 충동 or libido 성욕)을 일으킨다고 주장하였다.[126]

두 번째 단계가 이끌림(Attraction; early stage intensive attraction 강렬한, 진지한 열정적인 사랑으로 빠져듦과 홀림의 상태)이고 세 번째 단계는 애착(Attachment ; deep feelings of union with a long term partner through marriage)이다. 통상 결혼을 통해 장기적인 파트너 관계로 결속하는 깊은 사랑의 감정이 애착이다.

흔히 남녀가 서로 강하게 성적 충동을 느끼는 사랑의 첫 단계에서는 남성 호르몬, 테스토스테론과 여성호르몬, 에스트로겐이 뇌에서 화학 작용을 하여 활성화된다. 두 호르몬은 남녀가 상대방에게 이끌리게 만들고 호기심을 갖도록 도와주는 호르몬이다. 테스토스테론은 남성이 성장하면서 남자답게 보이게 만들며 에스트로겐은 여성의 아름다운 육체와 미를 더욱 아름답게 해준다. 또한, 두 호르몬은 생식기능과 성적 욕구도 촉진시켜 준다.

호기심(好奇心 Curiosity)의 단계에 들어가면 이미 남녀 모두에게 남성 호르몬, 테스토스테론과 여성호르몬, 에스트로겐이 뇌에서 화학 작용을 하여 활성화하기 시작하는 초기 과정에 있음을 알 수 있다. 처음 본 사람인데도 사랑의 느낌이 좋아 호기심이 가고 마음속으로는 벌써부터 '영원히 내 곁에 있어 줘요, 나의 인생의 동반자가 되어 주세요.' 하고 마치 우물가에 가서 숭늉을 달라고 하듯 헛된 꿈도 꾸는 단계가 되기도 한다.

둘째 성적으로 황홀하게 되는 것이다(Fascination).

상대방 남성 또는 여성에 대해 지속적으로, 감정적으로, 성적으로 매력을 느끼고 마음을 빼앗기는 것을 말한다. 이때의 황홀함은 사랑스럽고, 감정적이고, 낭

---

126) Helen Fisher, 1945- . A member of the Center For Human Evolutionary Studies in the Department of Anthropology at Rutgers University.

만적이다. 이러한 것들이 복합적으로 일어나는 감정일 수도 있다. 상대방은 생각하지도 않는데, 혼자 무아지경에 이르게 하기도 하고, 기뻐 어쩔 줄 모르게 황홀해 하기도 한다. 이성미(異性美, Heterosexual beauty)가 크면 클수록 자석처럼 황홀감이 강하게 일어난다. 흔히, 남자가 여자를 평가할 때 고려하는 첫째 요소는 건강하고 육체적인 성적 매력(Sex appeal)이다. 남자는 여자를 섹스 상대로 보는 성향이 강하기 때문이다. 섹스에 대한 욕망도 강하다. 그러나 섹스하고 싶다는 강한 욕구만을 생각하는 남자는 매력이 거의 없다. 『집회서』 저자도 아무 여자에게나 그 아름다움에 눈길을 주지 말고 여자들과 동석하지 마라. 좀이 옷에서 나오듯 여자의 악은 여자에게서 나온다(집회서 42, 12-13). 여자의 미모나 아름다움만을 보고 결혼하면 사랑이 길어야 3년, 그러나 대부분 신혼 기간 동안만 행복하다고 한다. 뜻이 맞는 협조자요 의지할 기둥이 되는 아내를 얻는 것은 행운의 시작이다(집회서 36, 29). 뜻이 맞는 여자, 평생 의지할 여자를 만나면 평생 행복하고, 평생 사랑이 지속된다고 한다.

한편, 여자는 남자의 근면성, 성실함, 친절함과 예의범절, 열정과 끈기와 인내심, 건전한 사고와 건강한 활력, 사회의 하층 밑바닥을 구성하는 남자가 아닌 좋은 위상, 뛰어난 학벌과 지적 능력, 재력, 공감 능력, 겸손함, 상대방을 기분 좋게 하는 유머 감각과 진심 어린 말을 구사하는 능력, 비전이 있고 자신감과 확신이 뚜렷한지? 등에 매력을 느낀다. 그런데 단지 외모만 잘생긴 사람과 사랑하다 결혼하면 신혼여행 기간 동안만 행복하고 사랑이 곧 식는다고 한다. 재력이 좋은 남자와 결혼하면 남자의 재물이 있는 동안에만 행복하고 재물이 떨어지면 사랑도 식는다고 한다. 『집회서』 저자도 재산을 믿지 말고 '넉넉하다'고 말하지 마라(집회서 5, 1). 황금을 좋아하는 자는 의롭게 되지 못하고 돈을 밝히는 자는 돈 때문에 그릇된 길로 들어서리라. 많은 이들이 황금 때문에 파멸하였고 멸망이 그들

앞에 닥쳤다고 우리에게 경종을 울려주고 있다(집회서 31, 5-6).

그런데 마음이 너그럽고, 관대하고, 이해심이 많고, 가슴에서 사랑이 흘러넘치고, 가슴이 따뜻하고 인생의 목표가 같은 남자와 결혼한 사람은 평생 행복하고, 평생 사랑이 지속된다고 한다. 『집회서』 저자도 남자의 외모나 재력보다는 마음이 따뜻한 남자가 좋다고 하였다. 지각 있는 아내를 맞아들인 남편, 혀로 죄를 짓지 않는 사람 자기보다 못한 자에게 종노릇 하지 않는 사람은 행복하다(집회서 25, 8). 좋은 아내를 가진 남편은 행복하다. 그가 사는 날수가 두 배로 늘어나리라. 훌륭한 아내는 제 남편을 즐겁게 하고 그 남편은 평화롭게 수를 다하리라(집회서 26, 1-2).

연애 단계에서는 물론 사회생활에서도 스스로가 가지고 있는 카리스마적 매력을 한 단계 끌어올리는 노력을 게을리해서는 안 된다. 그래야 상대방 남성 또는 여성으로부터 이끌림을 받을 수 있다. 이끌림을 받았을 때 "나는 그녀의 미모와 매력에 홀딱 마음이 끌렸다 또는 매혹되었다."고 말할 수 있다.[127]

성적으로 이끌리는 매력의 요소는 '인품과 교양과 사교성이 좋다, 마음과 성격과 품성이 아름답다, 성실한 성격의 보유자다, 유머가 풍부하다, 흥미롭다, 매사에 침착하다, 섹시하다, 전문적인 직업이 있다, 행복한 삶을 살고 있다, 지적이다, 유연성이 좋다, 많은 외국어를 잘 구사한다, 건강미와 지성미(intellectual beauty)가 넘친다, 수줍어하고, 수치심이 많고, 부끄러움의 감정이 풍부하다.' 등 다방면에 재능이 풍부한 사람의 자질이다. 특히 여자로서는 연애 상대 남성과 결혼 후의 삶을 최대한 행복하게 해 줄 수 있는 기반을 마련해야 하기 때문에 남자에게서 매력적인 자질을 알아내려는 강한 욕구가 더 많이 있다.

남녀 모두 상대방에게 자신의 매력을 전달하고 친밀감, 신뢰를 구축하려면 상

---

127) I was completely fascinated by her beauty and charms.

대방의 지금까지의 삶, 경험, 생각, 가치관, 관심사, 흥미, 인생의 목표 등을 빨리 파악하여야 한다. 그러나 인심난측(人心難測)이라고 사람의 마음은 헤아리기가 어렵기 때문에 신중해야 하고, 필요할 때는 부모나 멘토의 자문을 얻는 것이 매우 중요하다. 그리고 이때 남자는 여자의 황홀감을 유발하기 위해 자신과 자신의 비밀을 한꺼번에 다 들춰내서는 안 된다.

그런데, 사람이 느끼는 성적 매력은 연령대별로 다르다. 나이가 들면서 바뀌게 된다. 10대와 20대는 이성적인 판단력이 부족해서 자기들의 이상에 부합되는 외모를 지닌 사람, 친구들이 호감을 갖는 부류의 사람들에게 매력을 느낀다. 인류의 역사를 보더라도, 대부분의 10대와 20대의 남자는 여자를 볼 때, 본능적으로 성적 욕망의 실현 가능성 여부에 무게 중심을 두고, 여자는 남자가 갖고 있는 학력, 경력 등 가정생활의 안정적 능력을 고려한다. 인간의 동물적 본능이기도 하다. 그러나, 일부 10대와 20대가 첫눈에 상대방에 대해 모든 것을 다 알았다고 생각하고 판단하지만, 그것은 인생을 망치는 결과를 가져올 수 있다. 그리고 일정 시간이 지나면 대부분 잘못된 오판으로 드러난다. 오로지 생리적인 욕망 등을 채우려고 한다면 완전한 사랑은 이뤄낼 수가 없다.

첫눈에 반하면 곰보 자국도 보이지 않는다. 신체적인 매력의 하나가 결혼 배우자로 결정하는데 중요한 영향을 가져올 수 있다. 이런 영향과 효과를 우리는 후광 효과(後光效果, Halo effect)라고 한다.

만약 어떤 남성이 꿈에 그리던 여성이 나타나 그 여성의 육체적 매력에 이끌려 첫눈에 반하면, 남자는 쉽게 사랑에 빠지게 된다. 주변의 시선도 아랑곳하지 않고, 부모나 형제들의 충고도 귀에 들어오지 않는다. 그러나, 첫눈에 반해 사랑을 하게 되면, 그 어떤 다른 사랑보다도 사랑이 강렬하고 열렬한 사랑으로 쉽게 무르익는 경향이 있다. 잠깐 만났는데도 그 사람에 대한 사랑의 감정이 가슴에

강하게 남고, 헤어져 비록 멀리 떨어져 있어도 자꾸 생각이 나며, 그가 지금 무얼 하는지 궁금하여 계속 관심을 갖고 알아보게 된다. 사랑할수록 궁금하고, 궁금해지면 더 많이 알려고 한다. 자석에 끌리듯이 상대방의 매력에 포로가 된다. 때로는 이성적인 판단이 결여 되었기에, 첫눈에 반한 사랑을 단념하거나 다른 사람에게 빼앗기면 그 고통은 너무 크고, 상실감으로 다가온다. 그래서, 무모한 사랑이나 무리한 결혼이라는 잘못된 선택을 하는 경우도 있다. 모든 행복을 한순간에 버리는 무모한 행동도 하는 수가 있다. 첫눈에 반한 사랑은 부모나 형제들에게 반항적이고, 잔인하고, 난폭하고, 피해를 주는 속성도 지니고 있다. 그러므로, 첫눈에 반했는데도 상대를 다 안다고 무모하게 주장하면서 평생의 반려자를 선택하는 잘못을 저질러서는 안 된다. 아파트를 살 때도 견본 주택 내부를 꼼꼼히 살펴보고, 아파트의 브랜드 파워도 살펴보고, 부모님과 상의도 하고 구입한다. 견본 아파트의 화려함만을 보고 콩깍지가 끼어 구입하지 않는 것과 같이 학군, 교통 여건, 접근성 등을 보고 구입한다. 마찬가지로 성적 황홀감으로만 배우자를 선택하는 것은 아주 위험한 일이다.

미국 럿거스대 인류학자 헬렌 피셔는 상대방에게 빠져드는 이끌림의 단계에 돌입하면 마치 무엇에 홀린 듯이 황홀함과 홀림의 경지에 빠져서 머릿속이 연인 생각으로 채워진다고 한다. 이때는 부모님 생각도 안 나게 되고 오로지 상대 이성에게 매달리게 된다고 한다. 이 경우, 남녀 모두 도파민, 페닐에틸아민 (Phenethylamine), 노르에피네프린(norepinephrine, 부신수질副腎髓質 호르몬, adrenal medullar) 등이 왕성하게 분비된다. 뇌 안에서 도파민은 실행, 운동, 동기 부여, 흥분 상태 조절, 각성제 역할, 쾌감과 호감을 불러일으키는 작용 등을 담당한다. 도파민은 사람의 성욕 등의 욕구를 자극하여 삶의 의욕, 동기, 흥미 등도 부여해 준다. 혈관에서는 노르에피네프린 방출을 억제하고 혈관 확장제로 작용하며 뇌 속에서 도파민은 운동 신경을 자극하거나 억제시킬 때 사용된다. 노르에피네프린은 피라미드 세포(pyramidal cells)의 원형질막에 있는 아드레날린 수용체에 결합하여 강한 흥분성 자극을 받은 세포의 반응을 조절하는 것으로 알려졌다. 노르에피네프린은 에피네프린(epinephrine), 도파민(dopamine), L-도파(L-dopa)와 함께 카테콜아민(catecholamine) 계열의 신경전달물질 (neurotransmitter)이다.

초콜릿에 포함된 300여 화학 물질 중에서 우리를 기분 좋게 하는 물질로 알려진 것은 페닐에틸아민(phenylethylamine)이다. 이 물질은 좋아하는 이성을 바라보거나 이성의 손을 잡을 때와 같이 사랑하는 감정을 느낄 때 분비되는 물질로, 보통 100g의 초콜릿 속에 약 50~100㎎ 정도 포함되어 있다. 몸에 페닐에틸아민을 주사하면 혈당이 올라가고 혈압이 상승한다. 이것은 긴장감을 느끼게 해 주며, 뇌에서 도파민을 방출하는 방아쇠 역할도 하여 기분 좋은 상태를 유지하게 해 준다. 사랑하는 감정을 느낄 때 분비되는 물질인 페닐에틸아민은 몸속에서 페닐알라닌이라는 필수 아미노산으로부터 만들어진다.[128]

그러나, 황홀감과 홀림을 수반하는 이끌림의 단계에 돌입하면 대부분의 철없는 10대와 20대 남녀가 즉흥적인 감정으로 첫눈에 반해 사랑하고 결혼하는 경우도 흔하다. 정작 그들 눈으로 안다는 것은 막상 시작에 불과한데도 마치 전부를 안 것처럼 착각하고 오해하기가 쉽다. 이 경우 대부분 철이 없어서 무책임한 결정을 내리고 인생 전체를 망치고 파국으로 치닫기도 한다. 결혼 후에 사랑이 식어가면서, 가치관이 너무 다르고, 자라온 환경과 생활 방식이 너무 다르고, 소통이 안 되는 성격 차이를 보이기 때문에, 같이 살고는 있지만 서로 충족되지 않는 부분이 많아서 원수같이 부부간의 불행한 다툼이 끊이지 않게 된다. 가치관, 사고방식, 자라온 환경과 생활 방식이 너무 다른 경우, 이런 것들을 부부 중 어

---

128) 네이버 지식백과, 초콜릿의 성분- 달콤한 맛의 비밀; 화학산책, 여인형, 대한화학회.

느 일방이 양보하기는 대단히 어려운 것이 현실이다. 그래서, 같이 살고는 있지만, 첫눈에 반한 사랑이 그들의 눈에 콩깍지를 씌웠었다는 사실과 그 사실에 따라 불행을 뒤늦게 알게 되고 이혼하게 된다.

배우자는 인생의 가장 아름다운 시기, 청춘에 만나 결혼이라는 사랑의 출발역을 떠나서 인생의 마지막 종착역인 선종 역까지 함께 여행을 가서 하차하는 사람이다.

가치관, 생활방식 등이 잘 어울려야 천생연분 백년해로할 수 있는 배우자가 될 수 있다. 100세 시대에 있어 배우자를 고르는 것은 인생의 후반 부 60년 내지 70년을 어떻게 살 것인가? 삶의 방식을 선택하고 결정하는 것이다. 아름다운 사랑도 현실의 삶과 연결되어 있기 때문이다. 그래서, 남자들의 경우 나이가 서서히 들면서 육체적인 매력을 중시하는 중심축이 현실적인 기준으로 이동한다. 자기와 비슷한 생활 환경과 사고방식을 가진 사람으로 안정적인 결혼 생활을 할 수 있는 사람을 찾게 된다. 길게 설명하지 않아도 이심전심 마음이 통하고 뜻이 맞아야 한다. 서로의 가치관이 비슷해야 공감 능력이 제고된다. 어쩌다가 이혼이라도 하게 되면 더 현실적인 기준으로 돌아선다. 그리고 노년에 들면, 안정된 생활과 돈독한 애정에 방점을 두게 된다.

셋째 추파다(Flirt). 연애는 어떤 추파에서부터 시작된다고 한다. "건장하고 잘생긴 남자다. 미모가 아름답고 지적인 여성이다."라고 하면서 추파를 던지는 것이다. 추파가 연애의 시발점이 된다고 하였다. 추파는 취미로 던지는 것과 목적을 가지고 던지는 추파(Flirting with intent)로 분류할 수 있다. 추파를 던질 때 중요한 것은 남녀 모두 상대방에게 자신의 좋은 첫인상(The first impression)을 심어주어야 한다. 과학적으로 첫인상은 2초 내지 4초 안에 결정된다고 한다. 남자가 관심이 있는 여자와 대화하면서, 추파를 던졌는데 그녀가 얼굴을 붉히며 수줍어

한다면 남자를 좋아한다는 뜻이거나 남자가 마음에 든다는 신호로 볼 수 있다. 그런데, 여자가 얼굴을 붉히는 것을 보았을 때 놀려서는 안 된다. 무안해하고 너무 수줍어해서 여자로 하여금 자유로운 대화를 방해할 수 있기 때문이다.

또한, 추파를 던졌는데 상대방 여자가 남자가 던지는 유머나 가벼운 농담에 자주 웃거나 미소 짓는다면 남자에게 호감을 가지고 있다는 증거가 될 수 있다. 남자에게 끌리고 호감이 있기 때문에 웃는 것일 수 있다. 여자가 남자에게 마음이 있다면 시간을 함께 보내기 위해서 학기 말 리포트를 같이 작성하자고 하거나, 직장 야유회에 같이 가자고 하거나, 영화를 같이 보러 가자고 할 수 있다. 추파를 던졌는데 여자가 공연이 외모에 신경 쓰고 화장을 고친다면 분명히 남자에게 관심이 있다는 신호이다. 외모에 신경을 쓰고 옷매무새를 다듬는 것은 남자에게 좋은 인상을 심어주기 위한 좋은 신호이다.

첫인상을 결정하는 중요한 요소는 육체적 매력과 매너이다. 의자나 식당 등에서의 예의 바른 자세, 올바로 앉는 예절, 깨끗하며 아름답고 검소한 의상, 단정함, 구두의 손질 상태, 위생 관념, 청결함, 머리 손질 상태, 치아 관리 상태, 정결한 치아, 비만이 아닌 적정한 체중과 균형 잡힌 몸매, 손동작, 화장상태, 표정, 미소, 목소리, 교양, 기사도 정신, 핸드백이나 가방에 있는 소지품의 관리 상태도 그 사람이 평소 세세한 자기관리를 어떻게 하는지를 보여주는 것이다. 여자가 남자의 매력을 얻기 위해 성형수술을 하는 것도 좋은 방안이다. 그러나, 무엇보다도 더 중요한 것은 마음을 성형하는 것이고, 마음을 화장하는 것이다. 마음을 성형하고, 화장하는 것은 상대방 남자에게도 좋고 주님 보시기에 좋은 일임을 간과해서는 안 된다.

대다수의 여자는 남자와 마주 보고 앉는 것을 선호한다. 그리고 서로의 오른쪽 눈이 맞춰진 상태에서 대화하기를 좋아하기 때문에 상대방의 오른쪽으로 약간 치우쳐 앉는 것을 선호한다. 구체적으로 예를 들면, 두 발을 바닥에 다소곳하게 붙이고 앉아야 한다. 수시로 다리를 꼬거나 풀거나 하면 믿음직하지 않다. 손의 자세는 사람의 편안한 상태를 말해 준다. 남자는 왼손을 왼쪽 무릎 위에 엄지와 바지 주머니가 일직선이 되게 하고 그 위에 오른손을 올려놓는 것이 예절이다. 여자는 그 반대로 오른쪽 무릎 위에 오른손을 얌전히 올려두고 그 위에 왼손을 올려둔다. 남녀 모두 두 손을 힘주어 쥐지 말고 무릎 위에 손을 각각 올려놓아도 좋다.

비슷해야 끌린다는 이론에 따라 사람은 대개 자신과 비슷한 사람을 좋아하는 경향이 있다. 이제는 앞에 앉은 사람과 비슷한 자세를 취하고 손과 발도 비슷하게 놓아두는 것이 좋다.[129(a)]

추파를 던진 여자에게 너무 많은 호감이 간다면, 먼저 사귀고 싶다고 말하는 것이 좋다. 말할 때는 자신 있고 부드럽게, 그리고 눈을 마주 보고 말하자. 당신의 호의 표시에 그녀도 좋아한다고 화답한다면 정중하게 예의를 갖춰 데이트 신청을 해야 한다. 그녀가 관심이 없다고 말해도 화내거나 불쾌해해서는 안 된다. 그럴 때는 냉정하게 자신을 돌아볼 필요가 있다.

삼국지를 보면 초선이라는 기생이 그 당시 국가 권력을 장악하고 폭정을 일삼던 동탁과 그의 부하 여포, 두 사람에게 동시에 추파를 던진 내용이 나오는데 그 이야기를 소개하고자 한다.

조조의 동탁 암살 계획이 실패하고, 동탁 토벌을 위해 모인 연합군도 동탁 암살에 실패한다. 당대의 가장 용맹한 명장으로서 전투에서 이름을 날린 여포를 양자로 맞아들인 동탁은 모든 권력을 장악하고 당시 황제인 헌제의 자리까지 호

---

129) (a) Similarity and attraction theory posits that people like and are attracted to others who are similar.

시탐탐 노린다. 동탁의 교만 방자함과 폭정은 도가 지나쳐 포로 수백 명의 팔다리를 자르고 죽이기도 하였다. 동탁의 폭정으로 두려움에 빠진 황제의 신하 왕윤은 나라 걱정이 태산 같았지만, 동탁을 제거할 마땅한 대책이 없었다.

이때 왕윤의 고민을 알아챈 왕윤의 가기(家妓 관청이 아닌 개인의 집에서 두는 기생을 이르던 말.) 초선(AD 137~192)이 마음이 상심한 나머지 얼굴이 매우 수척해진 왕윤에게 요즘 왜 안색이 안 좋으시냐고 묻는다. 딸처럼 애지중지 키워온 초선이다. 초선은 서시, 양귀비, 왕소군과 더불어 중국 고대 4대 미인 중 한 명이다. 달과 별과 해도 초선의 출중한 아름다움과 미모, 매력을 보고 나서 부끄러운 나머지 숨을 쉬지 못할 정도였다고 전해 내려오고 있다. 초선은 모시던 왕윤과 나라를 위해 희생하겠다고 맹세하기에 이른다. 만 번 죽어도 자신을 희생하겠다고 결연하게 왕윤에게 약속하였다.

그 후 왕윤은 동탁과 여포에게 자기가 데리고 있는 절세미인이 있다고 하면서 초선을 소개해 주었다. 호색한인 동탁과 여포는 초선을 보자마자 마른 침을 삼키게 되었는데, 대궐에 넘쳐나는 궁녀들은 안중에 보이지도 않았다고 한다. 초선과 왕윤은 계략을 꾸미며 미인계로 동탁과 여포 사이를 갈라놓아 동탁을 죽이기로 하였다. 어느 날 초선은 왕윤의 집에 초대한 여포에게 술을 따라 바쳤다. 여포의 눈과 초선의 눈이 마주쳤다. 초선이 꼬리를 치며 추파를 던졌다. 여포의 눈은 이글이글 타오르는 장작불 같았으며, 휘영청 달빛에 비친 초선의 장미꽃보다 아름다운 눈은 자태가 요염하고 너무 눈이 부실 정도였다. 침어낙안(浸魚落雁)의 용모와 폐월수화(閉月羞花)의 아름다움을 겸비한 미녀로 알려져 있다. 이때 왕윤이 초선을 여포의 작은 마님으로 보내겠다고 하니 여포는 어쩔 줄을 모르고 두 눈이 더욱 휘둥그레져서 왕윤에게 자기 목숨을 다해 충성하겠다고 하였다. 초선의 나이 불과 열여섯. 이틀 뒤에 왕윤은 동시에 동탁에게 초선을 소개한다. 초선이

앵두 같은 붉은 입술에 미소를 머금고 동탁에게 추파를 보내니, 동탁도 초선에게 한눈에 반해 작은 마님으로 맞이하고 싶어 한다. 동탁은 그 밤으로 초선을 대궐로 데리고 왔다. 여포는 왕윤의 약속만 믿고 초선과의 혼인을 학수고대한다. 이제나저제나 혼인할 날만을 손꼽아 기다린다. 그런데, 여포의 마음을 애간장이 타게 한 초선이 대궐에 있다는 것을 안 여포가 대궐로 가서 초선을 만나 밀회를 즐기고 있었다. 그때 마침 동탁이 황제와 현안 국정을 논하고 있어서 자리를 한 동안 비우고 있었기 때문이다. 초선은 여포를 보자 여포와의 이룰 수 없는 사랑을 실토하며 자결하려는 시늉의 연기를 보였다. 눈물짓는 초선을 품에 안고 반드시 초선을 아내로 삼겠다고 대궐 문을 나섰다. 그런데, 밀회 사실이 동탁의 부하들에게 들통이 났다. 이를 전해 들은 동탁이 화가 나서 여포에게 창을 던졌으나 여포는 간신히 목숨을 건진다. 그 뒤 AD 192년 여포는 왕윤과 은밀히 공모하여 동탁을 살해하고 국정을 장악하려는 목적을 달성하였다. 초선을 미인계로 이용하여 여포와 동탁에게 추파를 던지게 해서 정적을 없앤 것이다.[129(b)]

넷째 데이트를 성사시켜 연애의 상대방에게 접근한다.

데이트는 상대방을 알아가는 과정이며 상대방의 점수를 딸 수 있는 절호의 기회이다. 그래서, 많은 정성, 시간, 노력이 필요하고, 긴장되고 흥분된다. 상대방을 알아가는 과정에서 달콤함을 느껴 사랑에 빠지기도 하고, 상대방을 미워하고 증오하기도 하고, 그랬다가 용서하기도 하고, 헤어지기도 하며 결혼이라는 아름다운 인생의 새로운 관문에 도달하기도 한다.

그러므로, 결혼 전에 다수의 상대와 데이트를 하는 것도 좋다. 이 사람, 저 사람과 데이트하면서 다양하게 여러 가지를 경험할 수 있다. 남녀가 첫 데이트 다

---

129) (b) (시리즈) 술술 읽는 삼국지 (9) 동탁과 여포가 초선의 추파에 삼혼칠백(三魂七魄)이 녹아내리다. 글:허우범 작가. https://post.naver.com/viewer/postView.nhn?volumeNo=16822278 &memberNo=32660183&vType=VERTICAL

음에 다시 만날 때는 이 기회를 좋은 관계로 발전시킬 수 있는 분위기 메이커로 삼아야 한다. 첫 데이트는 너무 중요하다. 상대방을 앎으로써 약혼이나 결혼 과정에서 부닥칠 참기 어려운 난관을 최대한 줄이기 위한 기회이기 때문이다. 데이트 과정은 이런저런 예의를 갖춰야 하기 때문에 많은 신경도 쓰이고 정성이 필요하다. 그렇지만, 즐겁고 설레는 시간이다. 그러나, 있는 그대로의 모습을 보여주어야 한다. 대부분의 남녀들은 첫 데이트를 하면서 은밀한(intimate) 관계를 갖고 싶어 한다. 단지, 육체미에 이끌려 상대방의 배우자나 동반자가 되고 싶어 한다. 이런 생각 등을 하면서 데이트를 한다. 그러나, 한편 첫 데이트에서는 자신의 진면목과 감추어진 멋진 매력 등을 상대방에게 보여주어야 하고 달콤한 데이트이긴 해도, 짧은 시간에 끝내는 데이트가 되어야 함을 머릿속에 기억해야 한다. 성폭력 등 불필요한 돌발 행동이 노출될 수 있기 때문에 세심한 주의도 필요하다. 데이트의 룰과 매너는 나라마다 문화의 특성에 따라 다르다. 아직도 일부 나라에서는 부모, 친구, 지인 등의 소개로 데이트를 하거나, 결혼 중개업소나, 중매인의 소개로 데이트를 하기도 한다.

첫 데이트에서는 1.2미터의 거리를 두고 대화를 하는 것이 이상적이다. 데이트 횟수가 늘어나고 친밀감(intimacy)을 쌓아가면서 조금씩 거리를 좁히면 좋다. 사람의 눈은 매우 신비롭다. 마음이 끌릴수록 동공이 현저히 커진다고 한다. 데이트 시간 중 80% 정도는 눈 맞춤을 하되 눈을 너무 깜빡이면 안 된다. 불안한 심리를 나타내는 것이기 때문이다. 데이트 시간에 상대방을 바라보는 눈 맞춤을 통해 '사랑스러움으로, 정겨움으로, 친밀함으로, 공손함으로, 놀라움으로, 유혹으로, 은밀함 등으로' 이해된다. 사업으로, 직장 관계로 사람을 만날 때 2초 내지 4초 사이에 첫인상과 평가가 이뤄지고, 여성이 1분 내에 남성을 다시 쳐다본다면 그 남성을 매력이 있다고 고려하는 것이 된다. 그러므로 데이트 시간에는 여자는 남자로부터 100% 주목을 받기를 원하며 그 순간 유일한 데이트 대상이 되기를 바란다. 첫눈 맞춤 시간이 길어지고, 자연스럽고 깊어진다면 그 두 사람은 서로 좋아하고 있다는 보디랭귀지를 보내는 것이나 다름없다. 그러면 사적인 대화 주제로 옮겨 가기가 쉽다.

특히 남자는 첫 만남에서 눈을 맞출 때, 여자의 어깨선 위만 쳐다보아야 한다. 그것도 대부분 두 눈과 코만 쳐다보아야 한다. 여성의 심리는 이율배반적이다. 첫 만남에서 성적 매력을 보여주고 싶어 한다. 그렇지만, 여성의 심리는 남자보다 한 단계 위이기 때문에 성적 매력 이외 것으로 남성에게 호감을 사고 싶어 한다. 여자는 첫 데이트 만남에서 남자의 발부터 머리까지 전부 쳐다보아야 한다. 그래야 남자가 좋아한다. 그리고 남녀 서로 상대의 마음을 완전히 잡아두기 위해서는 데이트 장소에서 이 남자, 저 남자 또는 이 여자, 저 여자를 힐끔힐끔 쳐다보아서는 안 된다.

남녀가 서로 눈을 맞추는 시간이 길어지면 길어질수록 상대방을 더욱 가깝게 생각하고 많은 문제를 서로 주고받는 친한 상태로 발전하고 서로 미소도 많이 짓게 된다. 따뜻하고 온화한 미소는 상대방에게 친밀감, 편안함을 주고, 상대방이 데이트에서 환영받고 있다는 감정을 느끼게 해 준다. 그런 감정들과 친밀감이 다시 열정으로(passion) 발전한다. 열정은 사랑하는 사람에게서만 느끼게 되는 강렬한 욕망이다. 따라서 어느 정도의 배타성과 함께 강도 높은 감정이 수반된다. 대학생 시절의 남녀 간의 사랑은 친밀감과 열정이 결합된 연애라고 할 수 있다.

친밀감으로 서로 친한 상태로 발전하여 서로의 표정, 바디랭귀지, 미소, 말의 속도, 음색, 목소리 크기 등이 동질화가 된다고 느끼면, 서로 서서히 일치를 보이게 된다. 일치는 친밀감을 더욱 발전시키게 된다. 첫 데이트에서 무슨 이야기를 해야 하나? 하고, 이야기 목록을 치밀하게 준비해 두는 것이 좋다. 시사 문제, 영화, 뮤지컬, 직업관, 취미, 기후 변화, 미래의 우리 사회가 어떻게 변할 것인가? 등.

첫 데이트에서는 자신의 부정적인 약점은 노출하지 않는 것이 좋다. 다만, 맛보기나 양념으로 아주 경미하고 가벼운 약점 하나나 두 개 정도는 이야기해도 좋다. 사랑은 상대방을 위해 자신의 내면을 개방하는 행동이다. 그러므로, 자기 마음의 빗장을 전부 걸어 잠가 두는 것은 서로에게 무관심으로 비춰지기 쉽다. 상대방의 취미, 기호, 관심사에 적당히 맞장구를 쳐주는 것이 좋다. 긍정적이고, 낙관적이며, 솔직한 이미지, 정직함, 도덕성을 상대방에게 심어주는 것이 좋다. 정직함과 도덕성을 갖춘 사람은 사랑이 담긴 말, 따뜻한 말, 상대방을 포용하는 말이 배어 나오게 되어있다. 예쁜 미모나 매력보다는 예쁜 말, 아름다운 말, 상대방의 자존감을 높여 주는 사람이 배우자로서 훌륭하기 때문이다.

첫 데이트 만남에서 서먹서먹하다가 존중하는 마음으로 "팔찌가 너무 아름다워요. 부모님이 특별한 선물로 주셨나 봐요? 이렇게 날씨가 좋은 날에는 어떻게 보내세요?" 등 대화의 물꼬가 터지면 대개 남자가 말을 너무 빨리하고 자기 노출을 너무 많이 하는 경향이 있다. 조바심이 나고 안달이 난다. 그러나, 자신에 대한 이야기보다는 자신이 말하고 싶은 욕구를 최대한 자제하고, 대화 중에 상대방의 말을 끊어서는 안 되며, 오히려 상대방이 많이 말하도록 하고, 상대방의 말을 경청해야 한다. 무엇을 좋아하고 싫어하는지 물으면 진솔하고 솔직하게 답해야 한다. 특히, 여성의 말에 동조하는 척하면서 반대의견을 내놓거나, 충고를 하거나, 논쟁을 해서는 안 되며, 다른 사람의 험담을 늘어놓거나 불평해서는 더더욱 안 된다. 비교하거나 남을 비판하는 말도 해서는 안 된다. 더구나, 알맹이 없는 수다만 늘어놓아서는 안 된다. 전적으로 데이트의 스포트라이트를 상대방이 받도록 배려하여, 상대방에게 믿음이 가는 사람, 의지할 수 있는 듬직한 사람으로 보이도록 이미지를 심어주어야 한다.

상대방이 좋아하고 즐거워하는 주제를 대화로 삼아야 한다. 데이트에서 이야기의 주제가 서로에게 흥미도 가져오지 않고 중요하다는 느낌도 전혀 없다면, 정중하게 대화를 끝내고 다른 날 약속을 다시 할 수 있는지 정하고 헤어지는 것이 좋다. 그 대화의 주제가 참아낼 수 있는 것인가? 참아낼 수 없는 것인가?를 식별하는 능력이 필요하다. 상대방에게서 장점을 찾아내고, 자신의 단점을 어떻게 보완해 줄 수 있는지 세밀하게 파악하는 것도 중요하다. 그 장점을 긍정적인 에너지와 대화의 매력 포인트로 만드는 것은 남자의 몫이다. 상대방의 취미, 개성, 기호, 관심사 등은 무엇인가? 사고방식, 성격과 취향은 나와 비슷한가? 상대방의 성격이 독단적인지? 시기, 질투심, 소유욕이 강한 사람인지? 변덕스러운 성격인지? 까다롭거나, 빈정대거나 예의가 없거나 하다면 앞으로 데이트를 지속할 것인지? 심각하게 고려해야 한다. 첫 데이트에서 이런 중요한 사항들을 탐색하는 것이 중요하다. 상대방을 알면 나 자신도 더 잘 알아 갈 수 있다.

그러므로, 첫 데이트에서는 상대방을 알아가는 첫걸음이라고 생각하고 신중해야 한다. 그리고 무엇보다 여자의 말 한마디 한마디에 센스 있게 알아차리는 순발력이 필요하다. 첫 데이트에서 여자가 "백 기사가 나타났으면 좋겠다, 나를 보호해 줄 남자친구가 있었으면 좋겠다", "싱글에서 해방되었으면 좋겠다." 등의 말을 한다면 남자에게 그녀의 장래 남편이 되어 달라고 암시를 주는 것이다. 이때에 그런 힌트를 재치 있게 캐치하고 데이트를 리드해야 한다.

A는 데이트 신청을 해도 늘 바쁘다는 B 여성과 덕수궁 경내를 돌면서 데이트를 하기로 약속한 날 덕수궁 정문에서 B 여성을 만났다. B는 명문 대학 광고홍보학과를 나와 광고회사에서 근무하고 있다. B가 바빠서 차 한잔을 마주하지 못하고 덕수궁 경내에서 첫 데이트를 했는데 오래전에 사귄 친구같이 편안한 분위기가 느껴졌다. 말 한마디 한마디에 센스가 있었고, 긍정적이고, 사랑이 가득한 따

뜻한 눈빛을 보이면서 예의가 바르고 공손해서 정말 좋았다. 처음 만나 데이트 한 것인데도 예감이 좋고 느낌이 좋았다. 아름다운 미소며, 말투 표정 하나하나 가 마음에 들고 뚜렷한 이유도 없이 왠지 전혀 낯설지가 않았다. A는 속으로 다 짐하였다. 데이트는 상대방을 알아가는 과정이므로 다음 데이트에서는 'B의 점 수를 딸 수 있는 절호의 기회로 만들고 싶다. 더 많은 정성, 시간, 노력을 투자하 겠다. 그래서 더 긴장되고 흥분된다.'고 속으로 중얼거렸다. 그렇지만, A는 이미 마음이 조급해져 있다. 마치 B가 아니면 배우자가 없는 것처럼 행동하고 있기 때 문이다. 이런 상황일수록 성급한 결정을 내릴 필요는 없다. 신중 모드로 전환해 야 한다. 더 많은 데이트 기회를 통해 B의 속마음을 잘 관찰할 필요가 있다.

한편, 루이스 목사는 데이트의 위험과 그 위험률을 줄이는 방법을 이렇게 말 하고 있다. 데이트를 통해 큰 해를 입는 사람들이 많기 때문이다. 전 세계를 통틀 어 데이트는 결혼을 하지 않은 독신들이 이성에게서 편안함을 찾고 즐거움도 얻 는 방편이 되고 있다. 어쨌든, 결혼을 염두에 둔 사람에게 데이트는 잠재적 배우 자를 시험해 보는 인기 탐색전이 될 것이다. 둘이 결혼한 것처럼 지내면서 상황 이 어떻게 돌아가는지 지켜보자는 아이디어가 나왔다. 상대방에게서 충족감을 얻지 못하였다면 그냥 헤어져서 각자 갈 길 가면 된다. 신발 제짝 찾는 것과 그 리 다를 바 없는 일이다. 적어도 이를 통해 재미를 느낄 수 있을 것이고, 아니어 도 그만이기 때문이다.[130]

---

130) By Pastor Lewis posted on May 8, 2007. Furthermore, the stakes are very high. More harm comes to many of us through dating than in any other way. According to the world, dating is a way for singles to enjoy the comforts and pleasures of the opposite sex. If marriage is in the picture at all, then dating is a tryout for a potential partner. The idea is to start living as if you were married and see how things go. If one isn't finding fulfillment in the other person, then you can simply break up and move on. It's not much different from finding the right pair of shoes. At least you can have some fun along the way, or so it goes.

다섯째 신뢰와 희망의 단계(The stage of trust and hope)이다.

남녀가 신뢰와 희망의 단계로 나아가기 위해서는 여자의 역할이 중요하다. 여자는 남자가 안달이 나도록 아쉬움을 많이 남겨야 한다. 데이트 중이라도 먼저 손을 흔들고 다음에 다시 만나자고 하고 일어서야 한다. 여자가 먼저 대화를 정리하고 일어서야 자신이 매력이 있는 귀한 존재로 남자에게 좋은 인상을 각인시켜 줄 수 있다. 그래야 남자가 '죽자 살자' 하고 목을 매고 쫓아다닌다. 프로 선수와 같이 여자의 몸값을 올려야 한다. 그래서 옛날부터 남자의 끈질긴 데이트 시도는 여자에게 큰 설득력으로 다가온다. 언제나 인자하게 건네주는 밝은 미소, 긍정적인 사고와 성실함, 비싼 옷이 아니더라도 검소하며 단아하고 예쁜 옷차림, 끈질김, 선물, 멋진 데이트 장소에서의 만남, 유명 레스토랑에서의 식사, 세심한 배려, 예의 바른 매너 등은 여성으로 하여금 상대 남성을 신뢰해도 되고, 결혼 후 재정적 안정과 변치 않는 사랑을 기대해도 되겠다는 희망이 싹트게 된다.

그래서 데이트를 하면 할수록 상대방에게 믿음이 가고 저 사람과 한평생을 산다면 얼마나 행복할까? 저 사람은 나와 정신세계가 비슷해서 일생을 함께하고 싶은데 정말 행복할까? 평생 나의 정신적인 짝이 되겠는가? 이런 마음이 생기게 된다. 예를 들면, 연애를 하는 남자는 자기 나름의 상상, 공상, 편견으로 데이트하는 여성을 극도로 제멋대로 미화하는 경향도 있고, 때로는 눈에 콩깍지가 덮여 있어 데이트 상대 여성의 곰보 자국도 보조개로 보게 되고 천사같이 보인다. 신뢰를 하면 할수록 동메달이 금메달로 보이게 하는 어리석음도 저지른다.

신뢰가 조금 쌓이면, 서로의 느낌이 '찰떡궁합'이라고 생각하고 감정이 맞물리는 순간이 포착된다. 이때, 감정을 잘 제어할 줄 알아야 한다. 감정의 정화가 필요하기 때문이다. 감정을 스스로 제어하고 정화할 줄 알아야 한다. 그래야 훌륭한 배우자를 맞이할 수 있다.

프랑스의 소설가 스탕달(Stendhal)은 연애론에서 잘츠부르크의 암염(岩鹽) 채굴장에서는 살아있는 나무에 붙어 있는 말라 죽은 가지, 삭정이 같은 것을 던져두기만 하여도 그것은 마침내 덮여 있는 소금의 결정(結晶) 작용(crystallization)이라는 일종의 화학 반응으로 삭정이가 다이아몬드처럼 아름답게 빛나게 되는데, 연애심리 또한 이와 유사한 결정작용(結晶作用, crystallization) 과정을 밟는다고 스탕달이 말하였다.

삭정이 같은 것을 결정작용으로 다이아몬드처럼 아름답게 빛나게 하듯, 데이트를 하면서, 상대방을 칭찬하고 미화해서 데이트의 결실이 다이아몬드처럼 아름답게 빛나는 목적을 달성해야 한다. 사람은 누구나 본능적으로 그리고 선천적으로 칭찬에 너무 굶주려 있고 약하다. 육체적인 매력에 눈이 어두워지면 사탕발림 칭찬에도 귀가 즐겁고 쉽게 넘어간다. 그래서 의도적으로 이용하거나 사기 치기 위한 용도라는 칭찬임을 알고 있어도 그 칭찬이 진실이라고 믿는 우를 범하는 경우도 종종 있다. 그러나 여자가 남자에게 진심으로 자주 칭찬을 해 준다면 남자에게 많은 관심이 있다는 신호이다. 여자가 남자의 새로 산 정장에 대해 칭찬할 수도 있고, 새로 손질한 헤어 스타일에 대하여 칭찬해줄 수 있다. 특히 여자가 남자를 크게 신뢰하고 있다면 모든 것을 칭찬해주고 싶은 마음이 들 것이다. 하지만 그녀가 너무 마음이 여리고 착해서 아무에게나 칭찬해주는 여자가 아닌지 확인해 보는 것도 좋다. 그러나, 남녀 간의 칭찬은 맞춤형 칭찬이어야 하고, 진심에서 우러나오는 칭찬이어야 한다. 예를 들면, 당신의 목소리는 어쩜 성우 목소리 같고 정말 섬세하고 부드러워서 제 마음이 녹아내리는 것 같아요. 그래서, 당신과 데이트하는 날은 정말 행복해요. 정말, 오늘 입은 옷이 너무 "아름답고, 매력적이고, 멋있고, 섹시하다"라고 하기 보다는 "당신의 심미안이 얼마나 아름답고, 고혹적인지 한눈에 알아보았어요. 당신의 지성미 넘치는 식견에 정말 반했어요. 당신 바라보며 벌과 꽃처럼 데이트하는 일이 너무 기쁘고 행복해요"
라고 정성을 다해 칭찬을 해야 한다.

그렇지만, 한편으로는 누순공찬(屢巡空讚)이라고 자주 되풀이해서 거짓 칭찬을 하는지 세심히 식별할 줄 알아야 한다. 물이 각종 폐수와 오염물질로 오염되듯이 칭찬도 오염된 칭찬이 있을 수 있기 때문이다. 의도적으로 성의 노리갯감으로 삼기 위해 고급식당이나 특급호텔 등에 식사 초대해서 이용하려고 하거나 과다한 선물 공세를 하는 등 정상을 벗어난 칭찬을 식별하는 능력이 매우 필요하다. 특히, 여자는 누순공찬(屢巡空讚), 과다한 선물 공세, 호의와 술책, 정상을 벗어난 칭찬을 조심해야 한다. 상대방의 호의와 술책, 과다한 선물 공세, 정상을 벗어난 칭찬 등이 나를 미끼로써 사용하거나(미끼 기법, A low-ball tactic), 착취하거나, 사기 치기 위한 것이거나, 불의하게 이용하려는 계획적인 계산된 행동인지, 아니면 순수한 동기인지 식별하는 것이 아주 중요하다.

남자와 여자는 순간적인 잘못된 판단으로 자기가 바라본 상대의 외모, 학력, 직업, 명예, 재정 능력 등이 영원한 것으로 착각할 수도 있다. 마치 그것을 신기루처럼 판단하기도 한다. 그러나 이런 것들은 언제든 사라질 수 있는 한시적인 것일 수 있다. 사랑도 유통기한이 있기 때문이다. 그러나 남녀가 합심하여 노력하면, 유통기한이 없는 꺼지지 않는 영원불변한 사랑을 일궈낼 수 있다.

신뢰와 희망의 단계에서는 서로 사는 곳이 멀리 있어서 같이 있지는 못해도 진심에서 우러나오는 문자도 보내고 SNS로 서로 미소를 보내야 남녀가 신뢰를 다질 수 있다. 그래야 정신적인 짝으로 한 걸음 더 나아갈 수 있다.

여섯째 재확인(Reconfirmation)의 단계이다. 영원한 사랑을 믿어도 되나? 저 남자가 또는 저 여자가 평생의 반려자로서 손색이 없나? 저 남자의 성격, 능력, 가정환경, 학력, 재산 보유 내역 등을 볼 때 내가 지금까지 생각해 온 것과 거의 일치하나? 결혼해도 변함없이 나를 위해 아무 대가 없이 사랑을 베풀고 역경, 고통, 환난 등 어떤 환경에서도 기꺼이 나를 사랑하고 지지해 줄 사람인가? 언제나 나의 등 뒤에 내가 지고 있는 무거운 인생이라는 짐을 나 대신 져줄 수 있는 사람인가? "사랑해" 하고 사랑 고백을 하는 '사랑해'의 뜻이 '(죽을)사, (남편)랑(郎), 해'(해와 달이 다 닳도록 죽을 때까지 영원히 사랑해 준다는 의미)란 뜻도 있다는데 저 남자가 영원히 변치 않고 나를 사랑해 줄 것인가? 나는 저 사람을 신뢰할 수 있고 사랑할 수 있는데, 그이도 나를 신뢰하고 영원히 사랑해 주겠는가? 등 사랑을 재확인하고 싶은 단계이다.

구체적으로는 말하는 스타일, 종교, 취미, 성장 배경, 가정의 분위기, 옷의 패션 스타일, 소비 스타일, 성격, 생활방식, 가족관계와 환경 등에서 공통적인 관심사를 우리는 갖고 있는 것인가? 상대방이 사사건건 "당신처럼 나도 똑같은 생각이야." 하고 앵무새처럼 모든 관심사에 대해 같다고 말한다면 사실을 왜곡하거나 조작하는 행동일 수도 있으므로 경계할 필요가 있다. 필요 이상으로 좋아하는 경우에도 상대방이 나를 마치 구밀복검(口蜜腹劍)의 언행으로 불순하게 이용하는 것은 아닌지? 경계하고, 재점검하고 세밀하게 체크해야 한다.

A 여성이 최근에 부모의 강요로 결혼 중개업소를 통해 소개받은 남자와 선을 본 이야기를 현재 데이트 중인 B 남성과 이야기할 때, B 남성이 그 이야기를 다 듣고 난 후, A 여성이 B 남성에게 선을 본 사람도 당신처럼 유머 감각이 뛰어났으면 좋겠다고 말한다면 A 여성이 B 남성에게 사랑을 재확인하고 싶다는 강력한 신호를 보내는 것이다. 여자가 남자에게 과거에 좋아했던 사람이 있었는지? 또는 현재에 있는지 묻는다면 그것은 자신을 사랑하고 좋아하느냐고 재확인하는 것과 같다. 남자가 "과거에 좋아한 사람도 없고, 현재도 아무도 사귀거나 좋아하지 않아요"라고 대답하였는데도 재차 묻는다면 그것은 남자가 여자를 좋아

한다고 재확인을 해 주기를 바란다는 이유이다.

재확인의 단계에서 상대가, 저 남자가 또는 저 여자가 유일한 사랑의 반려자이고, 이 세상에서 최고라고 믿도록 아름답고 신선한 이미지를 서로 심어주어야 한다. 항상 서로가 고귀하고 이 세상에서 단 하나뿐인 반려자라고 말해 주면서 상대방에게 희귀한 존재라는 이미지를 각인시켜 주어야 한다.

미국의 매 웨스트 여배우도 "너는 인생을 오직 한번 살아간다. 네가 올바로 살아가는 인생이라면 한 번으로 충분하다."고 하면서 올바로 하는 연애와 사랑이 인생의 행복을 결정하는 중요한 요소임을 강조하였다.[131]

사랑도 오직 배우자 한 사람에 대해서만 평생 변하지 않는 일편단심(一片丹心)의 사랑을 하다가 백년해로하고 죽는다면, 순수함이라는 사랑의 속성상 가장 행복한 사랑과 결혼 생활을 한 것이라고 말할 수 있다. 그래서, 재확인의 단계에서는 가장 행복한 사랑과 결혼 생활을 위해 돌다리도 두드려보고 걷는다는 심정으로 사랑을 재차 확인해 나가는 과정이다. 이 과정에서 아주 중요한 것은 상대의 마음속 깊이 열쇠로 잠가 놓은 그의 진심을 자세히 들여다볼 수 있는 혜안을 가져야 한다. 재확인(Reconfirmation)의 단계에서 아무리 값비싼 선물을 주고, 달콤한 말로 기쁘게 해 준다 해도 사랑의 덫이 될 수 있다. 상대방의 선물 공세에 본능이나 감정에 지배되지 않고 지혜와 이성과 윤리에 따라 상대방의 언행을 분별하고 거듭 확인해 가는 것이 좋다. 그렇지만, 재확인 단계 이전에 다른 여성이나 남성과 데이트를 자주 해보는 것도 좋다. 사귐의 다변화를 통해 최적의 배우자를 찾기 위한 방편이 되기 때문이다.

일곱째 사랑에 빠지는 단계이다(Falling in love).

사랑에 빠지면 남녀의 대화의 내용이 사랑스럽고, 물 흐르듯이 자연스럽고 원

---

131) You live only once, but if you do it right, once is enough.

만하다. 화기애애하고 웃음꽃이 만발한다. 사랑에 빠지면 내가 생각하고 있는 모든 행복, 기쁨, 설레 임 등이 충만해지고, 여유롭고, 넉넉해진다. 마냥 행복하다. 내 몸 안에 사랑의 전기, 행복의 전기가 흐르는 것이 감지가 된다. 사랑의 전기, 기쁨의 전기가 튄다. 사랑에 빠지면 모든 것이 짜릿하고 이 세상을 다 얻은 것같이 행복하다. 전기가 흐르고 있기 때문이다. 저 남자와 또는 저 여자와 영원한 사랑을 믿어도 된다는 확신이 서고 장차 인생의 배우자, 반려자, 동반자로 생각하게 되면, 바로 이때가 짜릿한 사랑의 전기를 상대방에게 슬그머니 자주 흘려보내야 하는 좋은 기회가 되기 때문이다. 사랑의 전기는 두 사람의 사랑의 신뢰, 충실함(fidelity), 사랑의 열정 등을 식지 않도록 해 주는 버팀목이다.

두근거림, 들뜬 마음, 열병 같은 사랑으로 지긋이 상대방을 바라보는 '웃는 얼굴의 하트―눈으로(Smiling Face with Heart-Eyes)', 윙크 키스(Wink kiss), 핑크 하트(Pink heart 배우자로 심각하게 고려하는 마음이 핑크 하트이다.), 악수, 다정하게 서로 손을 잡고 걷는 것, 미소, 따뜻한 격려의 말, 친절하고 감미로운 인사, 도움의 손길 등, 이 모든 것이 사랑을 향해 내딛는 작은 발걸음이자, 사랑의 전기다. 악수를 하고 손을 잡아 주는 것은 앞으로 상대방에게 열심히 봉사하고, 섬기고, 사랑하고 일을 해 준다는 의미를 전하는 것이다. 사랑의 전기를 통해, 정신으로, 마음으로, 육체적으로 두 사람이 한 몸으로 연결되고 있다는 느낌을 서로 받는다면, 점점 깊은 사랑에 빠져 대화 자체가 농도 짙은 사랑의 주제로 바뀌게 된다.

이런 단계에 도달하면 B라는 남성이 A라는 여성과 사랑에 빠지게 된다. 그러면 A와 필적할 만한 여성이 없다고 판단하고, 눈만 감아도 기뻐서 황홀한 경지에 빠진다. 이때는 부모 생각도 잘 나지 않는다. 그렇게 좋아하던 7살 조카도 이젠 생각이 나지 않고 오로지 머릿속에는 A뿐이다. 그런데, 데이트 횟수가 늘어나고 사랑하는 관계로 발전해 가면 A가 감추고 있던 문제나 단점들이 노출되게 되어있다. 그럼에도 A의 사소한 잘못이나 부정적인 생각과 행동이 눈에 들어오지 않고 오히려 눈이 어두워진다.

한편, 사랑에 빠지는 단계에서 자신과 비슷한 가치관, 인생관, 삶의 정체성을 공유한 것으로 이해하였는데, 상대방이 가면을 쓴 채 다가왔다면, 상대방의 성격, 매력, 상대방이 나의 영혼과 이상의 배우자가 될 수 있는가? 하고 회의를 갖게 될 것이다. 이렇게 회의가 들 때에는 상대방이 나의 배우자가 되었을 때, 배우자에게서 내가 바라는 것이 무엇인지 메모해 두는 것이 좋다. 얼굴만 예쁘면 되는지? 학벌과 명예만 좋으면 되는지? 재정적으로 부유하기만 하면 되는지? 상세히 모든 것을 다 메모해 두자. 상대방이 내가 바라는 것을 다 가졌다면, 내가 그와 결혼해서 행복하겠는가? 하고 곰곰이 생각해야 한다. 사랑과 결혼이 그렇게 어려운 것이기 때문이다. 이때 내가 바라는 것을 상대방이 가지고 있지 못하다면, 그래도 "나의 결혼 생활이 행복할 것인가?" 하고 진지하게 고민해야 한다. 내가 바라는 것을 상대방이 가지고 있지 못한 것은, 내가 스스로 장만하고 구비해야 하는 것인데, 지금까지 내가 마련하지 못한 것이기 때문이다.

사랑하는 사람의 기질, 가치관, 인생관, 삶의 정체성, 능력, 가정환경, 학력, 재산 보유 내역 등을 볼 때, 자기와 너무 어울리지 않는다면, 빨리 사귐을 단념하는 것이 사랑의 집착과 고통에서 벗어나게 해 주고 방황에서 벗어나게 해 준다. 예를 들면, "사랑하는 사람의 마음의 내면을 들여다보고자 한다면 의견이 서로 다를 때 어떻게 처신하는지?" 관심 있게 살펴보아야 한다. 사랑에 빠지는 단계에서 의견이 일치할 때는 누구나 나에게 잘 맞는 배우자라고 착각하게 된다. 그러나, 서로 의견이 다르고 사소한 말다툼이 있을 때 "설득하려고 하거나 자기 생각대로 안 된다."고 화를 낸다면 그 과정을 잘 분석해서 다툼이 있었음에도 결혼으로 골인할 것인지 고려해야 한다. 이때 또 하나 심각하게 고려해야 될 것은 상대방이 나 외에 다른 여성이나 남성을 두고 저울질하고 있다면 단호히 단념해야 한다. 신의가 없고 확고하지 않은 마음을 갖고 있는 사람에게 평생을 맡긴다면 작은 풍파에도 견디기 어렵고, 어쩌다 내가 큰 실패나 낭패를 보면 곧장 나를 버리고 떠날 사람이고 소통이 되지 않을 사람이기 때문이다.

여덟째 구애(Attaining the stage of courtship)의 경지에 이르다.

구애 기간은 데이트를 하고 어느 정도 사랑에 빠져있는 남녀가 약혼과 결혼으로 이어지는 의사결정을 하고 서로 알아가는 친밀한 관계로 발전시키는 기간을 말한다. 구애 기간에 관한 통계는 나라별로 차이가 있는데 영국의 경우 평균 2년 11개월이 소요된 것으로 나타났다.[132]

정식으로 사랑을 고백하는 단계이다. 그런데, 남자가 먼저 사랑을 고백하면서 사랑하는 여자에게 "사랑해요" 하고 사랑을 고백할 때에는 여성의 왼쪽 귀에 하는 것이 고백 효과가 좋다는 흥미로운 연구 결과가 있다.

미국 샘 휴스턴 주립대 심 터우충 교수(Professor T Sim in the Psychology department at Sam Houston State University)는 2007년 2월 남녀가 연애를 하면서 사랑을 고백할 때는 왼쪽 귀에 하는 것이 사랑에 쉽게 골인할 수 있다고 하였다. 터우충 교수는 남녀 100명에게 이어폰을 끼고 감성을 자극하는 말과 감정을 절제하는 말을 녹음해 왼쪽 귀와 오른쪽 귀에 들려주었다. 들려주는 사람의 감정을 완전히 배제하였다. 그 결과 왼쪽 귀로 잘 들은 사람이 70%, 오른쪽 귀로 잘 들은 사람이 58%로 나타났다.[133]

---

132) Courtship is the period of development towards an intimate relationship wherein a man and a woman get to know each other and decide if there will be an engagement, followed by a marriage.

133) In the studies, to be published by Sam Houston State University in the US, 100 men and women wore earphones to listen to a number of emotional and neutral words being read in each ear separately. The words were read without any emotion.

12%의 근소한 차이이지만 왼쪽 귀로 들었을 때 더 많이 기억했다는 연구 결과였다. 왜냐하면, 왼쪽 귀와 연결된 우뇌가 감정조절을 더 잘하기 때문이다.

구애 기간에는 서로 삶의 화합과 조화를 만들어 갈 수 있을지 조심스럽게 점검하고 비교해 보고 서로 신중하게 대조의 원칙(The contrast principle)을 적용해 보는 것도 좋다. 상대방이 마약을 하지는 않는지? 우리 집 가족 여자 중에 담배를 피우는 사람이 없는데, 구애를 하려고 하는 여자는 담배를 피우는지? 상대방 남자의 술의 주량은 어느 정도인가? 고주망태가 되도록 술을 마시지는 않는지? 성격이 고분고분한지? 여자가 시부모와 충돌할 성격인지? 상대방 남자가 사전 통보 없이 느닷없이 집에 친구를 불러들이는 성격은 아닌지? 돈 관리는 어떻게 하는지? 불필요한 것을 구매하는데 과다한 소비지출이 있는 것은 아닌지?

이와 같은 점검 사항이 어느 정도 마무리되고, 모든 일이 예정대로 순조롭게 풀린다면, 상대방 여자를 포용해 주는 것이 좋다. 포용을 한다는 것은 사랑하는 사람을 보호하고 모든 위험과 풍파에서 지켜 준다는 의미이다. 포용의 단계가 끝나면 상대방의 부모님과 가까운 가족이나 친지를 만나볼 순서가 된다. 이분들을 만남으로써 데이트 기간 중에 알아내지 못한 정보를 추가로 얻을 수도 있다. 이때에 상대방 부모님과 가족이 사용하는 언어, 성격 등을 유심히 살피고 관찰해야 한다. 상대방 가정의 문화는 아주 중요한 정보다. 이들 정보를 통해 상대방의 가족문화를 이해하는 첫 단추가 될 수 있다. 서로 다른 환경에서 성장하여 사랑에 빠져있는 남녀는 상대방의 가정문화를 이해하는데 많은 노력이 필요하기 때문이다.

미국의 유머 작가요 저널리스트인 샘 레벤슨은 "결혼 후에 당신의 아내가 당신을 어떻게 대할 것인지 미리 알고 싶으면, 결혼 전에 그녀가 남동생에게 어떻

https://www.independent. co.uk/news/ science/psst-always-whisper-into-her-left-ear-tom-6228896.html.

게 말하는지 주의 깊게 들으라."고 하였다.[134]

아내가 될 사람의 언어는 특히, 그녀의 엄마나 형제자매의 성격과 언어와 긴밀한 상관관계가 있다. 그 언어들에서 배우자가 될 상대방의 성장 배경도 알 수 있고, 부모님과 형제자매의 사랑을 받고 자랐는지도 알 수 있게 된다. 그런데, 상대방의 부모님을 만나는 과정에서 도저히 결혼에 도달할 수 없는 상대방 본인이나 가족의 결점, 약점, 실망감이 발견되더라도 낙담할 필요는 없다. 그 순간에 오히려 자신을 더 자세히 성찰해보고 난 후에, 이 만남을 포기하고 서로 헤어지는 것이 좋은지 신중하게 용단을 내릴 기회가 되기 때문이다. 헤어지는 경우에도 예의를 갖춰 간단명료하고 단호하게 의사를 전달해야 한다. 우유부단하게 전달하거나 상대방의 설득에 넘어가 의사결정을 번복한다면 큰 후회가 되고 결혼 이후에는 인생 파탄에 이를 수 있음을 명심해야 한다.

반면에 두 사람이 상대방의 부모님과 형제자매, 가까운 가족이나 친지, 친구를 만나고 나서 사랑하는 상대방의 성격, 행동 양식 등에 대한 그분들의 평판이 좋았다면 결혼 단계로 한 걸음 더 나아가는 계기가 되는 것이다. 이런 경우에는 서로 장래를 약속하고, 진실하게 사랑하고 행복한 결혼 생활을 할 수 있는 결혼 설계도를 마련해야 한다.

아홉째 사랑의 튼튼한 결속의 단계이다(A healthy unity in love).

구애의 단계가 끝나면 잠을 자기 전에는 물론, 아침잠에서 깨어나면 상대방 여자에게 사랑의 예술과 기술을 펼쳐 보이고, "사랑한다고", "사랑의 밀어를 끊임없이 주고받아야 한다." 마음속에 담아두고 상대방에게 진솔하게 표현하지 않으면, 그 사랑은 "사랑의 아름다움도, 향기도, 간절함도, 애절함도, 순수함도 뿜

---

134) If you want to know how your girl will treat you after marriage, just listen to her talking to her little brother.

어내지 못하기 때문이다." 사랑스러운 결혼 생활, 행복한 결혼 생활을 해 주겠다고 다짐하고, "사랑의 노래를 끊임없이 전해주어야 한다." 사랑의 문을 활짝 열어주자. 그 사랑의 문을 통해 행복이 밀물처럼 쏟아 들어오게 하자. 상대방이 들려주는 사랑의 밀어에 귀 기울이고 사랑의 문자 폭탄을 보내보자. 그녀에게 매일 사랑의 문자를 보내고, 사랑의 메시지를 자주 주고받는 것도 사랑의 결속 다지기이다.

귀여운 사랑의 이모티콘을 보내고 용건이 없어도 자주 전화한다면 사랑의 결속은 더욱 단단해질 것이다. 사랑의 결속을 위해서는 몸과 마음을 건강하고 젊게 유지하여 활력이 넘치게 하자. 상대방에게 유머와 칭찬도 자주 해 주는 것이 좋다.

사랑의 결속 단계에서는 상대방이 하는 일에 용기를 북돋워 주고 지속적으로 사랑의 고압 전류를 보내주어야 한다. 고압 전류의 한 가지 좋은 사례가 레드 하트(감사, 사랑, 행복, 애정을 표현하는 데 사용된다.)이다. 레드 하트는 단순하면서도 순수하고 모든 것을 아우른다. 레드 하트의 좋은 예를 든다면 서로 키스를 주고받는 것이다.[135]

사랑하는 남녀는 키스로서 애틋한 애정을 키워내곤 한다. 키스는 영원히 사랑을 책임지겠다고 입으로 도장을 찍고 보증하는 것이며, 특히 의식주 중에서 먹을 것을 서로 책임져 주겠다는 상징도 된다.

그런데, 남녀 둘 다 모두 아직 첫 키스를 경험하지 못한 경우라면 어려운 도전이 될 수 있다. 이 경우에는 데이트하는 상대 여성에게 먼저 작은 스킨십으로 천천히 키스하겠다는 신호를 보내야 한다. 다만, 여자가 불편하다고 신호를 다시 보내오면, 여자가 키스를 거부할 수 있도록 배려해주어야 한다. 여자가 어떻게

---

135) Red Heart; It can be used to express gratitude, love, happiness and affection. It's simple, pure, and all-encompassing. One of the examples of Red Heart is to kiss.

"키스할지 모르겠다."고 한다면 다음에 하기로 여자에게 말해 주는 것이 좋다. 그러나 그녀가 키스해도 된다는 은근한 신호, 예를 들면, "데이트하는 상대 여성이 남자를 고즈넉하게 쳐다보면서 혀로 입술을 살포시 적시거나 아랫입술을 지그시 깨무는 등의 행동을 보인다면 키스해도 좋다. 그러면 남자가 감미로운 키스를 준비해도 좋다. 먼저 데이트하는 상대 여성의 어깨나 손을 부드럽게 잡아 준다. 그런 다음에 키스를 나누면 좋다."

다만, 키스를 하거나 받는 입장일 때, 좋은 방법이 몇 가지 있다. 저절로 키스를 받고 싶다는 분위기 있는 로맨틱한 장소에서 첫 키스를 하는 게 중요하다. 첫 키스는 행복한 결혼 생활에서 영원히 기억되기 때문이다. 너무 화려하거나 요란을 떨거나 나팔을 불 필요도 없다. 하지만 키스를 위해 로맨틱한 장소, 예를 들면 저녁노을이 아름다운 바닷가 해변, 다른 사람의 방해를 받지 않는 호숫가 등이 좋다. 그러나 너무 외딴곳은 피해야 한다. 폭력배나 불량배의 표적이 될 수 있다. 첫 키스의 낭만적인 순간을 위해 분위기 있는 아름다운 옷을 입는 것도 좋은 방안이 될 것이다. 그러나, 서로 주의해야 할 것은 서로 키스를 했어도 결혼 전까지는 반드시 순결을 지켜야 한다. 혼전 순결이라는 극기와 자기 정화, 자기 절제를 하지 못하는 사람은 앞으로 직면하는 결혼 생활에서의 여러 난관도 쉽게 헤쳐나가지 못할뿐더러 인내심이 없고 신뢰감이 떨어지는 사람이기 때문이다.

열째 애착과 영원한 참사랑의 형성 단계이다(Attachment and creating real and lasting love). 데이트한 지 아주 오래된 남녀의 경우, 구애 기간이 지나고, 사랑의 튼튼한 결속의 단계도 마치고 결혼을 앞두고, 남녀가 만들어 가는 영원한 사랑이 참사랑이다. 미국 럿거스대 인류학자 헬렌 피셔는 이것을 사랑의 애착 단계라고 하였다. 초기 불타는 사랑의 열정은 조금 약해진 상태에서 친밀감과 개입(Commitment) 요소가 갖추어진 사랑, 영원한 참사랑이 형성되어 결혼으로 골인하는 애착 단계이다. 서로 깊은 감수성과 사랑의 감정이 가득 차 있다.

매력과 사랑이 함께하는 만족감도 느낀다. 그래서 마음이 들떠 있다. 사랑의 결속이 지속돼 더욱 밀착되고 육체적 결합을 마음으로 원하고 결혼으로 발전해 가는 과정이다. 이때 뇌에서는 옥시토신과 바소프레신이 분비된다. 옥시토신은 출산이나 수유 때 나와 엄마와 아기의 결합력을 도와준다. 또 남녀의 육체 결합 시 결합력을 도와준다. 사랑의 애착을 밀착시켜 주고 도와준다. 성적 쾌감을 느 낄 때마다 혈장에 옥시토신의 양이 증가하는 이유가 여기에 있다.

애착과 영원한 참사랑의 형성 단계에서는, 상대방이 생각하는 이상적인 사 랑의 모습과 본인이 생각하는 이상적인 사랑의 모습 간에 얼마나 차이와 괴리 가 큰지도 확인하는 것이 매우 중요하다. 너무너무 사랑해서 한시도 떨어져 있 기 싫어 영원히 함께 살려고 혼인하려고 하는 단계에 와있는 것이다. 그런데 상 당수의 많은 기혼 부부들이 막상 결혼을 했지만 그 사랑은 얼마 가지 않아 시들 해지고 서로에 대한 실망이 거듭되다 보면 권태기가 오고 사랑이 환멸의 시간으 로 변해 버린다. 배우자를 외롭게 내버려 두기도 하고 끊임없는 잔소리와 비난 을 쏟아내어 가정에서 언쟁과 다툼에 빠져들기도 한다. 이런 비난, 다툼, 언쟁 등 을 최소화하기 위해서는 몰이해를 최소화하고 서로의 생각과 기대가 일치하도 록 견고하고도 흔들림 없는 영원한 사랑의 정착(anchoring)을 위해 서로 노력하 고 기도해야 한다.

러시아의 소설가며 극작가요 의사였던 안톤 체호프(Anton Pavlovich Chekhov)는 "사랑을 하는 사람은 그가 어떤 사람이 되어야 하는지를 보여주는 것이라고 하 면서 또한, 사랑을 할 수 있다는 것은 모든 것을 할 수 있다는 것이다."라고 말하 였다.[136]

---

136) Being in love shows a person how he ought to be. When you love someone, you do everything to make things work. 안톤 체호프(Anton Pavlovich Chekhov).

리 레아도 누군가를 사랑할 때는 모든 것을 원만하게 할 수 있다고 하였다.[137]

사랑은 모든 것을 덮어주고, 모든 것을 내어주고, 목숨까지도 내어줄 수 있는 것이다. 참사랑은 모든 것을 할 수 있다. 그러므로, 남녀는 항상 애틋함으로 서로를 바라볼 수 있는 훈련을 해야 한다. 남녀 모두 애틋한 사랑만 있어도 영원히 사랑할 수 있는 힘을 얻게 되고 지치지 않고 평생 참사랑을 할 수 있다. 상대방의 수많은 단점과 허물에도 불구하고 그가 애틋하게 느껴지는 힘은 서로의 주장과 입장을 잘 경청하고, 이해하고, 들어주는 데서 온다. 이상적으로 생각하는 사랑의 모습이 서로 일치할 때 결혼 후에 갈등의 소지를 적게 만들기 때문이다. 서로 일치하고, 서로 털어놓고, 서로 배려하고, 이상과 현실 사이의 괴리를 줄일수록 사랑의 갈등도 적어진다.

결혼 생활은 화려하기만 한 장밋빛 청사진이 아니라 각종 태풍, 폭풍, 돌풍, 좌절과 풍파가 앞에 놓여 있는 삶이기 때문에 결혼 전에 갈등은 최대한 줄이는 것이 좋다. "잘 자랄 나무는 떡잎부터 알아본다."고 가정의 불화를 조성할지도 모를 문제의 싹은 애초에 싹둑 도려내야 한다. 사랑하는 사람의 말이나 일을 험담하지 말고, 잘 들어주고 이해하는 것이 참사랑의 첫걸음이다. 모든 일을 건설적인 사고와 긍정적인 안목으로 바라보고 이해해야 한다. 미소와 사랑한다는 말은 밑천이 전혀 들지 않고 원가도 없다. 수시로 사랑하는 사람에게 "사랑한다"고 말하고 포옹하고 키스를 해 주자. 분노로 자제력을 잃고 언쟁을 하기 전에 '데이트하였을 때 가장 행복하고 기뻤던 순간'을 떠 올리며 평정심을 갖고 분노를 잠재우는 노력도 게을리해서는 안 되지만, 자신의 마음이 교만, 시기, 분노, 인색, 태만 등으로 오염되어 있는 것은 아닌지 항상 성찰하고 마음의 정화를 위해 꾸준히 노력해야 한다.

---

137) When you love someone, you do everything to make things work. 리 레아.

하느님께서 주신 축복대로 에로스 사랑을 하여 사회 안전망 구축을 돕는 방법

"사랑은 수프와 같은 것, 처음 한 입은 뜨거우나 다음부터는 점차 식어간다."는
스페인속담과 같이 사랑의 정열은 식어가는데,
특히 결혼이라는 합법적인 과정을 거치지 않는 사랑은
더욱 쉽게 얼음장과 같이 싸늘하게 식어 갈 수 있음을 알아야 한다.
그러므로, 부부가 되었든 청춘 남녀가 되었든 사랑이 항상 뜨거운 수프가 되도록 노력해야 한다.

제7장 하느님께서 주신 축복대로 에로스 사랑을 하여 사회 안전망 구축을 돕는 방법

1) 무분별한 사랑의 독성(毒性)

농경 산업 사회에서 산업화, 정보화, 4차 산업혁명 시대를 거치면서 인류가 저지른 큰 잘못이 두 가지가 있다. 하나는 무분별한 소비로 지구의 온난화를 가져온 것이고, 다른 하나는 하느님께서 허락하신 창조 질서를 사람들이 크게 무너뜨려 온 것이다. 하느님께서 보시기에 슬픈 것은 정보화, 산업혁명에 따라 지구라는 공동체 사회에 과소비와 더불어 문란하고 무질서한 성문화가 조성되어 왔다는 사실이다. 창조 질서와 성경의 가르침에 반하는 동성애, 낙태의 합법화, 텔레그램, 디스코드, 트위터 등을 통한 디지털 성범죄와 난폭한 성범죄가 우리 사회를 어둡게 하고 있다.

무질서하고 문란하게 남녀가 성관계를 하다 보니 사람만이 유일하게 '가장 특이하게 섹스하는 동물'이라고까지 말하게 되었다. 다른 동물은 섹스의 주요 목적이 생식인데 반해, 호모사피엔스인 일부 인간들은 쾌락을 섹스의 주된 동기로 여기고 있다. 이 같은 쾌락적 욕구가 강한 사람들은 원천적으로 도덕적 성생활을 하기가 어렵게 되어 있다. 그 결과 일부일처제를 지키며 살기도 쉽지 않고 절제된 생활, 정화된 생활, 극기의 삶을 살아가지 못하고 헛발질과 곁눈질을 하며 결혼생활을 하다 보니 결혼생활에서 자주 충돌하는 주요 원인이 되고 있다. 그래서 이혼으로 가정이 해체되고 파괴되어 사회 문제의 근간을 이루고 있다.[138]

무분별한 쾌락적 섹스의 결과는 사회 전반에 미치는 독성과 전염성이 너무 강해서 피해가 크다. 살인, 폭력, 성폭력, 가정폭력, 낙태, 불륜, 사기와 악덕, 동성애, 마약 밀매 및 흡입, 성매매, 이혼, 총기 살인 등으로 인한 결손 가정과 가정 파괴 등이 독버섯과 같이 매년 증가하고 있다.

삶은 두 번 다시 살 수 없고, 유한하여 지나간 삶을 다시 복원할 수도 없다. 과거의 삶을 재활용할 수 없음에도 불구하고, 마치 목숨이 세 개나 또는 네 개 되는 것처럼 쾌락을 위한 섹스에 목숨을 걸고 사생결단을 하면서 살아가고 있다. 그래서, 더욱 위연탄식(喟然歎息)하지 않을 수 없다. 그들은 마치 120세까지 살 수 있다거나 영원히 죽지 않을 것이라는 그릇된 망상을 하면서 살아가고 있다.

정상을 일탈한 비정상적인 성욕은 걷잡을 수 없는 불과 같아 사회에 화마(火魔)를 가져온다. 특히, 10대가 성욕의 유혹을 느낄 때 자신에게 채찍을 가하고 억제하고, 극기하고, 절제하고, 정화하고, 인내로 참아내야 한다. 극기하지 못하면 사랑의 불장난, 사랑의 화마가 되고, 그런 삶이 노년까지 이어져 맹렬한 성욕의 발동으로, 나이 들어서도 이성을 잃고 비서나 직원 등에게 성폭행을 하여 패가망신하는 경우도 있다. 잘못된 성욕의 결과가 빚은 부산물이 불륜, 부정, 간음, 간통, 애욕, 정욕, 음욕, 성도착(性倒錯), 변태 성욕(變態性慾) 등이다. 동서고금을 통해 남녀 간의 사랑은 그들을 행복하게 해 줄 것이라는 기대로 가득 차 있었던 것은 사실이다. 그래서 남녀 간의 사랑은 모든 사랑을 제일 잘 요약하고 대변해 준다고 모두 믿어 왔다. 그러나 그 에로스 사랑은 끊임없이 정화과정을 거쳐야 한다.

---

138) 연합뉴스 2020-06-30 임형두 기자, 기사 제목: 결혼의 본질과 역사, 현실을 다시 들여다보다.

금을 제련소에서 제련하여 순도 99%의 금을 생산하듯이, 부부의 사랑, 청춘 남녀의 에로스 사랑도 항상 서로 성찰하고, 예수님께서 부부 각자에게 주신 사랑의 거울에 비춰보고 사랑의 불순물이 발견되면 정화하고, 예수님의 뜻에 어긋나면 극기하고 절제하는 과정을 거쳐, 본래 예수님께서 의도하신 바대로 순수한 사랑, 완전한 사랑을 기초로 허락하신 에로스 사랑을 하여야 한다.

전남 진도(珍島) 지방의 살냉이 놀이 때 부르는 이자 노래 가사를 보면 '이성지합 백복지원(二姓之合 百福之源)'이라는 내용이 있다. "남녀 사이의 육체 결합과 화합이 만복의 근원이라"는 내용이다. 예수님 뜻에 맞게 화합하는 에로스 사랑이 되어야 한다는 뜻과 일맥상통한다. 그런데, 분노에 더디신 하느님께서는 문란하고 무질서하며 하느님 보시기에 역겨운 인간들의 성행위를 참아주고 계실 뿐이다. 지금 미국과 유럽, 일본, 우리나라 등은 어떤가? 불륜 공화국으로 내몰리고 있지 않은가? 미국, 유럽, 일본 등 선진국은 이미 오래전부터 하느님께서 역겨워하시는 동성 결혼을 중앙 정부들이 앞다퉈 합법화를 하였고 우리나라도 합법화의 대열에 동참하고 있다. 불륜, 가정폭력, 이혼 등으로 파괴되는 가정. 낙태, 안락사, 살인 등 생명 경시 풍조 등으로 인한 사회질서의 문란. 여기에서 수반되는 정신 질환자들의 양산으로 선진국에서는 총기사고, 테러, 폭력, 살인 등도 빈발하고 있다. 사회악의 악순환은 꼬리에 꼬리를 물고 잇달아 발생하고 있다. 사회의 안전망 구축과 자정을 담당해야 할 교회도 강 건너 불구경하듯 하고 있고, 액셀러레이터와 같이 가속화되는 교회의 세속화 등으로 교회도 스스로 정화 능력을 상실해 가고 있는 실정이다.[139]

---

139) 예금통장을 불타는 아궁이에 던져 버려라. 2014. 2. 10. 출판사, MJ미디어 PP. 41-42.

2) 생명 경시 풍조

죽음의 문화가 세계 곳곳에 스며들기 시작한 직접적인 동기는 1961. 1. 20 미국의 35대 대통령에 취임한 존 에프 케네디 대통령으로부터 시작되었다. 존 에프 케네디 대통령이 취임하기 전만 해도 미국은 청교도 정신과 도덕 정신으로 잘 무장된 국가였다. 청교도 정신으로 건국한 미국에서는 전통적으로 초등학교, 중, 고등학교에서 성경을 배우는 채플 수업이 의무 교과 과정이었다. 성경을 공부하고 청교도 정신과 복음의 가치와 정신으로 복음화되어 살도록 도와주는 아주 유익한 교육이었다. 그런데, 존 에프 케네디 대통령이 취임 후 얼마 되지 않아 모든 공립학교에서 채플 수업을 폐지해 버렸다. 그 결과, 청교도 정신, 복음으로 무장한 미국 사회의 훌륭한 도덕 정신도 조금씩 쇠퇴하기 시작하였다. 미국의 청소년들이 복음적인 삶, 도덕적인 삶을 살아가도록 교육받았는데 하루아침에 자율교육이라는 명목으로 성경 공부를 폐지시켜 버리니까, 자연히 범죄의 독버섯이 미국 사회 여기저기에서 생겨나기 시작하였다. 미국 사회에서의 이혼의 급속한 증가, 1973년 여성의 임신 중절을 최초로 헌법적 권리로 인정한 미국 연방대법원의 '로 앤 웨이드(Roe vs Wade)' 판결, 낙태의 증가, 결손 가정의 증가, 정신 질환자의 증가로 각종 총기사고의 빈발 등 생명 경시 풍조 및 죽음의 문화가 미국은 물론 유럽 등 전 세계로 독버섯처럼 퍼져 나갔다.

이와 같은 세계적인 죽음 문화의 확산 추세에 따라, 마침내 우리 정부도 국회에서 모자보건법 개정 등을 통해 낙태 허용 범위를 확대하려고 추진하고 있다. 입법 내용은 임신 14주까지는 조건 없이 낙태를 허용하고 24주까지는 특정한 사유가 있을 때 낙태가 가능하도록 추진하는 내용이 골자이다. 정부 개정안은 성경에서 가르치는 가르침과 취지에 반하여 낙태를 사실상 전면 허용하는 것과 다를 바가 없다. 하느님 보시기에 너무 안타까운 처사다. 정부 관계자, 입법기관은 물론 일간지 언론에서도 여성의 자기 결정권과 행복추구권 보장이라는 명목으로 낙태를 일종의 권리처럼 인식하고 있는 지금 우리나라의 시류와 풍조가 우리 사회의 또 다른 고질적인 병폐가 되고 있다. 그러므로, 교회도 이제는 마땅히 낙태를 비범죄화 내지 합법화하려는 모든 시도는 잘못된 것이라는 진부한 주장에서 탈피하여 새로운 접근방법을 모색해야 한다.

오늘날 교회의 사명 중의 하나는 기존에 교회가 주장하여 왔던 실현 가능성이 없는 낡고 진부한 방식은 과감히 버리고 새로운 접근 방식으로 정부, 입법기관 및 언론 등과 적극적이고도 능동적인 방법으로 문제를 해결하여야 한다. 그것이 21세기 우리나라 교회의 시대 사명이자 의무의 하나가 되고 있다. 우리 모두가 부여받은 시대정신이다. 교회는 이 의무를 저버릴 수도 없고 물러설 수도 없는 천 길 낭떠러지에 와 있다. 낙태에 관해 지금까지의 교회의 주장이 너무 매가리 없이 추진해 왔으므로 실사구시의 원칙으로 과감하게 전략적으로 접근하여 세부 추진 실행 계획을 수립해야 한다.

"실용 가능한 대안은 제시하지 않고 낙태는 반드시 금지해야 한다고" 일변도로 주장하는 것은 50년 전 사회로 돌아가자는 것과 같다.

낙태 금지에 대한 좋은 대안은 다음과 같은 4가지가 되겠다. (a) 임신 유지로 모든 임신된 태아가 출생하도록 하는 방안 강구 및 시행, (b) 양육에 대한 지원, (c) 입양의 활성화 방안, (d) 태아의 생명보호를 위해 임신한 여성을 보호하고 재정적으로 지원하려는 목적을 가진 상담과 지원이 용이하게 이뤄지도록 하는 방안 등이다.

사회적, 경제적 이유로 임산부들이 낙태를 고민하는 상황에서 낙태하지 않고 생명을 택할 수 있도록 태아 생명을 보호하는 지원책이 절실한 실정이다. 우리

나라에서는 태아 생명보호를 위한 상담은 고사하고 임신, 출산, 양육, 입양 등과 관련된 정보를 얻는 상담조차 쉽지 않은 실정이다. 좋은 사례를, 예를 들면, 한국 보건사회연구원이 발표한 낙태한 임산부의 실태 조사에 의하면, 낙태 경험 여성 756명 중 96% 이상은 의료적 상담(97.5%)과 심리 및 정서적 상담(97.7%), 출산·양육에 관한 정부 지원 상담(96.7%)이 필요하다고 말했다. 전문가들은 임산부들이 자발적으로 태아의 출산을 반드시 택할 수 있도록 '태아 생명보호 상담'이 필수적으로 이뤄져야 한다고 하였다. 종교단체에서 먼저 도입하여 시행하는 것이 좋을 것이다. 그리고 무엇보다, '갓난아기는 국가가 낳아 기른다는 철학'을 국가 정책으로 수립해야 한다. 국가가 임신 유지, 출산, 양육을 책임지고, 임산부들은 임신, 출산, 양육에 대한 두려움 없이 자신의 삶을 살아갈 수 있다는 확신을 주어야 한다. 프랑스의 사례가 그 좋은 예이다. 프랑스는 낙태 일부 합법화 국가임에도 프랑스의 합계출산율이 1.86명(2017년 기준)을 기록하였던 비결은 바로 국가의 강한 책임 의식이 있었기 때문이었다. 우리나라도 중앙 정부, 지방자치단체, 모든 종파의 종교단체에서 임신부가 반드시 임신을 유지하여 모든 임신된 태아가 출생하도록 하는 지원 방안을 강구하고 시행해야 한다. 우리나라의 합계출산율이 여전히 1.05명(2017년)에서, 2019년에는 0.92명으로까지 떨어졌다. 우리 정부나 지방자치단체, 종교단체 등의 너무 부족한 지원정책도 인구 감소를 부채질하는 한 가지 영향이 될 수 있을 것이다. OECD 국가 가운데 합계출산율이 가장 높은 나라는 이스라엘이다. 2016년 기준 합계출산율은 3.11명이었다.

우리나라의 경우 임신, 출산, 양육을 감당하기 어려운 임산부들은 임신을 한 후 태아를 낙태할 것인가, 자신의 삶을 포기할 것인가? 하고 고민하다가 아이를 포기하고 낙태시키는 사례가 많은 것으로 나타났다. 그러므로, 임신되는 순간부터 태아를 임산부가 아닌 국가가 낳아 기른다는 정책으로, 새로운 사회로 거듭

나야 낙태도 줄이고, 출산율도 제고하고, 사회악도 줄여나갈 수 있다. 또한, 임산부의 낙태하지 않을 자기 결정권이 보호돼야 한다. 임신한 여성들이 주변으로부터 낙태 압력을 받고, 임신을 시킨 남성이 출산을 반대하고 낙태를 종용하거나 명시적으로 육아에 대한 책임을 거부하는 경우 등에 있어서 임신을 유지하려는 임산부를 국가나 종교단체에서 보호하지 못한다면 낙태는 계속 증가할 것이다. 불을 보듯 명약관화(明若觀火)하다.

종교단체도 힘없고 미소한 태아일지라도 사회적인 일부 문제에 따라 '어린 태아의 생명이 위협받아서는 안 된다는 것이' 교회의 확고한 입장임을 천명하고 종교단체가 연합하여 힘을 합쳐 거리로 나가 시위를 하고 알려야 한다. 모든 종교단체가 연대해서 우리 사회에 드리워진 '죽음의 문화'에 맞서 생명을 수호하고 존중하는 '사랑과 생명의 문화'를 만들어 가야 하는 것은 이 시대의 소명이다. 미국의 경우에는 생명 수호(Prolife) 운동을 피켓을 들고 미국 워싱턴 의사당과 정부 청사 앞 등에서 활발히 전개하고 있다.

다음으로 중요한 것은 구체적인 생명 문화 확산과 죽음 문화를 철저히 차단하기 위해서는 효율적인 세부 실천 교육이 무엇보다 중요하다. 교육을 통해 생명을 수호하고, 가정 붕괴와 가정 파탄을 막고, 행복의 기본권이 보장되도록 모든 종교단체가 합심하여 발 벗고 나서야 한다. 그래야 우리 사회의 고질적인 사회악의 악순환 고리를 잘라낼 수 있다.

교육은 교재를 만드는 것부터 중요하다. 어린이들의 눈높이에 맞는 교재 확보와 교육이 필요하다. 가정에서 교육을 하되 초등학교부터 병행하여 '남녀의 몸과 성, 혼인과 출산, 가정의 참된 의미, 임산부의 낙태하지 않을 자기 결정권' 등을 교육해야 한다. 책임 있는 남녀관계, 성교육, 혼인과 출산 등에 관한 교육이 절대적으로 필요하다. 낙태 위험성과 부작용에 대한 다양한 상담 지원, 자살 방지를 위한 모든 교회 내 쉼터와 상담실의 마련과 운영, 임산부와 의사의 낙태 거부 권리 인정 등 개선책을 마련해야 한다. 이제는 종교단체가 구체적인 액션 플랜을 세부적으로 만들고 실천하는 일만 남았다. 정부의 권력이나 강제 입법에만 의존하는 생명 수호 운동은 이 시대의 시대 정신에도 부합되지 않는다.

OECD 국가 가운데 우리나라가 상위권에서 불명예를 기록하고 있는 '이혼, 자살, 저출산 문제' 등의 해결을 위한 우리 사회 전반의 문화 개선 활동, 사회복지 지원 등 구체적인 세부 실천 방안을 마련하여 종교단체가 할 수 있는 모든 일을 하나하나 차근차근 실천하되, 지금 당장 아주 작은 미소한 일부터 추진해야 한다. 모든 종교단체에서는 시대정신에 맞게 오늘날 교회에 부여된 교회의 최우선과제와 사명이 무엇인지를 직시하고 바로 실천해야 한다. 그런데, 우리나라의 종교단체는 성명서 하나 달랑 발표하거나 세미나를 했다고 종교 신문에 발표하는 것이 마치 생명 수호 운동을 다 한 것처럼 치부하고 있어 안타깝다.

치매 초기 진단을 받은 대치동의 A 할머니가 코엑스의 대형 서점에 가서 『치매를 예방할 수 있는 책』을 구입하고 집에 왔다. 며느리가 무슨 책이냐고 물으니까? 치매가 더 이상 진전되지 않도록 도와주는 책이라고 할머니가 설명하였다. 그런데, A 할머니는 다음날 코엑스의 대형 서점에 가서 똑같은 책을 또 사 왔다. 며느리가 어느 날 시어머니인 할머니 방을 청소하다가 『치매를 예방할 수 있는 책』이 5권이나 있는 것을 보고 깜짝 놀랐다. 오늘날 종교단체의 생명 수호운동에 종사하는 성직자, 종사자, 봉사자들도 A 할머니같이 자기들이 한 일이 무엇인지도 모르고 진부한 일만 반복해서 하고 있다. 구체적인 알맹이도 없고 성과도 없다. 지금까지, 다만 성명서 하나 달랑 발표하거나 세미나를 할 때는 진지하지만 막상 회의가 끝나면 무슨 회의를 하였는지도 모르고, 마치 A 할머니가 『치매를 예방할 수 있는 책』을 5권이나 구입한 것처럼, 진부한 일만 계속하는 것으로 보여지고 비춰지고 있다. 임신된 새 생명이 이 세상에 태어나서 빛을 보게 하는 것보다 더 중요한 것은 없다. 우리 모두 핵심 역량을 집중하고 원점에서 새롭게 생명 수호운동을 합심해서 전개하여야 한다.

미국은 50개 주 정부(State Government) 가운데 29개 주만이 매년 질병 관리센터(Center for Disease Control and prevention, CDC)에 낙태된 아기의 통계를 보내고 있다. 반가운 소식은 2018년에 낙태율이 1.4% 감소하였다. 1980년에 비하면 무려 50% 정도가 감소하였다고 한다. 미국의 50개 주 정부의 임산부 지원센터(Pregnancy Center)에서 임산부들의 출산을 지원하고 상담하는 적극적인 생명 수호운동을 전개한 결과라고 발표하였다. 세계적인 낙태 지지 단체인 거트마커 연구소(Guttmacher Institute)는 미국의 낙태된 영아가 2017년 86만 2,000명이라고 발표하였다. 2014년 92만 6,000명에 비해 6만 4,000명 감소한 것으로 나타났다. 낙태된 영아가 100만 명이 넘었던 2011년에 비해서는 15만여 명이 감소하였다. 미국의 질병 관리센터는 2020년 11월에 미국의 낙태 현황을 발표하면서 21개 주 정부가 공식 통계를 발표하지 않는 것을 감안하면 아직도 매년 미국에서 낙태되는 영아는 90만 명 전후가 될 것이라고 설명하였다. 1973년 여성의 임신 중절을 최초로 헌법적 권리로 인정한 '로 앤 웨이드(Roe vs Wade)' 판결 이후 2019년까지 47년 동안 미국에서 낙태된 아기는 61,628,584명으로 알려졌다.[140]

미국에서 매년 낙태 영아가 줄어드는 주요 원인은 종교단체와 시민단체의 프로라이프(pro-life, Right to life) 운동이 주된 이유였다. 다음으로 주 정부의 적극적인 지원책도 큰 몫을 차지하고 있다. 합법적 살인으로 불리는 낙태(abortion)를 반대하는 미국의 생명 수호운동은 미국 연방대법원이 1973년 여성의 임신 중절을

---

140) Abortions in the U.S. Hit All-Time Low, More Babies Saved From Abortion Than Ever. https://www.lifenews.com/2020/11/25/abortions-in-the-u-s-hit-all-time-low-more-babies-saved-from-abortion-than-ever.

최초로 헌법적 권리로 인정한 '로 앤 웨이드(Roe vs Wade)' 판결 이후 이 판결을 뒤집기 위해 오랫동안 싸워 왔다.

미국에서 생명 운동의 주안점은 낙태 반대와 병행해서 "임산부가 반드시 아기를 출산하도록 임신 유지를 재정적으로 돕고, 모든 임신된 태아가 출생할 권리(Right to life)를 갖도록 하는 방안을 중점적으로 홍보하고 지원하는 쪽으로 방향을 정하고 추진하고 있다." 이 지원이 큰 효과를 거둔 것으로 나타났다.

3) 낙태 금지

식스투스 5세 교황이 1588년 낙태 금지 회칙을 발표하여 낙태를 불법화하였으나 후임 교황이 이를 번복하여 무효화시켰다. 그러다가 1750년에 다시 교회가 낙태를 금지시켰으며 1992년에 이르러서야 교회 교리서에 낙태 금지 조항이 명시되었다. 산모나 가족 등이 낙태 자체를 목적이나 수단으로서 의도한 고의적 낙태는 도덕률의 중대한 위반이며 '파렴치한 살인행위'이기 때문이다. 오늘날, 세계에서 연간 약 2억 5백만 명이 임신되고 있고, 이 중 3분의 1이 임신부가 희망하지 않는 임신이라고 한다. 이 가운데 매년 약 41백만 명의 태아가 낙태되는 것으로 추정하고 있다.

우리나라의 경우 1953년, 낙태 금지 조항이 형법에 입법화되었다. 그런데, 1960년대에 인구 증가를 억제하기 위해 산아제한 정책을 도입하여 낙태를 법으로 처벌하는 것은 흐지부지되었다. 갑작스러운 산업화에 따른 여성의 사회 진출로 남녀 간의 사회적 교류가 빈번하다 보니 성에 관한 자유분방한 의식도 낙태를 부채질하였다. 한국보건연구원의 통계가 그 사실을 입증해 주고 있다. 1960

년 약 10만 명, 1970년 314,890명, 1978년 약 1백만 명의 아기들이 낙태된 것으로 추정하고 있다. 1985년에는 기혼 여성의 약 44.2%가 낙태 경험이 있었던 것으로 조사되었다.[141] 낙태를 시술하는 일부 의사는 시술로 돈을 버는데 눈이 멀어, 산모의 상태도 물어보지 않고 시술하였다고 한다. 천벌을 받을 살인이라는 만행을 의료진이 저지르고 있었다. 낙태가 성행하고 있는데도 낙태를 시행한 의사나 임산부가 기소되어 형무소에 가는 일은 거의 없었다. 지금도 유명무실한 법으로 방치되다시피 하고 있다.

산아제한 정책이 시행되던 시기에는 정부도 피임과 낙태를 조장하고 권장하여 온 것이다. 중국의 1자녀 제한 정책도 마찬가지이다. 미국의 경우에는 1821년, 코네티컷주 정부가 낙태를 금지하는 법을 처음으로 제정하였다. 피임약 복용도 금지시켰다. 1890년경에는 미국의 모든 주 정부들이 뒤를 이었다. 이전에는 미국도 낙태가 성행하였으며 산부인과 의사들이 호황을 맞이하였다. 낙태 기술이 진전을 보았기 때문이다. 그러다가, 1920년 미국 여성인권 운동가 마거릿 생어(Margaret Sanger 1879~1966)는 가난한 여성들이 피임법을 몰라 임신 후 불법 유산으로 감염과 출혈로 인해 죽어가는 것을 수없이 목격했다. 이렇게 놔둬서는 안 되겠다고 생각한 생어는 산아제한 운동을 전개하였다. 산아제한이라는 용어는 생어가 처음 만들었다. 생어는 여성의 피임할 권리도 주장했다. 1916년 10월 16일 생어는 뉴욕에 미국 최초로 산아제한 의원을 개원하고 임신을 원치 않는 여성에게 피임하는 방법을 알려주었다. 당시에는 피임법을 알고 싶어도 의사가 가르쳐주지 않았다. 일부 주 정부에서는 피임도 금지하고 있었기 때문이다. 1921년 생어의 헌신으로 미국 산아제한연맹이 결성되었다. 1939년이 되자 의사는 무제한으로 피임법을 처방할 수 있게 되었고 낙태 금지법의 폐지를 주장하

141) 낙태와 생명윤리, 새생명사랑회 1997. P. 13.

는 여성운동의 전개도 지속적으로 전개되었다. 그래서, 1967년 콜로라도주 정부가 낙태 금지법을 먼저 폐지하였다. 그리고, 마침내 미국 연방대법원이 1973년 여성의 낙태를 헌법적 권리로 인정한 '로 앤 웨이드(Roe vs Wade)' 판결로 미국에서는 1973년에 낙태가 일부 합법화되었다.

지난 200여 년의 역사를 되돌아보면, 낙태된 태아의 정확한 통계도 없다. 다만, 전 세계에서 낙태된 태아가 수억 명이 된다고 가늠할 뿐이다. 수없이 많은 태아가 태중에서 낙태로 대량 살해되었다고 추측할 뿐이다. 그렇지만, 세상에 태어난 갓난아기도 역사상 위정자들에 의해 대량 학살된 포악한 사례가 있었다. 기원전 13세기경에 이스라엘에 기근이 들어 식량이 없자 이스라엘 사람들은 식량을 구하러 이집트로 갔다. 이집트에서 눌러살던 이스라엘 사람들의 수가 계속 증가하자 이집트 왕 파라오는 두려움에 사로잡혔다. 전쟁이 나면 이스라엘 사람들이 이집트의 교전 상대국 편에 서서 이집트를 멸망시킬 것이라고 두려워한 것이다. 그래서 이집트 임금 파라오는 이스라엘 부인들이 출산하는 남자아이는 모두 나일강에 내 던져 죽게 명령하였다(탈출 1. 22). 그런데, 왕골 상자에 담겨서 나일강에 버려진 모세는 마침 강가를 산책하던 이집트 임금 파라오의 딸에게 구출되고 양아들이 되었다(탈출 2. 1-10). 성장해서 이스라엘 사람들의 지도자가 되어 모든 이스라엘 사람들을 구출하여 이스라엘 땅으로 귀환하도록 하였다.

한편, 기원전 40년경 이스라엘의 임금 헤로데는 이스라엘의 동쪽 지방에서 온 동방박사들로부터 예수님 탄생 사실을 듣게 된다. "유다인들의 임금으로 태어나신 아기가 어디 계십니까? 우리는 동방에서 그분의 별을 보고 그분께 경배하러 왔습니다." 하고 동방박사들이 헤로데 임금에게 말하였다. 이 말을 듣고 헤로데 임금을 비롯하여 온 예루살렘이 깜짝 놀랐다. 새로운 임금이 탄생하였다는 소식에 헤로데는 왕권이 실각할 것으로 두려워하였다. 그때에 헤로데는 동방박사들을 몰래 불러 별이 나타난 시간을 정확히 알아내고서는, 그들을 아기 예수님이 태어나신 베들레헴 지방으로 보내면서 말하였다. "가서 그 아기에 관하여 잘 알아보시오. 그리고 그 아기를 찾거든 나에게 알려 주시오. 나도 가서 경배하겠소." 그러나, 동방박사들은 꿈에 헤로데에게 돌아가지 말라는 천사들의 지시를 받고, 다른 길로 자기 고장에 돌아갔다. 박사들이 돌아간 뒤, 꿈에 주님의 천사가 예수님의 양아버지 요셉에게 또 나타나서 말하였다. "일어나 아기 예수와 그 어머니를 데리고 이집트로 피신하여, 내가 너에게 일러 줄 때까지 거기에 있어라. 헤로데가 아기 예수를 찾아 죽이려고 한다." 요셉은 일어나 밤에 아기와 그 어머니를 데리고 이집트로 가서, 헤로데가 죽을 때까지 거기에 있었다. 나중에, 헤로데 임금은 동방박사들이 자기에게 말하지도 않고 자기들 나라로 간 것과 자기를 속인 것을 알고 크게 화를 내었다. 그리고 부하들을 보내어, 동방박사들에게서 들은 아기 예수님의 태어나신 시간을 기준으로, 베들레헴과 그 온 일대에 사는 두 살 이하의 사내아이들을 모조리 죽여 버렸다.

출생 배경에 대한 열등감으로 정적을 제거하는 데 빈틈없고 잔인하였던 이스라엘 왕 헤로데는 공연한 두려움과 권력 상실에 대한 우려 때문에 하느님을 거슬러 죄 없는 갓 태어난 아기들을 무지막지하게 살해하였다. 이집트 임금 파라오도 이스라엘 민족의 인구가 급속히 증가하는 것을 두려워하여 이스라엘 임산부들이 낳은 모든 사내아이를 무참히 나일강에 던져 죽이고 마는 잔인함과 비겁함을 우리는 역사 안에서 잘 알고 있다. 그런데, 이보다 더 잔인하고 무자비한 아기 살해가 바로 낙태이다. 헤로데 임금이나 파라오는 남성으로서, 아이를 낳을 수도 없고, 낳아본 경험이 없어 모성애를 모르는 데다, 천성적으로 포악무도한 사람들이었다. 그러나, 자기가 임신한 아이를 세상의 빛도 보기 전에 자궁에서 으깨어 살인하는 임산부의 낙태는 이루 말할 수 없는 죄를 짓는 것이고 무자비한 살인행위이다. 헤로데 임금이나 파라오보다 더 잔인하고 포악무도한 살인자라고 할 수 있다. 산모의 가슴, 마음과 머리에 사랑의 영혼, 절제의 영혼이 조금이라도 있다면 낙태는 시킬 수 없을 것이다. "하느님께서는 모든 사람에게 비겁함의 영을 주신 것이 아니라, 힘과 사랑과 절제의 영을 주셨기 때문이다"(2티모 1, 7). 모든 사람에게 사랑의 영혼, 절제의 영혼, 사랑의 영, 절제의 영, 따뜻한 가슴과 마음을 주셨다는 말씀이다. 따뜻한 가슴과 마음, 영혼, 영을 지닌 우리 인간이 어떻게 세상의 빛도 보지 못한 아기를 죽일 수 있단 말인가?

모든 태아는 임신되는 순간부터 생명에 대한 권리를 갖고 있다. 모든 태아는 반드시 출산되어야 한다. 그런데, 모든 태아가 반드시 출산되기 위해서는 우리나라의 지원책이 너무 부족하다. 낙태가 불법이고 천륜에 반하는 극악무도한 살인행위라는 교육도 아직 부족한 실정이다. 가정과 초, 중 고등학교에서 '사랑을 잘하는 방법'과 더불어 인간 생명을 책임지고 임신과 출산을 긍정적으로 인식하도록 만들어 주는 성교육이 너무 미흡하다. 성교육을 가르치는 일부 선생들조차도, 마치 출산하는 새로운 신생아는 짐이라거나 임신과 출산은 피해야 할 일처럼 인식하고 있는 경향도 점점 더해가고 있어 심각한 문제의 하나이다. 우리 사회가 져야 할 책임도 너무 크다. 출산에 따른 주거문제, 양육, 교육 등 해결해야 할 문제가 산적해 있는 것도 사실이다. 그러다 보니, 중고등학생 시절부터 생명에 대한 부정적인 인식을 심어주는 경향도 우리 사회에 만연되어 있다.

실제로 생명인권학부모연합에서 '교과서의 성적지향, 젠더, 섹슈얼리티, 피임 등 교육의 문제점 개선을 위한 방안'을 주제로 주최한 토론회에서 토론 참가자들은 우리나라의 성교육이 피임만 하면 마치 남녀 중학생이 성관계를 해도 된다는 식으로 이뤄지고 있다며, 이러한 "학교 교육은 자녀들의 건전한 성에 관한 가치관을 무너뜨릴 뿐만 아니라 자녀들의 미래도 불행하게 만드는 교육이기 때문에 학부모로서 가슴이 무너진다"고 말했다. 현행 중학교와 고등학교 기술, 가정, 윤리, 도덕, 보건 과목 교과서를 분석한 결과, 질외 사정법과 사후피임약(조기 낙태약)을 자세히 가르치는 등 학생들의 성관계를 보편화하거나 성관계에 대한 책임을 회피하기 위한 방법들을 나열하고 있어서 학생들에게 심각한 피해를 줄 수도 있다. 그러므로, 우리나라의 성교육을 건전한 방향으로 재검토하고 장기적인 계획하에 개선해야만 한다.

여성가족부가 2020. 9월 초 초등학교 성교육 교재로 선정된 책 한 권이 논란이 된 적이 있었다. 학부모들은 물론이고 성교육 전문가들 사이에 갑론을박을 쏟아지게 한 책이었다. 초등학교에 추천한 성 평등 도서 목록에 포함된 덴마크 그림책 『아기는 어떻게 태어날까(삽화)』를 보면 "아빠랑 엄마는 서로 사랑한단다. 그래서 뽀뽀도 하지. 아빠 고추가 커지면서 번쩍 솟아올라. 두 사람은 고추를 질에 넣고 싶어져. 재미있거든." 이 책은 "초등학생에게 조기 성애화 우려까지 있는 노골적 표현이 있다"는 지적과 함께 많은 논란을 야기하여 회수되기는 했어도, 아직도 전문가들 사이에서 내용의 적절성을 놓고 시비가 종결된 것은 아니다. 그 밖에도 아이들의 성인지 감수성을 키우는 등 균형 잡힌 성교육에 도움이 될지 여부를 놓고 찬반이 엇갈리는 도서들이 많은 실정이다. 일부 책들은 초등학생들에게 배포된 것은 아니지만, 성기나 임신에 이르는 과정을 삽화 등 직접적으로 묘사해 논란을 빚었고 아직도 부적절한 내용이 많은 실정이다.

앞으로 개방적 성교육 교재에는 무엇보다 우리나라의 문화적 배경에 대한 고려도 해야 좋을 것 같다. 전문가들의 신중한 접근과 연구가 더 필요해 보인다. "부부간의 육체 결합이 단순히 좋아서, 쾌락을 느끼고 싶어서가 아니라, 자신을 내어주고, 희생하고, 극기하고, 절제하고, 정화하고, 책임져야 한다는 것을 중시하고, 그 이유와 근거를 논리적으로 교육하여야 한다."

성(性)은 사랑과 생명에 서로 직접적으로 상호 연결되어 있다. 모든 삶에 영향을 미친다. 그러므로, 성(性)의 가치와 아름다움에 대한 종합적이고도 합리적인 사고를 할 수 있도록 도와주는 교육이 이뤄져야 한다. 특히, 성(性)에 대한 인격적인 이해는 품위 있는 인격적 성장, 자아실현, 행복 추구와 연결되어 있다. 성교육이 시행된 다음에 '똑소리 나게 사랑을 하는 방법'도 청소년들에게 가르쳐야 한다. 청소년들이 극기, 절제, 정화, 성숙 과정을 거치는 긴 안목의 사랑의 의미, 행복하게 사랑을 시작하는 방법, 혼전 순결, 행복한 결혼생활에 관한 방법 등을 배워야 한다. 성교육을 받고 '똑소리 나게 사랑을 하는 방법'을 배운 다음 인격적 차원의 성생활을 하는 방법을 청소년들이 배울 수 있게 하여 행복한 결혼생활과 품위 있는 인격 형성을 돕는 종합 교육이 되어야 한다. 가정에서 그리고 초등학교 때부터 인간의 성과 생리에 대해 철저히 가르치고 올바른 윤리관을 심어줌으로써 성을 쾌락의 대상도 되지만, 더 중요한 것은 하느님 뜻에 따라 남녀가 가정을 이루고 자녀를 출산하고 양육하는 건전하고 성스러운 행위라는 사실을 교육시키는 것이 중요하다. 낙태죄 헌법 불합치 결정으로 우리 사회는 그 어느 때보다도 충격적인 낙태의 위기를 맞이하고 있다. 따라서, 모든 임산부의 임신 유지와 출산을 돕고, 양육이 어려운 긴박한 상황에 처한 임산부들의 낙태를 막으려면 정부, 종교단체, 시민단체 등의 전폭적이고도 풍족한 재정적 지원 등이 이뤄져야 한다. 하지만, 임신과 출산 사실의 노출 자체를 두려워하는 일부 임산부들의 경우에는 지원만으론 낙태 문제를 해결할 수 없으므로 다양한 대책이 강구되어야 한다.

우리나라도 초기에는 낙태 반대 운동이 조직적으로 이뤄졌었다. 최초의 낙태 반대 운동은 1994. 4. 26 '새생명사랑회, 목산교회, 한국누가회, 기독교실천윤리운동(기윤실)' 등이 공동으로 낙태반대운동연합(낙반연, 대표 김일수)을 결성하여 낙태

근절을 위한 운동을 전개한 것이 시초이다.[142] 미래의 낙태 반대 운동은 종교단체가 연합해서 우선 당장 낙태 근절을 쉽게 실천할 수 있는 방안을 마련하는 것이 좋다. 시민단체의 조직적인 지원도 절실히 필요한 실정이다. 앞으로 프로라이프(Pro-Life, Right to life) 여성 단체가 더 많이 조직되어서 임신된 태아는 모두 태어나서 인간으로서 하느님의 축복을 받으면서 태어나고 성장하기를 간절히 희망해 본다. 그 희망이 꼭 이루어지리라고 믿고 있다. 모든 임산부나 가임 여성이 "나는 낙태할 권리가 있다"고 주장해서는 안 되며, 새로운 생명이 얼마나 소중한지를 심각하게 고려하도록 어려서부터 가정에서 교육이 되어야 한다. 다음으로 정부와 종교단체가 적극 도움을 주고 교육도 병행해야 한다. 그러나, 우리 사회 전반의 컨센서스는 지금은 그렇지 않다. 그래서 우리 사회가 병들어 가고 있는 것이다. 따라서, 정부와 종교단체와 사회단체가 발 벗고 나서야 한다. '새로운 생명 문화 지원 방안'을 만들도록 핵심 역량을 집중해야 사회 안전망을 건전하고 튼튼하게 구축할 수 있다.

정부, 종교단체, 사회단체가 공동으로 (a) 비밀 출산제도의 활성화, (b) 의료진에 대한 윤리적 교육, (c) 의료진의 낙태 거부권 보장, (d) 낙태를 전제로 하는 유전자 검사의 금지 등 종합적인 대책을 마련해야 한다. 예를 들면, 의사가 낙태 시술 거부뿐 아니라 낙태를 위한 약물 처방과 판매 등 낙태와 관련된 어떤 절차에도 참여하지 않도록 입법 조치를 강구하여야 한다. 모든 산부인과 의사들이 "저는 낙태 시술을 절대로 할 수 없습니다. 도저히, 태아의 생명을, 제 손으로 지울 수 없습니다. 저는 낙태로 세상의 빛을 보지도 못한 태아를 살해할 수 없습니다. 제가 산부인과 의사라서 낙태 시술을 당연히 해야 하는 시술이라면 저는 산부인과 의사의 길을 접고 포기하겠습니다."라는 양심선언을 하도록 종교단체가 앞장

---

142) 국내 기독교 생명윤리 현황과 전망. 저자 박상은.

서서 입법을 청원하고 범사회적인 운동을 펼쳐서 우리 사회의 분위기를 원점에서 100% 바꿔야 한다.[143]

4) 소년, 소녀 범죄의 심각성

2018년 우리나라 소년, 소녀 범죄자 전체 6만 2,120명 중 남자 소년범 5만 1,241명(82.5%), 여자 소년범(17.5%)도 남자의 5분의 1 수준인 1만 879명이었다. 실제로 기소되지 않은 소년 소녀를 포함하면 실제 범죄 발생 전체 건수는 기소된 6만 2,120명의 약 3배에 달하는 20만 명 내외가 될 것으로 전문가들은 보고 있다.

범행에 이르게 된 환경과 원인을 보면 (a) 어려서부터 계모나 친부모 등으로부터 아동 학대를 경험한 청소년 (b) 결손 가정 등 부모의 사랑과 애정을 받지 못한 경우 (c) 맞벌이 부부 자녀에게서 많이 나타나는 현상인데, 부부가 직장에서 대부분의 시간을 보내고, 귀가하면 서로 피곤하다고 자녀들에게 주의 깊은 관심을 보이지 못하니까, 이런 가정의 자녀들이 스마트폰이나 게임, 영화에 나오는 폭력 장면, 성관계 동영상 등에 쉽게 노출되어서 폭력물이나 성폭력 내용이 담긴 내용물에 중독이 된 경우 (d) 품행이 방정하지 못한 친구들하고 어울려 쉽게 범행에 빠져든 청소년 (e) 이혼 가정, 부모 갈등이 심한 가정, 부모의 폭력이 난무하는 가정 등에서의 진정성이나 애정이 없는 돌봄을 경험하였거나 참사랑을 받지 못한 청소년 (f) 사랑의 온도를 온도계로 측정할 수 없는 가정 등 가정으로서의 역할 부재 속에 성장한 청소년 등이 가출한 경우가 주요 원인이 되는 것으

---

143) 2019. 4. 12. 청와대 국민청원 게시판에 올라온 한 산부인과 의사의 글 일부.

로 나타났다.

미국에서의 청소년 총기사고의 범행 동기를 보면 조용한 외톨이(Loner)로 불리는 청소년들이 내성적인 나머지 학교나 지역사회에서 대인관계를 형성하지 못하고 고립된 생활을 한 것으로 드러났다. 이들 청소년은 가족 관계도 원만하지 못했던 것으로 드러났다. 가정에서도 학교에서도 왕따를 당하는 외톨이가 많았는데 충동적으로 범행을 저지르는 것으로 나타났고 일부는 정신적 질환을 앓았던 것으로 조사되었다.

우리나라에서의 청소년 범행 동기를 보면 소년 대부분은 또래 그룹에서 자신의 존재감을 확인받으려고 비행을 저질렀지만, 소녀들은 친밀함을 갈구하다 유혹에 빠져 범죄의 늪에 빠진 경우가 많았다. 소년들은 힘과 돈으로 또래 사이의 우열을 정했고, 소녀의 성(性)은 범죄의 미끼로 이용됐다. 여자 소년범들은 어려서부터 가정과 학교에서 학대를 당하고 가출한 10대들이 주류를 이뤘다. 가출한 10대 소녀들이 돈을 벌기 위해 소위 택하는 조건만남 사기(성 매수남을 부른 뒤 돈만 빼앗는 짓) 같은 범죄를 저지를 때 소년들은 성 매수 아저씨와 좋은 관계를 맺어 주겠다며 소녀들을 끌어들였다. 이를 모방해 소녀가 더 어린 소녀를 꾀어 비슷한 범죄를 저질렀다. 소녀들의 세계는 성매매 경험을 기준으로 강자와 약자가 나뉘었다. 폭행과 사기를 저지른 소녀들은 성매매를 했던 소녀들을 하대하고 차별했다. 타의로 친구들의 유혹의 덫에 걸리거나 꼬임에 빠져 성범죄에 가담한 소녀들은 약육강식이 지배하는 소년과 소녀 범죄 생태계의 최 약자였다.

부모로부터 사랑을 받고 성장하는 아이들의 범행 가담률은 극히 적은 것으로 나타났다. 가족들이 서로 사랑으로 맺어져 사랑을 받고 성장하는 아이들로 성장해야 하는데 사회악의 악순환 고리 속에서 성장하는 청소년이 의외로 많아 너무 가슴 아프기만 하다. 성장기에 있는 청소년의 마음은 사랑의 명약, 사랑의 보약,

사랑의 레시피로만 사로잡을 수 있는 것이다. 가족들이 서로 오랜 기간 사랑으로 자녀들을 따뜻하게 품어주고 사랑으로 돌봐주고, 인내로 자녀들을 기다려주어야 한다. 사춘기는 물론, 성장기에 있는 청소년의 마음을 항상 잘 이해하려고 노력하고, 안아주고 좀 더 환하게 웃어줘야 한다. 그러면 성장기에 있는 청소년의 마음에 비행을 저지르려는 마음은 도망치고, 그들 마음 안에 '사랑이라는 생명이' 용솟음치고 우리 사회는 사회악의 악순환에서 사랑의 선순환이 이뤄지는 사랑의 공동체로 탈바꿈될 것이다.

따라서, 정부와 모든 종파의 청소년 담당 봉사자들과 관계자들은 합심하여 소년, 소녀의 범행 차이를 이해하고, 이에 따른 대책을 구체적으로 마련해야 비행을 예방할 수 있을 것이다. 예를 들면, 범죄자로 낙인찍는 손가락질보다 재발 방지 교육을 하되 우리 사회가 더 책임을 떠맡는 방안을 구체적으로 만들어야 한다. 지금, 우리나라의 중앙 정부도 업무가 각 부처에 혼재되어 있다. 그러므로, 소년, 소녀의 범행 방지와 대책 마련을 위한 정부 부처의 컨트롤 타워 마련, 아동 보호 치료시설의 합리적 운영, 초범자의 경우 사회복지사, 정신과 의사, 지방자치단체 관계자가 협력체계를 갖춰 동시에 상담하고 치유해 주는 등 구체적인 종합 대책을 마련해야 한다. 그 대책 마련을 촉구하는 몫이 모든 종파의 종교단체 몫이 되고 있다. 따라서, 종교단체가 그 치유의 역할과 분담이라는 한 축을 성실하게 맡아야 한다.

5) 남녀 사랑의 에로스는 절제되고 정화되어야 한다

베네딕토 16세 전임 교황의 '사랑의 회칙'을 바탕으로 남녀 간에 어떻게 사랑을 나눠야 하는지 살펴보겠다. 에로스는 사랑을 나누는 남녀에게 단순히 순간적 쾌락만을 주는 것이 아니다. 그런데, 가출한 청소년, 결손 가정 청소년들의 대다수가 결혼이라는 합법적인 과정을 거치지 않고 순간적 쾌락만을 위해 육체 결합을 쉽게 갖는 경향이 농후하다. 그들은 성욕을 만족시키고 나면, 사랑의 가면으로 가려진 너울과 가면에서 쉽게 빠져나오게 된다. 일부 남녀는 뒤늦게나마 그들이 강렬하게 열망했던 사랑이 순간적 쾌락에 불과함을 알고 실의에 빠지고 실망할 수도 있다.

왜냐하면, "사랑은 수프와 같은 것, 처음 한 입은 뜨거우나 다음부터는 점차 식어간다."는 스페인속담과 같이 사랑의 정열은 식어가는데, 특히 결혼이라는 합법적인 과정을 거치지 않는 사랑은 더욱 쉽게 얼음장과 같이 싸늘하게 식어갈 수 있음을 알아야 한다. 그러므로, 부부가 되었든 청춘 남녀가 되었든 사랑이 항상 뜨거운 수프가 되도록 노력해야 한다.[144]

그 노력이라는 것이 서로 참고, 격려하고, 존경하고, 배려하고, 모든 장점은 살려주고, 단점과 약점, 실수를 덮어주고 화를 내지 않고, 교만하지 않은 것 등이다. 예를 들면, 화를 내면 배우자에게 많은 상처만 준다. 화를 내는 자신도 큰 상처를 입게 된다. 사랑의 실천 노력이 있어야 수프는 식을 줄을 모르고 항상 뜨겁게 먹을 수 있다.

사랑의 수프가 식지 않게 '아름다운 사랑의 조각가가 되어야 하고, 심미안과 혜안을 가진 사랑의 설계사가 되어야 하며, 사랑이 담긴 유머와 용인술(容認術)로 애정 어린 대화를 할 줄 아는 사랑의 웅변가가 되어야 하고, 지치지 않고 사랑을 선순환시키는 사랑의 건축가'가 되어야 한다. 그래야, 사랑이 식을 줄을 모르고,

---

144) Love is like soup, the first mouthful is very hot, and the ones that follow become gradually cooler.

평생 선종할 때까지 사랑의 선순환이 이뤄진다. 사랑의 선순환이 이뤄지면 사랑은 동맥경화를 일으킬 줄도 모르며, 사랑하는 부부나 청춘 남녀가 서로 모든 것을 참고 기다려 줄 수 있게 된다. "사랑은 친절합니다. 사랑은 시기하지 않고 뽐내지 않으며 교만하지 않습니다. 사랑은 무례하지 않고 자기 이익을 추구하지 않으며 성을 내지 않고 앙심을 품지 않습니다. 사랑은 불의에 기뻐하지 않고 진실을 두고 함께 기뻐합니다. 사랑은 모든 것을 덮어주고 모든 것을 믿으며 모든 것을 바라고 모든 것을 견디어 냅니다. 사랑은 언제까지나 스러지지 않습니다(고린도 전서 또는1코린 13, 4-8)." 이 말씀보다 더 아름답게 사랑을 식지 않게 하는 표현은 없다.

바울(또는 바오로 St. Paul) 사도는 이 사랑의 찬가에서 사랑은 언제나 단순한 활동 이상의 것이라고 가르쳤다. "내가 모든 재산을 나누어 주고 내 몸까지 자랑스럽게 넘겨준다 하여도 나에게 사랑이 없으면 나에게는 아무 소용이 없다"고 하였다. 이 사랑의 찬가가 모든 가정, 직장 등 사회 공동체는 물론 사회의 어두운 골목에서 배회하고 방황하는 청소년들의 '사랑의 대헌장'이 되어야 한다.

남녀 간의 에로스 사랑은 사랑의 찬가와 같이 삶의 절정, 곧 인간의 온 존재가 열망하는 영원한 행복, 지복 중의 지복(至福)을 어느 정도 맛보게 해 주어야 한다. 그러려면 에로스는 평생을 두고 끊임없이 극기하고, 절제되고 정화되고 성숙하는 과정을 거쳐야 한다. 이 과정을 잘 거칠 때, 에로스 사랑은 무한한 사랑과 영원한 사랑을 약속한다. 사랑은 우리 일상의 삶보다 훨씬 더 위대하다. 그래서, 우리는 단순히 본능에 따르는 것만이 이러한 목표에 도달하는 길이 아니라는 것도 알고 있다. 사랑은 극기, 절제, 정화, 성숙이 요구되고, 때로는 양보하고, 자신을 포기하고 용서하는 과정을 거쳐야 한다. 이런 일련의 과정들은 에로스를 거부하기보다는 에로스를 치유하고 그 진정한 에로스의 위대함을 회복시켜 준다. 우리는 에로스를 완전히 그 자체인 에로스가 되게 하는 방법, 말 그대로 에로스가 진정한 사랑이 되게 하는 극기, 절제, 정화, 성숙의 과정에 대하여 알아보겠다.

이는 무엇보다도 먼저 인간이 육체와 영혼으로 이루어진 존재라는 사실에서 기인한다. 인간은 육체와 흠 없는 영혼이 긴밀히 일치될 때에 진정한 그 자신이 된다. 이러한 일치가 이루어질 때에 에로스의 부정적 도전은 진정으로 극복된다고 할 수 있다. 인간이 순전히 영적인 존재가 되기만을 갈망하고 육체를 단지 인간의 동물적 본능에 속하는 것으로 여긴다면, 영혼과 육체 모두 그 존엄성과 정체성을 잃어버리게 되는 것은 당연하다. 반대로, 인간이 영혼을 거부하고 물질, 곧 육체를 유일한 실제로 여긴다면, 마찬가지로 인간은 인간의 위대함을 잃어버리게 될 것이다. 사랑하는 것은 영혼만도 아니요, 육체만도 아니고, 사랑하는 것은 바로 사랑하는 사람의 육체와 영혼으로 이루어진 통합된 피조물, 곧 사랑하는 사람이기 때문이다. 육체와 영혼의 두 차원이 진정으로 순수한 사랑으로 일치될 때에 비로소 인간은 온전한 상태에 이르는 것이다. 그럴 때만이 곧 에로스는 성숙하여 그 진정한 위대함에 도달할 수 있는 것이고 완전한 사랑을 나눌 수 있는 것이다.

과거에는 그리스도교가 '육적인 것' 하면 무조건 부정적 견해를 견지해 왔다. '육적인 것'은 거룩하지도 않고 신성하지 않은 것으로 치부해 왔다. 육체에 적대적이었다는 비판을 자주 하여 그런 오류를 범한 것은 사실이다. 그러나 오늘날 성의 상품화, 성의 노예화, 매춘, 성폭력 등을 통해 육체를 성의 도구로 하는 방식은 크게 잘못된 것이고 죄악이다. 오늘날 일부 사람들은 에로스를 단순히 성으로 전락하여 상품화하는 것으로 여겼고 또, 그런 행동들을 보여 왔다. 에로스를 사고파는 단순한 물건으로 인식하였으며, 더 나아가 인간 자신도 상품화를 시키고 있다. 이것은 육체와 성을 단순히 마음대로 무절제하게 사용하고 착취하고 있기 때문이다. 인간은 자신의 육체를 자신의 영혼을 극기하고, 절제하며, 정화하고, 성숙시키는 개념으로 보는 것이 아니라, 마음대로 즐기고, 내맡겨도 전혀 문제가 없는 것으로 여기는 잘못을 죄의식 없이 즐겨왔다. 여기에서 우리는 육체의 타락을 살펴보아야 한다. 인간의 육체가 성의 노리갯감이 되면 육체는 더 이상 우리 존재의 총체적 자유 안에 통합되어 있지 않으며, 우리의 전 존재를 생생하게 드러내지도 못하고 불행하게도 순전히 생물학적 차원으로 전락해 버리고 만다. 반대로, 그리스도교 신앙은 언제나 인간을 이원성 안의 일치로, 곧 영혼과 육체가 하나로 융합되고 그리하여 영혼과 육체가 모두 새로운 고귀함에 이르게 되는 하나의 실제로 보아 왔다. 에로스는 황홀경의 상태에서 하느님에게로 올라가고, 우리 자신을 초월하게 하는 경향이 있는 것도 사실이다. 바로 그러한 이유 때문에 에로스는 극기, 절제, 정화, 치유, 성숙의 과정이 절대로 필요하다. 구체적으로, 이와 같은 과정은 하느님 뜻에 맞게 사랑을 실천하는 것이다.

여기에서 우리는 신비주의자들에게 알려진 성경의 아가서에서 가장 으뜸가는 중요한 사랑의 표지를 발견할 수 있다. 오늘날 일반적으로 받아들여지는 해석에 따르면, 성경의 아가서에 담긴 시들은 본래 유다인의 혼인 잔치를 위해 만들어진 연가였으며, 부부 사랑을 드높이려는 것이었다. 이러한 배경에서, 아가서에서 사랑을 지칭하는 두 가지 다른 히브리어가 사용되고 있다는 사실을 알면 매우 도움이 될 것이다. 먼저, ‘도딤(dodim)’이라는 말이 사용되고 있다. 이 말은 아직 불안정하고 불확실하며 찾아 헤매는 사랑을 나타내는 복수형이다. 이 말은 곧 아하바(ahaba)라는 말로 바뀐다. 그리스어 구약 성경에서는 이 말을 그와 비슷한 발음의 아가페로 옮겨 번역하였다. 아가페는 성경에서 사랑의 개념을 나타내는 전형적인 표현이다. '찾아 헤매는' 불확실한 사랑과 대조적으로, 이 말은 이전에 풍미하였던 이기적 사랑을 뛰어넘어 다른 사람을 참되게 발견하는 진정한 참사랑의 체험을 드러낸다. 사랑은 이제 다른 사람을 염려하고 배려하고, 존경하고, 존중해주는 것이다. 사랑은 더 이상 찾아 헤매는 사랑을 하는 것도 아니고 행복의 도취, 사랑의 도취, 단순히 말초적인 쾌락에 빠지는 것만도 아니다. 오히려 그것은 사랑하는 사람의 행복을 찾고 찾아주는 것이며 사랑하는 사람을 위해 어떻게 봉사하고, 무엇을 해 줄 것인가를 스스로 찾아내는 것이다. 그래서 아가페 사랑은 이기적인 사랑의 포기가 되는 것이다. 희생하겠다는 각오이고 포기가 되는 것이다. 참사랑, 완전한 사랑은 바로 그 희생을 찾아 나서는 것이다.

사랑은 더 높은 차원으로 성장하고 내적으로 정화해 가는 과정에서 완전한 사랑, 결정적인 사랑으로 익어가고 성숙된다. 남녀 간의 결정적인 사랑이란 두 가지 의미, 곧(오로지 나에게는 평생 이 사람뿐이라는) 배타적인 의미와 영원한 사랑이라는 의미를 지닌다. 하느님께서 맺어 주신 사랑이기에 영원한 사랑이고 완전한 사랑이다. 사랑은 시간을 비롯한 온 삶을 끌어안는다. 그럴 수밖에 없는 것이, 사랑의 약속은 궁극적인 것을 바라보기 때문이다. 곧 사랑은 영원을 바라보는 것이다. 그래서 남녀 간의 사랑은 참으로 황홀경한 것이다. 처음 사랑을 느끼고, 사랑에 취하는 도취 순간의 황홀경이 아니라, 자기만을 찾는 닫힌 자아에서 끊임없이 벗어나 자기를 상대방 청춘 남녀나 배우자에게 내어줌으로써 자아를 해방시키고, 그리하여 진정한 자아를 발견하고, 참으로 궁극적으로는 하느님을 발견하는 것이다. 이와 같은 발견의 과정이 남녀 간의 참으로 사랑의 여정인 황홀경이다.

세속적인 사랑을 가리키는 낱말인 에로스와 신앙 안에 뿌리를 박고 신앙으로 형성되는 사랑을 드러내는 아가페 사랑을 보다 더 쉽게 설명하면, 에로스는 '올라가는 사랑, 가지려는 사랑, 탐욕의 사랑'이라 할 수 있다. 이에 대비되는 아가페 사랑은 '내려오는 사랑, 내어주는 사랑, 호의의 사랑'이라고 할 수 있다.

철학적, 신학적 토론이나 논문에서, 이러한 구분들은 종종 서로 명확히 대립될 정도로 극단으로 치달았다. 내려오는 사랑, 내어주는 사랑, 호의의 사랑, 곧 아가페는 그리스도교 복음에서 말하는 사랑의 전형인 반면에, 올라가는 사랑, 가지려는 사랑, 탐욕적인 사랑, 곧 에로스는 비 그리스도교 문화, 특히 그리스 문화에서 크게 발전한 사랑의 전형이다.

그럼에도 불구하고 에로스와 아가페는 결코 완전히 분리될 수 없다. 서로 다른 측면의 이 두 사랑은 그 원천인 뿌리가 하나이기 때문이다. 이 사랑의 동일한 실제 안에서 에로스와 아가페가 올바르게 일치하면 할수록, 일반적으로 사랑의 참된 본성은 그만큼 더 잘 실현되기 때문이다.

남녀 간의 사랑, 에로스의 속성을 보면, 처음에 남녀가 사랑할 때는 대부분 순수한 사랑의 감정과 마음으로 커다란 행복을 약속하는 순수한 사랑에서 탐욕적이고 올라가는 사랑으로 발전하게 된다. 그런데, 남녀가 상대방에게 참사랑과 완전한 사랑으로 다가갈수록, 자신에 대한 관심은 점점 줄어들고, 상대방의 행복은 더욱더 추구하게 된다. 사랑하는 사람을 점점 더 염려하고, 자신을 내어주며, 다른 사람을 위하여 존재하기를 바라기 때문이다. 그리하여 아가페의 요소가 이 사랑 안에 들어가게 되는 것이다.

아가페 사랑의 요소가 에로스에 들어가지 않으면, 에로스는 타락하여 그 고유의 본성조차 잃어버리기 때문이다. 다른 한편, 인간은 내려오는 사랑, 주는 사랑만으로는 살 수 없는 것도 사실이다. 인간은 언제나 줄 수만은 없으며, 받기도 하여야 한다. 사랑을 주고 싶어 하는 사람이라면 사랑을 선물로 받기도 하여야 한다. 주님께서 말씀하시듯이, 분명히 인간은 생수의 강물이 흘러나오는 샘이 될 수 있다(요한 7, 37-38). 그러나 그러한 샘이 되려면 그 원천에서 흘러나오는 생수, 주님께서 주시는 생수, 새로운 물을 끊임없이 마셔야 한다(요한 4, 10). 영원히 마르지 않는 성령의 은총과 주님의 성혈을 받아 마셔야 한다. 그 샘의 원천은 다름 아닌 예수 그리스도이시며, 창에 찔린 그분의 심장에서는 하느님의 사랑이 흘러 나오기 때문이다(요한 19, 34).

근본적으로, 사랑은 서로 다른 차원을 가졌지만 완벽한 하나의 실재이다. 그래서 에로스와 아가페는 같은 뿌리에서 나왔다고 하는 것이다. 때로는 두 개의 다른 차원이 환경과 상황에 따라 더 명확히 드러날 수도 있다. 그러나 이 두 차원이 서로 완전히 분리될 때, 기묘한 모습이 되거나 가장 빈약하거나 타락한 형태의 사랑으로 전락한다. 결론적으로 볼 때 사랑은 인간의 원초적인 모습과 다른 대립 세계나 평행 세계를 세우는 것이 아니라 인간의 존재 전체를 겸허히 받아들이는 것이다.

하느님께서는 (a) 청춘 남녀가 신앙생활을 통해 사랑할 때, (b) 부부가 결혼생활을 하며 사랑할 때, 그 과정에 개입하여 그 사랑을 정화시켜 주시고 동시에 인간에게 더 행복한 새로운 삶을 선물로 주신다. 사랑의 이 새로움과 선물은 복음화를 통해서 복음에 따라 사는 우리 인간의 모습 안에서 주로 드러난다.[145]

6) 청춘 남녀는 3C 사랑을 하여야 한다

사랑에 빠진 청춘 남녀가 육체의 결합으로 성욕을 채우고 나면 마음이 변하기 쉽다. 육체의 결합 전에는 사랑의 미혹(迷惑)에 홀려 제정신을 차리지 못하고 사랑의 열병에 걸려있어서, 그녀의 사랑이 없으면 미칠 것 같고, 마치 죽을 것 같이 생각되었는데, 육체의 결합 이후에는 사랑이 변하기 쉽다. 육체의 결합으로 성

---

145) 베네딕토 16세 전임 교황의 "사랑의 회칙"을 요점만 요약한 것임.

욕을 채우고 나면 사랑의 육체적 쾌락이 별 것 아니구나 치부하고, 다른 이성에게 눈을 주는 경우도 있다. 동서고금을 보더라도 남자는 육체 결합을 하고 나면 여자에 대한 사랑의 열정이 감소된다. 반면에 여자는 육체 결합을 하고 나면 남자에 대한 사랑의 열정이 증가하고, 그 남자를 평생의 반려자로 생각하고 일편단심 민들레 사랑을 하게 된다.

그런데, 남자는 본능적으로 끊임없이 성적 능력을 과시하고 많은 여성을 상대로 성욕을 채우려고 하는 본능이 있다. 한편, 여자는 오직 한 남자를 통해 사랑을 키워나가려고 하는 본능이 있다. 그러므로, 여자의 운명은 대부분 언제(When), 어느 장소에서(Where), 누구와(Whom) 처음에 섹스를 하는가에 따라 운명이 결정될 수도 있다. 합법적인 결혼 과정 없이 최초의 성관계를 잘못 가지면, 낙태도 유발하고, 영아 살해 등 많은 사회악의 단초가 될 수 있기 때문이다. 여자의 삶은 처음 성관계를 하는 순간 엄청난 변화를 맞게 된다. 섹스를 하기 전에는 임신과 아무 상관이 없지만, 성관계를 하면 임신을 하게 되고, 새로운 운명이 펼쳐지기 때문이다. 그래서 여자는 처음 성관계를 가질 때 남자보다 더 민감한 반응을 보이게 되어 있다. 그래서, 옛날부터, 언제(When), 어느 장소에서(Where), 누구와(Whom) 섹스를 하는가에 따라 운명이 결정된다고 말해 왔던 것이다. 더구나, 하느님께서 원하시는 것은 결혼을 약속한 예비부부라 해도 반드시 혼전 순결은 지켜야 하는 것이다.

인간의 본능인 섹스를 "아이를 출산하여, 주님께서 이룩하신 태초의 창조사업에 동참하고, 지속 가능한 행복한 결혼생활의 원동력으로, 그리고 무엇보다 마르지 않으며 항상 용솟음치는 사랑의 샘으로서 지혜롭게, 자연스럽게 다루어야 한다. 그래야 창조적인 사랑이 된다. 동식물은 물론이고 인간의 출생인 출산도 사랑의 창조다. 사랑의 씨앗을 뿌리고, 싹 틔우고 물주고, 비료를 주고, 잡초를 제거해 주듯이 평생 성실하게 정성껏 가꾸고, 아껴주고, 다툼을 해결하고, 이해하고, 용서하고 돌보는 노력을 해야 사랑의 씨앗을 뿌려 사랑의 열매로 거둘 수 있다."

왜냐하면, 서로 사랑하고 살아가면서, 불가능하다고 생각했던 것도 서로 진실된 사랑으로 결속이 되었다면, 사랑의 힘으로 기적을 만들어 낼 수 있기 때문이다. '사랑의 설계사, 사랑의 건축가, 사랑의 조각가, 사랑의 웅변가'가 되어, 사랑의 감동과 사랑의 기적을 일구고, 기쁨과 행복, 감동으로 웃음이 넘치는 사랑을 평생 지속하려면, 3C 사랑을 하는 사랑의 기술이 되어야 한다. 3C 사랑은 지속 가능하고(Consistent), 변함이 없으며(Constant), 배려와 관심 등이 한결같은(Continue) 사랑의 기술을 말한다. 심리학자 에리히 프롬(Erich Seligmann Fromm)도 사랑의 창조적 능력을 배려와 관심이라고 하면서 배우고 발전시켜 나갈 수 있는 기술이라고 하였다.[146]

사랑도 잘하고, 결혼도 잘하고, 행복한 삶을 살아가기 위해서는 치밀한 아이디어와 전략이 필요하다. 역사 이래 사랑의 본질, 사랑의 기술, 사랑의 속성도 모른 채 결혼해서 파국을 맞은 사례를 우리는 수없이 많이 보아 왔고, 알고 있다.

그래서 사랑을 창조적 기술이라고 한다. 사랑이 기술이다. 이공계 공과대학에 재학하는 대학생들이나 대학원생들이 배우는 기술과 사랑의 기술은 속성이 같다. 그러므로, 건축 설계도를 읽을 줄 모르는 사람이 어떻게 100층짜리 대형 빌딩을 건축할 수 있겠으며, 조선 기술을 모르는 기술자가 어떻게 대형 10만 톤 규모의 LNG 운반선을 만들 수 있겠는가? 마찬가지로 사랑의 기술을 모르는 선남

---

146) Fromm presents love as a skill that can be taught and developed, rejecting the idea of loving as something magical and mysterious that cannot be analyzed and explained. He is therefore skeptical about popular ideas such as "falling in love or being helpless in the face of love.

선녀는 행복한 사랑, 축복받는 사랑을 일궈낼 수가 없는 것이다. 과거의 역사를 보더라도 사랑의 기술도 모르면서 엄청난 희망과 기대로 사랑을 하고 결혼을 하였다가 실패로 끝나고 마는 사례는 너무나 많았기 때문이다. 연애를 하면서 눈에 낀 콩깍지가 하나둘 떨어져 나가고, 사랑하는 여자가 천사가 아니고 평범한 여자요, 스펙을 꼼꼼히 살펴보니 특출한 것이 아니라고 깨닫게 되면 사랑이 이미 식어가고 있음을 알아차려야 한다. 그래서, 사랑에 빠진 청춘 남녀가 사랑이 식어갈 때, 그 식어가는 사랑을 평생 지속 가능한 사랑으로 만드는 사랑의 창조적 기술은, 3C 사랑을 기초로 '결혼생활을 행복하게, 똑소리 나게, 상큼하게 하는 방법'이 될 것이다.

7) 혼전 성관계

남녀의 육체 결합은 하느님께서 인간을 창조하시고 인간에게 주신 신비롭고 아름다운 선물이요 은총이다. 남녀의 성관계는 결혼한 부부가 서로 사랑하고, 성욕을 하느님 뜻에 맞게 나눔으로써 자녀를 출산하고 교육하여 성가정 공동체를 이루도록 하는 데 목적이 있다.

그런데, 사랑하는 남녀가 정식으로 부부가 되기 전에 혼전 성관계로 사랑의 확인을 요구한다면 이것은 부부가 될 사람의 진정한 사랑이 아니다. 참사랑이나 완전한 사랑을 이루는 것도 물론 아니요, 하느님 보시기에 성욕을 채우는 이기적인 소유욕과 불순한 성욕의 분출로밖에 볼 수 없다. 혼전 성관계는 사랑이 그 완전한 열매를 맺는데 필요한 '극기, 절제, 예의, 치유, 정화, 성숙' 과정 등 사랑의 필수 과정이 완전히 결여된 단순 에로스에 지나지 않는다. 단지, 성적 충동에 의해 성욕을 채우려는 욕망에 불과하다. 그러므로, 특히 여성으로서는 아무리 달콤한 남성의 감언이설이 있었다 해도 여기에 결코 속아 넘어가서는 안 된다. 혼전 성관계는 자칫 남녀 서로에 대한 존경심과 신뢰심이 깨지기 쉽고, 성욕을 채운 후에는 사랑이 식기 쉽다. 마음은 파도치는 바다의 물결과 같아서 마음의 변덕스러움으로 파혼도 할 수 있다. 무책임한 혼전 성관계는 자칫 임신 중절도 초래할 수 있다. 혼전 성관계는 여성의 임신, 출산에 대한 심리적 책임, 불안, 갈등 등을 초래할 수 있고 여성과 태아는 물론 가족의 생명을 해칠 수도 있다. 혼전 성관계를 미끼로 금품을 요구하거나 폭력을 사용할 수 있기 때문이다.

이와 같이 혼전 성관계는 하느님께서 허락해 주신 성의 본성과 그 목적에 맞지 않고 하느님의 창조 목적에 부합되지도 않는다. 오히려, 하느님이 주시는 은총과 선물과 복을 걷어차는 행동이다. 혼전 성관계는 당연히 금기 사항이므로 반드시 혼전 순결을 지키는 것이 절대 필요하다.

프란치스코 성인은 성경 자체가 우리 삶의 규범이므로 혼전 성관계 등에 따로 규칙이 필요 없다고 하였다. 성경에는 일상생활을 위한 아주 구체적인 일상의 행동 지침이 모두 쓰여 있기 때문이다. 그 행동 지침에 따라 실천하면 혼전 순결의 중요성과 혼전 순결을 지키는 것이 절대 필요하다는 것을 저절로 터득한다는 말씀이다.[147]

성경을 매일 조금씩 읽고 묵상하는 것을 생활화하면 우리 삶의 규범에 관한 모든 내용을 다 알 수 있다는 내용이다. 해가 거듭될수록 성 문화의 문란과 가치관의 혼돈 속에서도 혼전 성관계의 유혹과 갈등을 극복하고 혼전 순결을 지키는 것은 남성에게는 극기심을 길러주고, 마음을 정화시켜 주는 것이고 오로지 성욕을 채우겠다는 불순한 마음도 치유시켜주는 것이다. 그리고, 부부 사랑의 아름

---

147) 프란치스코 교황, 지은이; 위르겐 에어바허. 2014. 4. 14. 가톨릭출판사 PP. 284.

다운 성숙 단계에 들어서는 것이다. 여성에게는 스스로를 보호하는 것이고, 행복하고 진정한 결혼생활과 사랑을 위해 책임감을 완수하는 것이고 극기심과 절제할 수 있는 용기와 힘을 길러주는 것이다. 또한, 남녀 모두가 하느님께 순명하는 것이다.

8) 성 소수자(性少數者, queer)

우리의 육체와 영혼은 하느님께서 거저 선물해 주신 아주 귀한 것이어서 우리의 몸은 수술로 바꿀 수 없는 실재이다. 그러므로, 성전환 수술은 하느님께서 우리에게 선물해 주신 소중한 몸을 훼손하고 아이를 갖지 못하게 하는 일종의 불구 상태로 만들기 때문에 하느님께 죄를 짓는 것이다. "남자가 여자와 동침하듯 남자와 동침해서는 안 된다. 그것은 역겨운 짓이다." 하느님 보시기에 역겨운 짓은 인륜에 어긋나는 불법 행위로서 받아들일 수 없는 일이라는 뜻이다(레위기 18, 22).

일찍이 하느님께서는 아브라함을 집 밖으로 데리고 나가서 말씀하셨다. "하늘을 쳐다보아라. 네가 셀 수 있거든 저 별들을 세어 보아라." 너의 후손이 "저렇게 별과 같이 많아질 것이다."라고 하셨다. 아브라함을 많은 자녀로 축복해 주시겠다고 약속하신 것이다(창세기 15, 5). 오늘날에도 하느님 뜻은 "사람들이 많은 자녀를 두고 다복하게 살도록 축복하시고, 많은 자녀와 오손도손 살아가기를 바라신다는 뜻이다."

하느님께서는 우리의 몸과 영혼이 태중에 임신되는 순간부터 뼈대, 성별 등 우리 몸의 모든 것을 전부 알고 계신 분이시다. 시편 저자도 "정녕 하느님께서는 제 속을 만드시고 제 어머니 배 속에서 저를 엮으셨습니다. 제가 남몰래 만들어질 때 제가 땅 깊은 곳에서 짜일 때 제 뼈대는 하느님께 감추어져 있지 않았습니다"(시편 139, 13-15).

어머니 태중에서 정자와 난자가 수정되는 순간부터 하느님께서는 모든 사람을 남자와 여자로 성별은 물론 뼈대를 정해 주신 것이다. 그러므로, 태어난 모습대로 자신을 받아들이고 살아가는 법을 배울 수 있도록, 우선 먼저 가정에서의 교육이 가장 중요하다. 사춘기부터 자녀들의 발달 심리를 잘 관찰하여 동성에게 도를 넘는 지나친 관심을 가지지 않도록 돌봐주고, 애정을 베풀고 사랑해야 한다. 남녀 결혼의 중요성과 당위성을 가정에서 잘 가르쳐야 한다. 부모에게서 태어난 모습 그대로의 자기 자신에 대해 의미 있는 생활을 하도록 초등학교부터 배울 수 있도록 가정, 학교, 사회에서의 도움이 절실하다.

사랑도 창조 질서대로 사랑해야 아브라함에게 약속해 주신대로 자손도 많이 낳아 기르고, 하느님 보시기에 좋은 것이고 다복한 삶이 되는 것이다. 그러나, 동성애자, 양성애자, 성전환자의 삶은 아브라함에게 약속해 주신 삶도 아닐 뿐만 아니라 윤리 도덕적으로 아주 잘못된 행동이며 반성경적이라고 하는 것이다.

우리나라 성범죄를 분석하면 대부분이 성 중독에 의한 범죄이다. 정부, 시민단체 종교단체가 합심하여 입법을 통해 성 중독 예방과 치유가 되도록 적극 노력해야 한다. 오늘날, 각급 중, 고등학교에서 이미 성 소수자와 동성 결혼을 긍정적으로 묘사하는 교과서를 출판해서 가르치고 있다. 커밍아웃 사례 등도 소개하고 있다. 그러므로 학교는 물론, 우선 가정에서 동성애를 비롯한 각종 성 중독에 대한 폐해를 먼저 자녀들에게 알리고 예방하는 교육이 의무적으로 실시되어야 한다. 이를 위해 종교단체와 시민단체들이 적극 연대하고 의사, 약사, 상담사 등 전문가 집단이 함께 나서서 도와줘야 한다. 다만, 동성애자들을 혐오의 대상이 아닌 치유와 회복의 대상으로 인식하고 대하되, 동성애에 따른 각종 질병과 심각한 부작용 등을 교육하고, 동성애자들의 인격을 모욕하는 과격한 발언과 폭력을 사용하지 않도록 교육하는 것도 중요하다. 탈 동성애자들의 인권 보호를 위해서도 캠페인을 지속적으로 진행해야 한다. 미국 워싱턴에 출장 갔을 때의 일이다. 지인의 저녁 초대를 받아 워싱턴 듀판 서클 인근 식당에서 부부 동반으로 함께 식사를 한 적이 있었다. 스테파스(Robert Steffas) 부부도 함께 저녁 식사를 하였다. 스테파스 씨는 미 2사단에서 헬리콥터 부대 중대장을 한 분이어서 친한파였고 서울과 우리나라의 정치 경제 상황을 잘 숙지하고 있었다. 저녁 식사 전에 칵테일을 하면서 그 식당의 주인이자 요리사가 동성애자라고 해서 저녁 식사를 하기도 전에 입맛이 뚝 떨어졌던 경험이 있었다. 스테파스 씨는 동성애자인 요리사가 워낙 요리를 잘하는 사람이라고 하였지만, 속으로 동성애자들은 에이즈 환자도 많다는데, 이 식당에서 식사를 해도 괜찮은 것인지? 너무 걱정을 많이 했던 기억이 난다. 그 당시, 동성애자들을 생각하면 무조건 혐오의 대상이 되곤 하였다. 지금 생각하면 그때의 생각은 잘못되었다고 생각한다. 오히려, 동성애자들이 동성애를 그만두고 정상인으로 돌아와 생활을 하도록 돕는 것이 최상책이라는 생각이 든다.

트랜스젠더(trans-gender)는 스스로에 대해 자신의 생물학적 성별과 다른 성별 정체성을 지닌 사람들을 총칭하며, '성전환자'라고 부른다. 19세기 말까지만 해도 유럽이나 미국에서는 동성애를 종교적 또는 도덕적으로 경멸하여 왔다. 그래서 새로이 사용하기 시작한 용어가 호모(homo)인데 21세기 들어서는 거의 사용하지 않고 있다. 사회에서 경멸하는 용어로 인식되고 있기 때문이다. 게이(gay)는 모멸적인 용어인 호모에 반대해 동성애자 스스로 지칭하기 시작한 용어로 밝은 이미지의 흥겨움, 유쾌함, 기쁨, 즐거움 등이란 의미이다. 주로 남성 동성애자를 가리킨다. 레즈비언(lesbian)은 여성 동성애자를 지칭한다. 고대 그리스의 유명한 여성 시인 사포가 여자 제자들과 함께 살았던 레스보스섬에서 유래했다고 한다.

9) 종교단체의 생명 수호운동

지금까지 종교단체의 생명 수호운동은 낙태를 법으로 강제하는 데에만 중점을 두어왔다. 중대 사안이 있을 때 성명서를 발표하거나 세미나를 했다고 무늬만 내왔다. 현실과 너무 동떨어지고 괴리된 생명 수호운동이었다. 구체적으로 예를 들면, 피임을 그냥 하지 말라가 아니라, 왜 해서는 안 되는지? 좀 더 구체적으로 제대로 된 홍보물이나 좋은 교육자료를 마련해서, 우선 일선 성당이나 교회, 사찰 등의 신도들에게 적극 배포하고 홍보하여야 하고, 전 국민에게 확산시켜야 한다. 올바른 성교육 교재를 바탕으로 가정에서부터 성교육이 실시되도록 도와주어야 한다. 건전한 생명 문화를 형성하기 위해. 신체적인 면뿐만 아니라 영성적, 정서적, 사회적, 이성적, 측면에서 총체적으로 성을 이해하고 성 정체성을 정립하도록 하는 종교단체나 시민단체의 홍보 교육과 성교육이 필요하다. 각 종교단체가 연합해서 생명 수호운동의 한 축을 만들어야 한다.

성생활을 하느님의 뜻에 따라 아름답고 소중하게 누리는 데에는 사랑, 책임, 배려, 존중, 존경 등이 필요하고 자라나는 세대에게 성에 대한 좋은 가치관과 신념을 심어주는 것도 좋다. 특히, 금전 만능주의에 따라 인간의 성을 상품화하고 비빔밥 한 그릇 사 먹듯이 일상적이고 단순한 것으로 끌어내리는 성문화 안에서 인간의 성은 단지 육체와 이기적 쾌락에만 연관돼 있다고 일부 사람들이 이해하는 것도 매우 위협적인 존재이다. 그래서, 무엇보다, 가정에서의 성교육이 중요하다고 하는 것이다. 물론 학교에서 타인의 몸을 존중하고 존경하며 내 몸과 같이 중요하게 생각하는 정서 교육과 성교육 프로그램은 당연히 필요하다. 성생활, 생명 존중과 공동선 추구, 사랑에 대한 교육은 가정이 맡아야 할 첫째 임무이고, 교회 공동체도 그 임무와 책임에서 자유롭지 못하다. 무엇보다, 교육의 중요성을 단순한 피임 교육에서 벗어나 사람에 대한 존중, 존경, 배려를 통해 성생활에 수반되는 출산, 육아, 양육 등의 의무와 책임이 무엇인지를 상세히 가르쳐 주는 교육이 너무 필요한 현실이다.

더욱이 육체적 욕망에 쉽게 눈이 머는 청소년들이 지성적, 육체적, 도덕적, 이타적, 정신적 사랑을 조화롭게 하도록 사랑을 잘하는 방법을 교육해야 한다. 그런 다음에 성생활에 따른 의무와 책임 의식을 갖고 성생활을 하도록 도와줘야 한다. 인간 존재를 어떻게 정의하고, 태아가 임신하면서 어느 순간부터 인격을 가진 인간으로서의 생명이 시작되는지? 무엇 때문에 인간 존엄성이 존중되는지? 인간은 왜 태어나는지? 등에 관해 쉬운 것부터 교육을 해야 한다.

낙태가 법으로 금지되어 왔지만, 현실에서는 낙태가 너무 만연하였다. 무고한 태아들이 살해되어 왔는데도 종교단체의 목사, 신부 등 성직자들이 무고한 태아들이 살해되는 것을 지금까지 수수방관하여 온 것은 명약관화한 사실이다. 낙태금지법이 있으니까, 법이 해결해 주겠지? 성직자들이 너무 관심을 두지 않았고 안일하게 방치해 왔다. 종교 시설 내에서의 생명 윤리교육은 거의 이뤄지지 않고 있었다. 각 성당, 교회, 사찰마다 낙태 금지, 자살 방지, 이혼 예방 등을 위한 생명 수호분과 위원회가 설치되어야 하고 실질적인 과제를 실천해야 한다. 목사, 신부들조차 생명 수호에 관심이 없으니까, 일반 신도가 관심을 갖지 않는 것은 당연하다. 망연자실할 노릇이다. 최근 3년 동안 천주교 6개 교구에서는 단 한 번도 사제 대상 생명 윤리교육이 이뤄지지 않았다고 한다. 매우 실망스럽고, 심각하고 우려할 만한 일이다.

앞으로, 낙태죄 헌법 불합치 결정으로 생명 경시 풍조가 만연할 것은 더욱 자명하다. 이런 때일수록 종교단체들의 연대와 적극적인 공동 참여 활동이 전개되어야 한다. 우선 먼저 성직자들의 생명 수호운동에 특별한 관심과 적극적인 참여와 활동이 매우 필요하다.

10) 사회악의 악순환 시초가 되는 이혼

1947~89년 유엔 인구학 연감의 58개 사회 데이터는 결혼 4년째에 전 세계적으로 이혼율이 최고라는 사실을 보여준다.[148]

미국에서 이혼한 사람들의 통계를 보면, 첫 번째 결혼한 사람 중에서 이혼한 사람 비율은 42~45%가 되었고, 두 번째 결혼에서 이혼한 사람은 평균 약 60%가 이혼하였으며, 세 번째 결혼에서 이혼한 사람은 평균 73%가 되는 것으로 나타났다. 이혼하고 새롭게 결혼해도 첫 번째 아내나 남편보다 특별히 더 좋거나 나을 것이 없고, 오히려 첫 번째 결혼하였을 때의 아내나 남편이 성격, 매너, 재정적 능력 등이 더 좋았다는 것이 두 번째, 세 번째 이혼한 사람들의 반응이었다. 두 번이나 세 번 이혼을 하고 나니 이혼을 할수록 후회가 더 되고 이혼이 거듭될수록 더 쉽게 이혼한다는 이야기이다. 흥미로운 내용이다. 그러므로, 부부는 이혼하기 전에 모든 것을 참아내고 매우 신중한 결정을 내려야 한다. 특히 자녀가 있는 부부들은 자녀들을 위해서 부부의 삶이 화목하도록 참아내고, 서로 존경하고, 존중해주어야 한다. 아내나 남편이 서로의 조그만 허물을 꾸짖지 말고 포용

---

148) 심리학, 사랑을 말하다.(The New Psychology of Love), 저자 로버트 스턴버그, 김소희 옮김, 출판사 21세기 북스, 2010.05.18. p.138

하고, 윤리 도덕에 어긋나지 않는다면 비밀을 드러내지 말고 보호해 주어야 한다. 미국에서 이혼율이 가장 적은 주는 아이오와 주였다. 아이오와주는 농업, 축산업이 산업의 주류를 이룬다. 그다음으로 일리노이, 매사추세츠, 텍사스, 메릴랜드주 순이었고, 이혼율이 많은 주는 알래스카, 와이오밍, 오클라호마, 네바다, 아칸소 등이었다. 지역에서 대대로 전해져 내려오는 보수성향의 전통이 있고 관용과 너그러움이라는 전통을 유지하고 있는 주에서 이혼율이 상대적으로 적은 것으로 나타났다.

미국 인구 조사국(United States Census Bureau) 통계에 의하면 1970년 인구 1,000명당 이혼한 사람은 15명, 1980년 22.6명이었다. 그런데, 지난 2019년에는 14.9명으로써 지난 50년 이래 가장 이혼이 적었던 것으로 나타났다. 미국 사회가 건강하게 회귀하고 있음을 보여주는 좋은 지표라고 할 수 있다.

미국의 인구 1,000명당 결혼한 사람은 1970년 86명, 2010년 35명에서 2019년에는 33명으로 매년 감소하였다. 젊은 층의 청소년들이 출산에 따른 육아, 주거, 재정적인 문제 등을 이유로 결혼을 기피하는 것이 주요 원인으로 나타났다.[149]

2019년 일본의 인구 1,000명당 이혼한 사람은 2018년 대비 0.01명 올라 1.69명으로 조사되었다. 일본의 이혼율은 1990년대 지속적으로 상승하다 2002

---

149) Divorce in America has been falling fast in recent years, and it just hit a record low in 2019. For every 1,000 marriages in 2019, only 14.9 ended in divorce, according to the newly released American Community Survey data from the Census Bureau. This is the lowest rate we have seen in 50 years. It is even slightly lower than 1970, when 15 marriages ended in divorce per 1,000 marriages. For every 1,000 unmarried adults in 2019, only 33 got married. This number was 35 a decade ago in 2010 and 86 in 1970. By Institute of Family Studies(IFS) https://ifstudies.org/blog/the-us-divorce-rate-has-hit-a-50-year-low.

년 최정점을 기록한 후, 종교단체를 비롯한 각종 사회단체의 지속적인 홍보와 교육으로 감소 추세를 이어가고 있다.

우리나라의 이혼율 증가는 글로벌화로 유럽과 미국 등의 이혼문화를 쉽게 받아들이는 것이 하나의 주된 이유가 되고 있다. 그러므로, 부부가 결혼 초에 서로 공감 능력을 제고하여 사랑을 돈독히 하는 것은 매우 중요하다. 2019년도 우리나라의 인구 1,000명당 이혼한 사람은 2.2명으로 전년보다 0.1명 증가했다. 주목할 것은 30대 초반의 남자 중에서 인구 1,000명당 51.1명, 여자는 20대 후반이 인구 1,000명당 50.4명이 이혼하여 젊은 층이 이혼의 주류를 이루고 있다. 젊은 사람들의 이혼 증가가 우리 사회의 또 다른 사회악의 뇌관이 될 수 있다.

혼인은 하느님께서 정해 주신 것으로, "하느님께서 맺어 주신 것을 사람이 갈라놓아서는 안 된다."(마르 10, 9)는 뜻이다. 이렇게 해소할 수 없는 결혼의 유대를 끊으려는 이혼은 부부가 죽을 때까지 서로 함께 살기로 자유로이 합의한 결혼 서약을 파기하는 것일 뿐만 아니라 사회와 가정에 폐단을 일으키고 사회악의 악순환을 가져오기 때문이다. "이혼은 버림받은 배우자에게도, 부모의 결별로 충격을 받고 이혼한 부모 사이에서 이리저리 끌려다니는 자녀들에게도, 이혼의 부정적 파급 효과 때문에 참으로 큰 폐해를 끼치고 있다."(가톨릭교회 교리서 2382~2386항)

그렇기 때문에 네덜란드 로테르담교구 미헬 레메리 신부는 그의 저서 '하느님과 트윗'에서 "배우자는 서로 끊임없이 자신을 내어주어야 한다"고 강조하고 있다. 부부가 자신을 위하는 것만큼이나 배우자를 위해 살아야 하고, 사랑이 위기를 맞을 때 더 큰 사랑을 주고받아야 한다. 그러기 위해서는 부부는 서로 보물창고가 되어야 한다. 보물창고에서 가장 귀한 보물을 꺼내서 배우자에게 지치지 않고 꾸준히 주어야 한다. 부부는 서로 목숨까지도 내주어야 한다. 사랑은 시간이 지날수록, 어려운 일이 있을 때 참아내면 참아낼수록, 더 깊어지고 단단해진다는 것을 안다. 사랑에는 한가지 법칙밖에 없다. 그것은 배우자로부터 사랑을 충분히 받고 있다고 느끼고 행복감을 느끼도록 만들어 주는 것이다. 부부는 살아가면서, 시련과 역경을 만나더라도 시련을 함께 견뎌내고 서로 참고 용서하여야 한다. 그러면, 시간이 지날수록 사랑이 더욱 강해지고, 깊어지고, 돈독해지고 이혼도 하지 않는다는 것을 발견할 수 있다는 의미이다. 삶이 아무리 힘들고 시련과 역경을 만나더라도, 배우자가 곁에 있기에 힘을 낼 수 있다. 배우자는 평생 삶의 보약이자 비타민이다. 식물이 햇볕을 쬐고 영양분을 섭취하듯이, 부부도 사랑의 햇볕을 항상 같이 쬐는 사람이다. 그 사랑의 햇볕으로 아름다운 사랑의 꽃을 피우고 사랑의 달콤한 열매도 맺을 수 있다. 그러므로, 부부는 밖에서 사랑을 찾지 말고, 다른 사람에게 사랑의 햇볕을 쬐어주지 말고, 몰래 사랑을 하지 말고, 일편단심, 오직 배우자에게서 사랑을 키워가야 한다.

부부는 서로 몸과 마음에 사랑의 향수와 사랑의 향기(香氣)를 지녀야 한다. 사랑의 향기(香氣)는 배우자를 행복하게 해 주며, 마음도 사로잡는 힘이 있으며, 사랑을 심화시켜 준다.

결혼생활은 사랑과 유머가 넘쳐나야 사랑의 향기(香氣)가 되고 사랑의 향수가 된다. 그래야 항상 젊음을 유지할 수 있고 사랑의 열매를 계속 따낼 수 있다. 부부간에 사랑의 씨앗을 정성껏 심으면 사랑이 소록소록 자라나서 좋은 사랑의 열매를 맺는다. 사랑이 소록소록 자라나는 사랑 밭에는 이혼이 넘나 볼 수 없다. 미움, 증오, 다툼, 갈등, 속임수 등은 밭에 심지 않아도 잡초처럼 무성하게 저절로 자라서 이혼의 열매를 맺지만, 사랑의 씨앗을 정성껏 뿌리고 잘 가꾸면 사랑의 열매, 행복의 열매를 풍성히 거둘 수 있다. 미소와 웃음소리가 나는 결혼생활은 행복이 와서 들여다보고, 고함소리와 화내는 소리가 나는 결혼생활은 불행이 와

서 들여다본다.[150]

성녀 마더 데레사는 미소는 사랑의 시작이자 출발점이라고 하였다. 재치 있는 유머와 미소는 사랑의 윤활유가 되고 사랑의 조미료, 사랑의 보약, 사랑의 레시피, 사랑의 묘약, 사랑의 전기가 되고, 건강에 필수적인 요소가 된다. 재치 있는 유머와 미소라는 비타민 주사는 사랑의 결속을 도와주며 이혼도 예방해줄 수 있다. 미소와 행복이 가득 찬 웃음소리, 재치 있는 유머는 갈등의 분위기를 사랑의 분위기로 바꿔주고 부부 관계에 활력을 부어 준다.

이혼을 예방하기 위해서는 '농부가 씨앗을 밭에 뿌린 후, 처음으로 싹을 틔우던 날의 기쁨과 같은 기쁨으로, 고 3학생들이 희망하던 대학 입학시험에 합격한 후 하늘을 바라볼 때의 그 눈부신 감격과 같은 마음으로, 봄비 그친 후 햇빛 속에 부스스 인사하는 솔잎이 들려주는 그 해맑은 청초한 목소리와 같은 신선함으로, 갓난아기의 티 없는 웃음과 같은 순수한 마음으로' 서로 사랑하며 결혼생활을 해야 한다. 그렇게 생활하면, 결혼생활이 설사 못 견디게 힘들 때에도 다시 기뻐하고, 결혼 첫날밤의 설렘으로 다시 시작하여 아름답고 행복하고 사랑스러운 결혼생활을 할 수 있다.[151]

11) 자살 문제

자살을 막아주려면 어렸을 때부터 자녀들이 가족의 사랑을 받고 지지를 받을 수 있도록 좋은 가정환경과 사회 환경이 조성돼야 하고 가정에서의 인성 교육이

---

150) 예금통장을 불타는 아궁이에 던져버려라. 저자(문석호), Mj 미디어 2014. 2.10. PP. 111-115.
151) 위 도서 P. 114-5.

잘 이뤄져야 한다.

　종교기관에서도 청소년들에게 훌륭한 인성 교육을 시켜주고 많은 도움을 주어야 한다. 그런데, 종교단체에서 도움을 받기가 어려운 것이 실정이다. 지금까지 종교기관의 자살 방지 활동이 너무 소극적이고, 아예 강 건너 불구경하듯 모른 척해 버려 왔기 때문이다. 너무 형식과 구호에 그쳤고 일 년에 세미나 몇 번 하고 종교 신문에 기사를 게재하는 것이 활동의 대부분이었다. 이제부터라도 종교단체에서 자살 문제나 자살을 할 지경의 어려움을 겪고 있는 사람들을 간과하지 말고 능동적으로 도와주고, 종교기관의 공동체 구성원들이 더 많이 봉사하고 더 잘 챙기고 돌볼 수 있는 세부적인 대책을 마련하여야 한다. 예를 들면, 일정 규모 이상의 모든 교회는 교회 내에 자살 방지 쉼터를 마련하는 것도 하나의 대안이 될 수 있다.

　파파게노 효과가 자살 방지에 도움이 될 수 있다는 것은 무리 모두 다 잘 아는 사실이다. 이 효과는 모차르트의 오페라 마술피리에서 유래한 말로, 사랑하는 연인이 사라져 자살하려고 하는 파파게노가 세 요정의 도움으로 자살 충동을 극복한 일화에서 유래했다. 우리 사회, 특히 종교단체가 이런 요정 역할을 해야 한다. 자살 충동이 있어도 그 고비를 함께 넘기면 다시 일상으로 돌아올 수 있기 때문이다.

　특히 도움받을 수 있는 경로가 명확하면 극단적인 자살을 하지는 않는다. 가능하면 종교단체가 자살의 위기 상태에 있는 사람이 하룻밤 정도 머물면서 따뜻한 밥 한 그릇 먹으며 얘기 나눌 수 있고 정신적 도움을 받을 수 있는 쉼터를 마련해주면 좋겠다. 일정 규모 이상의 대형 교회 내에 자살 방지 쉼터를 마련해야만 되는 필요성이 여기에 있다. 시범적으로 위기 상태에 있는 사람이 일상으로 돌아갈 수 있도록 도와주는 프로그램을 종교단체가 운영하면 자살을 방지하는

데 큰 도움을 줄 것이다.

12) 장애인들과 청년들의 일자리 창출 방안

인류는 산업혁명에 의한 방직 기술 등의 기술혁신으로 300년 동안 제2의 물결이라는 고도성장을 누렸으며, 1990년대부터 인터넷 등 고도로 발달한 IT 및 과학기술에 의해 제3의 물결(The Third Wave)이라는 기술 발전의 대변혁을 맞이하였다. 그 결과, 전통적인 가족 관계의 붕괴와 가치관의 분열 등으로 이혼의 확산, 빈부 격차, 실업 증가, 저출산 등을 초래하였다. 금전 만능주의에 의해 도덕도 땅에 떨어지다시피 하였고, 교회도 성직자도 세속화의 길로 내 달렸다. 그래서, 재물에 대한 탐욕도 커져만 갔다. 재물의 속성을 살펴보면, 재물은 영적으로 수양이 좀 더 된 성직자든, 안 된 일반 신도든 누구나 다 추구하고 소유하려고 혈안이 되어 있다. 아무리 영성이 뛰어나고 수양이 된 성직자도 대부분 조금이라도 더 가지지 못해서 안달이고 가지려고 경쟁한다.[152]

그런데, 인터넷과 스마트폰이 촉발한 생활공간의 이동, 유통구조의 파괴, 일자리의 개념 변화, 산업의 혁명적인 개편과 합병 등은 21세기 들어 그 이동 속도가 더욱 빨라질 전망이다. IT 기술의 발전에 따른 자연스러운 변혁 과정이라고 볼 수 있다. 따라서, 인류의 생활공간은 이미 디지털 플랫폼으로 이동했기 때문에, 우리의 미래 사회는 비정규직이 매년 증대하는 사회가 가속화될 것이다. 비정규직의 증가는 자연스러운 현상이 될 것이다. 그 결과, 벌써부터 디지털 플랫폼(Digital Platform)을 통해 근무하는 근로자들의 일부는 업무량에 비해 법적 보호

---

152) 위 도서 P. 230.

장치, 급여의 적정성, 인권 보호, 근로 상태, 근로조건 등이 아주 열악한 상태로 노출되어 있는 실정이다. 정부, 산업계, 종교단체, 사회단체가 상호 협력하여 신속한 보완 대책과 개선 조치를 마련해야 한다.

장애인들, 특히 중증 장애인들의 취업도 더욱 어려워질 전망이다. 부의 편중 현상도 더욱 가속화되어 재물에 대한 탐욕도 더욱더 커져만 갈 것이다. 왜냐하면, 인류의 생활공간은 이미 디지털 플랫폼으로 이동했기 때문에 사람들의 심리가 더 불안해져 재물의 축적으로 불안한 미래를 일부나마 보장받으려고 하기 때문이다. 재물에 대한 탐욕이 불확실한 미래에 대한 일종의 보험이라고 생각하기 때문이다.

코로나 이후 시대에는 디지털 전환 속도는 더욱 빨라지고 (a) 사회적 거리 두기에 따른 재택근무, 원격진료, 원격교육 등이 일상에 자리 잡을 것이며 (b) 스마트폰을 신체 일부처럼 자연스럽게 사용하는 새로운 세대를 일컫는 '포노 사피엔스(phono sapiens)'가 생존의 조건이 될 것이고 (c) 포노사피엔스에 기반을 둔 플랫폼 기업, 애플, 마이크로소프트, 아마존, 구글 등의 성장세가 두드러질 전망이다. 미래에 전개될 산업 추이와 큰 흐름을 보면,

첫째, 앞으로는 어린 시절부터 스마트폰을 끼고 살았던 M 세대(1980년대 초~2000년대 초 출생한 밀레니얼 세대)와 유행에 극히 민감한 Z세대(1990년대 중반~2000년대 초반 출생)가 생존에 더 유리할 것이다. 기존에 적용되던 교육, 제조업 중심의 생존 방식 등도 대폭 바뀔 전망이다.

앞으로 10년은 독점적 기술과 가치를 제공하며 소비자에게 다가가는 마이크로소프트 같은 기업이 경쟁 우위에서 유리할 것이다. 그리고 머지않은 미래에 (a) 문자를 손으로 쳐서 보내는 것이 아니라, 말로 보내는 스마트폰 (b) 자판기 없이 말로 이용하는 편리한 컴퓨터가 상용화될 것이다. (c) 현재, 서울에서 뉴욕

을 가려면 약 14시간이 걸린다. 그러나, 2시간 반에 갈 수 있는 여객기가 머지않아 취항할 것이다. (d) 핵무기를 족집게로 들어내듯이 정밀 타격할 수 있는 정교한 무인 폭격기가 생산되고 (e) 수십 미터 지하 벙커를 무용지물로 만드는 스마트 폭탄도 개발될 것이다. (f) 특수부대 최정예 요원이나 육군 전투 부대원 대신 로봇이 적진 깊숙이 침투하여 전투를 하는 시대가 곧 열릴 것이다. (g) 희귀난치병의 치료 약과 시술법도 개발될 것이고 장애인들의 치유가 극적으로 이뤄지는 의술이 개발될 것이다. (h) 획기적인 태양광 기술이 개발되어 원전과 화력발전소가 무용지물이 되는 새로운 세상이 전개될 것이고 (i) 새로운 잠수함 탐지 기술이 고안되어 수많은 잠수함이 무용지물이 되는 시대도 도래할 것이다. (j) A1 기술의 진보로 동시 통역사, 세무사, 회계사, 번역가, 소매업자, 소설가, 전문 작가들의 설 자리가 대부분 없어질 것이다. (k) 인구변화와 인구 절벽이 가파르게 진행되어 정치, 사회, 경제 분야에 큰 이슈가 될 것이다. 우선 2050년 경에는 미국의 백인 인구가 전체 인구의 50% 이하로 줄어들고 히스패닉과 흑인 등 유색인구가 미국 인구의 대부분을 차지할 시대도 도래할 것이다. 프랑스, 벨기에, 네덜란드 등 일부 유럽 국가에서는 이슬람 인구가 40% 이상으로 증가하여 정치 종교적으로 골치 덩어리가 될 소지가 아주 농후하다. 우리나라도 인구 절벽의 예외는 아니다. 1인 가구가 우리나라 전체 인구의 50%가 넘는 시기가 도래하여 사회에 미치는 부정적인 파급효과가 매우 클 것이다. 그만큼 국제사회의 경쟁은 더욱 심화되고 치열해질 것이다. 그러므로, 다음 세대에 올 무수히 많은 젊은 신세대들을 위해 장기적으로 위기를 극복하고 행복하고 번영하는 사회를 만들기 위해 우리 정부나 사회가 선도적으로 할 수 있는 일이 무엇인지 지금부터 더욱 심각하게 고민해야 한다. 우리나라 청소년들이 미래의 유망 산업 프로젝트에 참여하도록 우리 기업을 발굴하고 육성하고, 지원해야 한다.

디지털 대전환의 속도가 빨라지고 있으므로 더욱 신속히 대응해야 한다. 온라인과 비대면 소비 확산으로 유통 패러다임도 근본적인 변화가 가속화될 것이다. 따라서, 기업의 비즈니스 모델을 디지털과 데이터 기반으로 과감하게 전환시켜야 한다.

두 번째로 글로벌 가치사슬에서 일어나는 격변으로 중국으로 생산거점을 단일화하는 전략의 위험성을 해소하기 위해 권역 별 생산거점을 두는 다원화 전략을 채택할 가능성은 더욱 높아졌다. 권역 별로 글로벌화 되고 다원화된 생산거점에서 젊은이들의 취업은 더욱 가속화되고 활성화될 것이다. 젊은이들은 스포츠의 프로 선수들과 같이 자기들의 몸값을 높일 수 있도록 경쟁력을 갖춰야 한다. 이제 우리의 10대 등 모든 젊은이는 우물 안 개구리 같은 학업과 취업의 사고에서 탈피하여 대변혁을 도모해야 한다. 그래야, 미래 사회에 경쟁력이 있다.

세 번째 성직자들이 사회에 새로운 물꼬를 터서 청소년들에게 인생의 길잡이가 되어야 한다. 21세기의 우리 사회는 종교단체가 젊은이들에게 희망의 길잡이가 되고 선도해야 하기 때문이다. 우선, 성직자는 설교나 강론의 중심이 되시는 '예수 그리스도를' 청소년들에게 극명히, 분명하게 보여주어야 한다. 분명하게 보여주기 위해서는 성직자들은 지금까지 해왔던 추상적인 설교나 강론을 피해야 한다. 피하기 위해서는 성직자들 스스로 복음적인 삶을 살아야 하고 IT 혁명에 맞는 사목을 해야 한다. 지금까지 해왔던 것처럼, 한두 시간 대충 준비하거나 작년에 했던 것을 재탕, 삼탕하는 설교나 강론으로는 21세기 청소년들의 눈높이를 맞출 수 없다. 앞으로 교회의 주인공은 성직자가 군림하는 교회가 아니라 청소년이 주인이 되어야, 교회는 물론 우리 사회에 희망이 있다. 청소년이 없는 교회는 쇠락의 길로 치달을 것이다. 그러므로, 청소년들을 교회의 주인공으로 만들기 위해서는 성직자들이 먼저 권위주의를 내려놓고 그들의 삶을 환골탈태해

야 한다.[153]

그리고, 성직자들이 사목의 혁신도 가져와야 한다. 그래야 청소년들에게 영적으로 인생의 길잡이가 될 수 있고 청년 실업 해소에도 크게 기여할 수 있다. 성직자가 먼저 솔선해서 무사안일의 사고에서 벗어나야 한다. 특히, 지금까지는 정의를 구현한다고 자기들의 존재감을 과시하는 일부 성직자들이 남의 눈의 티를 찾아내는 데는 세속의 사람들보다 더 약삭빠르고 교활하게 행동하여 왔다. 그러나, 남의 눈의 티를 찾아내는 데 심혈을 기울여 왔다면, 이제부터는 성직자가 먼저 그들 스스로의 들보를 보고 빼낼 줄 알아야 하고 '정의'의 개념도 재정립할 필요가 있다고 사료된다. 그들 스스로 복음화되어 복음적인 삶을 살아야 한다. 남의 눈의 티를 찾아내고, 성사를 집전하는 것만으로 사목자의 역할을 다 했다고 생각한다면 포노사피엔스 세대에 기반을 두고 전개될 미래의 우리 사회는 물론, 청소년들에게도, 그리고 교회에도 희망을 전혀 주지 못할 것이다.

비정규직이 많아지고 청년 실업이 증가하게 될 미래 사회에서, 청년 실업의 해결책으로는 청년들 스스로가 자기 실력에 맞게 눈높이를 낮춰 대응하여야 하고, 임금피크제 강화에 의한 새로운 일자리 창출, 종신 비정규직의 확대, 청년들의 프로 정신 함양, 외국에서의 취업 등이 적극 시행되어야 한다. 예를 들면, 우리나라 국내 대학에서 박사학위를 받은 일부 토종 청년 박사들이 미국 등 외국 대학에서 교수로 채용되어 근무하고, IT 기술자들이 일본, 미국 등에서 취업하는 것이 오늘날 우리의 현실이다. 우리나라의 젊은 청소년들이 이제는 우물 안에서만 올망졸망 경쟁하지 말고 더 적극적으로 시야를 외국으로 돌려야 경쟁력이 있다. 모든 것을 해낼 수 있다는 자신감으로 무장해야 한다.

각종 규제의 과감하고도 혁신적인 철폐와 개혁으로 기업의 자율적인 경영 여

---

153) 위 도서 P. 151.

건을 도와주는 것도 청년 실업 해소에 도움이 된다. 오늘날, 기업의 소유자나 CEO는 전쟁터에서 직접 총을 들고 싸우는 사람, 언제, 어디에서 날아올지 모르는 총알에 맞아 죽을지 모르는 생명이 위태한 사람으로 비유되고 있다. 반면에, 기업의 종업원은 영화관에서 전쟁 영화를 즐기는 사람으로 비유되는 것이 오늘날의 악화된 기업 경영 환경이다. 혁명적인 규제 개혁과 철폐 없이는 청년들의 일자리에 대한 희망도 줄어들게 되어 있다. 일자리 창출은 전적으로 기업의 몫인데도, 임시방편으로 한계가 있는 일자리만 인위적으로 억지로 만드는 정부의 처사는 강물을 하류로 흘려보내는 것이 아니라 억지로 상류로 다시 보내려고 헛발질만 하는 무모한 정책으로 비유할 수 있다. 어느 국가든 일자리 창출은 기업에서 대부분이 창출된다. 기업이 일자리 창출을 전적으로 맡도록 해야 한다. 그래야 물 흘러가듯이 일자리 창출이 잘 될 것이다. 더 늦기 전에, 청년들의 일자리 창출은 우리나라에서 어느 기업들이 가장 잘할 수 있는가? 하고 잘할 수 있는 기업들을 육성하고 발굴해 주어야 한다. 그것이 정부의 역할이다.

장애인들의 취업은 교회 등 종교 시설이 우선 맡고, 그다음으로 기업이 맡아야 한다. 장애인들에게는 하루에 한 시간만 일해도 8시간 일한 직원과 똑같이 급여를 주면 해결된다. 우선 교회, 사찰 등 종교단체에서 시작하여 모든 공공기관, 그리고 기업으로 확산시켜야 한다(마태 20, 1-16).[154]

한편, 장애인들의 취업을 활성화하고 촉진하기 위해서는 공공기관은 물론 종교단체와 모든 기업에서는 장애인들, 특히 중증 장애인들이 생산하는 모든 제품을 우선해서 구입해야 한다. 입법으로 특례 규정을 만들어 입찰 없이 수의 계약이 가능하도록 해야 한다. 토마스 아퀴나스, 그로티우스의 저술을 바탕으로 모든 사람은 태어나면서부터 타인에게 양도할 수 없는 고유한 권리를 가지고 있다

---

154) 위 도서. PP. 165-171.

는 천부인권 사상이 현실로 받아들여진 것은 르네상스 시대부터 17세기에 이르는 기간이었다. 이제 우리 사회도 천부인권 사상과 사회 구성원 모두 함께 더불어 행복해야 한다는 공동선의 원리에 의해 장애인들이 떳떳하게 취업도 보장받고 행복하게 사는 정의로운 사회가 되도록 우리 모두 아름다운 세상을 만들어 주어야 한다.

**사랑도 결혼생활도
행복하고 똑소리 나게 하는 방법**

초판인쇄 2021년 1월 22일 인쇄
초판발행 2021년 1월 29일 발행

지은이 : 문 석 호
발행인 : 서 영 애
펴낸곳 : 대양미디어

서울시 중구 퇴계로45길 22-6(일호빌딩) 602호
등록일 : 2004년 11월 8일(제2-4058호)
전화 : (02)2276-0078
E-mail : dymedia@hanmail.net

ISBN 979-11-6072-072-3 03190
값 22,000원